RUSSIAN AND ENGLISH IDIOMS

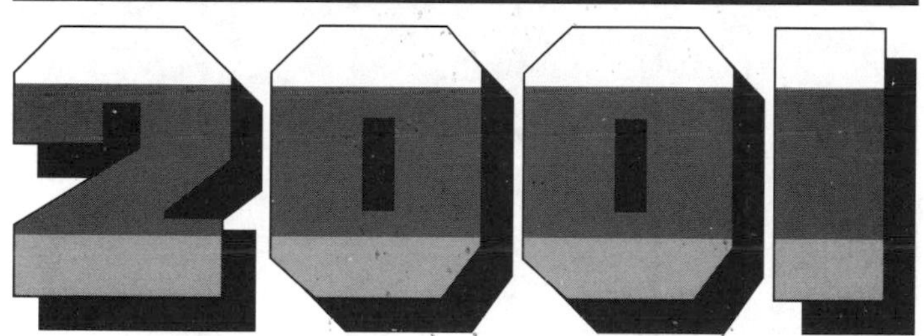

ИДИОМА РУССКОГО И АНГЛИЙСКОГО ЯЗЫКОВ

Agnes Arany-Makkai, M.A.
Former Lecturer, Hong Kong Baptist University
President, Association for Translation, Literature, and New Talent Instigation Studies—*Atlantis-Centaur, Inc.*

АГНЕС АРАНЬ-МАККАИ
Магистр Гуманитарных Наук
Прежний Профессор Гонконгского Баптистского Университета
Президент Литературно-Переводческого Обьединения Атлантис-Сентаур

All inquiries should be addressed to:
Barron's Educational Series, Inc.
250 Wireless Boulevard
Hauppauge, New York 11788

International Standard Book Number 0-8120-9532-4

Library of Congress Catalog Card Number 96-80252

Printed in the United States of America

987654321

СОДЕРЖАНИЕ

CONTENTS

Part I: Russian-English Idioms

Part II: English-Russian Idioms

Part III: Appendixes

ЧАСТЬ I: РУССКО-АНГЛИЙСКИЕ ИДИОМЫ

PART I: RUSSIAN-ENGLISH IDIOMS

БЛАГОДАРНОСТЬ

Искренне благодарю своих друзей, самоотверженных помощников, доктора Раису Герасимовну Гринкот и Макса Мойсеевича Вайсберга за их бесценный вклад в создание словаря. Также благодарю Ларису Александровну Машкову, доцента Московского Государственного университета имени Ломоносова, приглашенного профессора Уиверситета штата Иллинойс в городе Чикаго, и Веру Михайлову Драгунскую и моего мужа Адама Маккаи за их полезные замечания и предложения.

ВВЕДЕНИЕ

Одной из самых поразительных особенностей языка является помимо «нормальных», «производных» конструкций и выражений, таких как *the boy kissed the girl* или *the boy didn't kiss the girl* (мальчик поцеловал девочку или мальчик не поцеловал девочку), наличие выражения типа *the cowboy kicked the bucket* или *the room was at six and sevens.* Если, не зная точного значения таких илиом, открыть словарь и переводить их дословно, то в результате получится бессмыслица: «Нога ковбоя пришла в соприкосновение с ведром», «комната под номером шесть и семь (вероятно, обставлена в соответствии с этими номерами)».

Разумеется, приведенные выше выражения имеют другие значения. Для большинства американцев ясно, что первое означает «умереть», а второе «беспорядок»; для иностранцев же это далеко не очевидно.

То же самое можно сказать и об идиоматических выражениях русского языка для американцев и англичан: в то время как русские воспринимают идиомы родного языка столь же естественно, как американцы свои идиомы, иностранец, пытающийся перевести их без предварительного ознакомления, сталкивается с неожиданным образом и значением устоявшихся языковых форм.

Первое выражение означает «ковбой умер», второе: «в комнате был полный беспорядок». Следовательно, **идиомы** — семантически цельные образования, в которых значение составляющих слов, как правило, никак не соотносится со значением целого выражения, или соотносится лишь частично.

Чтобы знать иностранный язык по-настоящему хорошо, как родной, необходимо овладеть идиомами данного языка. Не владея идиоматической речью, человек говорит на иностранном языке столь же безжизненно, как учебник по грамматике для начинающих.

Чем древнее язык, тем больше в нем идиоматических выражений. Русский и английский языки принадлежат к группе древних индо-европейских языков: английский к западногерманской, русский к восточной балтославянской. В далеком прошлом, пять или шесть тысяч лет назад, оба языка произошли от одного корня, так называемого прото-индоевропейского языка, однако, развивались русский и английский языки по-разному в течение долгого времени, и теперь англоговорящий не поймет русского без предварительной подготовки.

Конечно, встречаются слова общего происхождения, например русское «мать» соответствует английскому "mother" (родственная близость двух слов определяется общим значением: «родитель женского пола»), русское «брат», английское "brother", «сестра» — "sister". Однако, таких случаев не много, и как англичанину (американцу), желающему выучить русский, так и русскому, желающему выучить английский, предстоит заучить большое количество иностранных слов.

Недавные события международной политики значительно увеличили культурный обмен между русскоязычным обществом и Соединенными Штатами. Тысячи русскоговорящих приезжают в Америку; все большее количество американских бизнесменов отправляются в Россию и учат там русский язык. Чем больше идиом русского языка смогут они понимать и употреблять, тем проще им будет наладить личные отношения и добиться успеха.

Составители настоящего словаря поставили себе задачу подобрать наиболее распространенным и важным русским идиоматическим выражениям наиболее точные эквиваленты в американском варианте английского языка. Во многих случаях это возможно. Так, например, русская идиома *делить шкуру неубитого медведя* соответствует, хоть и не дословно, *don't count your chickens before they're hatched* (не считай цыплят, которые еще не высижены).

Однако, большинство широко известных русских идиом не имеют точного аналога в английском языке, и должны переводиться в соответствии со смыслом, а не дословно. Так, выражение *бесструнная балалайка* на английском имеет значение "chatterbox" (болтун, пустомеля), тогда как дословный перевод — «балалайка без струн», —не может издавать музыкальных звуков.

Русская идиома *жить как на вулкане* дословно переводится "to live like on a volcano", то есть быть в опасности, во взрывоопасной ситуации. В английском в таких случаях говорят *to sit on a powder keg* (сидеть на пороховой бочке). Пороховая бочка и вулкан — разные вещи, но оба они грозят взрывом. Составителям словарей идиом необходимо пытаться находить наиболее близкий английский эквивалент и, в то же время, коротко и четко передавать смысл выражения.

Словарь идиоматических выражений нельзя использовать как пособие для начинающих изучать русский язык. Это не значит, что пользоваться словарем могут только хорошо знающие русский; напротив, начинающему словарь тоже может быть полезен, если предварительно ознакомиться со значениями новых слов по обычному русско-английскому словарю.

Как во многих других словарях идиом, словарные статьи сгруппированы в алфавитном порядке вокруг первого ключевого слова данного языка. После ключевого слова следуют те идиомы, в которых оно присутствует. Каждая статья завершается примером из современного разговорного английского языка, также переведенной на русский.

Я искренне надеюсь, что, как русским иммигрантам в Соединенных Штатах, так и американцам, изучающим русский язык, словарь покажется полезным и интересным.

Агнес Арань-Маккаи

ЛЕКСИКОГРАФИЧЕСКИЕ ПОСОБИЯ

Англо-русский синонимический словарь, А. И. Розенман, Ю. Д. Апресян, «Русский язык», Москва, 1988.

Англо-русский фразеологический словарь, А. В. Кунин, «Русский язык», Москва, 1984.

Dictionary of American Idioms [3rd revised and updated edition] by Adam Makkai, Maxine T. Boatner and Edward J. Gates, Barron's Educational Series, Hauppauge, NY, 1995.

Dictionary of Russian Idioms and Colloquialisms, by Wasyl Jaszczun and Szymon Krinsky, University of Pittsburgh Press, 1967.

Handbook of Commonly Used American Idioms [3rd revised and updated edition] by Adam Makkai, Maxine T. Boatner and Edward J. Gates, Barron's Educational Series, Hauppauge, NY, 1995.

Фразеологический словарь русского языка, «Советская Энциклопедия», А. И. Молотков, Москва, 1967.

Russian-English Dictionary of Idioms by Sophia Lubensky, Random House, New York, 1995.

Russicimusok [Set Russian Expressions] by Erno Keszthelyi, Terra, Budapest, 1993.

The Great Russian-English Dictionary of Idioms and Set Expressions, by Piotr Borowski, Published by P. Borowski, London, 1973.

The Oxford Russian Dictionary, Oxford University Press, Oxford, New York, 1995.

Идиомы русского языка (Russian Idioms)

А

А—*(бу́ква) "А"*

от А до Я—*from A to Z; from beginning to end; inside out*

Пётр изучи́л фи́зику от А до Я. *Peter learned his physics inside out.*

аво́сь—*maybe; perhaps*

аво́сь да небо́сь (да ка́к-нибудь)—*it will work out somehow; something will happen*

Когда́ вре́мя тяжёлое, то́лько тем и живём, что аво́сь да небо́сь. *When times are hard, you can only endure it thinking that something will work out.*

на аво́сь—*on the off-chance; at random*

В авиа́ции ничего́ не должно́ быть на аво́сь. *Nothing must be left to chance in the flying of an airplane.*

ад—*hell*

До́брыми наме́рениями вы́мощена доро́га в ад—*The road to hell is paved with good intentions.*

Жела́я спасти́ меня́, Ива́н испо́ртил мне жизнь. Да, до́брыми наме́рениями вы́мощена доро́га в ад. *Ivan wanted to save me, but he actually ruined my life. Well, the road to hell is paved with good intentions.*

ад кроме́шный—*unbearable suffering; hell on earth; nightmare*

Это мучи́тельно тяжёлая рабо́та, настоя́щий ад кроме́шный. *This painfully difficult work is hell on earth.*

Ада́м—*Adam*

от Ада́ма—*from day one; from the very beginning; from Adam and Eve*

Когдá Пáвел что-то расскáзывал, то начинáл от Адáма. *Whenever Pavel told a story, he always started from the very beginning.*

áдрес—*address*

не по áдресу—*isn't meant for someone; to the wrong person; bark up the wrong tree*

Извинúте, я это сказáл не по вáшему áдресу. *Excuse me, I wasn't referring to you.*

Вáше замечáние напрáвлено не по áдресу. *With your remark you are barking up the wrong tree.*

ажýр—*open-work*

в пóлном ажýре—*tip-top; A-OK*

Пётр счастлúвый: у негó дóма и на рабóте всё в ажýре. *Peter is lucky—both his home and his work are A-OK.*

аз—*(Slavonic name of the letter A)*

с азóв начинáть—*start from the very beginning* (or *from scratch* or *from square one)*

Наводнéние разрýшило наш дом, и нам пришлóсь начинáть с азóв. *The flood ruined our house and we had to start over from scratch.*

áкция—*share*

пáдают áкции—*things are looking bleak for someone; one's odds are getting worse*

С перехóдом эконóмики на ры́ночную оснóву, áкции Олéга, как специалúста социалистúческой эконóмики, упáли. *With the change-over to a market economy, Oleg's chances, as a specialist of socialist economics, are getting bleak.*

повышáются áкции—*one's prospects are getting brighter*

Пóсле тогó, как Áнна занялá пéрвое мéсто на кóнкурсе красоты́, её áкции повы́сились. *After Anna won first prize at the beauty contest, her prospects are getting brighter.*

áльфа—*alpha*

от áльфы до омéги—SEE: от **А до Я**

Амéрика—*America*

открывáть Амéрику—*reinvent the wheel*

Изобретáть печáтание в нáшем вéке, это как открывáть Амéрику зáново. *To invent printing nowadays amounts to reinventing the wheel.*

антимóния

разводи́ть антимóнии—*shoot the breeze; chew the fat; beat one's gums*

Мужчи́ны за крýжкой пи́ва разводи́ли антимóнии. *The men were shooting the breeze over a mug of beer.*

аншлáг—*notice*

пройти́ с аншлáгом—*be a great hit*

Нóвая пьéса прошлá с аншлáгом. *The new play was a great hit.*

аппети́т—*appetite*

аппети́т прихóдит во врéмя еды́—*appetite comes with eating; get into the swing*

Бори́с неохо́тно на́чал де́ло, но аппети́т прихо́дит во вре́мя еды́. *Boris was reluctant to start working, but then he got into the swing of it.*

во́лчий аппети́т—*ravenous appetite*

И́горь съе́л у́жин с во́лчьим аппети́том. *Igor ate his supper with a ravenous appetite.*

дразни́ть аппети́т—*whet the appetite*

За́пах пирога́ дра́знит мой аппети́т. *The smell of the pie is whetting my appetite.*

прия́тного аппети́та!—*enjoy your meal!*

Мы се́ли за стол, и мать пожела́ла нам прия́тного аппети́та. *Mother wished us a good appetite once we had sat down at the table.*

раздража́ть аппети́т—*make one's mouth water*

Вид пече́нья всегда́ раздража́ет мне аппети́т. *The sight of cake always makes my mouth water.*

апре́ль—*April*

поздравля́ть с пе́рвым апре́ля—*play April fools on someone*

Па́вел осме́лился поздра́вить да́же дире́ктора с пе́рвым апре́ля. *Pavel had the guts to play April fools even on the director.*

апте́ка—*drugstore*

как в апте́ке—*exactly; to the drop* (or *ounce)*

Ингредие́нты на пиро́г у А́нны рассчи́тываются как в апте́ке. *Ann measures the ingredients for the pie to the ounce.*

ара́п—*swindler*

на ара́па—*bluff one's way through something*

Мой брат, не подгото́вившись, всегда́ сдаёт экза́мены на ара́па. *My brother, who doesn't study for his exams, always bluffs his way through.*

архи́в—*archives*

сдава́ть в архи́в—*leave out of account; be sent to the glue factory; be written off*

«В совреме́нной обстано́вке я пло́хо ориенти́руюсь, пора́ меня́ сдать в архи́в»—сказа́ла ба́бушка. *In today's circumstances I am at a loss, it's time to send me to the glue factory.*

арши́н—*arshin (*= 28 inches*)*

бу́дто (*or* **как** *or* **сло́вно** *or* **то́чно) арши́н проглоти́л**—*straight as a ramrod*

А́нна сиде́ла сло́вно арши́н проглоти́ла. *Ann sat there straight as a ramrod.*

ви́деть на два арши́на под землёй—be nobody's fool

Ива́на не обма́нешь, он ви́дит на два арши́на под землёй. You can't trick Ivan, he's nobody's fool.

ме́рить на сво́й арши́н; ме́рить свое́й ме́ркой—*judge by one's own standard; measure another's corn by one's own bushel; measure others by one's own yardstick*

Почему́ ты всех ме́ришь на сво́й арши́н? Why do you judge everyone by your own standards?

атмосфе́ра—*atmosphere*

разряди́ть атмосфе́ру—*ease tension; cool things off*

Ната́ша пришла́ во вре́мя на́шей ссо́ры, и её прихо́д разряди́л атмосфе́ру. *Natasha arrived just when we were quarreling, and her arrival eased the tensions.*

аттеста́т—*diploma*

аттеста́т зре́лости—*high school diploma*

На́ша дочь получи́ла аттеста́т зре́лости. *Our daughter received her high school diploma.*

а́укнуться—*haloo to each other*

как а́укнется, так и откли́кнется—*as the call, so the echo; as you sow, so shall you reap*

«Какау́кнется, так и откли́кнется»—поду́мал я и укра́л часы́ у во́ра. *"As the call, so the echo," I thought, and stole the thief's watch.*

афёра—*shady transaction(s)*

пусти́ться в афёры—*get mixed up in the wrong deal*

Он пусти́лся в афёры и́з-за отсу́тствия де́нег. *Because he was broke, he got mixed up in the wrong deal.*

Б

ба́ба—*(peasant) woman*

бой-ба́ба—*tough lady*

Моя́ тётя бой-ба́ба. *My auntie is a real tough lady.*

не́ было у ба́бы хлопо́т, купи́ла порося́—*trouble comes to him who seeks it*

Бори́с купи́л ста́рый автомоби́ль, кото́рый пришло́сь ча́сто сдава́ть в ремо́нт. Вот не́ было у ба́бы хлопо́т, купи́ла порося́. *Boris bought an old car that needed repair all the time—trouble comes to him who seeks it.*

ба́бушка—*grandmother*

ба́бушка на́двое сказа́ла—*there is no telling just yet; it remains to be seen*

Мы наде́емся, что у до́чери бу́дут де́ти, да ба́бушка на́двое сказа́ла. *We hope, that our daughter will have children, but there is no telling just yet.*

вот тебе́, ба́бушка, и Ю́рьев день!—*that's a fine kettle of fish! What a pickle we're in!*

Когда́ на́ша ло́дка се́ла на мель, мы сказа́ли: «Вот тебе́, ба́бушка, и Ю́рьев день!» *When our boat ran aground, we exclaimed: "What a pickle we're in!"*

расскажи́(те) э́то свое́й ба́бушке—*I wasn't born yesterday!*

Я ни сло́ву не ве́рю. Расскажи́ э́то свое́й ба́бушке! *I don't believe a word of it. I wasn't born yesterday!*

баклу́ши

бить баклу́ши—*loiter away; twiddle one's thumbs*

От ску́ки Пётр весь день бьёт баклу́ши. *Peter has got nothing to do—he twiddles his thumbs all day.*

бал—*ball*

ко́нчен бал—*the game* (or *the party) is over*

«Ко́нчен бал»—сказа́ли лю́ди, когда́ во́ра взя́ли под аре́ст. *"That's the end of that," the people said, when the thief got arrested.*

балала́йка—*balalaika (*Russian stringed musical instrument*)*

бесстру́нная балала́йка—*chatterbox; a wordy person; one who can't shut up*

Мой дя́дя бесстру́нная балала́йка. *My uncle is a chatterbox.*

ба́ня—*baths; bath-house*

зада́ть ба́ню—*give someone hell; make it hot for one*

Е́сли у нача́льника настрое́ние плохо́е, он нам задаёт ба́ню. *When the boss is in a bad mood he gives us hell.*

бара́н—*ram*

смотре́ть (or **уста́виться) как бара́н на но́вые воро́та**—*give a blank stare*

Са́ша смотре́л на меня́, как бара́н на но́вые воро́та. *Sasha was staring at me with a blank stare.*

как бара́н упере́ться—*be pigheaded; be stubborn as a mule*

От Бори́са ничего́ не жди́—он упёрся, как бара́н. *Expect nothing of Boris—he is stubborn as a mule.*

ба́рин—*nobleman; landowner*

жить ба́рином—*live the life of Riley*

Женйвшись на богáтой он живёт бáрином. *Since he married a rich woman, he lives the life of Riley.*

башмáк—*shoe*

быть под башмакóм—*be under someone's thumb*

Алексéй влáстный человéк, и все у негó под башмакóм. *Aleksey is a powerful man, he keeps everyone under his thumb.*

быть под башмакóм у жены́—*be a hen-pecked husband*

Йгорь бóльше не хотéл быть под башмакóм у жены́ и остáвил её. *Igor left his wife, because he no longer wanted to be a hen-pecked husband.*

бе

не знáть (or **понимáть) ни бе ни ме (ни кукарéку)**—*not to know the first thing about*

Пáвел в э́том дéле не знáет ни бе ни ме. *Pavel doesn't know the first thing about the matter at hand.*

бег—*run; running*

быть в бегáх—*be on the run; be in hiding*

Николáй убежáл из тюрьмы́ и дóлгое врéмя был в бегáх. *Nikolay escaped from jail and was on the run for a long time.*

беда́—*misfortune*

беда́ беду́ роди́т—*trouble begets trouble; one damn thing after another*

Сперва́ я потеря́л ключи́, а пото́м кошелёк—беда́ беду́ роди́т. *First I lost my key, then my wallet—one damn thing after another.*

лиха́ беда́ нача́ло—*beginnings are always difficult*

Серге́й пе́рвый день за рулём о́чень волнова́лся, а пото́м вожде́ние ста́ло для него́ удово́льствием. Лиха́ беда́ нача́ло. *Sergey was very nervous behind the steering wheel on the first day, but later driving became a pleasure for him. Beginnings are always difficult.*

что за беда́?—*what does it matter?*

Я потеря́л пу́говицу. Ну, что за беда́? *I lost a button, but what does it matter?*

без—*without*

без никаки́х!—*and no arguments!; no two ways about it; that's it!*

Ты до́лжен э́то сде́лать и без никаки́х! *You've got to do it and that's it!*

безобра́зие—*outrage*

что за безобра́зие!—*it's scandalous!*

Что за безобра́зие! Мно́го невино́вных люде́й арестова́ли. *It's scandalous how many innocent people were arrested.*

безры́бье

на безры́бье и рак ры́ба—*in the kingdom of the blind the one-eyed is a king*

Зна́я ма́ло слов на англи́йском я до́лжен был сде́лать перево́д, поско́льку други́х перево́дчиков не́ было. На безры́бье и рак ры́ба. *I knew but little English, yet I had to do the translating, since there weren't any other translators; in the kingdom of the blind the one-eyed is a king.*

безу́мие—*folly*

люби́ть до безу́мия—*love to distraction*

Он лю́бит жену́ сосе́да до безу́мия. *He loves the neighbor's wife to distraction.*

белена́—*henbane*

белены́ объе́лся—*be off one's rocker; go nuts (*or *bananas)*

Ты тако́е говори́шь, сло́вно белены́ объе́лся. *You're talking nonsense, you must have gone bananas.*

бе́лка—*squirrel*

верте́ться (or **кружи́ться) как бе́лка в колесе́**—*be like a squirrel (*or *hamster) on a treadmill*

Моя́ жена́ весь день с детьми́ ве́ртится, как бе́лка в колесе́. *My wife is busy all day with the kids—she's like a hamster on a treadmill.*

белу́га—*white sturgeon*

реве́ть белу́гой—*scream like a banshee*

От бо́ли Ли́за реве́ла белу́гой. *The pain made Lisa scream like a banshee.*

бе́лый—*white*

принима́ть бе́лое за чёрное—*call even a snowflake a spade*

Са́ша никому́ не ве́рит и принима́ет бе́лое за чёрное. *Sasha doesn't believe anyone, and calls even a snowflake a spade.*

говори́т бело́, а де́лает черно́—*he doesn't practice what he preaches*

Нече́стные лю́ди говоря́т бело́, а де́лают черно́. *Dishonest people don't practice what they preach.*

бельё—*underwear; linen*

копа́ться (or **ры́ться) в гря́зном белье́**—*stick one's nose into someone else's personal affairs; dig up dirt on someone*

Ники́та ро́ется в гря́зном белье́, что́бы причини́ть неприя́тности пре́жней подру́ге. *Nikita digs up dirt in order to cause his former girlfriend trouble.*

бельме́с

ни бельме́са не зна́ет (or **не понима́ет**)—SEE: **ни бе ни ме (ни кукаре́ку)**

бельмо́—*walleye; cataract*

как бельмо́ на глазу́—*an eyesore; thorn in someone's side*

В спо́рте он всегда́ ли́дер, и э́то мне как бельмо́ на глазу́. *When it comes to sports, he always has to lead, and that's a thorn in my side.*

бес—*devil*

бе́са лы́сого—*hell, no!*

Что моя́ зарпла́та высо́кая? Бе́са лы́сого! *What? My salary is high? Hell, no!*

рассыпа́ться (or **верте́ться**) **ме́лким бе́сом** (or **би́сером**)—*shine up to someone; flatter someone*

Что́бы ему́ повы́сили зарпла́ту он рассыпа́лся ме́лким бе́сом пе́ред дире́ктором. *He kept shining up to the director in order to get a salary increase.*

беспоко́йство—*anxiety; nervousness; trouble*

прости́(те) за беспоко́йство—*I'm sorry to trouble you*

Прости́те за беспоко́йство, вы не зна́ете кото́рый час? *I'm sorry to trouble you, could you please tell me what time it is?*

бессты́дство—*shamelessness*

хвати́ло бессты́дства—*have the cheek* (or *gall*)

У него́ хвати́ло бессты́дства повто́рно проси́ть у меня́ де́ньги. *He had the gall to ask me for another loan.*

бесцéнок

купúть (or **продáть) за бесцéнок**—*buy* (or *sell) for a song* (or *a mere trifle* or *next to nothing)*

Лéтнее плáтье зимóй онá купúла за бесцéнок. *She bought summer clothes in the winter for a song.*

Мы продáли автомобúль пóсле авáрии за бесцéнок. *After the accident we sold our car for next to nothing.*

бéшенство—*fury; rage*

доводúть до бéшенства—*drive one nuts* (or *wild* or *mad); drive one to a frenzy*

Шум стрóйтельства довóдит меня́ до бéшенства. *The construction noise is driving me nuts.*

приходúть в бéшенство—*see red; get mad; fly into a rage*

Увúдев любóвника жены́, Ивáн пришёл в бéшенство. *Ivan flew into a rage, when he caught sight of his wife's lover.*

билéт—*ticket*

билéт в одúн конéц—*one-way ticket*

Я купúл билéт в одúн конéц, так как возвращáлся на автомобúле дрýга. *I only bought a one-way ticket, since I got a ride home from my friend.*

бúсер—*(glass) beads*

метáть бúсер пéред свúньями—*cast pearls before swine*

Емý объясня́ть об искýсстве—слóвно метáть бúсер пéред свúньями. *Talking to him about the arts is casting pearls before swine.*

рассыпáться мéлким бúсером—SEE: **рассыпáться мéлким бéсом**

бúтый—*striken, hit*

бúтый-перебúтый—*run into the ground; has been talked to death*

Перестáнь! Э́та тéма ужé бúтая-перебúтая. *Stop it! This subject has been run into the ground.*

бла́го—*blessing; good*

всех благ—*all the best; take care; best of luck*

Мы пожела́ли ему́ всех благ, и он отпра́вился в доро́гу. *We wished him all the best and he set out on his way.*

ни за каки́е бла́га (в ми́ре)—*not for the world; not for all the tea in China*

Ни за каки́е бла́га я за него́ за́муж не вы́йду. *I won't marry him for all the tea in China.*

блат—*connections*

по бла́ту—*by pulling strings; through one's connections*

Са́ша нашёл себе́ рабо́ту по бла́ту. *Sasha found work for himself through his connections.*

блю́дечко—*saucer*

как на блю́дечке (or **блю́де**)—*be in plain sight; be in full view*

С высоты́ пти́чьего полёта наш го́род был ви́ден, как на блю́дечке. *From a bird's eye perspective we had a full view of our town.*

на блю́дечке с голубо́й каёмочкой—*on a silver platter*

Я зави́дую лю́дям, кото́рым судьба́ всё прино́сит на блю́дечке с голубо́й каёмочкой. *I envy people who get everything handed to them on a silver platter.*

блю́до—*platter; dish*

дежу́рное блю́до—*today's special*

Сего́дня в рестора́не дежу́рное блю́до—борщ. *Today's special at the restaurant is borscht.*

боб—*bean*

бобы́ разводи́ть—*beating around the bush*

Никола́й весь ве́чер разводи́л бобы́ вме́сто конкре́тного разгово́ра. *Nikolay kept beating around the bush all evening instead of saying anything concrete.*

остáться (or **сидéть) на бобáх**—*be left holding the bag; be left out in the cold; be left empty-handed*

Миллионéр отдáл всё женé, а расчётливая любóвница остáлась на бобáх. *The millionaire left everything to his wife, and his scheming mistress was left holding the bag.*

бог, бóже—*God*

бережёного и бог бережёт—*better safe than sorry*

Мы подýмали, что бережёного и бог бережёт, поэ́тому пéред óтпуском сдáли все драгоцéнности в ломбáрд. *"Better safe than sorry," we thought, and put all our jewelry in the safe before we took our holiday trip.*

бóже мой!—*Heavens!; good God!*

«Бóже мой, как ты вы́рос за э́ти дéсять лет!»—сказáла Ли́за своемý племя́ннику. *"Heavens! how you've grown during these past ten years!" Lisa said to her nephew.*

дай бог нóги—*run for one's life; take to one's heels*

Алексéй услы́шал стрельбý—и дай бог нóги! Бóльше мы егó не ви́дели. *Aleksey heard shooting and ran for his life. We didn't see him any more.*

как бог свят—*I swear!*

Я э́то вы́полню как бог свят. *I'll do this, I swear!*

как бог нá душу полóжит—*let matters take their course*

Мáша живёт как ей бог нá душу полóжит. *Masha lives letting matters take their course.*

на бóга надéйся, а сам не плошáй—*trust in God and keep the gunpowder dry*

Я всегдá руковóдствуюсь прáвилом: на бóга надéйся, а сам не плошáй. *I always follow the principle: trust in God and keep the gunpowder dry.*

не дай бог—*God forbid*

Не дай бог испытáть мне такóе гóре! *God forbid that I should experience such a sorrow!*

ни бóгу свéчка, ни чёрту кочергá—*neither one thing nor the other; neither fish nor fowl*

Сáша такóй человéк, что ни бóгу свéчка, ни чёрту кочергá—*Sasha is the kind of person who's neither fish nor fowl.*

одномý бóгу извéстно—*God only knows*

Одномý бóгу извéстно, что за э́той закры́той двéрью дéлается. *God only knows what's happening behind this closed door.*

рáди бóга—*I beg you!; for Heaven's sake!*

Рáди бóга, не обижáйтесь за мои́ словá! *For Heaven's sake, don't be offended by what I said.*

с бóгом—*good luck to you; God bless you*

«С бóгом!»—сказáла мать, провожáя сы́на в áрмию. *"God bless you!" the mother said as she bade farewell to her son joining the army.*

убéй меня́ бог—*honest to God; may I be struck dead; may God strike me dead*

Убéй меня́ бог, éсли я э́то сказáл. *May I be struck dead if I said such a thing.*

богáтый—*rich*

чем богáты, тем и рáды—*you are welcome to whatever we have*

Неожи́данно приéхавшим гостя́м хозя́йка сказáла: «Чем богáты, тем и рáды.» *"You are welcome to whatever we have," the hostess said to the unexpected guests.*

бок—*side*

бок ó бок—*side by side*

Мы всю жизнь прорабóтали бок ó бок. *All our lives we've been working side by side.*

быть (or **находи́ться**) **под бóком**—*be near by; be round the corner; be only a hop, skip and a jump away*

Шкóла у нас нахóдится под бóком. *The school is from us only a hop, skip and a jump away.*

ломáть (or **обломáть** or **намя́ть**) **бокá**—*tan someone's hide*

Éсли ты не сдéлаешь то, что я трéбую, я наломáю тебé бокá. *If you won't do what I demand, I'll tan your hide.*

подходи́ть с другóго бóку—*look at something from a different angle* (or *point of view)*

Начáльник реши́л подойти́ к проблéме опоздáния сотрýдников с другóго бóку, и с понедéльника былá введенá систéма штрáфов. *The boss decided to look at the colleagues' tardiness from a different point of view and so they introduced the penalty system starting with Monday.*

порá на боковýю—*it's time to hit the sack; it's time to turn in*

Ужé пóздно. Порá на боковýю. *It's late already—time to hit the sack.*

бородá—*beard*

смея́ться в бóроду—*laugh in one's sleeve*

Отéц грози́л дéтям, а сам смея́лся в бóроду. *Dad bawled out the kids, but he himself laughed in his sleeve.*

борт—*edge*

остáвить за бортóм—*leave one out in the cold; be thrown out*

Я боюсь, что онá меня́ остáвит за бортóм. *I'm afraid that she'll leave me out in the cold.*

бóчка—*barrel*

как бездóнная бóчка—*like a bottomless pit*

Егó трýдно насы́тить, он как бездóнная бóчка. *It is hard to satisfy his appetite—he is like a bottomless pit.*

пить как бóчка—*drink like a fish*

Йгорь пил, как бóчка. *Igor drank like a fish.*

брат—*brother*

на брáта—*1. per person 2. for each*

1. Билéт на пóезд стóит сóрок дóлларов на брáта. *The train ticket costs $40 per person.*
2. Он дал по дóллару на брáта. *He gave each a dollar.*

роднóй брат—*(full) brother (*as opposed to half brother*)*
Ивáн—мой роднóй брат. *Ivan and I are (full) brothers.*

брать—*take*

нáша берёт (or **взялá**)—*we're the winners*

На соревновáниях по плáванию мы пéрвыми пришлú к финишу—нáша взялá. *We ended up first at the swimming contest—we are the winners.*

бровь—*eyebrow*

(попáсть) не в бровь, а (прямо) в глаз—*hit the nail right on the head*

Своúм вопрóсом он попáл не в бровь, а прямо в глаз. *With his question he hit the nail right on the head.*

брудершáфт—*fraternity*

вы́пить (на) брудершáфт—*go on first-name terms; pledge fraternity*

Пóсле пятú лет совмéстной рабóты мы вы́пили на брудершáфт. *After five years of being colleagues we became first-name friends (and sealed it with a drink).*

бýка—*boogy man*

смотрéть бýкой (or **бýка-бýкой**)—*look unfriendly; look morose* (or *sullen)*

Он был такóй нелюдúмый, всегдá смотрéл бýкой. *He was so withdrawn, he always looked morose.*

бýква—*letter*

бýква в бýкву—*word for word; to the letter*

Он всегдá всё выполнял бýква в бýкву. *He always fulfilled everything to the letter.*

буксúр—*tow-boat*

брать на буксúр—*take one in tow; give one a leg up; give one a hand*

По матема́тике мой друг всегда́ берёт меня́ на букси́р. *My friend always gives me a hand when it comes to math.*

бум-бум—*ding-dong*

не знать (or **не понима́ть) ни бум-бум**—SEE: **не знать** (or **не понима́ть) ни бе ни ме**

бу́ря—*storm*

бу́ря в стака́не воды́—*storm* (or *tempest) in a teacup*

Из са́мой просто́й ситуа́ции он создава́л бу́рю в стака́не воды́. *He turned the simplest affair into a tempest in a teacup.*

бу́хты-бара́хты

с бу́хты-бара́хты—*out of the blue*

Он всегда́ явля́лся к нам с бу́хты-бара́хты. *He always showed up at our place out of the blue.*

быва́ть—*be; happen*

исчеза́ть как не быва́ло—*vanish into thin air; vanish without a trace*

Он уме́л исчеза́ть как не быва́ло, на виду́ у всех. *He was able to vanish into thin air with everyone looking on.*

бык—*bull*

брать быка́ за рога́—*seize the bull by the horn*

Он ча́сто берёт быка́ за рога́. *He frequently seizes the bull by the horn.*

здоро́в как бык—*fit as a fiddle*

Бори́с никогда́ не боле́ет, он здоро́в как бык. *Boris is never sick—he is always fit as a fiddle.*

как бык упрётся—SEE: **как бара́н упрётся**

быльё—*grass*

быльём поросло́—*faded into oblivion; buried in oblivion; all gone and forgotten*

Са́ша вспо́мнил исто́рию, кото́рая быльём поросла́. *Sasha remembered a story, faded into oblivion.*

быт—*life*

войти́ в быт—*come into use*

При Петре́ I в быт вошли́ куре́ние, карто́шка и дли́нные парики́. *During Peter the Great, smoking, potatoes and long wigs came into use.*

быть—*be*

бу́дет мне за э́то—*I'll get my comeuppance*

Я зна́л, что е́сли я ва́зу разобью́, бу́дет мне за э́то. *I knew that if I broke the vase, I'd get my comeuppance.*

была́ не была́—*come what may*

Он ду́мал де́лать или не де́лать, а была́ не была́, сде́лал. *He was thinking whether he should do it or not, and then he decided come what may and did it.*

быть мо́жет; мо́жет быть—*maybe; probably*

И быть мо́жет, вы пра́вы. *Maybe you are right.*

(и) был тако́в—*be off in a flash*; *vanish instantly*

Бори́с то́лько что был здесь, и был тако́в. *Boris dropped in for a minute and instantly vanished.*

что бу́дет, то бу́дет—*come hell or high water; what will be, will be*

Я ему́ скажу́ своё мне́ние, что бу́дет, то бу́дет. *I'll tell him my opinion come hell or high water.*

я не я бу́ду, е́сли—*my name will be mud if*

Я не я бу́ду, е́сли не зако́нчу перево́д до утра́. *My name will be mud if I don't finish the translation by morning.*

В

ва́жность—*importance*

велика́ (or **э́ка**) **ва́жность**—*big deal!; so what?*

«Я ночно́й сто́рож всеми́рно изве́стной фи́рмы»—горди́лся Ники́та. «Велика́ ва́жность!»—Оле́г сказа́л. *"I'm a night watchman at a world-famous firm," said Nikita proudly. "Big deal!" Oleg answered.*

ва́лом—*heaped up, piled up*

ва́лом вали́ть—*come* (or *flow* or *swell*) *in huge crowds; flock*

На стадио́н наро́д ва́лом вали́л. *The people flowed into the stadium in huge crowds.*

Ва́ська—*Vaska*

а Ва́ська слу́шает да ест—*turn a deaf ear*

Я прошу́ его́ помо́чь мне, а Ва́ська слу́шает да ест. *I ask him to help me, but he turns a deaf ear.*

вдоль—*along*

вдоль и поперёк—*1. far and wide; up and down 2. thoroughly; inside out*

1. Мы изъе́здили Аме́рику вдоль и поперёк. *We traveled all over America far and wide.*
2. Я зна́ю го́род вдоль и поперёк. *I know the city inside out.*

вдрéбезги—*into smithereens*

пьян вдрéбезги—*dead drunk*

Ивáн лежи́т на полý вдрéбезги пьян. *Ivan is lying on the floor dead drunk.*

ведрó—*bucket; pail*

льёт как из ведрá—*it's coming down in sheets, it is raining cats and dogs*

Во врéмя лéтней грозы́ дождь льёт как из ведрá. *During the summer storms it rains cats and dogs.*

век—*century*

в кóи вéки—*once in a blue moon*

Наш друг в кóи вéки нас навещáл. *Every once in a blue moon our friend would visit us.*

испокóн вéка; от вéка; от вéка векóв; спокóн вéка—*since time immemorial*

Испокóн вéка земля́ крýтится вокрýг сóлнца. *The earth has been orbiting the sun since time immemorial.*

кóнчить век—*die*

Михаи́л неожи́данно зако́нчил свой век. *Mikhail died suddenly.*

мы́каться век—*struggle to get by; live in misery*

О́льга мы́калась весь век без де́нег. *Olga lived in misery for lack of money.*

на ве́ки ве́чные—*for all ages to come; for ever and ever*

Стихи́ Пу́шкина остаю́тся нам на ве́ки ве́чные. *Pushkin's poetry will endure for all ages to come.*

величина́—*size*

ду́тая величина́—*one's reputation is overblown*

Когда́ у профе́ссора потре́бовали бо́лее подро́бный отчёт, вы́яснилось, что он ду́тая величина́. *When the professor was asked to hand in a more detailed resume, it became clear that his reputation was overblown.*

верёвка—*string*

вить верёвки—*twist someone around one's little finger*

Муж люби́л свою́ жену́, а она́ из него́ верёвки ви́ла. *The husband loved his wife very much, but she kept twisting him around her little finger.*

верте́ться—*turn; revolve*

как не верти́сь—*no matter what you (may) do*

Как не верти́сь, а жизнь не изме́нится. *No matter what you may do, life won't change.*

верх; верху́шка—*top*

быть на верху́ блаже́нства—*be in seventh heaven; be on cloud nine*

Пётр влюби́лся и был на верху́ блаже́нства. *Peter fell in love and was in seventh heaven.*

с ве́рхом нали́ть (or **напо́лнить**)—*fill to the brim*

На столе́ стоя́л кувши́н, с ве́рхом напо́лненный пи́вом. *On the table there stood a pitcher, filled with beer to the brim.*

весь—*whole*

весь в—*be a dead ringer for someone; be the very image of someone*

Наш сын весь в отцá. *Our son is a dead ringer for his father.*

вот и всё—*that's it*

Онú разошлúсь, вот и всё. *They got a divorce and that was it.*

всё ещё—*yet*

Úгорь óчень грязный, но принимáть душ всё ещё не хóчет. *Igor is filthy, yet he won't take a shower.*

всё равнó—*not to make any difference; be all the same*

Мой муж мóжет со мнóй не согласúться, но я всё равнó принимáю э́ту нóвую рабóту. *My husband might disagree but I'll take on the new job all the same.*

на всех не угодúшь—*you can't please everyone*

Как не старáйся, на всех не угодúшь. *No matter how hard you may try, you can't please everyone.*

вéтер—*wind*

вéтер в головé—*be empty-headed*

Старикú чáсто говорят, что у молоды́х вéтер в головé. *Old people often say that young people are empty-headed.*

взад—*backwards*

взад и вперёд—*up and down; to and fro; backwards and forwards*

Мы ходúли по аллéе взад и вперёд. *We kept walking to and fro under the trees.*

ни взад, ни вперёд—*not to budge an inch; neither backwards nor forwards*

В автóбусе стóлько нарóду, что ни взад, ни вперёд. *The bus is so crowded that no one can budge an inch.*

вещь—*thing*

называ́ть ве́щи свои́ми (or **со́бственными** or **настоя́щими) имена́ми**—*call a spade a spade*

Говори́ конкре́тно, называ́й ве́щи свои́ми имена́ми! *Talk concretely—call a spade a spade!*

взгляд—*glance*

куда ни ки́нешь взгля́д(ом)—*wherever you turn; wherever you look*

В Пари́же куда́ ни ки́нешь взгля́дом, краси́вая архитекту́ра. *In Paris, no matter where you turn, the buildings are pretty.*

лови́ть на себе́ взгляд—*catch someone's glance*

Во вре́мя та́нца она́ лови́ла на себе́ его́ взгляд. *During the dance she caught his glance.*

на мой взгляд—*by my book; in my view; in my opinion*

Я ему́ сказа́л, что на мой взгляд он был непра́в. *I told him that by my book he wasn't right.*

обежа́ть взгля́дом—*scan*

Я не прочита́л кни́гу, а обежа́л её взгля́дом. *I didn't read the book, I just scanned it.*

с пе́рвого взгля́да—*right away; at first glance; from the very start*

Я его́ оцени́л с пе́рвого взгля́да. *I appreciated him from the very start.*

вздор—*nonsense*

говори́ть (or **моло́ть** or **нести́** or **поро́ть) вздор**—*talk nonsense; talk foolishness*

Переста́нь поро́ть вздор! *Stop talking nonsense!*

взду́мать—*take it into one's head*

не взду́май(те)—*don't even think of*

Не взду́май оде́ть шу́бу ле́том. *Don't even think of wearing a fur coat during the summer.*

взор—*look*

оскорби́ть взор—*be an eyesore*

Му́сор на у́лице оскорбля́ет взор. *Garbage in the streets is an eyesore.*

вид—*sight*

вида́ть ви́ды—*one has seen all sorts of things; one has been around*

Стари́к мно́го расска́зывал. Бы́ло я́сно, что он вида́л ви́ды. *The old man told us so much, it became obvious that he had been around.*

де́лать вид—*act as if; make believe; pretend*

Пётр то́лько де́лал вид, что меня́ понима́ет. *Peter just acted as if he understood me.*

для ви́да—*for the sake of appearances*

Са́ша поруга́л сы́на для ви́да, но в душе́ он был с ним согла́сен. *Sasha scolded his son for the sake of appearances, but he agreed with him in his heart.*

име́ть в виду́—*keep in mind*

Е́сли захо́чется купи́ть вещь, име́й в виду́, у нас нет де́нег. *When you want to go shopping, keep in mind that we have no money.*

име́ть ви́ды—*count on; have design on one*

В реше́нии э́той пробле́мы он име́л ви́ды на него́. *He counted on him in solving this problem.*

ни под каки́м ви́дом—*not under any circumstances; by no means*

Пётр не признава́лся в своём преступле́нии ни под каки́м ви́дом. *Peter wouldn't confess under any circumstances.*

вида́ть—*see*

вида́ли одну́ таку́ю!—*we have seen a thing or two!*

Не ду́май, что тебе́ всё уда́стся. Вида́ли одну́ таку́ю! *Don't think you'll always succeed—we have seen a thing or two!*

ви́деть—*see*

то́лько и ви́дели—*be gone in a flash; vanish without a trace*

Вор укра́л кошелёк и то́лько его́ и ви́дели. *The thief stole the purse and vanished without a trace.*

виногра́д—*vine; grapes*

зе́лен виногра́д—*the grapes are sour*

Бу́дучи бе́дным, он пренебрежи́тельно говори́л о деньга́х, но мы чу́вствовали, что «зе́лен виногра́д.» *Since he is poor, he spoke contemptuously about money, but we felt that it was a case of "sour grapes."*

ви́нтик—*screw*

ви́нтика (or **ви́нтиков) не хвата́ет (в голове́)**—*have a screw loose; lose some of one's marbles*

По его́ расска́зу я по́нял, что у него́ ви́нтиков не хвата́ет. *The way he talked made me realize that he had a screw loose.*

вкопа́ть—*dig in*

как (or **сло́вно** or **то́чно) вко́панный**—*freeze on the spot; as if rooted in the ground*

Когда́ И́горь встре́тил медве́дя в лесу́, он стал как вко́панный. *When Igor saw the bear in the woods, he froze on the spot.*

вкус—*taste*

по вку́су—*be appealing to someone*

Моё замеча́ние о его́ жене́ пришло́сь Алексе́ю не по вку́су. *My remark about his wife went against Aleksey's grain.*

владе́ть—*own; be able to use*

владе́ть собо́й—*control oneself*

В любо́й ситуа́ции Па́вел уме́л владе́ть собо́й. *Pavel was able to control himself in all situations.*

власть—*power*

прийти́ к вла́сти—*come into power; take office*

Но́вый президе́нт прийдёт к вла́сти че́рез две неде́ли. *The new president will take office in two weeks.*

теря́ть власть над собо́й—*lose one's temper* (or *self-control)*

Когда́ Са́ша обижа́л меня́, я теря́л власть над собо́й. *I lost my temper when Sasha offended me.*

влезть—*climb in; get into*

не влéзешь в кого́-ли́бо—*you can't read someone else's mind*

Как зна́ть, говори́т ли Никола́й пра́вду—как говори́тся, в него́ не вле́зешь. *How can we know if Nikolay is telling the truth as they say, you can't read someone else's mind.*

внима́ние—*attention; consideration*

оста́вить без внима́ния—*take no notice of; disregard*

Дире́ктор остави́л мою́ кри́тику без внима́ния. *The director disregarded my criticism.*

принима́ть во внима́ние—*take into account* (or *consideration)*

При вынесе́нии пригово́ра судья́ при́нял во внима́ние тру́дное де́тство престу́пника. *When pronouncing the sentence, the judge took into consideration the criminal's difficult childhood.*

внутри́—*inside*

оборва́ться внутри́—*one's heart sinks; one's heart almost stops*

Когда́ я слы́шала об уби́йстве, у меня́ внутри́ оборвало́сь. *When I heard about the murder, my heart almost stopped.*

вода́—*water*

в му́тной воде́ ры́бу лови́ть—*fish in troubled waters*

Нече́стные лю́ди ча́сто ло́вят ры́бу в му́тной воде́. *Dishonest folks like to fish in troubled waters.*

водо́й не розольёшь—*be inseparable; be as thick as thieves*

Оле́г и И́горь таки́е бли́зкие друзья́, что их водо́й не разольёшь. *Oleg and Igor are such close buddies that they are inseparable.*

вози́ть во́ду на—*make one chop wood all day*

Ивáн такóй безрóпотный, что на нём мóжно вóду возúть. *Ivan is so submissive, that you can make him chop wood all day.*

вы́йти сухи́м из воды́—*get off scot-free*
В любóй ситуáции он умéл вы́йти сухи́м из воды́. *He was able to escape from any situation scot-free.*

лить вóду на чью-либо **мéльницу**—*play into someone's hands*
Ты свои́ми словáми льёшь вóду на мéльницу конкурéнта. *You're playing into the competition's hands with your words.*

мнóго (or **немáло** or **стóлько**) **воды́ утеклó**—*a lot of water has flowed under the bridge*
Дéтство мы провели́ вмéсте, но с тех пор немáло воды́ утеклó. *We spent our childhood together, but since then a lot of water has flowed under the bridge.*

седьмáя (or **деся́тая**) **водá на киселé**—*be a kissing cousin; a cousin seven* (or *ten*) *times removed*
Какóй он мне рóдственник? Седьмáя водá на киселé. *What relation is he to me? We're but kissing cousins.*

чи́стой (or **чистéйшей**) **воды́**—*pure, unadulterated; genuine*

Э́то была́ пра́вда чисте́йшей воды́. *This was the pure, unadulterated truth.*

во́дка—*vodka*

дать на во́дку—*give a tip*

Гру́зчики жда́ли, что хозя́ин даст им на во́дку. *The movers were waiting for the landlord to give them a tip.*

во́здух—*air*

на во́льном (or **откры́том** or **све́жем) во́здухе**—*out of doors*

По воскресе́ньям мы прово́дим вре́мя на откры́том во́здухе. *We spend our Sundays out of doors.*

возмо́жность—*possibility; opportunity; chance*

по возмо́жности; по ме́ре возмо́жности—*as far as possible; to the extent one is able to*

Помоги́ мне по ме́ре возмо́жности! *Please help me as you can.*

при пе́рвой возмо́жности—*1. as soon as possible* 2. *at the first opportunity*

1. Пожа́луйста, позвони́ мне при пе́рвой возмо́жности. *Please call me as soon as possible.*
2. При пе́рвой возмо́жности я поступи́л в университе́т. *I entered the university at the first opportunity.*

возня́—*fuss; bustle*

мыши́ная возня́—*petty cares (*or *concerns); be of a trifling nature*

Её жа́лобы явля́лись в су́щности мыши́ной вознёй. *Her complaints were basically of a trifling nature.*

во́зраст—*age*

вы́йти из во́зраста—*be past the age limit; be too old for someting*

Ната́ша ещё не вы́шла из того́ во́зраста, когда́ уже́ не игра́ют в ку́клы. *Natasha is not yet too old for playing with dolls.*

в во́зрасте—*be of advanced age; be getting on in years*

Ири́на уже́ в во́зрасте и ре́дко выхо́дит из до́ма одна́. *Irina is getting on in years—she seldom leaves the house by herself.*

не по во́зрасту—*beyond one's age*

Серьёзное мне́ние о жи́зни у ма́льчика бы́ло я́вно не по во́зрасту. *The boy was serious about life beyond his years.*

вокру́г—*around*

вокру́г да о́коло—*be beating around the bush*

Бори́с всё ходи́л вокру́г да о́коло, а пря́мо не говори́л. *Boris kept beating around the bush, and never talked straight.*

вол—*ox*

рабо́тать как вол—*work like a dog* (or *a horse*)

Оте́ц восьмеры́х дете́й до́лжен рабо́тать как вол. *A father of eight has to work like a dog.*

волк—*wolf*

во́лком смотре́ть—*look daggers; look cross at someone*

Пётр был нелюди́м и во́лком смотре́л на всех. *Peter was a loner and looked cross at everybody.*

С волка́ми жить, по-во́лчьи выть.—*When in Rome, do as the Romans (do).*

Ты до́лжен приспосо́биться к но́вой ситуа́ции на заво́де. С волка́ми жить, по-во́лчьи выть. *You have to comply with the new situation at the factory—when in Rome, do as the Romans!*

во́лос—*hair*

во́лосы ста́ли ды́бом—*one's hair stands on end*

Когда́ я уви́дел горя́щий дом, у меня́ во́лосы ста́ли ды́бом. *When I saw the burning house, my hair stood on end.*

дожи́ть до седы́х воло́с—*live to a ripe old age*

Ива́н дожи́л до седы́х воло́с и всё-таки де́лал глу́пости. *Ivan lived to a ripe old age, yet he kept doing foolish things.*

ни на вóлос—*not a bit; not in the least*

Дéсять лет прошлó, но онá не изменúлась ни на вóлос. *Ten years have passed, yet she hasn't changed in the least.*

волосóк—*hair*

быть на волоскé от чегó-лúбо—*be on the brink* (or *on the verge*) *of something*

Во врéмя войны́ я чáсто был на волоскé от смéрти. *During the war, more than once I was on the brink of death.*

держáться (or **висéть**) **на волоскé**—*hang by a hair* (or *thread*)

Во врéмя осáды моя́ жизнь висéла на волоскé. *During the siege my life hung by a thread.*

вóля—*will; liberty*

вóлей-невóлей—*like it or not; willy-nilly*

Вóлей-невóлей емý пришлóсь взя́ться за рабóту. *Like it or not he had to get down to work.*

вóля вáша (or **твоя́**)—*it's up to you; do as you like*

Я предложúл Натáше поéхать со мной в Еврóпу, но, замéтив её колебáния, я сказáл: вóля твоя́. *I suggested to Natasha that she come with me to Europe, but seeing her hesitation, I said, "It's up to you."*

дать вóлю языкý—*let it all hang out; give full reign to one's tongue*

Никúта дóлго молчáл, а потóм дал вóлю своемý языкý. *Nikita kept silent for a long time, but then he let it all hang out.*

давáть вóлю кулакáм—*use one's fists*

Когдá Сáша выпивáл, он давáл вóлю своúм кулакáм. *Whenever Sasha got drunk, he would use his fists.*

по дóброй вóле—*voluntarily; on one's own accord* (or *free will*)

По дóброй вóле он пошёл на войнý. *He joined the war effort voluntarily.*

вон—*out*

пошёл вон!—*get out of here!*

Бори́с мне так надое́л, что я вы́нужден был ему́ сказа́ть: пошёл вон! *I was so fed up with Boris that I had to tell him, "Get out of here!"*

вопро́с—*question*

больно́й вопро́с—*touchy issue* (or *question)*

Жени́тьба для ста́рого холостяка́—больно́й вопро́с. *Marriage is a touchy issue for a certified bachelor.*

засы́пать вопро́сами—*overwhelm someone with questions*

Репортёры засы́пали актёра вопро́сами. *The reporters overwhelmed the actor with questions.*

под вопро́сом—*in doubt; up in the air*

На́ше путеше́ствие ещё под вопро́сом. *Our trip is still up in the air.*

поста́вить вопро́с ребро́м—*put a question point-blank*

Что́бы узна́ть пра́вду, я поста́вил вопро́с ребро́м. *In order to find out the truth, I put the question point-blank.*

что за вопро́с!—*What a question!*

«Хо́чешь моро́женое?»—«Что за вопро́с!» *"Do you want some ice-cream?"—"What a question!"*

вор—*thief*

не по́йман—не вор—*innocent until proven guilty*

Мы предполага́ли, что секре́тные докуме́нты Оле́г переда́л иностра́нной разве́дке, но пока́ не по́йман—не вор. *We suspected that Oleg handed the secret documents to foreign intelligence, but he's innocent until proven guilty.*

на во́ре ша́пка гори́т—*one's guilty conscience is speaking*

Па́влу ещё не предъяви́ли обвине́ния, а он уже́ опра́вдывается—на во́ре ша́пка гори́т. *Pavel was not yet reprimanded, but he's already making excuses—his guilty conscience is speaking.*

воробе́й—*sparrow*

ста́рый (or **стре́ляный**) **воробе́й**—*know all the tricks; be an old hand at something; be a wise old bird*

Его́ уже́ ничего́ не удиви́т—он ста́рый воробе́й. *Nothing can surprise him anymore, he knows all the tricks.*

во́рон—*raven*

куда́ во́рон косте́й не занесёт—*to the middle of nowhere; to a godforsaken place*

Йгорь стреми́лся туда́, куда́ во́рон косте́й не занесёт. *Igor was headed for a godforsaken place.*

воро́на—*crow*

бе́лая воро́на—*rare bird; odd fish; stuck out like a sore thumb*

Со свои́ми необыкнове́нными сво́йствами он был как бе́лая воро́на. *With his odd habits he stuck out like a sore thumb.*

счита́ть воро́н—*twiddle one's thumb*

От безде́лья он весь день счита́ет воро́н. *He's got nothing to do; he is twiddling his thumbs all day.*

восто́рг—*delight*

администрати́вный восто́рг—*bureaucratic zeal*

Мой нача́льник в администрати́вном восто́рге забы́л о потре́бностях люде́й. *My boss forgot about the needs of the people in his bureaucratic zeal.*

быть в восто́рге—*be enthusiastic about*

Зри́тели бы́ли в восто́рге от но́вого фи́льма. *The audience was enthusiastic about the new movie.*

приходи́ть в ди́кий (or **теля́чий) восто́рг**—*get foolishly enthusiasic*

Ма́ша пришла́ в ди́кий восто́рг от на́шего предложе́ния. *Masha got foolishly enthusiastic when she got our offer.*

вот—*here's*

вот-вот—*at any minute*

Наш гость вот-вот придёт. *Our guest will be here any minute now.*

вот ещё!—*well, really!; What a question!*

«Ты пойдешь к нему́?»—«Вот ещё!» *"Will you go see him?"—"What a question!"*

вот и всё—*and that's that; that's all there is to it*

Ему́ в Москве́ не нра́вилось и он уе́хал в Аме́рику. Вот и всё. *He didn't like life in Moscow, so he left for the States—that's all there is to it.*

вот и́менно!—*exactly!*

Вот и́менно! Он всегда́ прав. *Exactly! He's always right.*

вре́мя—*time*

вне вре́мени и простра́нства—*in a fool's paradise; suspended in time and space*

И́горь жил сло́вно вне вре́мени и простра́нства. *Igor lived in a fool's paradise.*

во времена́—*in the days of*

Во времена́ Пу́шкина поэ́зия о́чень влия́ла на чита́телей. *In the days of Pushkin poetry deeply affected the readership.*

в одно́ прекра́сное вре́мя (or **у́тро**)—*once; one fair day*

В одно́ прекра́сное вре́мя я решил уе́хать в Париж. *One fair day I decided to go to Paris.*

вре́мени в обре́з—*be short of time; have no time for something*

У меня́ вре́мени в обре́з для тако́й рабо́ты. *I've got no time for that kind of work.*

вре́мя от вре́мени; времена́ми—*now and then; from time to time; at times*

Вре́мя от вре́мени он присыла́л мне письмо́. *Every now and then he would write me a letter.*

вре́мя рабо́тает на кого́-ли́бо—*time is on one's side*

Мы жда́ли и не волнова́лись зна́я, что вре́мя рабо́тает на нас. *We waited undisturbed, because we knew that time was on our side.*

всему́ своё вре́мя—*all in its own good time*

О́чень тру́дно де́тям внуши́ть му́дрость, что всему́ своё вре́мя. *It's very difficult to teach children the wisdom of "all in its own good time."*

в ско́ром вре́мени—*soon; before long; in the not-too-distant future*

В ско́ром вре́мени всё изме́нится. *Things will change in the not-too-distant future.*

до сего́ вре́мени—*up till now; to the present day*

Я отпрáвил письмó, но до сегó врéмени отвéта нет. *I sent a letter, but no answer up till now.*

на врéмя—*for the time being*

На врéмя мы остáнемся в э́том гóроде, а потóм подýмаем, что дéлать дáльше. *For the time being we'll stay in this town, then we'll decide later what to do.*

на пéрвое врéмя—*for starters; to start with*

На пéрвое врéмя нам хвáтит ты́сячи дóлларов на жизнь. *A thousand dollars will cover expenses for starters.*

всегó—*altogether*

всегó-нáвсего—*no more than*

Мои́ покýпки сегóдня стóили всегó-нáвсего двáдцать дóлларов. *My shopping today came to no more than $20.*

всегó ничегó—*almost nothing; next to nothing*

Из моегó рассκáза он пóнял всегó ничегó. *He understood next to nothing of my whole story.*

тóлько и всегó—*all; nothing more than*

О моéй жи́зни он тóлько и всегó знал, что я учýсь. *He knew nothing more about me than that I was a student.*

всеуслы́шание—*public hearing*

заяви́ть (or **объяви́ть** or **сказáть) во всеуслы́шание**—*for all the world to hear; within earshot of everyone*

О свои́х проблéмах Пётр сказáл во всеуслы́шание. *Peter discussed his personal problems within earshot of everyone.*

вставáть—*get up*

не вставáя—*uninterruptedly; in one stretch; nonstop*

Ники́та рабóтал с утрá до вéчера не вставáя. *Nikita worked from morning till night in one stretch.*

вулка́н—*volcano*

жить как на вулка́не—*sit on a powder keg; sit on a time bomb*

Среди́ враго́в мы́ живём как на вулка́не. *Caught between enemies we live as if sitting on a powder keg.*

выводи́ть—*take out*

выводи́ть из себя́—*rile; drive one out of one's wits*

Крик дете́й меня́ всегда́ выво́дит из себя́. *The crying of the children always drives me out of my wits.*

вы́йти—*go out; appear; transpire; happen; turn out*

вы́йти за́муж—*get married (*said about women only*)*

Ната́ша вы́шла за́муж за врача́. *Natasha married a physician.*

вы́шло совсе́м не так—*it happened* (or *turned out) entirely differently*

Мы соста́вили подро́бные пла́ны, но всё вы́шло совсе́м не так. *We made detailed plans, but things turned out differently.*

выраже́ние—*expression*

с выраже́нием—*with feeling; with emotion*

Ири́на всегда́ чита́ла стихи́ с выраже́нием. *Irina always recited poetry with feeling.*

высота́—*height*

быть на высоте́ (положе́ния)—*rise to the occasion; be in control of the situation*

Врач всегда́ был на высоте́ положе́ния, когда́ ну́жно бы́ло сде́лать сро́чную опера́цию. *The doctor always rose to the occasion during an emergency operation.*

с высоты́ пти́чьего полёта—*bird's eye view*

Сто́я на верши́не горы́, мы ви́дели го́род с высоты́ пти́чьего полёта. *From the mountain top we saw the city from a bird's eye view.*

Г

газ—*gas*

дать га́зу—*step on it*

Я сел в маши́ну и дал га́зу. *I got into my car and stepped on it.*

на по́лном газу́—*at full speed*

Авто́бус шёл на по́лном газу́. *The bus was running at full speed.*

гвоздь—*nail*

гвоздём засе́сть (or **сиде́ть**)—*fixed idea; be unable to get something out of one's head*

Мысль о разво́де гвоздём засе́ла в моей голове́. *I wasn't able to get the thought of divorce out of my head.*

гвоздь сезо́на—*hit of the season*

Пе́сня о любви́ была́ гвоздём сезо́на. *A love song was the hit of the season.*

где—*where*

где бы то ни́ было—*wherever one may be*

Где бы то ни́ было, Никола́й никогда́ не расстава́лся со свое́й гита́рой. *Wherever Nikolay may have been he never parted with his guitar.*

геро́й—*hero*

геро́й не моего́ рома́на—*not to be one's type (of hero)*

Алексе́й мне сде́лал предложе́ние, но он геро́й не моего́ рома́на. *Aleksey proposed marriage to me, but he isn't my type.*

гла́вный геро́й—*main character*

Гла́вным геро́ем рома́на «Отцы́ и де́ти» явля́ется База́ров. *Bazarov is the main character of the novel "Fathers and Sons."*

глаз—*eye*

броса́ться в глаза́—*strike one; be noticeable*

Её красота́ пря́мо броса́ется в глаза́. *Her beauty is very striking.*

в глаза́х двои́тся—*see double*

Уви́дев двойня́шек, я поду́мал, что у меня́ в глаза́х двои́тся. *I thought I saw double when I saw the twins.*

в чьих глаза́х—*in one's opinion*

В мои́х глаза́х му́зыка Ба́ха краси́вее всего́. *Bach's music is the most beautiful in my opinion.*

глаза́ на мо́кром ме́сте—*be (always) on the verge of tears*

С тех пор как ребёнок заболе́л, у Ната́ши глаза́ на мо́кром ме́сте. *Ever since her child got ill, Natasha is always on the verge of tears.*

глаз да глаз ну́жен—*one must have a close eye on someone; one must be closely watched*

Ма́льчик о́чень подви́жный—за ним ну́жен глаз да глаз. *The boy is very vivacious, he has to be closely watched.*

говори́ть (пря́мо) в глаза́—*say right to someone's face*

Михаи́л своё мне́ние говори́л пря́мо в глаза́ дире́ктору. *Mikhail told his opinion right to the director's face.*

говори́ть за глаза́—*talk behind one's back*

Тóлько нечéстные лю́ди говоря́т за глазá о други́х. *Only dishonest folk talk behind one's back.*

закры́ть глазá на чтó-либо—*turn a blind eye to something*
Дирéктор закры́л глазá на недостáтки секретáрши. *The director turned a blind eye to his secretary's shortcomings.*

покупáть за глазá—*buy something sight unseen; pig in a poke*
Сáша купи́л компью́тер за глазá, заказáв по телефóну. *Sasha bought a computer over the phone, sight unseen.*

с глаз долóй из сéрдца вон—*out of sight, out of mind*
С тех пор как Петрóвы уéхали в другóй гóрод, мы ничегó о них не знáем—как говори́тся, с глаз долóй из сéрдца вон. *Since the Petrovs left for another town, we know nothing about them. As they say: "out of sight, out of mind."*

с глáзу на глаз—*in private; entre nous*
Я хочу́ с ним поговори́ть с глáзу на глаз. *I want to talk to him in private.*

смея́ться в глазá—*laugh in one's face*
Вмéсто отвéта онá нахáльно смея́лась мне в глазá. *Instead of answering she impudently laughed in my face.*

глóтка—*throat*

кричáть во всю глóтку—*scream one's head off; shout at the top of one's voice*
От гнéва Николáй кричáл во всю́ глóтку. *In his anger Nikolay was shouting at the top of his voice.*

глубинá—*depth*

в глубинé души́ (or **сéрдца**)—*at the bottom of one's heart; deep down where it really counts; in one's heart of hearts*
Хотя́ Пётр не вы́сказал э́того, но в глубинé души́ он знал, что А́нна правá. *Although Peter didn't say so, deep down where it really counts, he knew that Anna was right.*

из глубины́ векóв—*from the remote past; from ancient times*

Э́то предáние дошлó до нас из глубины́ векóв. *This legend has been handed down to us from the remote past.*

от глубины́ души́—*with all one's heart*

С собóй в дорóгу онá далá нам цéлый мешóк я́блок, как говори́тся, от глубины́ души́. *She gave us a whole bag of apples to go, as they say, with all her heart.*

глядéть—*look*

глядéть нé на что—*it is hardly worth looking at (*or *mentioning it)*

Велосипéд моегó брáта настóлько стáрый, что глядéть нé на что. *My brother's old bike is hardly worth looking at.*

тогó и гляди́—*any minute now*

Тепéрь, тогó и гляди́, начнётся бýря. *The storm can hit any minute now.*

гнéв—*anger*

лóпнуть от гнéва—*explode with anger*

И́горь лóпнет от гнéва, éсли не вы́скажется. *If Igor can't speak his mind, he'll explode with anger.*

не пóмнит себя́ от гнéва—*be beside oneself with rage*

О́льга довелá Николáя до тогó, что он не пóмнил себя́ от гнéва. *Olga pushed Nikolay to the point where he was beside himself with rage.*

гнуть—*to bend*

кудá он гнёт?—*what is he driving at?*

Ах, ужé поня́тно, кудá вы гнёте! *Oh, I can finally see what you're driving at!*

говори́ть—*speak*

вообщé говоря́—*generally speaking*

Ну, вообщé говоря́, Чикáго совсéм спокóйный гóрод. *Well, generally speaking, Chicago is a relatively peaceful city.*

говори́ть на ты—*be on first name terms with someone*
Мы с сосе́дом говори́м на ты. *My neighbor and I are on first name terms.*

ина́че говоря́—*in other words*
Ина́че говоря́, вы не хоти́те бо́льше сотру́дничать со мно́й? *In other words you don't want to work with me anymore?*

и не говори́(те)—*that's for sure; goes without saying; you bet!*
Я тебе́ во всём помога́ю.—И не говори́! *It goes without saying that I'll help you with everything.*

коро́че говоря́—*to make a long story short*
Коро́че говоря́, они́ прие́хали в Аме́рику и откры́ли рестора́н. *To make a long story short, they arrived in the States and opened a restaurant.*

не говоря́—*aside from; let alone; not to mention*
Не говоря́ о её красоте́, она́ о́чень тала́нтлива. *Aside from her beauty, she is also very talented*

по́просту говоря́—*put it plainly (*or *simply)*
По́просту говоря́, Ники́та соверши́л глу́пость. *To put it simply, Nikita acted foolishly.*

со́бственно говоря́—*as a matter of fact*
Со́бственно говоря́, его́ тре́бования раздража́ют меня́. *His demands make me nervous, as a matter of fact.*

э́то говори́т само́ за себя́—*it speaks for itself*
Фа́кты говоря́т са́ми за себя́. *The facts speak for themselves.*

го́голь—*golden-eye* (bird)

ходи́ть го́голем—*strut about; walk with a pompous gait*
Ива́н был го́рдым и ходи́л го́голем. *Ivan felt very proud of himself and strutted like a peacock.*

год—*year*

без го́ду неде́ля—*only a few days; next to no time; a short while*

Без го́ду неде́ля в Аме́рике, а уже́ говори́т по-англи́йски. *He's only arrived in the States a short while ago, but he can speak English already.*

быть в года́х—*be no spring chicken* (or *youngster)*

Он уже́ был в года́х, когда пе́рвый раз жени́лся. *He was no spring chicken, when he got married for the first time.*

в мои́ го́ды—*in the old days*

«В мои́ го́ды электри́чества ещё не́ было»—говори́л стари́к. *"In the old days there was no electricity," the old man said.*

год от го́да—*year after year; from year to year*

Год от го́да он занима́ется той же рабо́той. *He does the same kind of work, year after year.*

из го́да в год—*from year to year; year in and year out*

Из го́да в год це́ны повыша́ются. *The prices keep going up from year to year.*

кру́глый год—*all year round*

Кру́глый год у нас пого́ды не́ было. *All year round the weather was bad here.*

не по года́м—*beyond one's years*

Она́ была́ серьёзная не по года́м. *She was serious beyond her years.*

годи́ться—*be good*

никуда́ не годи́тся—*it's no good; it's not good at all; it won't do*

Э́то ста́рое пла́тье уже́ никуда́ не годи́тся, ну́жно покупа́ть но́вое. *This old dress won't do anymore—I've got to buy a new one.*

го́дный—*fit*

никуда́ не го́дный—*useless; good for nothing*

Па́вел хоро́ший инжене́р, но му́жем он оказа́лся никуда́ не го́дным. *Pavel is a good engineer, but as a husband he is good for nothing.*

голова́—*head*

верте́ться в голове́—*be on the tip of one's tongue*

Его́ фами́лия ве́ртится у меня́ в голове́. *His family name is on the tip of my tongue.*

вооружённый с головы́ до ног—*armed to the teeth*

Чле́ны ма́фии бы́ли вооружены́ с головы́ до ног. *The members of the Mafia were armed to their teeth.*

голова́ в го́лову—*shoulder to shoulder*

Солда́ты шли голова́ в го́лову. *The soldiers were marching shoulder to shoulder.*

голова́ трещи́т—*have a splitting headache*

У него́ голова́ ча́сто трещи́т. *He often has a splitting headache.*

име́ть го́лову на плеча́х; он с голово́й—*have brains; be brainy; have a good head on one's shoulders*

Ма́ша не то́лько краси́вая, но и име́ет го́лову на плеча́х. *Masha is not only pretty, but has brains as well.*

лома́ть себе́ го́лову—*rack one's brains*

Пётр весь день лома́л себе́ го́лову, но вы́хода из тупика́ не нашёл. *All day long Peter was racking his brains, but was unable to get out of the jam.*

моро́чить го́лову—*play games with someone*

При ка́ждой встре́че он мне моро́чит го́лову. *Whenever we meet, he keeps playing games with me.*

не идёт в го́лову—*one cannot grasp* (or *comprehend) something*

Бы́ло жа́рко, и матема́тика совсе́м не шла в го́лову. *It was very hot and I just couldn't grasp the math.*

сам себе́ голова́—*be one's own boss* (or *master)*

Бори́с откры́л апте́ку, и тепе́рь он сам себе́ голова́. *Boris opened a pharmacy and he is now his own boss.*

своя́ голова́ на плеча́х—*be able to think for oneself; be able to decide on one's own*

«Не учи́те меня́, у меня́ своя́ голова́ на плеча́х»—сказа́л сын роди́телям. *"Don't lecture me, I am able to think for myself," the son said to his parents.*

го́лод—*famine*

мори́ть го́лодом—*starve someone to death*

Пле́нных мори́ли го́лодом. *The prisoners of war were starved to death.*

умира́ть от го́лода (or **с го́лода** or **с го́лоду**)—*starve to death*

Е́сли у́жина ско́ро не бу́дет, я умру́ от го́лода. *I'll starve to death, if we don't have dinner pretty soon.*

го́лос—*voice*

в оди́н го́лос—*in unison*; *unanimously; in chorus*

«Доло́й ма́фию!»—закрича́ли все в оди́н го́лос. *"Down with the Mafia!"—everyone cried unanimously.*

говори́ть (or **петь**) **с чужо́го го́лоса**—*parrot someone else's words*; *echo someone else's opinion*

Слу́шая его́, я по́нял, что он говори́т с чужо́го го́лоса. *Listening to him I realized that he was echoing someone else's opinion.*

крича́ть во весь го́лос—SEE: **крича́ть во всю гло́тку**

гора́—*mountain*

гора́ на душе́ (or **на се́рдце**) **лежи́т**—*load on one's mind*

Невы́полненная рабо́та лежи́т у меня́, как гора́ на душе́. *My unfinished work is a (huge) load on my mind.*

гора́ с плеч (свали́лась)—*load off one's mind*

Ива́н сдал экза́мен, и гора́ с плеч. *Passing the exam was a (huge) load off Ivan's mind.*

за гора́ми, за дола́ми—SEE: **куда́ во́рон косте́й не занесёт**

идти́ в го́ру—*come up in the world*

Мне ка́жется, что ты пошёл в го́ру. *It seems you've come up in the world!*

не за гора́ми (а за плеча́ми)—*not far off; at hand; around the corner*

Пра́здники уже́ не за гора́ми. *The holidays are just around the corner.*

обеща́ть (or **сули́ть**) **золоты́е го́ры**—*promise the moon (and the stars)*

Пе́ред сва́дьбой он обеща́л ей золоты́е го́ры. *Before the wedding he promised her the moon.*

горб—*hump*

добыва́ть (or **зараба́тывать**) **свои́м (со́бственным) горбо́м**—*earn by the sweat of one's brow*

Он всю жизнь зараба́тывал де́ньги свои́м горбо́м. *All his life, he earned his living by the sweat of his brow.*

испыта́ть на своём (со́бственном) горбу́—*learn by one's own experience; learn the hard way*

Са́ша на своём горбу́ испы́тывал тя́жесть жи́зни. *Sasha learned the hardships of life by his own experience.*

го́ре—*grief; sorrow*

залива́ть го́ре—*drown one's sorrows in drink*

Ива́н всегда́ го́ре залива́ет во́дкой. *Ivan always drowns his sorrows in vodka.*

и го́ря ма́ло—*not to give a hoot* (or *damn)*

Мы все страда́ем от нача́льника, а ему́ и го́ря ма́ло. *We're all suffering from the boss, but he doesn't give a damn.*

хлебну́ть го́ря—*experience a great deal of sorrow; go through a lot*

Во вре́мя войны́ он хлебну́л го́ря. *He went through a lot during the time of the war.*

горе́ть—*burn*

не гори́т—*there is no need to hurry* (or *rush); there is no big hurry*

Ты мо́жешь отложи́ть рабо́ту, это не гори́т. *You can give the work a rest, there's no rush.*

го́рло—*throat*

по го́рло в рабо́те—*up to the chin (*or *neck) in work*

С ним сейча́с не говори́те, он по го́рло в рабо́те. *You can't talk to him now, he's up to his neck in work.*

сы́т(ый) по го́рло—*1. be full; be stuffed 2. be fed up*

1. Ники́та отказа́лся от обе́да, объясни́в, что он сыт по го́рло. *Nikita didn't want to eat dinner, as he was full.*
2. Я уже́ сыт по го́рло его́ обеща́ниями. *I'm all fed up with his promises.*

го́род—*city*

раструби́ть (or **трезво́нить**) **по всему́ го́роду**—*spread something all over town*

Пётр раструби́л о свое́й но́вой жени́тьбе по всему́ го́роду. *Peter spread the news of his new marriage all over town.*

горя́чка—*fever*

поро́ть горя́чку—*do things pell-mell; in a rush*

В ва́жном де́ле нельзя́ поро́ть горя́чку. *Don't do important things in a rush.*

господи́н—*mister*

быть господи́ном своего́ сло́ва (or **своему́ сло́ву**)—*be a man of one's word*

Мы ему́ ве́рим; он господи́н своему́ сло́ву. *We believe him—he's a man of his word.*

сам себе́ господи́н—SEE: **сам себе́ голова́**

Го́споди—*God*

не дай Го́споди!—*God forbid!*

Не дай Го́споди повтори́тся война́! *God forbid that the war should break out all over again.*

гость—*guest*

быть в гостя́х—*be on a visit*

Мы бы́ли в гостя́х у сестры́. *We went to visit my sister.*

в гостя́х хорошо́, а до́ма лу́чше—*there's no place like home*

Приезжа́я из о́тпуска домо́й, ка́ждый раз мы ду́мали, что в гостя́х хорошо́, а до́ма лу́чше. *Every time we arrived back from our vacation we thought that there is no place like home.*

ждать в го́сти—*expect guests*

Я жду́ бра́та в го́сти. *I'm expecting my brother to come visit me.*

гра́дус—*degree*

быть (or **находи́ться) под гра́дусом**—*be tipsy; have one too many*

По вечера́м он ча́сто нахо́дится под гра́дусом. *He's often tipsy in the evening.*

гражда́нство—*citizenship*

принима́ть гражда́нство—*be naturalized; become a citizen*

Па́вел при́нял гражда́нство США год тому́ наза́д. *A year ago Pavel became a U.S. citizen.*

гра́мота—*reading and writing*

кита́йская гра́мота—*it's (all) Greek to me*

Техни́ческие кни́ги для меня́ кита́йская гра́мота. *Technological books are all Greek to me.*

гран—*grain*

нет ни гра́на—*not a grain* (or *shred)*

В его́ расска́зе нет ни гра́на и́стины. *There's not a shred of truth in his story.*

грани́ца—*border; frontier; limit*

вы́йти из грани́ц—*overstep the mark; go too far*

Их спор вы́шел из грани́ц прили́чия. *They went too far in their quarrelling.*

за грани́цей—*1. foreign country 2. out of the country*

1. А́нна учи́лась за грани́цей. *Ann studied in a foreign country.*
2. Ива́н никогда́ нс был за грани́цей. *Ivan has never been out of the country.*

за грани́цу—*to foreign countries; abroad*

Бори́са посла́ли за грани́цу. *Boris was sent to foreign countries.*

и́з-за грани́цы—*from abroad*

Оте́ц привёз нам мно́го пода́рков и́з-за грани́цы. *Father brought us lots of presents from abroad.*

грех—*sin*

грех сказа́ть—*it would be unfair to say*

Грех сказа́ть, что он нече́стный челове́к. *It would be unfair to say that he isn't an honest person.*

до́лго ли до греха́? недо́лго и до греха́?—*something bad may happen*

Éсли Йгорь попадёт в плохýю компáнию, дóлго ли до грехá? *Something bad may happen, if Igor falls in with the wrong crowd.*

как на грех—*as bad luck would have it*

Мне нýжно бы́ло вы́звать скóрую пóмощь, а телефóн, как на грех, не рабóтал. *I had to call an ambulance, but just then, as bad luck would have it, the phone died on me.*

мой грех—*my fault*

Прости́те, мой грех!—*I'm sorry, it is my fault!*

нéчего (or **чегó**) **(и) грехá тайть**—*it must be confessed; why deny it that...*

Расстáться с женихóм бы́ло Ни́не нелегкó, нéчего грехá тайть. *Why deny the fact that it was difficult for Nina to break up with her fiance.*

с грехóм пополáм—*with difficulty; barely manage to do something*

Бори́с мог тóлько с грехóм пополáм объясня́ться по-англи́йски. *Boris could only express himself in English with difficulty.*

гриб—*mushroom*

расти́ как грибы́ (пóсле дождя́)—*to mushroom; pop up all over*

Высóкие домá в гóроде росли́ как грибы́. *The high-rises are mushrooming all over town.*

гроб—*coffin*

в гроб вогнáть (or **вколоти́ть** or **свести́**)—*drive someone to the grave*

Свои́ми скандáлами он её вогнáл в гроб. *He drove her to the grave with his scandalous affairs.*

гром—*thunder*

(как) гром среди́ я́сного нéба—*like a bolt out of the clear blue sky*

Э́то извéстие для нас бы́ло, как гром среди́ я́сного нéба. *The news reached us like a bolt out of the clear blue sky.*

пока́ гром не гря́нет—*get too hot for one*

Мы откла́дывали рабо́ту, пока́ гром не гря́нул. *We kept putting our work off, until it got too hot for us.*

грош—*penny*

гроша́ ло́маного (or **ме́дного) не сто́ит**—*not to be worth a red cent*

Авари́йный автомоби́ль гроша́ ло́маного не сто́ит. *A car that has been in an accident isn't worth a red cent.*

гроша́ нет; ни гроша́ нет; (ни) гроша́ за душо́й нет—*not a cent* (or *penny) to one's name*

У меня́ нет ни гроша́ за душо́й. *I haven't got a red cent to my name.*

купи́ть за гроши́—*buy for a song* (or *for next to nothing* or *dirt cheap)*

Мы купи́ли за гроши́ уже́ бы́вшую в употребле́нии маши́ну. *We bought a used car for next to nothing.*

продава́ть за гроши́—*sell for a song*

Мы про́дали за гроши́ свой ста́рый холоди́льник. *We sold our old refrigerator for a song.*

грязь—*dirt*

облива́ть гря́зью—*besmirch one's reputation; denigrate someone*

Колле́ги без вся́кого основа́ния обли́ли гря́зью его́ и́мя. *His fellow workers denigrated his character quite groundlessly.*

принима́ть гря́зи—*undergo a hot mud pack cure*

По сове́ту врача́ Еле́на принима́ла гря́зи. *Following her doctor's orders, Elena underwent a hot mud pack cure.*

губа́—*lip*

губа́ не ду́ра—*have common sense; not to have bad taste; be no dummy*

Сухо́му хле́бу Ната́ша предпочла́ кусо́чек то́рта. Губа́ не ду́ра. *Natasha preferred a piece of cake to dry bread. She's no dummy.*

губи́тель—*destroyer*

губи́тель серде́ц—*lady-killer*

Всем бы́ло изве́стно, что Ива́н—губи́тель серде́ц. *Everybody knew that Ivan was a lady-killer.*

гу-гу́

ни гу-гу́—*mum's the word!*

О расска́занном я никому ни гу-гу́! *About what you said, I promise mum's the word.*

гуля́ть—*do walking*

гуля́ть с ке́м-либо—*go with someone*

Он с ней гуля́ет уже́ два го́да. *He's been going with her for the past two years.*

гусь—*goose*

гусь ла́пчатый—*a savvy character; sly old fox*

Пётр дру́жит и с ма́фией, и мили́цией—вот гусь ла́пчатый! *Peter is good friends both with the Mafia and the police—there's a sly old fox!*

Д

да—*yes*

ах, да—*by the way*

Ах да, чуть не забы́л, Мари́я посыла́ет вам приве́т. *By the way, I almost forgot that Mary sends her greetings.*

да здра́вствует—*long live*

Да здра́вствует Междунаро́дный же́нский день! *Long live International Women's Day!*

да и то́лько—*1. constantly; all the time 2. and that's all*

1. Са́ша ходи́л в кино́, да и то́лько. *Sasha kept going to the movies all the time.*
2. Он хоте́л игра́ть в ша́хматы, да и то́лько. *He just wanted to play chess, that's all.*

и да и нет—*both yes and no; to equivocate*

Она́ хо́чет вы́йти за́муж? И да, и нет. *She equivocates about getting married.*

дава́ть—*give; let*

дава́ть взаймы́—*lend*

Я ча́сто дава́л ему́ взаймы́ сто до́лларов. *I would often lend him $100.*

дава́ть поня́ть—*to hint at; to cue someone*

В рестора́не Па́вел мне дал поня́ть, что у него́ ни копе́йки нет. *When we were in the restaurant, Pavel hinted at the fact that he didn't have a penny on him.*

давно́—*long time*

давно́ бы так!—*at long last; none too soon*

«Твою́ про́сьбу я вы́полнил.»—«Давно́ бы так!» *"I did what you wanted."—"None too soon!"*

давны́м-давно́—*in a long time; for ages; very long ago*

Мы давны́м-давно́ не ви́делись. *We haven't seen each other for ages.*

далеко́—*far*

далеко́ не—*far from being*

Он далеко́ не тако́й тала́нтливый, как он ду́мает. *He's far from being quite as talented as he thinks.*

далеко́ пойти́ (or **уйти́**)—*succeed; come out on top; go far*

Зна́я компью́тер, мо́жно далеко́ пойти́. *If one knows computers, one can come out on top.*

да́льше—*farther away*

да́льше (е́хать) не́куда—*that's the limit*

Когда́ Ива́н на́чал груби́ть, его́ оте́ц залепи́л ему́ пощёчину и закрича́л—«Да́льше е́хать не́куда!» *When Ivan began to sass his father he gave him a slap in the face and yelled, "That's the limit!"*

да́ма—*lady*

да́ма се́рдца—*sweetheart*

Его́ да́ма се́рдца—высо́кая блонди́нка. *His sweetheart is a tall blonde.*

дар—*gift; donation*

да́ром не пойдёт!—*one won't get away with; one has to pay for something*

Э́то ему́ да́ром не пойдёт!—*He won't get away with this!*

два—*two*

ни два ни полтора́—*neither fish, nor fowl; neither this, nor that*

Э́тот костю́м ни два ни полтора́; его́ цвет, фасо́н меня́ не удовлетворя́ют. *This costume is neither fish nor fowl—its color and cut don't work for me.*

два́жды—*two times*

как два́жды два (четы́ре)—*as plain as the nose on your face; as plain as two times two is four*

Её пра́вда была́ ясна́ как два́жды два четы́ре. *It was plain as the nose on your face that she was right.*

дверь—*door*

дверь в дверь—*next-door*

Я с подру́гой живу́ дверь в дверь. *My girlfriend and I live next-door to each other.*

ломи́ться в откры́тую дверь—*belabor the obvious*

Я с твои́м решéнием давнó соглáсен, а ты лóмишься в откры́тую дверь. *I've agreed with you some time ago—you are belaboring the obvious.*

у дверéй—SEE: **не за горáми**

двор—*courtyard*

быть не ко двору́—*be ill-suited; undesirable; unwelcome*

По приéзде я замéтил, что был не ко двору́. *No sooner had I arrived than I noticed that I was unwelcome.*

на дворé—*outside; out-of-doors*

Одéнь калóши, снег лежи́т на дворé. *Take your galoshes, it's snowy outside.*

чёрный двор—*backyard*

На чёрном дворé мы пострóили гарáж. *We built a garage in our backyard.*

декорáция—*decoration*

декорáции перемени́лись—*situation has changed; it's a different ball game*

С нóвым руковóдством и декорáции перемени́лись. *With the new management it's a whole different ball game.*

дéло—*matter*

бли́же к дéлу!—*stick to the point!*

«Бли́же к дéлу!»—кричáли слу́шатели орáтору. *"Stick to the point," the audience shouted at the speaker.*

вáше дéло—*that's your business; up to you*

Уéдете и́ли остáнетесь здесь—э́то вáше дéло. *It's up to you whether you stay or leave.*

в сáмом дéле—*really; indeed; actually; in fact*

Ты в сáмом дéле сдал экзáмен? *Have you, in fact, passed your exam?*

в чём дéло?—*What's the matter?*

В чём дéло? Почемý вы не рабóтаете? *What's the matter? Why aren't you working?*

говорить дéло—*have a point; talk sense*

Васи́лий немногослóвен, но éсли говори́т, то говори́т дéло. *Vasily doesn't talk much, but when he does say something, he talks sense.*

делá идýт, контóра пи́шет—*everything is fine, business as usual*

«Как делá?»—спроси́л Олéг. «Делá идýт, контóра пи́шет»—отвéтила Лéна. *"How are things?" asked Oleg. "Everything is fine, business as usual," Lena answered.*

делá—как сáжа белá—*(*in answers*) don't even ask!*

«Как делá?»—«Как сáжа, белá.»—*"How are things going?"—"Don't even ask!"*

дéло бы́ло к вéчеру—*get to be evening*

Дéло бы́ло к вéчеру, когдá я реши́л вернýться домóй. *It was getting to be evening when I decided to head for home.*

дéло в том—*the fact of the matter is*

Дéло в том, что её обвини́ли, хотя́ онá невиновáта. *The fact of the matter is that although she was accused, she is really innocent.*

дéло деся́тое (or **двадцáтое)**—*be of little significance*

Вопрóс о покýпке хрустáльных бокáлов мы отложи́ли, так как э́то дéло деся́тое. *The question of purchasing the crystal glasses was put off, since it's a matter of little significance.*

дéло за деньгáми—*it's a question of money*

Решéние пострóить дáчу при́няли; тепéрь дéло за деньгáми. *They decided to build the summer cottage—now it's just a question of money.*

дéло пáхнет кероси́ном—*be in big trouble; things are in a bad way*

Счетá бухгáлтера бы́ли не в поря́дке, и мы почýвствовали, что дéло пáхнет кероси́ном. *The accountant's books weren't in order, and we felt we were in big trouble.*

де́ло—таба́к (or **труба́)!**—*have had it; it's tough luck; things are bad*

Когда́ меня́ уво́лили, я ду́мал, что де́ло—таба́к! *"Tough luck," I thought when they fired me.*

как дела́?—*How are you? What's the news?*

При встре́че он всегда́ спра́шивал: «Как дела́?» *"What's the news?" he always asked when we met.*

моё де́ло сторона́; э́то не мое де́ло—*it's none of my business*

Вы де́лайте что хоти́те, а моё де́ло—сторона́. *You can do whatever you want, it's none of my business.*

не ле́зь(те) в чужи́е дела́—*mind your own business*

Я вам сове́тую не ле́зть в чужи́е дела́. *I suggest you mind your own business.*

не у дел—*be out of work* (or *a job)*

По́сле реорганиза́ции в на́шем отде́ле я оста́лся не у дел. *After the reorganization in our department, I was out of work.*

по де́лу—*on business*

О́льга прие́хала по ва́жному де́лу. *Olga has arrived on important business.*

серде́чные дела́—*love affairs*

В фи́рме все зна́ли о его́ серде́чных дела́х. *At work everybody knew about his love affairs.*

день—*day*

в были́е дни́—*in olden days*

В были́е дни́ лю́ди телеви́зора не зна́ли. *People didn't know television in the olden days.*

днём с огнём—*be hard to find*

Тако́го че́стного челове́ка, как Оле́г, днём с огнём не найдёшь. *It's hard to find such an honest person as Oleg.*

за́втрашний день—*the future*

Име́я доста́точный дохо́д, не́чего боя́ться за́втрашнего дня. *No need to worry about the future if one has enough income.*

изо дня́ в день—*day by day; day afer day*

Изо дня́ в день на́ше положе́ние фи́рмы улучша́ется. *Day after day our situation is getting better.*

ка́ждый бо́жий день—*every blessed day*

Бори́с ходи́л ко мне ка́ждый бо́жий день. *Every blessed day Boris would visit me.*

на чёрный день—*for a rainy day*

Мы сберегли́ небольшу́ю су́мму на чёрный день. *We saved up a small sum of money for a rainy day.*

среди́ бе́лого дня́—*in broad daylight*

Среди́ бе́лого дня́ огра́били ба́нк. *The bank was robbed in broad daylight.*

я́сно как бо́жий день—*clear as the light of day*

Почему́ ты не понима́ешь, ведь э́то я́сно как бо́жий день. *How come you don't get it when it's clear as the light of day?*

де́ньги—*money*

бе́шеные де́ньги—*a fortune; a bundle; heaps* (or *tons) of money*

Его́ колле́кция ре́дких почто́вых ма́рок сто́ила бе́шеные де́ньги. *His rare stamp collection cost him a bundle.*

броса́ть де́ньги на ве́тер—*squander one's money*

Получи́в насле́дство, он стал броса́ть де́ньги на ве́тер. *As soon as he received his inheritance, he began to squander it.*

де́нег в обре́з—*not to have a penny to spare; every penny is spoken for*

Я не могу́ откры́ть но́вый магази́н, потому́ что у меня́ де́нег в обре́з. *I can't open a new shop, because every penny I've got is already spoken for.*

де́ньги на ме́лкие расхо́ды—*pocket money*

Де́ньги на ме́лкие расхо́ды ма́льчик тра́тит на жва́чку. *The boy spends his pocket money on chewing gum.*

класть (or **выкла́дывать) де́ньги на бо́чку**—*pay on the spot*

По́сле заключе́ния контра́кта нам сказа́ли положи́ть де́ньги на бо́чку. *After the signing of the contract they said that we should pay on the spot.*

кро́вные де́ньги—*hard-earned money*

Они́ купи́ли ма́ленький дом за свои́ кро́вные де́ньги. *They bought a small house with their hard-earned money.*

не в де́ньгах сча́стье—*money isn't everything*

«Не в де́ньгах сча́стье»—поду́мала Ли́за и вы́шла за́муж за бе́дного поэ́та. *"Money isn't everything," Lisa thought, and married a poor poet.*

ни за каки́е де́ньги—*not for the (whole) world; not for all the tea in China*

Ни за каки́е де́ньги я не прода́м карти́ну, пода́ренную ма́терью. *I wouldn't sell the picture my mother gave me for the whole world.*

деся́ток—*ten*

не из ро́бкого деся́тка—*not to be the timid type* (or *sort)*

Михаи́л не из ро́бкого деся́тка: во вре́мя пожа́ра он вы́нес сестру́ из горя́щего до́ма. *Mikhail is not the timid sort—he brought his sister out of the burning house.*

дета́ль—*detail*

вдава́ться в дета́ли—*go into (all kinds of) detail*

В своём репорта́же он всё вре́мя вдава́лся в дета́ли. *In his report he kept going into all kinds of detail.*

де́тский—*children's*

по-де́тски—*childish*

Иногда́ Алексе́й рассужда́л по-де́тски. *Aleksey's opinions sometimes sounded childish.*

де́тство—*childhood*

впада́ть в де́тство—*be in one's second childhood; become senile*

В ста́рости она́ совсе́м впа́ла в де́тство. *She became quite senile in her old age.*

дешёвый—*cheap*

дёшево и серди́то—*good bargain* (or *deal)*

В э́том магази́не всё дёшево и серди́то. *You get a good deal on everything in this store.*

отде́латься дёшево—*get off lucky* (or *cheap)*

Мы попа́ли в ава́рию, но дёшево отде́лались. *We were in an accident, but we got off lucky.*

дно—*bottom*

вверх дном—*go topsy-turvy*

Из-за прие́зда президе́нта в на́шем городке́ всё пошло́ вверх дном. *Because of the President's arrival everything was topsy-turvy in our little town.*

до дна!—*bottoms up!*

«Пей до дна!»—крича́ли мужчи́ны в кабаке́. *"Bottoms up!" the men in the tavern cried.*

опусти́ться на дно—*sink to the bottom of society*

Пётр стал наркома́ном и опусти́лся на дно. *Peter sank to the bottom of society, when he became a dope addict.*

добро́—*good*

добро́ пожа́ловать!—*Welcome!*

Добро́ пожа́ловать!—сказа́ла хозя́йка. *"Welcome!" the hostess said.*

не к добру́—*it's a bad omen*

По мне́нию суеве́рных, но́мер трина́дцать не к добру́. *The number "13" is considered a bad omen by the superstitious.*

не приведёт к добру́—*no good will come of it*

Обма́н не приведёт к добру́. *No good ever comes of fraud.*

помина́ть добро́м—*remember kindly*

Мои́х зарубе́жных друзе́й я всегда́ вспомина́ю добро́м. *I always remember kindly my friends abroad.*

до́брый—*good; kind*

бу́дь(те) добр(ы́)—*be so kind*

Будь добр, сде́лай мне э́то! *Would you be so kind as to do this for me?*

всего́ до́брого—*all the best*

Жела́ю вам всего́ до́брого! *I wish you all the best!*

дове́рие—*confidence*

втира́ться в дове́рие—*worm oneself into someone's confidence*

И́горь с лицеме́рием втира́лся в дове́рие дире́ктору. *Igor wormed himself into the manager's confidence under false pretenses.*

злоупотребля́ть дове́рием—*abuse one's confidence*

Ива́н злоупотребля́л дове́рием свои́х друзе́й. *Ivan abused the confidence of his friends.*

дождь—*rain*

дождь льёт как из ведра́—*it's raining cats and dogs*

Весь день дождь льёт как из ведра́. *It's been raining cats and dogs all day.*

идёт проливно́й дождь—*it's coming down in sheets*

О́сенью ча́сто иду́т проливны́е дожди́. *In the fall the rain often comes down in sheets.*

под са́мым дождём—*right in the rain*

Мы стоя́ли и разгова́ривали под са́мым дождём. *We just stood there and kept talking right in the rain.*

долг—*debt; duty*

быть в долгу́, как в шелку́—*be in debt up to one's neck* (or *ears)*

Ра́ньше он броса́л де́ньги на ве́тер, а тепе́рь он в долгу́, как в шелку́. *He spent his money so recklessly that now he is in debt up to his neck.*

вы́йти из долго́в—*get out of the red*

Его́ изве́чная пробле́ма, как вы́йти из долго́в. *His eternal problem is how to get out of the red.*

отда́ть после́дний долг—*pay final respects*

На похорона́х мы отда́ли ему́ после́дний долг. *We paid him our final respects at the funeral.*

пе́рвым до́лгом—*first of all*

Пе́рвым до́лгом ты до́лжен зараба́тывать де́ньги. *First of all you need to make some money.*

по до́лгу слу́жбы—*in an official capacity; on business*

Меня́ посла́ли по до́лгу слу́жбы за грани́цу. *I was sent abroad in an official capacity.*

до́лго—*long time*

не до́лго ду́мая—*wasting no time; without thinking twice*

Не до́лго ду́мая, он реши́л жени́ться. *Without thinking twice he decided to get married.*

до́ля—*part; portion*

вы́пасть на до́лю—*get as one's share; fate bestows something upon one*

На его́ до́лю вы́пали война́ и го́лод. *He got the war and hunger as his share.*

дом—*house*

отби́ться от дóма—*hardly ever to be at home (*with one's family*)*

Посещáя ночнóй клуб, он отби́лся от дóма. *He was hardly ever at home, because of all the night-clubbing he did.*

скучáть (or **тосковáть) по дóму**—*be (*or *feel* or *get) homesick*

Прожи́в мéсяц за грани́цей, студéнтка скучáла по дóму. *After a month abroad the student felt homesick.*

дóма—*at home*

не все дóма—SEE: **ви́нтика не хватáет в головé**

дорóга—*road*

вы́биться на дорóгу—*make one's way in life; find one's niche in society (*or *life)*

Своéй прилéжностью он обязáтельно вы́бьется на дорóгу. *Given his diligence, he's bound to find his niche in society.*

идти́ (or **слéдовать) своéй дорóгой**—*follow one's own path*

Никтó не мóжет влия́ть на негó, он идёт своéй дорóгой. *No one can persuade him to do anything; he follows his own path.*

на дорóге не валя́ется—*is hard to come by; is difficult to get*

Такóй хорóший друг, как Пётр, на дорóге не валя́ется. *A really good friend, such as Peter, is hard to come by.*

стать (or **стоя́ть) на дорóге** (or **поперёк дорóги)**—*be an obstacle; be in one's way*

Мой начáльник стои́т на дорóге к моемý профессионáльному успéху. *My boss at work is an obstacle to my professional advancement.*

тудá комý **и дорóга!**—*it serves one right!*

За растрáту егó заключи́ли в тюрьмý. Тудá емý и дорóга! *He got arrested for embezzlement—serves him right!*

дорогóй—*dear; expensive*

себé дорóже стóит—*something is more trouble than it's worth*

Отремонти́ровать ста́рый, изно́шенный автомоби́ль себе́ доро́же сто́ит. *To repair an old used car is more trouble than it's worth.*

доро́жка—*path*

идти́ по проторённой доро́жке—*keep to the beaten track*

Что́бы не сде́лать оши́бки, иди́ по проторённой доро́жке. *If you don't want to make a mistake, keep to the beaten track.*

доска́—*board*

до гробово́й доски́—*to one's dying day*

Лю́ди ре́дко рабо́тают в той же фи́рме до гробово́й доски́. *People seldom work at the same place to their dying day.*

от доски́ до доски́—SEE: **от А до Я**

ста́вить на одну́ до́ску—*put one on the same level; consider as an equal*

Пётр пренебрега́л все́ми и никого́ не ста́вил на одну́ до́ску с собо́й. *Peter looked down on everyone never considering anyone as an equal.*

(худо́й) как доска́—*be excessively thin; be thin as a toothpick*

Заболе́в, она́ ста́ла худа́я как доска́. *Because of her illness, she became thin as a toothpick.*

дочь; до́чка—*daughter*

дочь Е́вы—*female; woman*

Ве́чером в кафе́ собира́лись одни́ до́чери Е́вы. *It was all women in the cafe in the evening.*

ма́менькина до́чка—*spoiled little girl; (little) princess*

Э́та ма́менькина до́чка капри́зничала весь день. *This spoiled little girl was acting up all day.*

дрова́—*firewood*

налома́ть дров—*do silly things; make one mistake after another; screw things up*

Ско́лько они́ налома́ли дров и́з-за незна́ния де́ла. *They made one mistake after another, due to their lack of expertise.*

дрожь—*trembling*

дрожа́ть кру́пной дро́жью—*be all shook (shaken) up*

Когда́ он идёт к зубно́му врачу́, он дрожи́т кру́пной дро́жью. *When he goes to the dentist, he gets all shook up.*

дру́жба—*friendship*

войти́ в дру́жбу—*strike up a friendship with someone*

Бори́с стара́лся все́ми путя́ми войти́ в дру́жбу со мно́й. *Boris spared no effort to strike up a friendship with me.*

дуда́—*pipe*

дуде́ть в ста́рую дуду́—*sound like a broken record*

Де́душка постоя́нно расска́зывал о войне́, дудя́ в ста́рую дуду́. *Grandpa talks so much about the war that he sounds like a broken record.*

ду́мать—*think*

на́до ду́мать—*probably; chances are that...*

На́до ду́мать, наш сын бу́дет музыка́нтом. *Chances are that our son will become a musician.*

дура́к—*fool*

нашёл (нашли́) дурака́!—*I'm not such a fool as you think*

За такúе дéньги рабóтать? Нашлú дуракá! *To work for so little? I'm not such a fool as you think!*

набúтый дурáк—*damn fool*

Что от негó ожидáть, ведь он набúтый дурáк. *What can you expect of him? He is such a damn fool.*

остáвить (or **остáться**) **в дуракáх**—*make a fool of someone; be left holding the bag*

Мой партнёр отказáлся поделúть прúбыль, и такúм óбразом я остáлся в дуракáх. *My partner refused to share in the profits, and I was left holding the bag.*

дух—*mind; spirit*

бежáть во весь дух—*run at full speed; as fast as one can; all steam ahead*

Увúдев медвéдя, мы бежáли во весь дух. *We ran as fast as we could when we caught sight of the bear.*

быть в дýхе—*be in a good frame of mind; be in high spirits*

Сегóдня я в дýхе. *I'm in high spirits today.*

быть не в дýхе—*be in an ill humor; be in a bad mood*

Вчерá я был не в дýхе. *I was in a bad mood yesterday.*

пáдать дýхом—*lose heart; give up; be* (or *get*) *discouraged*

Когдá егó увóлили с рабóты, он упáл дýхом. *He got all discouraged when they fired him.*

придавáть дýху (or **дýха**)—*give someone a pep-talk; encourage someone*

Врач придáл дýху больнóму. *The doctor gave the patient some pep-talk.*

душá—*soul*

душá в дýшу—*in perfect harmony*

Мы с мýжем живём душá в дýшу. *My husband and I live in perfect harmony.*

душа́ не лежи́т—*not one's cup of tea*

К изуче́нию матема́тики у меня́ ду́ша не лежи́т. *Studying math isn't my cup of tea.*

душа́ не на ме́сте—*be awfully worried; be worried sick*

У него́ сто́лько хлопо́т, что душа́ не на ме́сте. *He has so much trouble that he is worried sick.*

душа́ уйдёт в пя́тки—*one's heart sinks*

Пе́ред опера́цией у меня́ душа́ ушла́ в пя́тки. *My heart sank before the operation.*

есть (or **име́ется) за душо́й**—*have (or own) things*

Бори́с о́чень бога́т, у него́ мно́го а́кций за душо́й. *Boris is rich—he's got lots of bonds.*

за́ячья душа́—*timid person; chicken*

Ива́н всего́ бои́тся—у него́ за́ячья душа́. *Ivan is such a chicken—everything scares him.*

по душе́—*be pleased with something; rather to like something*

Э́то пла́тье мне по душе́. *I rather like this dress.*

ско́лько душе́ уго́дно—*as much as one's heart desires*

Пожа́луйста, ку́шайте ско́лько душе́ уго́дно! *Please eat as much as your heart desires!*

хвата́ть за́ душу—*touch one to the quick*

Расска́зы о концентрацио́нном ла́гере меня́ всегда́ хвата́ют за́ душу. *The stories about the concentration camp always touch me to the quick.*

дыха́ние—*breath*

не переводя́ дыха́ния—*1. in one fell swoop; in a jiffy 2. nonstop; incessantly*

1. Бори́с вы́пил стака́н во́дки не переводя́ дыха́ния. *Boris drank down his vodka in one fell swoop.*
2. Ники́та рабо́тал не переводя́ дыха́ния. *Nikita kept on working nonstop.*

Е

едвá—*barely*

едвá-едвá—*scarcely, hardly*

Мы провели́ стóлько врéмени на тамóжне, что едвá-едвá успéли к самолёту. *We spent so much time at customs that we barely reached our plane in time.*

едвá ли—*hardly*

«Хвáтит у нас врéмени на обéд?»—«Едвá ли.» *"Do we have time for a sit-down dinner?"—"Hardly."*

едвá ли не—*just about*

В нáшем клáссе он едвá ли не лýчший учени́к. *He's just about the best student in our class.*

едвá не; чуть не—*almost; nearly; all but*

Натáша чуть не рассказáла нáшу тáйну. *Natasha almost gave away our secret.*

еди́ный—*single*

все до еди́ного (человéка)—*all without exception; to a man; every last*

Пассажи́ры все до еди́ного остáвили тóнущий парохóд. *The sinking boat was abandoned by every last person.*

éздить—*to go (*by conveyance*); ride*

éздить (верхóм) на когó-либо—*order one around*

Мой начáльник на мне всегдá верхóм éздит. *My boss keeps ordering me around.*

éздить на свои́х двои́х—*walk*

У меня́ автомоби́ля нет, я éзжу на свои́х двои́х. *I've no car, I always walk.*

ерундá—*nonsense*

ерундá (or **чепухá) на пóстном мáсле**—*a lot of rubbish (*or *nonsense); horsefeathers*

Всё, что он говори́л в тот ве́чер, бы́ло чепухо́й на по́стном ма́сле. *Everything he said that evening was a lot of nonsense.*

есть—*be*

то́ есть—*that is; in other words*

Ава́рия случи́лась в понеде́льник, то́ есть ро́вно неде́лю тому́ наза́д. *The accident happened on Monday, that is, exactly a week ago.*

есть—*eat*

есть про́сит—*be in need of repair*

Моя́ о́бувь уже́ есть про́сит. *My shoes are in need of repair.*

ещё—*some more*

ещё бы!—*1. of course, and how! 2. just what I wanted! (*negatively*)*

1.«Хо́чешь вы́играть в лотере́ю?»—«Ещё бы!» *"Would you like to win the lottery?"—"But of course, and how!"*

2.«Хо́чешь пла́вать в оледене́лом о́зере?»—«Ещё бы!» *"Do you want to swim in an icy lake?"—"Just what I wanted."*

ёлка—*fir (-tree)*

быть на ёлке—*be at a Christmas (*or *New Year's) party*

Мы бы́ли на ёлке у на́ших друзе́й. *We were at the Christmas party at our friends'.*

Ж

жар—*heat*

дава́ть (or **задава́ть**) **жа́ру**—*make it hot for someone; give one hell*

И́горь не сде́ржен и всегда́ задаёт всем жа́ру. *Igor is unable to restrain himself—he makes it hot for everybody.*

поддавáть (or **поддавля́ть) жáру**—*1. add fuel to the fire 2. get moving*

1. Мои́ замечáния поддáли Бори́су жáру, и он совсéм потеря́л контрóль над собóй. *My remarks added fuel to the fire and Boris lost all self control.*
2. Мои́ словá поддáли емý жáру, и он взя́лся за рабóту. *I gave him a pep talk, and so he started to work.*

жвáчка—*chewing*

жевáть (or **пережёвывать) жвáчку**—SEE: **дудéть в стáрую дудý**

ждать—*wait*

ждать не дождáться—*wait impatiently; be on tenterhooks*

Мать сы́на ждёт не дождётся. *The mother is on tenterhooks expecting her son.*

тогó и жди—*any minute now; just you wait*

Тóрмоз нáдо отремонти́ровать, а то, тогó и жди́, попадёшь в авáрию. *You need to fix the brakes now, or you'll be in an accident!*

желéзка—*piece of iron*

жать (or **нажимáть) на всю́ желéзку**—*throw into high gear*

Полицéйские, догоня́я престýпников, жáли на всю́ желéзку. *The police threw the car into high gear as they were chasing after the criminals.*

желéзо—*iron*

вы́жечь калёным желéзом—*root out (mercilessly); eliminate*

Кáжется, что наркомáнию из совремéнного óбщества и калёным желéзом нельзя́ вы́жечь. *There seems to be no way of rooting out drug abuse in modern society.*

куй желéзо покá горячó—*make hay while the sun shines*

Сегóдня лóвится ры́ба хорошó. «Куй желéзо покá горячó»—дýмал рыбáк и остáлся рыбáчить до вéчера. *The fish are running well today. "Make hay while the sun shines," thought the fisherman and kept fishing till nightfall.*

жени́ть—*marry*

без меня́ меня́ жени́ли—*without my knowledge; get one into something*

Колле́ги реши́ли судьбу́ моё́й фи́рмы—без меня́ меня́ жени́ли. *The colleagues decided the fate of my company without my knowledge.*

жени́х—*fiance*

смотре́ться женихо́м—*be as happy as a lark; walk on air*

Вы́играв в лотере́ю, Ива́н смотре́лся женихо́м. *When Ivan won the lottery, he was as happy as a lark.*

живо́й—*alive*

в живы́х—*remain alive; survive*

По́сле паде́ния самолёта то́лько тро́е оста́лись в живы́х. *There were only three survivors after the plane crashed.*

жив-здоро́в; жив и здоро́в—*safe and sound; alive and kicking*

Бори́с вы́шел из ава́рии жив и здоро́в. *Boris emerged from the accident alive and kicking.*

ни жив(о́й), ни мёртв(ый)—*be half dead with fright*

Заме́тив надвига́ющуюся лави́ну, мы ста́ли ни живы́ ни мертвы́. *We were half dead with fright when we noticed the avalanche coming toward us.*

ре́зать по живо́му—*touch (*or *hit) a sensitive nerve; hit a sore spot*

Пётр не сказа́л Ма́ше, что она́ о́чень пополне́ла; он не хоте́л ре́зать по живо́му. *Peter didn't tell Masha that she's gotten too fat—he didn't want to hit a sore spot.*

живóт—*stomach*

надрывáть живóт сó смеху (or **от хóхота)**—*split one's sides with laughter*

Когдá Бори́с расскáзывает анекдóты, мы всегдá надрывáем животы́ сó смеху. *Whenever Boris tells jokes, our sides are splitting with laughter.*

подтя́гивать живóт—*tighten one's belt*

Поскóльку я потрáтил все дéньги на нóвый автомоби́ль, мне пришлóсь подтянýть живóт на мнóгие мéсяцы. *Since I spent all my money on a new car, I had to tighten my belt for months.*

жизнь—*life*

брать всё от жи́зни—*enjoy life to the full*

Бýдучи молоды́м и богáтым, Ивáн берёт всё от жи́зни. *Ivan is both rich and young—he enjoys life to the full.*

воплощáть (or **претворя́ть) в жизнь**—*turn into reality*

Пáвлу удалóсь претвори́ть свои́ мечты́ в жизнь. *Pavel succeeded in turning his dreams into reality.*

входи́ть в жизнь—*become usual; a matter of routine*

Финáнсовые проблéмы входи́ли в нáшу жизнь. *Financial worries became a matter of routine for us.*

жи́зни своéй не жалéть—*not to spare oneself; give one's all*

Солдáты, защищáя свою́ рóдину, жи́зни своéй не жалéли. *The soldiers gave their all in the defense of their country.*

жизнь бьёт ключóм—*life is in full swing; there's lots of activity; be buzzing with activity*

Во время́ футбóльных соревновáний жизнь бьёт ключóм в нáшем гóроде. *During the football season our town is buzzing with activity.*

жизнь на ширóкую нóгу—*high living; live high on the hog*

Пáвел лю́бит жизнь на ширóкую нóгу. *Pavel likes to live high on the hog.*

зараба́тывать на жизнь—*make one's living*

Йгорь свои́м по́том зараба́тывал на жизнь. *Igor made his own living with the sweat of his brow.*

кляну́сь жи́знью!—*upon* (or *on) my life* (or *my word of honor)*

Я пра́вду говорю́, кляну́сь жи́знью! *On my word of honor, I'm telling you the truth!*

не жизнь, а ма́сленица—*live high on the hog; one has it made*

По́сле уда́чных биржевы́х махина́ций у Миха́йла ста́ла не жизнь, а ма́сленица. *Mikhail started to live high on the hog after some successful manipulations at the stock exchange.*

прожига́ть жизнь—*lead a fast life*

Все вечера́ Бори́с прово́дит в рестора́нах и́ли в кино́; он прожига́ет жизнь. *Boris spends each evening either in a restaurant or at the movies—he leads a fast life.*

такова́ жизнь!—*that's life for you; c'est la vie*

Ники́та око́нчил свой расска́з слова́ми: «Такова́ жизнь». *Nikita ended his story with the words: "Well, c'est la vie!"*

жиле́тка—*vest*

пла́каться в жиле́тку—*cry on someone's shoulder*

По́сле разво́да она́ неде́лями пла́калась мне в жиле́тку. *After her divorce she was crying on my shoulder for weeks.*

жиле́ц—*tenant*

не жиле́ц на бе́лом све́те (or **на э́том све́те**)—*be on the verge of death; be not long for this world*

Су́дя по его́ ви́ду, я́сно, что он не жиле́ц на бе́лом све́те. *Judging by his appearance, it was plain that he was on the verge of death.*

жир—*fat*

беси́ться от жи́ра (or **с жи́ру**)—*go nuts (*on one's riches or wealth*)*

Получи́в насле́дство, он бе́сится от жи́ра. *His inheritance drove him nuts.*

ло́паться от жи́ра—*fall apart with obesity; get as fat as a pig*

Бори́с так мно́го и ча́сто ест, что ло́пается от жи́ра. *Boris eats so much and so often that he's falling apart with obesity.*

жить—*live*

жил-был—*once upon a time*

«Жи́ли-бы́ли коро́ль и короле́ва»—так начина́ется моя́ люби́мая ска́зка. *"Once upon a time there was a king and a queen"—so starts my favorite fairy tale.*

жить припева́ючи—*live on Easy Street; live high on the hog*

Вы́йдя на хоро́шую пе́нсию, Пётр жил припева́ючи. *Peter lived on Easy Street after his advantageous retirement.*

как живёте-мо́жете?—*How are you doing?*

При встре́че Ма́ша спра́шивала: «Как живёте-мо́жете?» *"How are you doing?" Masha asked when we met.*

жуть—*terror; awe*

до жу́ти—*terribly; incredibly; awfully*

Де́вочка до жу́ти бои́тся темноты́. *The little girl is awfully afraid of the darkness.*

З

забо́та—*care*

не́ было забо́ты!—*that's the last thing* (or *all) one needed; there was trouble enough to spare without it*

Очки́ разби́лись—не́ было забо́ты! *My glasses broke—that's the last thing I needed!*

не моя́ забо́та—*I don't care; it's not my headache* (or *concern)*

Как он спра́вится со свои́ми пробле́мами, не моя́ забо́та. *It's not my headache how he solves his problems.*

забы́ть—*forget*

что я там (or **тут**) **забы́л?**—*what business do I have being there?*

Заче́м мне туда́ идти́? Что я там забы́л? *Why should I go there? What business have I got being there?*

заве́са—*curtain; screen*

заве́са упа́ла с глаз—*the scales fell from one's eyes; suddenly to see clearly*

По́сле его́ объясне́ния с на́ших глаз упа́ла заве́са. *After his explanations, the scales fell from our eyes.*

завести́—*lead*

как (or **сло́вно** or **то́чно**) **заведённый**—*incessantly; like a machine; nonstop*

Са́ша рабо́тал как заведённый. *Sasha was working like a machine.*

за́висть—*envy*

ло́пнуть от за́висти—*burst with envy; be green with envy*

Когда́ он уви́дел но́вый автомоби́ль сосе́да, он чуть не ло́пнул от за́висти. *He was green with envy when he saw his neighbor's new car.*

за́втра—*tomorrow*

до за́втра!—*see you tomorrow!*

Михаи́л попроща́лся со слова́ми: «До за́втра!» *Mikhail said good-bye with the words "see you tomorrow!"*

за́втрак—*breakfast*

корми́ть за́втраками—*feed someone with (empty) promises*

Ско́ро нам ста́ло я́сно, что он ко́рмит нас за́втраками. *It became soon evident to us that he was feeding us with empty promises.*

загво́здка—*difficulty*

вот в чём загво́здка—*there's the rub*

Мы хоти́м уе́хать в о́тпуск, но де́нег нет—вот в чём загво́здка. *We want to go on a vacation, but we have no money—there's the rub.*

зад—*back*

за́дом наперёд—*wrong way around*

По рассе́янности он наде́л пулове́р за́дом наперёд. *Being absent-minded, he put his sweater on the wrong way.*

задво́рки—*backyard*

быть (or **держа́ть) на задво́рках**—*take the back seat; be put on the backburner*

При жи́зни писа́тель был на задво́рках, изве́стность пришла́ по́сле сме́рти. *During his lifetime the writer took the back seat—his fame came only after his death.*

заду́маться—*muse*

о чём ты заду́мался?—*a penny for your thoughts!*

Ты весь ве́чер смо́тришь мечта́тельными глаза́ми. О чём ты заду́мался? *All evening long you've been daydreaming. A penny for your thoughts!*

зажи́ть—*begin to live*

зажи́ть по-но́вому; зажи́ть но́вой жи́знью—*begin a new life; turn over a new leaf*

Бори́с реши́л зажи́ть по-но́вому и жени́лся. *Boris decided to turn over a new leaf and got married.*

зазре́ние

без зазре́ния со́вести—*without a twinge of conscience; remorselessly*

Вор забра́л мои́ де́ньги без зазре́ния со́вести. *The thief took my money without a twinge of conscience.*

закáт—*decline*

на закáте дней—*in one's declining years*

Пётр чáсто болéл на закáте своúх дней. *Peter was often sick in his declining years.*

заклёпка—*rivet*

заклёпок не хватáет—SEE: **вúнтика не хватáет**

заключéние—*conclusion*

дéлать поспéшные заключéния—*jump to conclusions*

Сáша был нетерпелúв и чáсто дéлал поспéшные заключéния. *Sasha was impatient and would frequently jump to conclusions.*

закóн—*law*

закóн не пúсан—*not to go by the book; not to live by the rules*

Никúта ведёт себя́ настóлько беззастéнчиво, что емý закóн, очевúдно, не пúсан. *Nikita is so uninhibited that he obviously doesn't live by the rules.*

закýска—*hors d'oeuvre; snack*

на закýску—*as a special treat* (or *favor)*

В концé вéчера на закýску артúст спел нáшу любúмую пéсню. *At the end of the evening the artist sang our favorite song as a special favor.*

замечáние—*remark*

бéглое замечáние—*passing remark*

При разговóре он сдéлал бéглое замечáние, что сегóдня я плóхо вы́гляжу. *During our conversation he made the passing remark that I wasn't looking good today.*

замирáние—*dying down; going out*

с замирáнием сéрдца—*with a sinking* (or *palpitating) heart*

Борúс шёл на экзáмен с замирáнием сéрдца. *Boris went to his examination with a sinking heart.*

замóк—*lock*

за семью́ (or десятью́) замкáми—*under seven seals; under lock and key*

Секрéтные докумéнты находи́лись за семью́ замкáми. *The secret documents were kept under seven seals.*

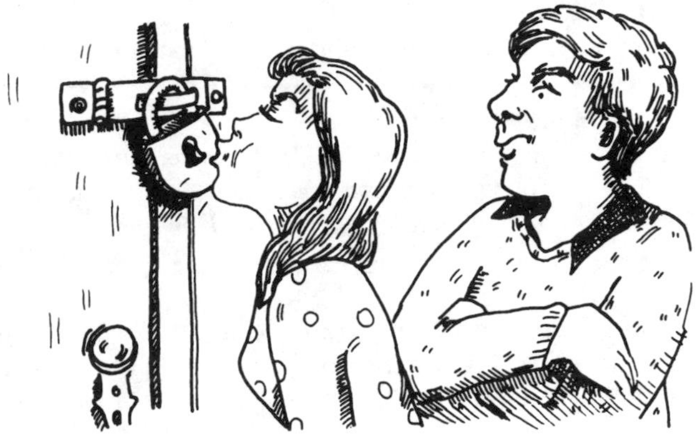

поцеловáть замóк—*go somewhere in vain; not to be received; no one is in*

Он пригласи́л нас в гóсти, а сам ушёл, и мы поцеловáли замóк. *He invited us to his place but he himself was gone, so we had gone there in vain.*

секрéтный замóк—*combination lock*

С цéлью безопáсности у нас смонти́ровали секрéтный замóк. *For safety reasons, we had a combination lock established.*

зáмуж—*married*

вы́скочить зáмуж—*to get married in a (real) hurry*

Окóнчив шкóлу, Лéна вы́скочила зáмуж. *Having finished school, Lena got married in a real hurry.*

запáл—*fuse, primer*

в запáле; под запáл—*in the heat of the moment*

Во вре́мя задуше́вной бесе́ды Па́вел в запа́ле вы́сказал свои́ та́йные мы́сли. *In the midst of the heart-to-heart talk, Pavel spilled his secret thoughts in the heat of the moment.*

запята́я—*comma*

до после́дней запято́й—*down to the smallest detail*

Арка́дий изучи́л библиотекове́дение до после́дней запято́й. *Arkady learned librarianship down to the smallest detail.*

заре́з—*disaster*

до заре́зу; хоть заре́жь(те)—*desperately*

Мне до заре́зу нужны́ де́ньги. *I need money desperately.*

заря́—*dawn*

вече́рняя заря́—*sunset*

С верши́ны горы́ мы любова́лись вече́рней зарёй. *We delighted in the sunset from the mountaintop.*

от зари́ до зари́—*all the live-long day; from dawn to dusk*

Бори́с рабо́тал от зари́ до зари́. *Boris kept working from dawn to dusk.*

у́тренняя заря́—*sunrise*

Мы вста́ли с у́тренней зарёй. *We got up with the sunrise.*

заставля́ть—*make*

не заставля́й(те) себя́ проси́ть!—*help yourself!*

Пожа́луйста, ку́шайте и не заставля́йте себя́ проси́ть! *Please, help yourselves, eat as much as you will!*

не заставля́ть себя́ до́лго жда́ть—*not to keep someone waiting; waste no time*

Врач позвони́л, что он сейча́с прие́дет, не заставля́ет себя́ до́лго жда́ть. *The doctor phoned that he'll be there right away—he won't waste any time.*

за́яц—*hare*

пройти́ за́йцем—*sneak in free; crash the gate*

В кинó он прошёл зáйцем. *He snuck into the movie free.*

убúть двух зáйцев—*kill two birds with one stone*

С решéнием э́того вопрóса мы убúли двух зáйцев. *By resolving this question we killed two birds with one stone.*

звездá—*star*

звёзд с нéба не хватáть—*not to be known for one's excellence; be no genius*

Он хорóший специалúст, но звёзд с нéба не хватáет. *He is a good specialist but is not a genius.*

считáть звёзды—*twiddle one's thumbs*

От ску́ки Никúта считáет звёзды. *Nikita is twiddling his thumbs with boredom.*

зверь—*beast*

как затрáвленный зверь—*like a beast at bay*

Он убежáл и спря́тался как затрáвленный зверь. *He ran off and hid like a beast at bay.*

смотрéть звéрем—*have a ferocious look*

Он не любúл людéй и смотрéл на них звéрем. *He disliked people and looked at them with a ferocious look.*

зги

(ни) згú не видáть (or **не вúдно**)—*it's pitch dark*

В безлу́нной нóчи ни зги не вúдно. *It's pitch dark on moonless nights.*

здорóвый—*healthy*

бу́дь(те) здорóв(ы)—*1. good bye! 2. bless you! 3. cheers!*

1. Прощáясь, Пáвел сказáл: «Бу́дьте здорóвы!» *Pavel said "good-bye" when he left.*
2. Когдá я чихну́ла, он сказáл: «Бу́дьте здорóвы!» *He said "bless you" when I sneezed.*

3. Когдá мы чóкались, Николáй говорúл: «Бýдьте здорóвы!» *Nikolay said "cheers" when we clinked glasses.*

землá—*earth*

бýдто (or **слóвно** or **тóчно**) **úз-под землú появúться**—*appear out of the (clear) blue (sky); out of nowhere* (or *thin air)*

Он неожúданно появúлся, слóвно úз-под землú вы́рос. *He appeared suddenly, as if out of the clear blue sky.*

землú под собóй не слы́шать (or **чýять)**—*be on the top of the world; be in seventh heaven*

Узнáв о вы́игрыше, Пётр землú под собóй не слы́шал. *Having heard that he won, Peter was in seventh heaven.*

землá и нéбо—*all the difference in the world; like Mutt and Jeff*

Э́ти два брáта как землá и нéбо. *These two brothers are like Mutt and Jeff.*

зенúца—*pupil (*of the eye*)*

берéчь (or **хранúть) как зенúцу óка**—*cherish as the apple of one's eye*

Э́ти релúквии онá бережёт как зенúцу óка. *She guarded these old things like the apple of her eye.*

зло—*evil*

вымещáть (or **срывáть) зло**—*vent one's anger* (or *spleen) on someone*

Когдá Ивáн возвращáлся домóй, то зло вымещáл на женé. *When Ivan went home, he vented his anger on his wife.*

прáмо зло берёт!—*really maddening*

Опáть очкú потерáл, прáмо зло берёт! *I lost my glasses again—really maddening!*

злóба—*spite; malice*

злóба днá—*topic of the day; burning issue*

Тайфýн стал злóбой днá. *The topic of the day was the typhoon.*

питáть злóбу—*have ill-feeling towards one*

Я ни к кому́ зло́бы не пита́ю. *I entertain no ill-feeling towards anyone.*

змея́—*snake*

отогре́ть (or **пригре́ть) змею́ на груди́**—*nurture a snake in one's bosom*

За мою́ доброту́ он оплати́л мне зло́м, и я по́нял, что отогре́л змею́ на груди́. *He repaid my kindness with evil and then I understood that I had been nurturing a snake in my bosom.*

знако́мство—*acquaintance*

ша́почное (or **шля́почное) знако́мство**—*nodding acquaintance*

О нём не могу́ ничего́ сказа́ть, у нас то́лько ша́почное знако́мство. *I can't say anything about him—ours is but a nodding acquaintance.*

знать—*know*

знай на́ших—*find out who you're dealing with! Look at what we (I) can do!*

Мы тебе́ отомсти́м—знай на́ших! *We'll get even with you—find out who you're dealing with!*

знать не зна́ю—*not to have the faintest idea*

Как сло́жится в бу́дущем моя́ жизнь, я знать не зна́ю. *I haven't the faintest idea how my life will turn out later.*

как знать—*goodness knows*

Как знать, полу́чится э́то хорошо́ и́ли пло́хо. *Goodness knows if this will come out all right or not.*

наско́лько я зна́ю—*as far as I know*

Наско́лько я зна́ю, он не жена́т. *He's not married, as far as I know.*

то и зна́й—*incessantly; all the time; constantly*

Мои́ де́ти, то и зна́й, крича́т весь день. *My kids are screaming all day long incessantly.*

зре́ние—*sight*

оскорбля́ть зре́ние—*be an eyesore*

Му́сор на у́лице оскорбля́ет зре́ние. *The garbage in the street is an eyesore.*

зуб—*tooth*

дать по зуба́м—*pay someone back*

Ива́н дал Петру́ по зуба́м за оскорбле́ние. *Ivan paid Peter back for the insult.*

держа́ться (or **ухвати́ться**) **зуба́ми**—*hang on to something for dear life; stick to something tooth and nail*

Он держа́лся за свою́ рабо́ту зуба́ми. *He stuck to his work tooth and nail.*

зуб на́ зуб не попада́ет—*someone's teeth are chattering*

От моро́за у Ива́на зуб на́ зуб не попада́ет. *Ivan's teeth are chattering from the cold.*

зу́бы облома́ть—*come a cropper; be ruined*

Он взя́лся за тако́е, что мог себе́ зу́бы облома́ть. *He started a business that he could be ruined in.*

име́ть зуб—*hold a grudge*

За оби́ду Па́вел име́л зуб на А́нну. *Ivan held a grudge at Anna for the insult.*

кла́сть зу́бы на по́лку—*tighten one's belt*
У нас де́нег ма́ло, придётся кла́сть зу́бы на по́лку. *We've got little money—we need to tighten our belt.*

не по зуба́м—*too difficult for one; not to be able to manage*
Бы́ло я́сно, что киберне́тика ему́ не по зуба́м. *It was clear that computer science was beyond his intellectual capacity.*

чеса́ть зу́бы—*gossip; flail* (or *wag) one's tongue*
Стару́шки чеса́ли зу́бы о свои́х сосе́дях. *The old women were gossiping about their neighbors.*

И

Ива́н—*Ivan*

Ива́н кива́ет на Петра́—*blame one another for something*
Ива́н кива́ет на Петра́, а де́ло стои́т. *Ivan and Peter blame one another—the work stands still.*

ива́новский

(крича́ть) во всю́ ива́новскую—*(shout* or *yell) at the top of one's voice* (or *lungs)*
Бори́с рассерди́лся и крича́л во всю́ ива́новскую. *Boris got mad and was shouting at the top of his voice.*

иго́лка—*needle*

иго́лку (or **иго́лки) не́где** (or **не́куда) воткну́ть**—*be jam-packed*
На пля́же бы́ло сто́лько люде́й, что иго́лку не́где бы́ло воткну́ть. *There were so many people on the beach that it was jam-packed.*

не иго́лка—*not to be easily missed; not to be a needle that can get lost in a haystack*
«Ку́да Никола́й исче́з?»—спроси́ла взволно́ванная Ма́ша. «Не бо́йся, он не иго́лка—не потеря́ется»—споко́йно отве́тила

Ната́ша. *"Where did Nikolay disappear to?" Masha asked excitedly. "Don't worry, he is no needle that can get lost in a haystack."*

с иго́лки (or **иго́лочки)**—*brand new*

На Петрé одéжда с иго́лочки. *Peter has a brand new suit on.*

сидéть как на иго́лках—*be on pins and needles*

Собра́ние затя́гивалось, и он сидéл как на иго́лках. *The meeting got dragged out and he was sitting on pins and needles.*

игра́—*play*

игра́ не сто́ит свеч—*it's not worth the trouble; the game isn't worth the gamble*

Зачём поддéлывать копéйки? Игра́ не сто́ит свеч. *Why forge false pennies (kopecks)? The game isn't worth the gamble.*

(твоя́) игра́ сы́гранна—*you have had it; you've shot your wad* (or *ammunition)*

Ты мне бо́льше ничего́ не говори́—твоя́ игра́ сы́гранна. *Don't you tell me anything anymore—you've shot your wad.*

игру́шка—*plaything*

как (or **сло́вно) игру́шка**—*be pretty as a picture*

Невéста моего́ сы́на краси́ва как игру́шка. *My son's fiancée is as pretty as a picture.*

и́дол—*idol*

сидéть (or **стоя́ть) и́долом**—*sit (*or *stand) like a statue*

В до́ме сто́лько рабо́ты, а ты стои́шь и́долом. *There's a lot of work to be done at home, and you're just standing there like a statue.*

идéя—*idea*

блестя́щая идéя—*brainchild; smarts*

За его́ блестя́щие идéи его́ вы́брали дирéктором. *He was chosen director because of his smarts.*

навя́зчивая идéя—*obsession*

Месть за бра́та ста́ла у Ники́ты навя́зчивой иде́ей. *It became Nikita's obsession to avenge his brother.*

по иде́е—*in principle; theoretically*

По иде́е они́ давно́ должны́ бы́ли быть до́ма. *Theoretically, they ought to have been home a long time ago.*

изве́стно—*it is known*

как изве́стно—*as is (generally) known*

Перелётные пти́цы, как изве́стно, о́сенью улета́ют на юг. *Migratory birds fly south in the autumn, as it is (generally) known.*

издалека́—*from far off*

начина́ть издалека́—*begin in a roundabout way*

Расска́з о свое́й жени́тьбе он на́чал издалека́. *He started telling the story of his marriage in a roundabout sort of way.*

изжива́ть—*eliminate*

изжива́ть себя́—*become outdated*

Зако́ны социа́лизма в Росси́и изжи́ли себя́. *The laws of socialism in Russia have become outdated.*

изли́шек—*surplus*

э́того хва́тит с изли́шком—*that will be enough, and to spare*

Заче́м ещё гото́вить? Э́того хва́тит с изли́шком. *Why cook more? This'll be enough and to spare.*

измени́ть—*be unfaithful*

изменя́ть себе́—*be untruthful to oneself; contradict oneself*

Ста́рый холостя́к, жени́вшись, измени́л себе́. *The old bachelor contradicted himself when he got married.*

имени́нник—*one whose name-day it is*

вы́глядеть (or **смотре́ть**) **имени́нником**—SEE: **смотре́ться женихо́м**

име́ть—*have*

ничего́ не име́ть про́тив—*not to mind*

Е́сли вы ничего́ не име́ете про́тив, то я закурю́. *If you don't mind, I'll light up.*

и́мя—*name*

открыва́ть своё и́мя—*reveal one's identity*

Мы не зна́ли, кто он, пока́ он не откры́л своё и́мя. *We didn't know who he was, until he revealed his identity.*

па́чкать до́брое и́мя—*disgrace someone's name*

«Не сме́й па́чкать моё до́брое и́мя!»—сказа́л отéц сы́ну. *"Don't you disgrace my good name!" the father said to his son.*

сде́лать себе́ и́мя—*become known* (or *famous); make oneself a name*

Свои́ми рома́нами Толсто́й сде́лал себе́ и́мя. *Tolstoy became famous for his novels.*

с и́менем—*known; established; a (big) name*

Он поэ́т с и́менем. *He's an established poet.*

ино́й—*someone else*

никто́ ино́й, как—*none other than*

Таку́ю карти́ну мо́жет написа́ть никто́ ино́й, как тала́нтливый худо́жник. *None other than a gifted artist can paint a picture like this.*

интере́с—*interest*

из спорти́вного интере́са—*just for the fun* (or *hell) of it*

Из спорти́вного интере́са инжене́р стал писа́ть стихи́. *The engineer started to write poems just for the hell of it.*

ока́зываться (or **остава́ться) при пи́ковом интере́се**—*be out in the cold; be left holding the bag* (or *the socks)*

Моя́ неве́ста вы́шла за́муж за друго́го, а я оста́лся при пи́ковом интере́се. *My fiancée married another guy, and I was left holding my socks.*

иска́ть—*look for*

ищи́ свищи́—*you can kiss it good-bye*

Вор убежа́л, твой кошелёк—ищи́ свищи́! *The thief has run off—you can kiss your wallet good-bye!*

и́скра—*spark*

и́скры из глаз посы́пались—*one saw stars*

От уда́ра у меня́ посы́пались и́скры из глаз. *I saw stars from the blow.*

искусствове́д—*art historian*

искусствове́д в шта́тском—*plain-clothes agent*

По́сле паде́ния коммуни́зма вы́яснилось, что Никола́й был искусствове́дом в шта́тском. *After the fall of Communism it became known that Nikolay was a plain-clothes agent.*

испечённый—*baked*

вновь испечённый—*brand new; newly fledged; new*

Наш вновь испечённый дире́ктор произвёл на нас отли́чное впечатле́ние. *Our new director made a good impression on us.*

испу́г—*fright*

брать на испу́г—*frighten someone*

Он ча́сто брал на испу́г свои́х одноклáссников. *He frequently frightened his classmates.*

исте́рика—*hysterics*

впада́ть в исте́рику; зака́тывать исте́рику; устра́ивать исте́рики—*make a hysterical scene; throw a tantrum*

Когда́ ребёнку что́-то захоте́лось, он впада́л в исте́рику. *Whenever the child wanted something, he threw a tantrum.*

и́стина—*truth*

прописна́я и́стина—*cliché; hackneyed truth*

Ничего́ оригина́льного в слова́х Оле́га нет, он то́лько повторя́ет прописны́е и́стины. *There's nothing original to Oleg's words—all he does is repeat clichés.*

исто́рия—*history*

ве́чная (or **обы́чная**) **исто́рия**—*the same old story; here we go again!*

Он сно́ва потеря́л ключи́—э́то ве́чная исто́рия. *He lost his keys again—it's the same old story.*

войти́ в исто́рию—*become famous; go down in history; become a part of history*

Пасте́р вошёл в исто́рию свои́ми медици́нскими изобрете́ниями. *Pasteur became a part of history because of his medical discoveries.*

исто́рия ума́лчивает—*history doesn't say; be a deep dark secret*

С кем Бори́с провёл вре́мя в Пари́же, об э́том исто́рия ума́лчивает. *With whom Boris spent his time in Paris is a deep dark secret.*

истука́н—*idol, statue*

сиде́ть (or **стоя́ть**) **истука́ном**—SEE: **сиде́ть** (or **стоя́ть**) **и́долом**

итóг—*total*

в конéчном итóге—*in the end*

В конéчном итóге мы поженúлись. *In the end we got married.*

Й

йóта—*jot (iota)*

ни на йóту—*not one iota*

Ни на йóту он не отошёл от своúх прúнципов. *He didn't budge from his principles—not one iota.*

К

каблýк—*heel*

быть под каблукóм—SEE: **быть под башмакóм**

кáждый—*every; each*

кáждому своё—*to each his (or their) own; it's a matter of taste*

Никúта лю́бит классúческую мýзыку, Óльга лю́бит поп-мýзыку—кáждому своё. *Nikita likes classical music, Olga likes pop—to each their own.*

казáк—*Cossack*

вóльный казáк—*be free as a bird; be foot-loose and fancy-free*

Женá уéхала, а он вóльный казáк. *His wife's gone; he is foot-loose and fancy-free.*

как—*how*

вот как—*really*

Вот как! А я об э́том не знал. *Really? I didn't know that.*

как бýдто—*as if*

Э́то бы́ло как бýдто во снé. *This was as if in a dream.*

как бы то ни́ было—*anyway; in any event; no matter what*
Как бы то ни́ было, а я в Амéрику уéду. *I'm going to America anyway.*

как же—*why, yes!; what a (silly) question*
«Вы знáете Лéрмонтова?»—«А как же!» *"Do you know Lermontov?"—"Of course, what a silly question."*

как мóжно бóльше—*as much as you can; as much as possible*
Принеси́ как мóжно бóльше дéнег. *Bring with you as much money as you possibly can.*

как-никáк—*after all*
К вéчеру он почу́вствовал гóлод—как-никáк он с утрá не ку́шал. *He got hungry by evening time; after all he hadn't eaten since the morning.*

как раз—*just*
Как раз я о тебé ду́мал, и ты пришёл. *I was just thinking of you when you arrived.*

как слéдует—*as is expected; comme il faut; as one should*
Он поблагодари́л хозя́йку за обéд как слéдует. *He thanked the hostess for dinnner as is expected.*

как тóлько—*as soon as; just as*
Как тóлько я освобожу́сь, я к тебé приду́. *I'll visit you just as soon as I get some free time.*

как э́то так не—*have every reason to do something; why should one not do something?*
Как э́то так не волновáться, éсли я опáздываю на пóезд. *Why shouldn't I worry, when I am about to miss my train?*

какóв—*what, how*

какóв собóй? какóв из себя́?—*what does one look like?*
«А какóв он собóй?»—«Он хорóш собóй.» *"And what does he look like?"—"Quite handsome."*

какóвский—*what*

по-какóвски?—*what language?*

По-какóвски э́ту пéсню пою́т? *What language are they singing in?*

какóй—*what*

какóй бы (ни)—*no matter what someone is like; regardless how...*

Какóй бы ни был мой сын, я люблю́ егó. *I love my son, no matter what he's like.*

смотря́ какóй—*it depends*

«Ты пойдёшь в кинó с нáми?»—«Смотря́ какóе бу́дет у меня́ настроéние.» *"Will you come to the movies with us?"—"Depends on how I feel."*

каланчá—*watch tower*

каланчá пожáрная—*beanpole*

Пéредо мной в кинó сидéл человéк, слóвно каланчá пожáрная. *There sat a man in front of me in the movie theater who was as tall as a beanpole.*

калáч—*kalach (*kind of fancy bread*)*

калачóм не замáнишь—*you can't get one (*out of a certain place*) for love or money*

Он не лю́бит гóрод—егó калачóм в Москву́ не замáнишь. *He doesn't like the city—you can't make him come to Moscow for love or money.*

на калачи́ достáться—*get what is coming to one; get one's comeuppance*

За прокáзы ему́ на калачи́ достáлось. *He got what was coming to him for his pranks.*

тёртый калáч—*old hand; old pro*

Егó не обмáнешь, он тёртый калáч. *You can't fool him—he's an old pro.*

калéние—*incandescence*

доводи́ть до бéлого калéния—*rouse one to fury*

Он своéй истéрикой доводи́л меня́ до бéлого калéния. *He roused me to a fury with his hysterics.*

кали́ф—*caliph*

кали́ф на час—*be king for a day; have but temporary influence*

Я бы охóтно для вас всё сдéлал, но дéло в том, что я кали́ф на час. *I would gladly do everything for you, but I've only got temporary influence.*

калóша—*galosh*

посади́ть в калóшу—*put someone into a mess; embarrass someone*

Он посади́л меня́ в калóшу тем, что всем рассказáл о мои́х стрáнных привы́чках. *He embarrassed me by telling everyone about my odd habits.*

сесть в калóшу—*get into a mess* (or *fix* or *pickle* or *stink)*

Не знáя обы́чаи чужóй страны́, он сел в калóшу. *He got himself into a pickle by being ignorant about the habits of the foreign country.*

ка́мень—*stone*

броса́ть ка́мень (or **ка́мешек) в огоро́д**—*make a snide remark; take a dig at someone*

Де́лая неприя́тное замеча́ние об иностра́нцах, сосе́д броса́л ка́мень в мой огоро́д. *My neighbor took a dig at me by making an unpleasant remark about foreigners.*

держа́ть (or **име́ть) ка́мень за па́зухой**—*have evil intentions against someone*

Меня́ предупреди́ли, что мой партнёр де́ржит ка́мень за́ па́зухой. *They told me that my partner had evil intentions against me.*

ка́мень на душе́ (or **се́рдце)**—*have a heavy heart*

С тех пор, как я узна́л по телеви́зору о траги́ческой ги́бели люде́й во вре́мя гражда́нской войны́, у меня́ ка́мень на душе́. *I've had a heavy heart ever since I heard on TV about the tragic death of the people in the civil war.*

ка́мень с души́ (or **се́рдца) сва́лится**—*a load off one's mind*

Услы́шав о повыше́нии зарпла́ты, у меня́ ка́мень с души́ свали́лся. *Having heard that I got a raise in salary was a big load off my mind.*

ка́мня на ка́мне не оста́вить—*raze to the ground; level completely*

Бомбёжки в Берли́не ка́мня на ка́мне не оста́вили. *The bombardments leveled Berlin completely.*

ка́пать—*drip*

не ка́плет—*take one's time; there is no hurry*

Заче́м так торопи́ться? Не ка́плет над на́ми. *Why such rush? We can take our time.*

ка́пелька—*small drop; droplet*

ни ка́пельки—*not a bit; not a grain*

У него́ ни ка́пельки терпе́ния нет. *He hasn't got a bit of patience.*

В его́ слова́х ни ка́пельки и́стины нет. *There's not a grain of truth in his words.*

ка́пля—*drop*

как ка́пля в мо́ре—*a drop in the ocean; a drop in the bucket*

Сто до́лларов заплати́ть за мои́ долги́—э́то как ка́пля в мо́ре. *To pay a hundred dollars on my debts is only a drop in the bucket.*

ка́пля за ка́плей; ка́пля по ка́пле—*gradually; bit by bit*

Они́ собра́ли на дом ка́пля по ка́пле. *They saved for their house bit by bit.*

ка́пля моего́ (твоего́ ...) мёду есть—*have a finger in the pie; make a contribution to something*

В успе́хе Арка́дия и ка́пля моего́ мёду есть, ведь я финанси́ровал его́ учёбу. *I made a contribution to Arkady's success as I was the one who financed his education.*

похо́жи как две ка́пли воды́—*(as similar as) two peas in a pod*

Двойня́шки Е́ва и Агне́са, похо́жи как две ка́пли воды́. *The twins, Eva and Agnes, are like two peas in a pod.*

капу́ста—*cabbage*

руби́ть (or **изруби́ть) в капу́сту**—*make mincemeat out of someone*

Васи́лий причини́л мне сто́лько неприя́тностей, что я изруби́л бы его́ в капу́сту, е́сли бы встре́тил. *Vasily caused me so much trouble that I'd make mincemeat out of him if we met.*

каранда́ш—*pencil*

взя́ть на каранда́ш—*put down; take notes*

Он взял на каранда́ш мои́ сове́ты. *He put down my suggestions.*

карау́л—*guard*

карау́л!—*help!*

Во вре́мя землетрясе́ния бы́ло слы́шно изо всех сторо́н: «Карау́л!» *At the time of the earthquake one could hear "help!" from everywhere.*

хоть карау́л кричи́—*one could just climb the walls*

Ситуа́ция така́я, что хоть карау́л кричи́. *In such a situation one could just climb the walls.*

карма́н—*pocket*

бить (or **уда́рить) по карма́ну**—*hit someone in the wallet (*or *pocket)*

Внеза́пная сва́дьба до́чери уда́рила отцу́ по карма́ну. *His daughter's unexpected wedding hit the father in the pocket.*

держи́ карма́н (ши́ре)—*not a chance!*

«Наде́юсь быть дире́ктором фи́рмы»—«Держи́ карма́н ши́ре!» *"I hope I'll be the manager of the firm!"—"Not a chance!"*

залеза́ть в карма́н—*put one's hands in someone else's pocket; have greasy fingers*

Мы на́шему бухга́лтеру доверя́ли, зна́я, что он в чужо́й карма́н не зале́зет. *We trusted our bookkeeper since we knew that he didn't have greasy fingers.*

не по карма́ну—*not to be able to afford it; be beyond one's means*

Да́ча мне не по карма́ну. *I can't afford a summer house.*

ка́рта—*map; card*

(и) ка́рты (or **кни́ги) в ру́ки**—*be just the person; be (right) up one's alley*

В на́шем бракоразво́дном де́ле вам, как адвока́ту, и ка́рты в ру́ки. *Since you are an attorney, our divorce case is right up your alley.*

ка́рта би́та—*game is up*

Когда́ раскры́ли его́ манипуля́ции, его́ ка́рта была́ би́та. *When his manipulations became known, the game was up.*

откры́ть (or **раскры́ть) свои́ ка́рты**—*show one's hand; come clean*

Под давле́нием ему́ пришло́сь откры́ть свои́ ка́рты. *He had to show his hand under pressure.*

поста́вить всё на одну́ ка́рту—*put all one's eggs in one basket*

Неу́мное де́ло поста́вить всё на одну́ ка́рту. *It's silly to put all one's eggs in one basket.*

после́дняя ка́рта—*last chance; last resort*

Пётр пропусти́л после́днюю ка́рту и оста́лся холостяко́м. *Peter lost his last chance and remained a bachelor.*

карти́нка—*picture*

оде́т как карти́нка—*dressed fit to kill*

Во вре́мя пе́рвого свида́ния А́нна была́ оде́та как карти́нка. *Anna was dressed fit to kill on her first rendezvous.*

карто́фель or **карто́шка**—*potatoes*

карто́фель (or **карто́шка) в мунди́ре**—*potatoes baked (*or *boiled) in their jackets*

К столу́ пода́ли карто́шку в мунди́ре. *They served potatoes baked in their jackets.*

не карто́шка—*no joking matter*

Любо́вь не карто́шка. *Love is no joking matter.*

каса́ться—*to touch*

что каса́ется—*as regards; as to*; *as far as one is concerned*

Что каса́ется меня́, я согла́сен с тобо́й. *As far as I'm concerned, I agree with you.*

ка́сса—*cash box; cash register*

не отходя́ от ка́ссы—*right away; right there; on the spot*

По́сле разво́да Валенти́на бы́стро вы́шла за́муж, как говори́тся, не отходя́ от ка́ссы. *After the divorce Valentina got married on the spot, as they say.*

ка́чество—*quality*

в ка́честве—*as; in the capacity of; by way of*

Мой брат рабо́тал в на́шей фи́рме в ка́честве секретаря́. *My brother was working at our company in the capacity of secretary.*

кафта́н—*caftan*

Три́шкин кафта́н—*rob Peter to pay Paul*

Из отло́женных на пальто́ де́нег я взял для опла́ты за све́т—сло́вно Три́шкин кафта́н. *I took away money set aside for a coat in order to pay the electric bill—I robbed Peter to pay Paul.*

ка́ша—(cooked) *cereal*

навари́ть ка́шу—*make a muddle of things; stir up trouble.*

Куда́ он не пойдёт, он везде́ зава́рит ка́шу. *Wherever he goes, he stirs up trouble.*

ка́ша в голове́—*be a muddled head; have one's head muddled*

От пробле́м у неё ка́ша в голове́. *She's got her head muddled with all of her problems.*

ка́ша во рту—*mumble*

Когда́ Алексе́й пьян, у него́ ка́ша во рту. *Aleksey always mumbles when he's drunk.*

ка́ши не свари́ть—*be impossible to get along with someone; get nowhere with someone*

Он тако́й упря́мый, с ним ка́шу не сва́ришь. *He is so stubborn that there's no getting along with him.*

ка́ши про́сят—*they are in need of repair (*said about shoes, boots)

Мои́ сапоги́ уже́ давно́ ка́ши про́сят. *My boots have been in need of repair for a long time.*

ка́шу ма́слом не испо́ртишь—*it's never* (or *one can't have) too much of a good thing*

Я двáжды поднял бокáл за егó здорóвье, считáя, что кáшу мáслом не испóртишь. *I raised my glass to his health twice, thinking that you can't have too much of a good thing.*

мáло кáши ел—*be inexperienced; be a greenhorn*

По егó рассуждéниям вúдно, что он мáло кáши съел. *It's evident from his remarks that he is inexperienced.*

расхлёбывать кáшу—*face the music; be called on the carpet for something*

Йз-за их ошúбок всю кáшу расхлёбывать пришлóсь нам. *We had to face the music for their mistakes.*

сам кáшу заварúл, сам и расхлёбывай—*you've made your (own) bed, now lie in it*

Сáша женúлся прóтив вóли своúх родúтелей, и когдá появúлись проблéмы, отéц сказáл: «Сам кáшу заварúл, сам и расхлёбывай.» *Sasha got married against his parents' wishes, and when problems cropped up his father said, "You've made your own bed, now lie in it."*

с кáшей съем—*fix one's little red wagon (*said to children or in jest*)*

Éсли ты не бýдешь слýшаться, я тебя́ с кáшей съем. *I'll fix your little red wagon if you won't obey me!*

каштáн—*chestnut*

таскáть каштáны из огня́—*pull the burning chestnuts out of the fire*

Когдá Ивáн стал дирéктором, я пóнял, что таскáл каштáны из огня́ для другóго. *When Ivan became the director, I understood that I had pulled the burning chestnuts out of the fire for someone else.*

квадрáт—*square*

в квадрáте—*a complete; a total*

Мой сосéд—лгун в квадрáте. *My neighbor is a total liar.*

квартúра—*apartment*

квартúра и стол—*board and lodging*

В мой студéнческие гóды я снял квартúру и стол у рóдственников. *During my student years I had board and lodging with my relatives.*

кишкá—*intestine*

вы́мотать все кúшки—*bother life (*or *hell) out of someone*

Мой начáльник мне вы́мотал все кúшки. *My boss kept bothering the hell out of me.*

кишкá тонкá—*not to have the guts*

Он своё мнéние начáльнику не скáжет, у негó кишкá тонкá. *He doesn't have the guts to tell his boss his opinion.*

клáпан—*valve*

закрóй клáпан!—*shut your mouth; keep your mouth shut*

Перестáнь кричáть! Закрóй клáпан! *Stop yelling! Shut your mouth!*

клёпка—*rivet*

не хватáет (or **достаёт) (однóй) клёпки в головé**—SEE: **вúнтика не хватáет в головé**

клéщи—*pincers*

клещáми вытя́гивать (or **тащúть) слóво**—*be like pulling teeth; one has to tease every word out of someone*

Кáждое слóво из негó прихóдится клещáми вытя́гивать. *To get a word out of him is like pulling teeth.*

клин—*wedge*

клúном не вы́шибешь (or **вы́колотишь)**—*you can't knock something out of someone's head; can't change someone's mind*

Éсли Васи́лий что́-то заду́мал сде́лать, то э́то из него́ и кли́ном не вы́шибешь. *Whenever Vasily decides to do something, you can't knock it out of his head.*

клони́ть—*incline; bend*

куда́ вы кло́ните?—*what are you driving at?*

Вы́слушав меня́, Никола́й спроси́л: «Куда́ вы кло́ните?» *Nikolay listened to me and then asked, "What are you driving at?"*

кни́га—*book*

кни́га за семью́ печа́тями—*sealed book; beyond one's comprehension; way over one's head*

Астроно́мия—э́то для меня́ кни́га за семью́ печа́тями. *Astronomy is way over my head.*

кно́пка—*button*

нажима́ть на все кно́пки (or **педа́ли**)—*pull strings; move heaven and earth*

Что́бы жени́ться на А́нне, Бори́с нажима́л на все кно́пки. *Boris moved heaven and earth to be able to marry Anna.*

коври́жка—*honey-cake*

ни за каки́е коври́жки—*not for the (whole wide) world; not (even) for a farm down east; not for all the tea in China*

Унасле́дованный от роди́телей дом я ни за каки́е коври́жки не прода́м. *I wouldn't sell the house I inherited from my parents for the whole (wide) world!*

когда́—*when*

есть когда́—*no time for it*

«Пойдёшь со мной в кино́?»—«Есть когда́ мне!» *"Will you come to the movies with me?"—"I've got no time for that!"*

когда́ бы ни—*whenever*

Когда́ бы Бори́с ни пришёл, Ири́ны не́ было до́ма. *Whenever Boris came, Irina wasn't home.*

когда́ как—*sometimes this way, sometimes that way; comme ci, comme ça*

Когда́ как: то со́лнце све́тит, то дождь идёт. *Sometimes the sun is shining, sometimes it is raining.*

когда́ како́й—*once it's like this, then it's like that*

Жизнь когда́ кака́я: то хоро́шая, то плоха́я. *Life is sometimes good, and sometimes bad.*

когда́-когда́—*every now and then; every once in a while* (or *blue moon)*

Когда́-когда́ я его́ уви́жу. *I see him every once in a while.*

ко́готь—*claw*

держа́ть в когтя́х—*keep someone under one's thumb*

Финанси́руя мои́ расхо́ды, он держа́л меня́ в когтя́х. *By financing my expenses, he kept me under his thumb.*

облома́ть ко́гти—*render* (or *make) one harmless*

Ю́рий причини́л сто́лько хлопо́т, что пора́ ему́ облома́ть ко́гти. *Yury has caused so much trouble already that it is time to make him harmless.*

пока́зывать свои́ ко́гти—*show one's teeth*

Мы счита́ли Ива́на поря́дочным, пока́ он свои́ ко́гти не показа́л. *We considered Ivan a nice person until he showed his teeth.*

попа́сть в ко́гти—*fall into the clutches of someone*

Лу́чше жить че́стно, чем попа́сть в ко́гти престу́пников. *It's better to live honestly than fall into the clutches of criminals.*

ко́жа—*skin*

быть в че́й-либо ко́же—*be in someone's shoes*

Что́бы понима́ть его́ страда́ния, ну́жно быть в его́ ко́же. *In order to understand his suffering, we'd have to be in his shoes.*

вы́лезть (or **ле́зть) из ко́жи вон**—*bend over backwards; do one's utmost*

Пётр из кóжи вон лéзет, чтóбы понрáвиться начáльнику. *Peter bends over backwards in order to please his boss.*

кóжа да кóсти—*a bag of bones; skin and bones*

Стрáшно смотрéть на Бори́са, лишь кóжа да кóсти. *It's terrible to look at Boris, he's just skin and bones.*

ни кóжи ни рóжи—*look awful*; *be very unattractive*; *ugly (as sin)*

Как Ири́на мóжет люби́ть Ивáна? Ведь у негó ни кóжи ни рóжи. *How can Irina love Ivan? He's so very unattractive.*

козá—*goat*

драть (or **лупи́ть** or **порóть** or **сечь) как си́дорову козý**—*beat the crap out of one; give a sound thrashing*

Сосéд драл сы́на как си́дорову козý. *Our neighbor gave his son a sound thrashing.*

на козé не подъéдешь—*hard to approach one*

Мой стáрый друг стал президéнтом нáшей фи́рмы, и к немý с тех пор на козé не подъéдешь. *My old friend became president of our company, and since then it's hard to approach him.*

козёл—*goat*

козлóм петь—*sing in a false voice; caterwaul*

Он пел козло́м, и э́то всех раздража́ло. *He sang in a false voice and set everyone's nerves on edge.*

пусти́ть козла́ в огоро́д—*send the wolf to keep the sheep; send a fox to keep one's geese; put the cat near the goldfish bowl*

Растра́тчику поручи́ть бухгалте́рию—э́то пусти́ть козла́ в огоро́д. *To entrust an embezzler with the bookkeeping is like sending a fox to keep one's geese.*

козырёк—*visor*

брать под козырёк—*salute*

Приве́тствуя генера́ла, солда́ты бра́ли под козырёк. *The soldiers saluted in greeting the general.*

кол—*stake; picket*

ко́лом (or **ко́мом) стоя́ть в го́рле**—*1. be unable to get the words out 2. become disgusted with*

1. Когда́ Ле́на уви́дела гнев в глаза́х Петра́, у неё слова́ ста́ли ко́лом в го́рле. *Seeing the rage in Peter's eyes, Lena couldn't get the words out.*
2. Постоя́нные упрёки Никола́я у меня́ стоя́ли ко́лом в го́рле. *I was disgusted with Nikolay's constant reproaches.*

ни кола́ ни двора́—*not a thing to one's name*

По́сле наводне́ния у стару́шки не оста́лось ни кола́ ни двора́. *After the flood the old woman didn't have a thing left to her name.*

хоть кол на голове́ теши́—*be an extremely stubborn person; be impossible to beat anything into one's thick head*

Ива́ну хоть кол на голове́ теши́, он своё мне́ние не изме́нит. *Ivan is an extremely stubborn person, he refuses to change his mind.*

колбаса́—*sausage*

кати́сь колбасо́й!—*off with you!; get lost; beat it!*

Когда́ его́ поведе́ние мне надое́ло, я закрича́л: кати́сь колбасо́й! *"Get lost!" I shouted at him, when I got fed up with his behavior.*

коле́но—*knee*

до седьмо́го коле́на—*back to the seventh generation*

В семье́ Никола́я все худо́жники до седьмо́го коле́на. *In Nikolay's family everybody is an artist, seven generations back.*

поста́вить на коле́ни—*bring to one's knees*

Свои́ми аргуме́нтами Ива́н поста́вил всех на коле́ни. *Ivan brought everyone to their knees with his arguments.*

ко́лер—*color*

подогна́ть (or **подвести́) всех под оди́н ко́лер**—*treat everyone alike*

Нача́льник подгоня́л всех под оди́н ко́лер незави́симо от их ли́чности. *The boss treated everyone alike regardless of their personality.*

колесни́ца—*chariot*

привяза́ть себя́ к колесни́це—*hitch one's wagon to another's star*

Пётр привяза́л себя́ к колесни́це победи́телей. *Peter hitched his wagon to the star of the victors.*

колесó—*wheel*

быть на колёсах—*constantly to be on the road*

Дóма Бори́са не застáнешь, он всегдá на колёсах. *You won't find Boris at home—he's on the road all the time.*

верте́ться колесóм—SEE: **верте́ться** (or **кружи́ться**) **как бе́лка в колесе́**

подмáзывать колёса—*grease someone's palm*

Чтóбы получи́ть нóвый контрáкт, Пётр подмáзал колёса у дире́ктора. *In order to get a new contract, Peter greased the director's palm.*

пя́тое колесó в колесни́це (or **теле́ге**)—*fifth wheel*

С молодожёнами я чу́вствовал себя́, как пя́тое колесó в теле́ге. *I felt like a fifth wheel beside the newlyweds.*

колея́—*rut*

войти́ в колею́ (or **ру́сло**)—*settle down; get back into the old routine*

Пóсле óтпуска тру́дно войти́ в колею́. *It's hard to get back into the old routine after a vacation.*

вы́бить из колеи́—*disrupt one's regular routine*

Э́ти собы́тия нас вы́били из колеи́. *These events disrupted our regular routine.*

ко́локол—*bell*

звони́ть во все колокола́—*spread the news far and wide; divulge*

А́нна звони́ла во все колокола́ о своём заму́жестве. *Anna spread the news of her marriage far and wide.*

колоко́льня—*church* (or *bell) tower*

смотре́ть со свое́й колоко́льни—*see only one's own point of view; not to see beyond one's nose*

Ива́н уме́л смотре́ть на собы́тия то́лько со свое́й колоко́льни. *Ivan could only see the events from his own point of view.*

колпа́к—*cap*

держа́ть под стекля́нным колпако́м—*keep someone in cotton wool; overprotect someone*

Роди́тели свою́ дочь держа́ли под стекля́нным колпако́м. *The parents overprotected their daughter.*

помести́ть (or **поста́вить) себя́ под стекля́нный колпа́к**—*live in seclusion; avoid publicity; turn into a hothouse flower*

Бу́дучи нелюди́мым, он помести́л себя́ под стекля́нный колпа́к. *Being a loner, he kept avoiding publicity.*

колыбе́ль—*cradle*

с (or **от) колыбе́ли**—*from the cradle; from* (or *since) early childhood on*

С колыбе́ли Ми́ша уже́ люби́л му́зыку. *Misha loved music from early childhood on.*

кома́нда—*command*

как по кома́нде—*in unison; as if at a command*

Когда́ Ива́н входи́л, все как по кома́нде встава́ли. *When Ivan entered, everybody stood up in unison.*

кома́р—*mosquito*

комара́ не зашибёт—*one wouldn't hurt even a fly*

Он тако́й до́брый, комара́ не зашибёт. *He is such a good man that he wouldn't hurt a fly.*

коме́дия—*comedy*

игра́ть (or **разы́грывать) коме́дию**—*put on an act; try to fool someone*

Мы ве́рили ему́, но вы́яснилось, что он то́лько игра́л коме́дию пе́ред на́ми. *We believed him until we found out that he was putting on an act for us.*

коммента́рий—*commentary*

коммента́рии изли́шни—*it speaks for itself*

Его́ поведе́ние тако́е, что коммента́рии изли́шни. *His behavior is such that it speaks for itself.*

компа́ния—*company*

води́ть компа́нию—*associate with someone*

Мы с сосе́дями не во́дим компа́нию, потому́ что мы не понима́ем их язы́к. *We don't keep company with our neighbors, because we don't speak their language.*

за компа́нию—*just to be sociable*

Спирт я не люблю́, но за компа́нию я реши́л вы́пить глото́к. *I don't drink alcohol, but I took a sip just to be sociable.*

не компа́ния—*not to be suitable company*

Криводу́шный челове́к мне не компа́ния. *A hypocrite is not suitable company for me.*

при всей честно́й компа́нии—SEE: **при (всём) (честно́м) наро́де**

комплиме́нт—*compliment*

напра́шиваться на комплиме́нты—*fish for compliments*

Жáлуясь на своѝ фигýру, Áнна напрáшивалась на комплимéнты. *By complaining about her own figure, Anna was fishing for compliments.*

конёк—*small horse*

садѝться на своегó (любѝмого) конькá; оседлáть своегó (любѝмого) конькá—*launch into one's pet subject; mount (*or *ride) one's (favorite) hobby horse*

Дéдушка, расскáзывая о войнé, садѝлся на своегó любѝмого конькá. *Talking about the war grandpa launched into his pet subject.*

конéц—*end*

в óба концá—*round trip*

Билéт на самолёт дешéвле, éсли брать в óба концá. *Air fare is cheaper if you purchase it as a round-trip.*

в концé концóв—*after all*

Мне, в концé концóв, всё равнó, что Ивáн дéлает. *It's all the same to me what Ivan's doing, after all.*

во все концы́—*in all directions; all over*

Мы разослáли пѝсьма своѝм друзья́м во все концы́ страны́. *We sent letters to our friends all over the country.*

дéлать (or **начинáть) не с тогó концá**—*put the cart before the horse*

Пóсле убóрки крáсить стéны—э́то начинáть не с тогó концá. *To paint the walls after cleaning the house is like putting the cart before the horse.*

едвá (or **éле** or **кóе-как) сводѝть концы́ с концáми**—*make ends meet*

Едвá сводѝли концы́ с концáми, так как дéнег бы́ло мáло. *We had so little money that we could hardly make ends meet.*

концá-крáю нет; концá-крáя нет; ни концá ни крáю нет; ни концá ни крáя нет—*there is no end to it*

На́шим страда́ниям ни конца́ ни кра́я нет. *There's no end to our trials and tribulations.*

концо́в не найти́—*be unable to get to the bottom of the matter*

Де́ло так запу́тано, что концо́в не найти́. *The matter is so involved that it's impossible to get to the bottom of it.*

положи́ть коне́ц—*make an end; put an end to something*

Бори́с реши́л положи́ть коне́ц холостя́цкой жи́зни. *Boris decided to put an end to his bachelorhood.*

пря́тать концы́—*cover one's tracks*

Бори́с уме́л пря́тать концы́ свои́х преступле́ний. *Boris knew how to cover the tracks of his crimes.*

на худо́й коне́ц—*if worst comes to worst*

На худо́й коне́ц, мы мо́жем купи́ть биле́ты в креди́т. *If worst comes to worst, we can buy the tickets on credit.*

конто́ра—*office; bureau*

шара́шкина конто́ра—*shady business*

Лу́чше не свя́зываться с Па́влом, у него́ шара́шкина конто́ра. *It's better not to be associated with Pavel—he is involved in shady businesses.*

конце́рт—*concert*

коша́чий конце́рт—*caterwaul; cacophony; singing falsely, in the wrong key*

Что э́то за коша́чий конце́рт? Ра́зве мо́жно так петь? *What is all this cacophony? How can anybody sing like that?*

ко́нчик—*tip*

до ко́нчиков ногте́й—*through and through; all the way; entirely*

Он че́стный до ко́нчиков ногте́й. *He's an entirely honest person.*

ко́нчить—*finish*

всё ко́нчено—*everything's lost; all gone with the wind*

Наш дом конфискова́ли. Всё ко́нчено. *They foreclosed our house on us—it's all gone with the wind.*

конь—*horse*

не в коня́ корм—*wasted effort; waste something on someone*

Иностра́нные языки́ для Алексе́я не в коня́ корм. *Foreign languages are wasted on Aleksey.*

коньки́—*skates*

отбро́сить коньки́—*kick the bucket; cash in one's chips*

Ста́рый плут отбро́сил коньки́. *The old swindler kicked the bucket.*

копе́йка; копе́ечка—*kopeck*

дрожа́ть над ка́ждой копе́йкой—*pinch pennies*

Ста́рый и скупо́й Васи́лий дрожи́т над ка́ждой копе́йкой. *The old and stingy Vasily pinched every penny.*

копе́йка в копе́йку—*exactly to a penny*

Расчёт сошёлся копе́йка в копе́йку. *The bill was exact to the penny.*

обойти́сь (or **стать**) **в копе́йку** (or **копе́ечку**)—*cost a pretty penny*

Постро́йка ви́ллы обойдётся нам в копе́ечку. *The building of the villa will cost us a pretty penny.*

копы́то—*hoof*

отки́нуть (or **отбро́сить**) **копы́та**—SEE: **отбро́сить коньки́**

ко́рень—*root*

в ко́рне пресе́чь—*nip in the bud*

Прави́тельство реши́ло в ко́рне пресе́чь восста́ние. *The government decided to nip the rebellion in the bud.*

врасти́ (or **прирасти́**) **корня́ми**—*take* (or *grow*) *roots*

Я к э́тому го́роду приро́с корня́ми. *I grew roots in this city.*

гляде́ть (or **смотре́ть**) **в ко́рень**—*get to the root of the matter*

Ива́н всегда́ стара́ется смотре́ть в ко́рень. *Ivan always tries to get to the root of the matter.*

ко́роб—*box*

наобеща́ть с три ко́роба—*promise the moon (and the stars)*

Пе́ред сва́дьбой Ива́н наобеща́л Ма́ше с три ко́роба. *Before the wedding Ivan promised Masha the moon.*

це́лый ко́роб новосте́й—*whole bunch of news*

Са́ша расска́зал нам це́лый ко́роб новосте́й. *Sasha gave us a whole bunch of news.*

ко́ротко—*briefly*

ко́ротко (or **коро́че**) **говоря́**—*in short; in brief; to make a long story short*

Коро́че говоря́, мы пожени́лись. *We got married, to make a long story short.*

коса́—*scythe*

нашла́ коса́ на ка́мень—*one has met one's match; diamond cuts diamond*

При игре́ в ша́хматы Ма́ша не уступа́ла Ива́ну—нашла́ коса́ на ка́мень. *Masha is just as good in chess as Ivan—he has met his match.*

ко́сточка—*small bone*

вое́нная (or **солда́тская) ко́сточка**—*a soldier to the core*

По вы́правке Михаи́ла мо́жно бы́ло ви́деть, что он вое́нная ко́сточка. *It is apparent in Mikhail's bearing that he's a soldier to the core.*

разбира́ть по ко́сточкам—*1. go over something very thoroughly 2. pick someone to pieces*

1. Занима́ясь хи́мией, он разбира́л её по ко́сточкам. *He went over his chemistry very thoroughly.*
2. Стару́шки на ла́вочке разбира́ли по ко́сточкам проходя́щих. *The old women sitting on the bench picked every passer-by to pieces.*

кость—*bone*

бе́лая кость—*blue blood*

Он аристокра́т, у него́ бе́лая кость. *He's an aristocrat—he's got blue blood.*

кость от ко́сти и плоть от пло́ти—*one's flesh and blood*

Когда́ сы́на арестова́ли, Бори́с вскри́кнул: «Как он мо́жет быть престу́пником, когда́ он кость от ко́сти и плоть от пло́ти!» *"How can he be a criminal," Boris exclaimed when his son got arrested. "After all he is my flesh and blood!"*

одни́ ко́сти—*bag of bones*

Она́ так похуде́ла, что одни́ ко́сти оста́лись. *She lost so much weight that she looked like a bag of bones.*

промёрзнуть до косте́й—*be frozen to the marrow*

Мы попа́ли в пургу́ и промёрзли до косте́й. *We got into a snow storm and were frozen to the marrow.*

промо́кнуть до косте́й—*get drenched to the bone; get wet to the skin*

Мы попа́ли под проливно́й дождь и промо́кли до косте́й. *We got into such a downpour that we became soaked to the bone.*

широ́кая кость; широ́к ко́стью; широ́к в кости́—*stocky man*
Ви́дно, что он штанги́ст: у него́ широ́кая кость. *It's obvious that he's a weight lifter—he's such a stocky man.*

костю́м—*suit*

в костю́ме Ада́ма (or **Е́вы**)—*in one's birthday suit*
Когда́ Са́ша появи́лся на собра́нии в костю́ме Ада́ма, его́ увезли́ в сумасше́дший дом. *Sasha was taken to the nutfarm when he showed up at the meeting in his birthday suit.*

кот—*tomcat*

кот напла́кал—*nothing to speak of; next to nothing*
У нас де́нег как кот напла́кал. *We've got next to no money.*

купи́ть кота́ в мешке́—*buy a pig in a poke*
Вы́йти за́муж—всё равно́ что купи́ть кота́ в мешке́. *Getting married is like buying a pig in a poke.*

смотре́ть как кот на смета́ну—*like a cat looks at a canary*
Па́вел смотре́л на сосе́дку как кот на смета́ну. *Pavel looked at the lady next door like a cat looks at a canary.*

тянýть котá за хвóст—*hem and haw*

Аркáдий отвечáл на мой вопрóс крáйне мéдленно, слóвно тянýл котá за хвóст. *Arkady answered my question very slowly, hemming and hawing.*

котёл—*caldron; kettle*

(как) в котлé кипéть (or **вари́ться)**—*be all keyed-up*; *be in a pressure cooker*

У них стóлько рабóты—они вáрятся, как в котлé. *They've got so many projects going that they are constantly in the pressure cooker.*

котелóк—*pot*

котелóк вáрит—*one's brain is working; one's sure got brains*

«Ничегó, вáрит котелóк!» сказáл довóльный отéц, просмáтривая аттестáт сы́на. *"He's sure got brains!" the father said upon looking at his son's grade report.*

кошелёк—*purse*

кошелёк или жи́знь!—*your money or your life!*

Банди́т кричáл: «Кошелёк или жизнь!» *The hold-up man cried, "Your money or your life!"*

кóшка—*cat*

бéгать как угорéлая кóшка—*run like mad (*in frenzy*); run like a chicken with its head cut off*

Когдá муж остáвил её, бéдная Ири́на бéгала как угорéлая кóшка. *When her husband left her, poor Irina was running around like a chicken with its head cut off.*

кóшки скребýт на душé (or **сéрдце)**—*something is gnawing at one's heart; be sick at heart*

У меня́ кóшки скребýт на душé, когдá я ви́жу состоя́ние моéй страны́. *I'm sick at heart when I see the condition of my country.*

(чёрная) ко́шка пробежа́ла (or **проскочи́ла)**—*be at loggerheads; there is bad blood between two people*

И́з-за де́вушки ме́жду Петро́м и Ива́ном пробежа́ла чёрная ко́шка. *Peter and Ivan are at loggerheads because of a girl.*

кра́ешек—*edge*

ви́деть кра́ешком or **кра́ем гла́за**—*catch a glimpse of; see out of the corner of one's eye*

Ка́жется, милиционе́р не смо́трит, но он всё ви́дит кра́ешком гла́за. *It seems that the cop isn't looking, but he sees everything out of the corner of his eye.*

край—*edge*

в на́ших края́х—*in our neck of the wood(s)*

Когда́ бу́дете в на́ших края́х, заезжа́йте! *Come and visit us when you get to our neck of the woods!*

из кра́я в край or **от кра́я (и) до кра́я**—*all over; from end to end*

Мы объе́здили страну́ из кра́я в край. *We've traveled all over the country.*

на край све́та (or **земли́)**—*at the back of beyond, at the world's ends*

Я за тобо́й пойду́ на край све́та. *For you I'd go even to the end of the world.*

непоча́тый край рабо́ты—*no end to work; overwhelming amount of chores*

У нас рабо́ты непоча́тый край. *We've got an overwhelming amount of work to do.*

услы́шать кра́ем у́ха—*overhear something by accident*

Э́ту но́вость я услы́шал кра́ем у́ха. *This news I overheard by accident.*

хлебну́ть го́ря че́рез край—*have one's share of hardship; drink the bitter cup to the bottom*

Мы во вре́мя войны́ хлебну́ли го́ря че́рез край. *During the war we drank the bitter cup to the bottom.*

кра́йность—*extreme*

вдава́ться (or **впада́ть) в кра́йности**—*run to extremes*

У Ива́на не́ было золото́й середи́ны, он всегда́ вдава́лся в кра́йности. *Ivan knew no golden mean—he always ran to extremes.*

кра́ска—*paint*

кра́ска броса́ется в лицо́—*blush; blood rushes into one's face*

От стыда́ у Ири́ны кра́ска бро́силась в лицо́. *Irina blushed with shame.*

не жале́я кра́сок—*spare no words; lay it on thick*

Об охо́те Михаи́л расска́зывал не жале́я кра́сок. *Mikhail spared no words to describe the hunt.*

сгуща́ть кра́ски—*lay it on thick; exaggerate*

Пётр сгуща́л кра́ски, когда́ расска́зывал о прие́зде в Аме́рику. *Peter laid it on thick when he told the story of his arrival to the States.*

креди́т—*credit*

отпуска́ть в креди́т—*sell on credit*

В э́том магази́не все това́ры отпуска́ют в креди́т. *This store sells everything on credit.*

кре́ндель—*pretzel*

выде́лывать кренделя́ (or **кре́ндели)**—*stagger; walk crookedly*

Пья́ный идёт по у́лице, выде́лывая кренделя́. *He's staggering in the street—he's drunk.*

кре́ст—*cross*

поста́вить крест—*cross off the list; give up for lost; kiss something good-bye*

Муж давно́ уе́хал в Аме́рику, и Мари́я, оста́вшись в Ки́еве, поста́вила на нём крест. *With her husband having left for the States a long time ago, Maria, who remained back in Kiev, gave him up for lost.*

креста́ нет—*have no conscience; be heartless*

Лев никогда́ никому́ не помога́л, и всем бы́ло я́сно, что на нём креста́ нет. *Everybody knew that Lev was heartless, because he never helped anyone.*

пойти́ крест-на́-крест—*go bust*

С прие́здом дру́га наш брак пошёл крест-на́-крест. *With the arrival of our friend, our marriage went bust.*

кри́во—*crookedly*

улыба́ться (or **усмехну́ться) кри́во**—*smirk (*or *grin) with embarrassment*

Слу́шая неприли́чные расска́зы, А́нна кри́во улыба́лась. *Upon hearing the off-color stories, Anna grinned with embarrassment.*

крик—*shout*

кри́ком крича́ть; крича́ть во всю́ ива́новскую—*shout at the top of one's voice*

Когда́ на неё набро́сился банди́т, Ири́на кри́ком крича́ла. *Irina shouted at the top of her voice when the bandit attacked her.*

после́дний крик мо́ды—*the latest vogue (*or *fashion)*

Ната́ша одева́лась по после́днему кри́ку мо́ды. *Natasha dressed according to the latest vogue.*

кри́тика—*criticism*

быть ни́же вся́кой кри́тики; не выде́рживать (никако́й) кри́тики—*not to hold water; be beneath criticism; be no good at all*

Но́вая пье́са сезо́на ни́же вся́кой кри́тики. *The new play of the season is below all criticism.*

кров—*roof; shelter*

лиши́ться кро́ва—*be homeless*

Лиши́вшись кро́ва, Па́вел спа́л на у́лице. *Being homeless, Pavel slept in the street.*

кровь—*blood*

кровь за кровь—*an eye for an eye; tooth for a tooth*

Дре́вний зако́н гласи́т: кровь за кровь. *The old law demands an eye for an eye and a tooth for a tooth.*

кровь с молоко́м—*the very picture of health, bursting with health*

Акули́на—настоя́щая дереве́нская краса́вица; как говори́тся, кровь с молоко́м. *Akulina is a real village beauty—as they say, she is the very picture of health.*

испо́ртить (or **перепо́ртить**) **мно́го кро́ви**—*cause much trouble (*or *headache)*

Свои́ми постоя́нными замеча́ниями Пётр перепо́ртил мне мно́го кро́ви. *Peter caused me much trouble with his constant negative remarks.*

(хоть) кровь из но́су (or **но́са**)—*no matter what; come hell or high water*

Ты до́лжен вы́полнить э́ту рабо́ту, хоть кровь из но́су. *You've got to complete this work come hell or high water.*

круг—*circle*

враща́ться в кругу́—*frequent someone's society; move in someone's circle*

В Москве́ Пётр постоя́нно враща́лся в кругу́ акаде́миков. *Peter moved constantly in the circle of academics in Moscow.*

на круг—*on the average*

Моя́ зарпла́та на круг ты́сяча до́лларов. *My income is $1,000 on the average.*

сде́лать круг—*go a roundabout way; make a detour*

И́з-за ава́рии на доро́ге нам пришло́сь сде́лать круг. *We had to make a detour because of the road accident.*

кругозо́р—*horizon; mental outlook*

кури́ный кругозо́р—*have a worm's viewpoint; be low-minded*

Бори́с, бу́дучи необразо́ванным, име́ет кури́ный кругозо́р. *Boris has a worm's viewpoint on everything because of his lack of education.*

круго́м—*around*

ходи́ть круго́м да о́коло—*beat around the bush*

Па́вел не дал прямо́го отве́та на мой вопро́с, а ходи́л круго́м да о́коло. *Pavel gave no straight answer to my question—he kept beating around the bush.*

кру́то—*steeply*

кру́то прихо́дится—*be in a tight spot; be in dire circumstances; have rough times*

И́з-за увольне́ния с рабо́ты ему́ кру́то прихо́дится. *He is having rough times after losing his job.*

крыло́—*wing*

опуска́ть кры́лья—*become discouraged*

Так как его́ кни́гу не изда́ли, Пётр опусти́л кры́лья. *Peter became discouraged when the publisher rejected his book.*

придава́ть кры́лья—*give someone wings; make someone happy*

Любо́вь придава́ла кры́лья поэ́ту. *Love gave the poet wings.*

крыть—*cover*

крыть не́чем—*there's nothing one can say*

Па́влу крыть бы́ло не́чем, когда́ его́ растра́та обнару́жилась. *There was nothing Pavel could say when his embezzling was discovered.*

кры́шка—*lid*

тут и кры́шка!—*one's number's up! one's goose is cooked!* Наконе́ц Андре́я посади́ли в тюрьму́—тут ему́ и кры́шка! *At last Andrey was arrested—his goose is cooked!*

кста́ти—*to the point*

как нельзя́ кста́ти—*just at the right moment*

Нам по́мощь нужна́, ты пришла́ как нельзя́ кста́ти. *We need some help and you've come just at the right moment!*

кто—*who*

кто бы ни—*whoever; no matter who*

Кто бы ни позвони́л, скажи́те, что я за́нят. *Whoever calls, (please) tell them that I am busy.*

куда́—*where*

куда́ лу́чше—*far better*

Икра́ куда́ лу́чше ветчины́. *Caviar is far better than ham.*

не зна́ть куда́ дева́ться—*not to know where to hide (*for shame *or* from embarrassment*)*

Когда́ раскры́лась его́ ложь, он не зна́л, куда́ дева́ться от стыда́. *When his lie became known, he didn't know where to hide for shame.*

не зна́ть куда́ дева́ть себя́—*not to know what to do with oneself*

У моего́ сосе́да сто́лько вре́мени, что от безде́лья он не зна́ет куда́ деть себя́. *My neighbor has so much time that he doesn't know what to do with himself.*

хоть куда́—*excellent; couldn't be better*

Его́ отме́тки ра́ньше бы́ли посре́дственные, а тепе́рь хоть куда́. *His grades used to be average, but now they're excellent.*

кула́к—*fist*

держа́ть в кулаке́—*keep someone under one's thumb*

Он свою́ семью́ держа́л в кулаке́. *He held his family under his thumb.*

сжима́ть (or **собира́ть**) **себя́ в кула́к**—*get hold of oneself; pull oneself together*

В тру́дную мину́ту Ива́н всегда́ сжима́л себя́ в кула́к. *In difficult moments Ivan always pulled himself together.*

смея́ться в кула́к—*laugh up one's sleeve*

Па́вел обма́нывал клие́нтов и смея́лся в кула́к. *Pavel cheated his clients and laughed up his sleeve.*

кулёк—*bag*

из кулька́ в рого́жку—SEE: **из огня́ да в по́лымя**

купи́ть—*buy*

за что купи́л, за то и продаю́—*I am saying it the way I heard it; not to be responsible for the validty (*of hearsay *or* gossip*)*

Расска́зывая исто́рию, Ива́н предупреди́л: за что купи́л, за то и продаю́. *When Ivan told the story he warned that he was not responsible for its truthfulness.*

купи́ть втри́дорога—*pay through one's nose*

Наш дом мы купи́ли втри́дорога. *We paid through our nose when we bought our house.*

кур—*rooster;* **ку́ра**—*hen*

де́нег ку́ры не клюю́т—*roll in money; have money to burn*

Бори́с вы́играл в лотере́ю, и сейча́с у него́ де́нег ку́ры не клюю́т. *Boris won the lottery and now he's got money to burn.*

ку́рам на́ смех—*enough to make a horse laugh*

Расска́зы о про́махах иностра́нцев—про́сто ку́рам на́ смех. *The tales about the foreigner's goof-ups are enough to make a horse laugh.*

попа́сть как кур во щи (or **в о́щип**)—*get into a fix; be (*or *get into) a pickle*

Бори́с верну́лся из командиро́вки и заста́л меня́ с его́ жено́й. Я попа́л как кур во щи. *Boris returned from his business trip and found me with his wife. Now I'm really in a pickle!*

ку́рица—*chicken*

мо́края ку́рица—*weakling; chicken; chicken-heart; milksop*

Са́ша производи́л впечатле́ние мо́крой ку́рицы. *Sasha gave the impression of a chicken.*

писа́ть как ку́рица ла́пой—*have a handwriting like chicken scratch*

Его́ по́черк нельзя́ разобра́ть, он пи́шет как ку́рица ла́пой. *His handwriting is illegible—it is all chicken-scratch.*

слепа́я ку́рица—*as blind as a bat*

Не ищи́ ключи́, они́ здесь, ты слепа́я ку́рица. *Stop looking for the keys—here they are—you're as blind as a bat!*

курс—*course*

быть в ку́рсе—*be well posted (*or *informed)*

Президе́нт был в ку́рсе фронтовы́х собы́тий. *The president was well informed of the events on the front.*

держа́ть курс (or **ли́нию)**—*be working toward*

Мы держа́ли курс на аттеста́т зре́лости. *We were working toward a high-school diploma.*

чита́ть курс по чему́-либо—*lecture on something*

Бу́дучи профе́ссором лингви́стики, мой муж чита́ет ку́рсы по языкозна́нию. *Since he is a professor of linguistics, my husband lectures on the language sciences.*

курье́рский—*express*

как на курье́рских—*at breakneck speed; posthaste*

Мы е́хали домо́й как на курье́рских. *We were heading home at breakneck speed.*

кусо́к (or **кусо́чек**)—*lump*

кусо́к в го́рло не идёт—*hardly be able to swallow a bite; it won't go down one's throat*

От волне́ния Ива́ну кусо́к в го́рло не идёт. *Ivan can hardly swallow a bite in his excitement.*

проноси́ть кусо́к ми́мо рта—*miss out on an opportunity; let go of a good deal*

Из-за рассе́янности Оле́г проноси́л кусо́к ми́мо рта. *Because of his absent-mindedness Oleg let go of a good deal.*

собира́ть куски́—*go begging; live on handouts*

Не получа́я пе́нсию, Ири́на вы́нуждена была́ собира́ть куски́. *Since she didn't get a pension, Irina was reduced to living on handouts.*

куст—*bush*

смотре́ть (or **гляде́ть) в кусты́**—*try to duck* (or *back) out*

Хотя́ я обеща́л Са́ше хоро́шую зарпла́ту за рабо́ту на стро́ительстве, он смотре́л в кусты́. *Although I offered Sasha a good salary to work on the construction, he tried to duck out.*

уходи́ть в кусты́—*chicken out*

Мы не боя́лись купа́ться в ледяно́й воде́ о́зера, но Никола́й, как всегда́, ушёл в кусты́. *We weren't afraid to take a swim in the icy lake, but Nikolay as always, chickened out.*

ку́ча—*heap*

вали́ть всё в одну́ ку́чу—*make a muddle of things; lump everything together*

Плохо́й реда́ктор вали́л всё в одну́ ку́чу—и настоя́щие расска́зы и спле́тни. *The bad editor lumped together the real stories and the gossip.*

Л

ла́вочка—*store*

э́то одна́ ла́вочка; настоя́щая ла́вочка; ну и ла́вочка—*sing the same tune; totally to agree with someone*

По их поведе́нию я по́нял, что э́то одна́ ла́вочка. *It became evident from their behavior that they're singing the same tune.*

закрыва́ть ла́вочку—*1. stop an activity; put the shutters up; call it quits 2. shut one's mouth; clam up*

1. Уста́в от рабо́ты, мы сказа́ли: дава́йте закро́ем ла́вочку. *When we got tired of work, we said, "Let's call it quits."*
2. Когда́ Оле́г на́чал говори́ть гру́бости, мы окли́кнули его́, что́бы он закры́л ла́вочку. *When Oleg started to talk rudely, we told him to shut up.*

лавр—*laurel*

ла́вры не даю́т спать—*be green with envy*

Ла́вры моего́ конкуре́нта не даю́т мне спать. *I'm green with envy because of the success of my competitor.*

ла́герь—*camp*

де́йствовать на два ла́геря—*have a foot in each camp*

Васи́лий не явля́ется чле́ном ни одно́й из па́ртий, но де́йствует на два ла́геря. *Vasily is no member of any party, but he has a foot in each camp.*

ла́д—*harmony; concord*

быть (or **жи́ть) в ладу́** (or **в лада́х)**—*live in harmony with someone; get on well*

Мы с му́жем живём в ладу́. *My husband and I get on well with one another.*

идёт на лад—*things, life, etc. are taking a turn for the better*

В э́том году́ у нас бо́льше де́нег, и поэ́тому жизнь идёт на лад. *This year we have more money, and therefore our life has taken a turn for the better.*

на все лады́—*in every possible way* (or *manner)*

Арка́дий тверди́л свою́ правоту́ на все лады́. *Arkady affirms his own right in every possible way.*

на свой лад—*in one's own way* (or *fashion)*

О́льга ме́бель в кварти́ре расста́вила на свой лад. *Olga arranged the furniture in the apartment in her own way.*

ладо́нь—*palm*

ви́ден как (бу́дто) на ладо́ни—*be spread before the eyes*

С ба́шни го́род ви́ден как на ладо́ни. *You can see the town spread out before your eyes from the tower.*

ла́па—*paw*

накла́дывать ла́пу—*get one's grubby paws on someone else's things; to steal*

Фёдор люби́л накла́дывать ла́пу на чужо́е иму́щество. *Fedor liked to get his grubby paws on other people's property.*

попа́сть в ла́пы—*fall into someone's clutches*

Он попа́л в ла́пы банди́тов. *He fell into the bandits' clutches.*

ла́пка—*small paw*

ходи́ть (or **стоя́ть**) **на за́дних ла́пках**—*flatter someone; kowtow to someone*

Ива́н стоя́л пе́ред нача́льником на за́дних ла́пках. *Ivan kept kowtowing to the boss.*

ла́поть—*bast shoe*

не ла́птем щи хлеба́ть—*know a thing or two; not to be naive*

Не объясня́й нам как себя́ вести́, мы то́же не ла́птем щи хлеба́ем. *Don't explain to us how to behave—we, too, know a thing or two.*

ла́рчик—*small box*

ла́рчик про́сто открыва́лся—*the explanation was quite simple; it wasn't hard to figure out*

По́сле дли́тельного молча́ния А́нна сообщи́ла, что до́лго боле́ла; ла́рчик про́сто открыва́лся. *After a lengthy silence Anna told us that she was ill for a long time—the explanation was quite simple.*

ла́сточка—*swallow*

одна́ ла́сточка весны́ не де́лает—*one swallow doesn't make a summer.*

Америка́нский банк откры́лся в Москве́ пе́ред 1990 го́дом. Пессими́сты говори́ли: «Одна́ ла́сточка весны́ не де́лает.» *An American bank was opened in Moscow before 1990. The pessimists said: "One swallow doesn't make a summer."*

пе́рвая ла́сточка—*early bird*

При откры́тии но́вого магази́на Ива́н оказа́лся пе́рвой ла́сточкой. *Ivan was the first early bird when they opened the new store.*

легко́—*easy*

легко́ отде́латься—*lucky to emerge from a dangerous situation; get off light*

Во вре́мя автокатастро́фы он легко́ отде́лался. *He got off light from the car accident.*

лёд—*ice*

лёд тро́нулся—*things are moving; the ice is broken*

С получе́нием креди́та лёд тро́нулся, и мы на́чали стро́ить дом. *When we got the credit, things got moving and we were able to begin building the house.*

лежа́ть—*lie*

пло́хо лежи́т—*be left lying around; be within reach*

Сосе́дский ма́льчик уходя́ от нас, уноси́л с собо́й всё, что пло́хо лежа́ло. *When the neighbor's little boy left, he took with him everything within his reach.*

ле́кция—*lecture*

чита́ть ле́кции—*read lectures; give lectures*

Бу́дучи изве́стным поэ́том, он чита́ет ле́кции в ра́зных университе́тах. *Being a famous poet, he keeps giving lectures at various universities.*

чита́ть ле́кцию—*tell someone what to do; preach to someone*

Мать ча́сто чита́ла ле́кцию нам о пра́вильном поведе́нии. *Mother often lectured us on proper behavior.*

ле́нь—*laziness*

все, кому́ не лень—*everybody who feels like it*

Бори́са критику́ют все, кому́ не лень. *Everybody who feels like it, is criticizing Boris.*

лес—*woods*

кто в лес, кто по дрова́—*one pulls one way, and the other pulls the other way; everyone does his own thing*

Нача́льник говори́т одно́, а замести́тель друго́е—кто в лес, кто по дрова́. *The boss says one thing, his substitute another—one pulls one way, the other pulls the other way.*

смотре́ть (or **гляде́ть) в лес**—*look for greener pastures*

«Что я то́лько для него́ не де́лаю, а он всё в лес гляди́т»—жа́ловалась ба́бушка на вну́ка. *"There's nothing I wouldn't do for him, and yet he's looking for greener pastures" the grandmother complained about her grandson.*

тёмный лес—*terra incognita; not to have a clue about; be Greek to someone*

Киберне́тика для меня́—тёмный лес. *I don't have a clue about computer science.*

ле́стница—*stairs*

спуска́ть с ле́стницы—*show someone the door; get rid of someone*

Па́вел нам нагруби́л, и мы его́ спусти́ли с ле́стницы. *Pavel was rude to us, so we showed him the door.*

лёт—*flight*

лови́ть (or **хвата́ть) на лету́** (or **с лёту)**—*be quick in the uptake; be a quick study*

Ска́занные на́ми слова́ Ива́н лови́л на лету́. *Ivan was a quick study—he got our meaning right away.*

лета́—*years*

войти́ в лета́—*be advanced in years; get old*

Войдя́ в лета́, Са́ша ушёл на пе́нсию. *Sasha got his retirement, since he became advanced in years.*

с ма́лых лет—*since (early) childhood*

С ма́лых лет я люби́л петь. *I've loved to sing ever since my early childhood.*

со́рок лет с хво́стиком—*past forty; forty-something*

Мне уже́ со́рок лет с хво́стиком. *I am forty-something.*

ле́то—*summer*

ба́бье ле́то—*Indian summer*

У нас сейча́с тёплые дни ба́бьего ле́та. *We are living the warm days of an Indian summer.*

ско́лько лет, ско́лько зим (не вида́лись or **не встреча́лись)**—*it's ages since we met! I haven't seen you for ages!*

При встре́че Пётр сказа́л: «Ско́лько лет, ско́лько зим!» *When we met Peter said, "I haven't seen you for ages!"*

ле́ший—*wood-goblin*

иди́ (or **пошёл** or **ну тебя́) к ле́шему!**—*to hell with you! go to hell!*

Рассерди́вшись, он сказа́л: ну тебя́ к ле́шему! *"Go to hell!" he said when he got mad at me.*

на кой ле́ший?—*what on earth* (or *what the hell) for?*

На кой ле́ший мне тако́й друг? *What on earth do I need such a friend for?*

хоть к ле́шему на рога́—*even to the end of the world*

От свои́х враго́в он гото́в бежа́ть хоть к ле́шему на рога́. *He is ready to run even to the end of the world from his enemies.*

лимо́н—*lemon*

как вы́жатый лимо́н—*worn out; spent*

К концу́ неде́ли я совсе́м как вы́жатый лимо́н. *I'm all worn out at the end of the week.*

отда́ть лимо́н—*pay* (or *fork over) a million*

«Ско́лько лимо́нов ты отда́л за свой Мерседе́с?»—спросил Петров у своего коллеги нувори́ша. *"How many millions did you fork over for your Mercedes?" Petrov asked his nouveau riche colleague.*

ли́ния—*line*

вести́ (or **держа́ть) свою́ ли́нию**—*follow one's own course of action*

Како́й бы ни да́ли Бори́су сове́т, он держа́л свою́ ли́нию. *No matter what advice one gave Boris, he kept following his own course of action.*

же́нская ли́ния—*mother's side*

По же́нской ли́нии она́ аристокра́тка. *On her mother's side she's an aristocrat.*

по ли́нии—*in the field of something*

Мой оте́ц—специали́ст по ли́нии пожа́рного де́ла. *My father is a specialist in the field of fire prevention.*

по прямо́й (ли́нии)—*1. as the crow flies 2. direct lineage (of descent)*

Сосе́дний го́род в сорока́ киломе́трах от нас по прямо́й. *The neighboring town is forty kilometers from us, as the crow flies.* 2. Всё иму́щество доста́лось насле́дникам по прямо́й ли́нии. *All of the inheritance went to the relatives of direct lineage.*

отцо́вская ли́ния—*father's side*

По отцо́вской ли́нии у него́ неме́цкое происхожде́ние. *On his father's side he is of German extraction.*

ли́пка—*young linden tree*

обдира́ть (or **обира́ть** or **облу́пливать) как ли́пку**—*take someone to the cleaners; fleece someone*

По́сле разво́да меня́ ободра́ли как ли́пку. *I was taken to the cleaners after my divorce.*

лиса́—*fox*

Лиса́ Патрике́евна—*sly fox*

Мне казáлось, что Ли́за чéстная, но вы́яснилось, что онá Лисá Патрикéевна. *I thought that Lisa was honest, but it turned out that she's a sly fox.*

лист—*leaf*

привязáться (or **пристáть**) **как бáнный лист**—*stick like a burr*

От Бори́са никáк не избáвишься, он пристаёт как бáнный лист. *You'll never get rid of Boris—he sticks like a burr.*

ли́хо—*evil*

не поминáть ли́хом—*think kindly of someone; remember someone kindly*

При прощáнии он сказáл: «Не поминáйте меня́ ли́хом.» *"Remember me kindly," he said as we parted.*

лицó—*face; person*

в лицé; от лицá—*on behalf of someone*

Председáтель говори́т от лицá организáции. *The chairman spoke on behalf of the organization.*

знать в лицó—*know someone by sight*

Мы никогдá не разговáривали, но я знал его́ в лицó. *We have never talked to each other, but I knew him by sight.*

кидáть в лицó—*reproach someone; tell someone off*

Áнна ки́нула мýжу в лицó, что он сли́шком мнóго пьёт. *Anna reproached her husband for drinking too much.*

к лицý—*look good on someone; suit one*

Ей бéлое плáтье к лицý. *White dresses suit her well.*

лицá (живóго) нет—*be as pale as a ghost*

Пóсле тяжёлой оперáции на нём лицá нет. *He was pale as a ghost after major surgery.*

лицóм к лицý—*face to face*

Поворáчивая за ýгол, я встрéтился с подрýгой лицóм к лицý. *I met my girlfriend face to face after turning the corner.*

лицóм не вы́шел—*be ugly; homely; unattractive*

Актри́са была́ тала́нтлива, но лицо́м не вы́шла. *The actress was gifted but homely.*

на одно́ лицо́—*nearly identical*

Не́которые совреме́нные дома́ на одно́ лицо́. *Some modern houses are nearly identical.*

не уда́рить лицо́м в грязь—*not to fall on one's face; not to disgrace oneself*

В но́вой шко́ле наш сын не уда́рил лицо́м в грязь. *Our son didn't fall on his face at the new school.*

смести́ (or **стере́ть) с лица́ земли́**—*raze to the ground*

Бомбардиро́вки стёрли го́род с лица́ земли́. *The bombardments razed the city to the ground.*

ли́шний—*unnecessary*

не ли́шне (бы́ло бы)—*it would be good if; it wouldn't hurt a bit if*

Не ли́шне бы́ло бы име́ть бо́льше де́нег. *It wouldn't hurt a bit for us to have more money.*

позво́лить себе́ ли́шнее—*1. live beyond one's means 2. allow oneself more than is called for; take liberties*

1. Он позво́лил себе́ ли́шнее и влез в больши́е долги́. *He ran up a huge debt by living beyond his means.*
2. Свои́ми выска́зываниями И́горь позво́лил себе́ ли́шнее. *Igor took liberties with his pronouncements.*

с ли́шним—*odd; (a bit) over*

Э́то сто́ит сто рубле́й с ли́шним. *This costs a bit over a hundred rubles.*

лоб—*forehead*

заруби́ть на лбу́—*commit to memory; remember well*

Сове́ты ма́тери Пётр заруби́л себе́ на лбу́. *Peter committed to memory his mother's advice.*

лоб в лоб—*right into each other; face to face*

У переу́лка мы вдруг сошли́сь с Михаи́лом лоб в лоб. *Mikhail and I suddenly came face to face with one another at the crossroads.*

ме́дный лоб—*blockhead; dumb; slow-witted*

Бори́са не переубеди́шь, у него́ ме́дный лоб. *You can't convince Boris—he is a blockhead.*

на лбу́ (or **на лице́**) **написано**—*be written all over one's face*

Как Ната́ша не стара́лась скрыть, но на лбу́ бы́ло напи́сано, что говори́т непра́вду. *No matter how hard Natasha tried, it was written all over her face that she wasn't telling the truth.*

лове́ц—*fisherman; hunter*

на ловца́ и зверь бежи́т—*speak of the devil and he appears; just the person one needs*

«На ловца́ и зверь бежи́т»—вскри́кнула Ли́за, когда́ Арка́дий вошёл. «Ведь я тебя́ ищу́ весь день.» *"Speak of the devil and he appears!" Lisa cried, when Arkady stepped into the room. "I have been looking for you all day."*

ло́жка—*spoon*

утопи́ть в ло́жке воды́—*one would like to see another person hanged*

От не́нависти Пётр гото́в утопи́ть меня́ в ло́жке воды́. *Peter hates me so much he would love to see me hanged.*

ло́пнуть—*break*

хоть ло́пни—*even if you burst*

Хоть ло́пни, но на́шу та́йну никому́ не расска́зывай! *Don't you tell our secret to anyone, even if you burst!*

ло́шадь—*horse*

я не я, и ло́шадь не моя́—*it's none of my business* (or *affair)*

Ты мне об э́том не расска́зывай, я не я, и ло́шадь не моя́. *Don't tell me about this—it's none of my business.*

лука́вый—*sly; cunning*

не му́дрствуя лука́во—*without subterfuge; directly*

Са́ша выска́зывался не му́дрствуя лука́во. *Sasha cleared his chest of everything without subterfuge.*

луна́—*moon*

под луно́ю (луно́й)—*under the sun; in this world*

Для долгожи́теля ничто́ не но́во под луно́ю. *There's nothing new under the sun if you live long enough.*

с луны́ свали́ться—*come from another planet*

Он всё так стра́нно понима́ет, сло́вно с луны́ свали́лся. *He interprets everything so strangely as if he came from another planet.*

лунь—*chicken hawk*

бе́лый (or **седо́й) как лунь**—*white-haired; snow-white*

Он верну́лся с фро́нта бе́лый как лунь. *His hair had turned snow-white by the time he returned from the front.*

лу́чше—*better*

как мо́жно лу́чше; как нельзя́ лу́чше—*in the best possible way; excellently*

Я хочу́ как мо́жно лу́чше свой о́тпуск провести́. *I want to spend my vacation in the best possible way.*

тем лу́чше—*(all) the better*

Е́сли ты мно́го де́нег зараба́тываешь, тем лу́чше для тебя́. *All the better for you if you make lots of money.*

лу́чший—*best*

оставля́ть жела́ть лу́чшего—*leave lots* (or *a great deal) to be desired*

Его́ рабо́та оставля́ет жела́ть лу́чшего. *His work leaves a lot to be desired.*

лы́жи—*skis*

навостри́ть лы́жи—*skip out; take to one's heels*

Ле́на уже́ навостри́ла лы́жи. *Lena has skipped out already.*

лы́ко—*tree bark*

не лы́ком шит—*be nobody's fool*

Он в любо́й ситуа́ции вы́йдет из положе́ния—не лы́ком шит. *He emerges unscathed from any situation—he's nobody's fool.*

лы́ка не вя́жет—*stammer; not to be able to talk straight*

От пья́нства он лы́ка не вя́жет. *He's stammering with drunkenness.*

любе́зность—*courtesy; kindness*

не откажи́те в любе́зности—*please; be so kind as; be kind enough to do something*

Помоги́те мне, не откажи́те в любе́зности. *Please be kind enough to give me a hand!*

сде́лать любе́зность—*do a favor*

Бу́дьте добры́, сде́лайте мне любе́зность! *Be so kind, do me a favor!*

любо́вь—*love*

горя́чая любо́вь—*passionate love*

Ма́ша относи́лась к Бори́су с горя́чей любо́вью. *Masha felt passionate love for Boris.*

из любви́ к иску́сству—*just for the fun of it; for the love of something*

Он э́то де́лает не и́з-за де́нег, а из любви́ к иску́сству. *He's not doing this for money but for the love of it.*

крути́ть любо́вь—*flirt*

Ната́ша меня́ не лю́бит, а то́лько кру́тит любо́вь со мной. *Natasha isn't in love with me—she's just flirting.*

любо́вь зла—полю́бишь и козла́—*love is blind*

Во вре́мя разво́да Васи́лий не мог поня́ть, как он мог жени́ться на Ната́ше. Но ведь любо́вь зла—полю́бишь и козла́. *At the time of their divorce Vasily couldn't understand how he could have married Natasha, but then love is blind.*

объясня́ться (or **призна́ться) в любви́**—*make someone a declaration of love*

Гуля́я в па́рке, Ива́н объясни́лся Ма́ше в любви́. *Ivan declared his love to Masha while they were walking in the park.*

любопы́тство—*curiosity*

дви́жимый любопы́тством—*be dying of curiosity*

Са́ша был дви́жим любопы́тством, что́бы узна́ть но́вости. *Sasha was dying of curiosity to find out what the news was.*

лю́ди—*people*

быть на лю́дях—*be without* (or *have no) privacy all the time; be in company*

Изве́стная актри́са была́ всегда́ на лю́дях. *The famous actress had no privacy at any time.*

вы́биться (or **вы́йти) в лю́ди**—*make a career; have "arrived"*

Ива́н все свои́ си́лы напря́г, что́бы вы́биться в лю́ди. *Ivan spared no effort to make a career.*

люде́й посмотре́ть да себя́ показа́ть—*see and be seen*

Пётр пошёл на конце́рт изве́стного дирижёра люде́й посмотре́ть и себя́ показа́ть. *Peter went to the concert of the famous conductor in order to see and be seen.*

ни лю́дям, ни соба́кам; ни лю́дям, ни себе́—*be unwanted; not to be needed by anyone*

Как он не стара́лся, он был ни лю́дям, ни соба́кам. *No matter how hard he tried, nobody wanted him.*

ля́мка—*strap*

тере́ть (or **тяну́ть**) **ля́мку**—*drudge; toil*

Они́ всю жизнь тяну́ли ля́мку. *They were toiling all their lives long.*

ля́сы

точи́ть ля́сы—*chew the fat; shoot the breeze*

Никола́й весь ве́чер точи́л ля́сы. *Nikolay was shooting the breeze all evening long.*

М

мазь—*ointment; grease*

на мази́—*something is going smoothly; something is almost all set*

В до́ме сде́лан ремо́нт, расста́влена ме́бель—всё на мази́, что́бы пересели́ться. *They did all the repair work in the house, the furniture is all in place, everything is almost all set for the move.*

Мака́р—*Makar*

куда́ Мака́р теля́т не гоня́л—SEE: **куда́ во́рон косте́й не занесёт**

ма́ленький—*small*

ма́ленький, да уда́ленький—*be strong for one's size; small can be strong*

Ма́льчик стал чемпио́ном—вот вам ма́ленький, да уда́ленький. *The boy became a champion—behold how small can be strong!*

ма́ло—*few*

ма́ло-ма́льски—*halfway; half-*

Да́же вся́кий ма́ло-ма́льски образо́ванный челове́к зна́ет Пу́шкина. *Even a half-educated person has heard about Pushkin.*

ма́ло-пома́лу—*little by little*

Ма́ло-пома́лу собрала́сь толпа́. *The crowd gathered little by little.*

ма́ло того́, что—*not only*

Ма́ло того́, что опозда́л, он ещё нас обвини́л. *Not only was he late—he blamed us for it!*

ма́ло ли что—*it doesn't matter*

Ма́ло ли что оте́ц ду́мает, я живу́ свое́й жи́знью. *It doesn't matter what my father thinks—I'm living my own life.*

ма́лый—*small*

без ма́лого (or **ма́ла**)—*almost; just under; nearly*

Ей без ма́лого сто лет. *She's almost a hundred years old.*

до́брый (or **сла́вный**) **ма́лый**—*decent fellow; regular guy*

Мой сосе́д—сла́вный ма́лый. *My neighbor is a decent fellow.*

мал мала́ ме́ньше—*one is smaller than the other; line up like organ pipes*

У нас детей мал, мала́, ме́ньше. *Our kids line up like organ pipes.*

от ма́ла до вели́ка—*big and small; young and old*

На пра́зднике уча́ствовали все, от ма́ла до вели́ка. *Everybody, big and small participated in the festivities.*

Мамáй—*Mamay* (name of the Tartar khan)

как (or **бýдто** or **слóвно** or **тóчно**) **Мамáй прошёл**—*it looks as if an army had marched through; complete disorder*

Пóсле бýри в гóроде—как Мамáй прошёл. *After the storm the city looks as if an army had marched through it.*

манéра—*manner*

всякими манéрами; на всякие манéры—*in every possible way*

Никúта всякими манéрами старáлся добúться успéха. *Nikita tried to achieve success in every possible way.*

живы́м манéром—*in a jiffy; in no time*

Он тóлько что пришёл и живы́м манéром исчéз. *He had hardly arrived, when he disappeared in no time.*

мáнна—*manna*

ждать (or **жáждать**) **как мáнны небéсной**—*thirst for; look forward to; yearn for something*

Устáлый, я ждал óтпуска, как мáнны небéсной. *I was yearning for a vacation, I was so exhausted.*

мановéние—*beck; nod*

бýдто (or **как** or **слóвно** or **тóчно) по мановéнию волшéбного жéзла** (or **волшéбной пáлочки)**—*as if by magic*

Бýдто по мановéнию волшéбной пáлочки вертолёт спусти́лся на мóре и спас нас. *The helicopter descended to the sea and rescued us, as if by magic.*

мáрка—*stamp*

вы́сшей (or **пéрвой) мáрки**—*1. of the top quality; first-class 2. be notorious for something*

1. Мы купи́ли маши́ну вы́сшей мáрки. *We bought a top quality car.*
2. Мой сосéд лгун вы́сшей мáрки. *My neighbor is a notorious liar.*

под мáркой—*under the guise of*

Под мáркой благотвори́тельности он скопи́л себé дéньги. *Under the guise of charitableness, he grabbed the money for himself.*

пóртить мáрку—*spoil one's good reputation*

Своим поведéнием Ники́та пóртил мáрку нáшей семьи́. *Nikita spoiled the good reputation of our family with his behavior.*

мáсло—*oil; butter*

идёт (or **течёт** or **кáтится) как по мáслу**—*go smoothly; proceed well*

С егó пóмощью рабóта пошлá как по мáслу. *With his help the work went smoothly.*

как бýдто мáслом по сéрдцу—*be like music to one's ears*

Бýрные аплодисмéнты для актёра, как бýдто мáслом по сéрдцу. *The thunderous applause was like music to the actor's ears.*

лить (or **подливáть) мáсла в огóнь**—*add fuel to the flame*

Стро́гим запреще́нием кури́ть, оте́ц подлива́л ма́сла в ого́нь. *With his strong injunction against smoking, the father added fuel to the flame.*

ма́сса—*mass*

в (о́бщей) ма́ссе—*as a whole; on the whole; in the mass; in the bulk*

Проду́кты на́шего магази́на в о́бщей ма́ссе ка́чественные. *The wares in our store are of high quality, on the whole.*

ма́стер—*foreman*

ма́стер на все ру́ки—*Jack-of-all-trades*

Хорошо́ име́ть в семье́ ма́стера на все ру́ки. *It's a good thing if there's a Jack-of-all-trades in one's family.*

ма́стер своего́ де́ла—*expert*

Он хоро́ший инжене́р, настоя́щий ма́стер своего́ де́ла. *He is a good engineer—a real expert of his trade.*

масть—*color*

всех (or **любы́х** or **ра́зных) масте́й**—*of every stripe and color*

В на́шем клу́бе лю́ди всех масте́й. *There are people of every stripe and color in our club.*

одно́й (or **тако́й) же ма́сти; под одну́ масть**—*birds of a feather; equals*

О́льга и И́горь одно́й ма́сти. *Olga and Igor are birds of a feather.*

мат—*obscene language*

крича́ть благи́м ма́том—*shout at the top of one's voice; shout one's head off*

От бо́ли Па́вел крича́л благи́м ма́том. *Pavel was shouting at the top of his voice with pain.*

мать—*mother*

мать честна́я!—*Holy Mother!; Heavens!; oh my God!*—SEE: **бо́же мой!**

показа́ть ку́зькину мать—*make it hot for someone; put the fear of God into someone*

Ники́та грози́л: «Покажу́ тебе́ ку́зькину мать.» *Nikita threatened, "I'll put the fear of God into you!"*

мах—*motion*

дать ма́ху—*make a blunder; mess up something; shoot wide of the mark*

Свои́м заму́жеством О́льга дала́ ма́ху. *Olga made a blunder of her marriage.*

одни́м (or **еди́ным**) **ма́хом**—*at one stroke; at one go; at one blow*

Одни́м ма́хом он сбил почти́ все ке́гли. *He knocked down almost all the pins at one stroke.*

с ма́ху—*rashly*

С ма́ху не реша́ют больши́е пробле́мы. *Don't make a rash decision on important matters.*

маши́на—*machine*

а́дская маши́на—*time bomb*

Нерешённые пробле́мы легко́ мо́гут преврати́ться в а́дскую маши́ну. *Unsolved problems can easily become a time bomb.*

мгнове́ние—*instant; moment*

в мгнове́ние о́ка; в одно́ мгнове́ние—*in the twinkling of an eye; between two shakes of a lamb's tail; instantly*

Компью́тер реша́ет зада́чи в одно́ мгнове́ние. *Computers can solve tasks in the twinkling of an eye.*

ме́бель—*furniture*

для ме́бели—*sitting around doing nothing*

У нас ма́сса рабо́ты, а Ли́за сиди́т для ме́бели. *We have an awful lot of work while Lisa just sits around doing nothing.*

мёд—*honey*

не мёд—*no great joy; not one's cup of tea*

Моя́ рабо́та не мёд. *My work is no great joy.*

медве́дь—*bear*

дели́ть шку́ру неуби́того медве́дя—*count one's chicken before they are hatched*

Подожди́ немно́жко, не дели́ шку́ру неуби́того медве́дя. *Hang on a bit longer—don't count your chickens before they're hatched.*

медве́дь (or **слон**) **на́ ухо наступи́л**—*have no ear for music; be tone-deaf*

Ему́ медве́дь на́ ухо наступи́л—он музыка́нтом не бу́дет. *He'll be no musician—he's got no ear for music.*

ме́жду—*between*

а ме́жду тем—*although; albeit*

Алексе́й мно́го говори́л, а ме́жду тем суть не рассказа́л. *Although Aleksey talked a lot, he failed to relate the essence of the matter.*

ме́жду на́ми (говоря́)—*between you and me; between ourselves*

Ме́жду на́ми говоря́, Ива́н ча́сто врёт. *Between ourselves, Ivan often lies.*

ме́жду про́чим—*incidentally; by the way*

Ме́жду про́чим, Са́ша вчера́ сде́лал ава́рию. *By the way, Sasha was in an accident yesterday.*

ме́жду тем как—*while*

Ме́жду тем как они́ разгова́ривали, мы накры́ли стол. *While they were conversing, we set the table.*

ме́лко—*shallow*

ме́лко пла́вать—*be of poor* (or *mediocre) caliber*

Бори́с как архите́ктор ме́лко пла́вает. *Boris is mediocre as an architect.*

ме́лочь—*detail*

разме́ниваться на ме́лочи—*fritter away one's energy*

Ива́н ничего́ не дости́г, так как разме́нивался на ме́лочи. *Ivan never achieved anything—he frittered away his energy.*

мель—*shoals*

сади́ться на мель—*get stranded; get into a fix*

Йз-за безде́нежья мы со свое́й констру́кцией се́ли на мель. *We got stranded with the construction due to a lack of money.*

ме́нее—*less*

ме́нее всего́—*least of all*

Ме́нее всего́ я рассчи́тывал на помо́щь Са́ши. *It was Sasha's help I counted on the least.*

тем не ме́нее—*nevertheless; in spite of something*

Хотя́ он меня́ обману́л, тем не ме́нее я не оби́делся. *In spite of the fact that he cheated me, I did not get offended.*

ме́ра; ме́рка—*measure*

в значи́тельной ме́ре—*to a large extent*

Э́то в значи́тельной ме́ре зави́сит от вас. *This depends to a large extent on you.*

в ме́ру—*within limits; in moderation*

Хотя́ мы пи́ли во́дку, но в ме́ру. *We drank some vodka all right, but in moderation.*

всему́ есть ме́ра—*everything has a limit*

Так себя́ вести́ нельзя́, всему́ есть ме́ра. *One mustn't act like that—everything has a limit.*

ме́ра терпе́ния перепо́лнилась—*be* (or *get) fed up with someone* (or *something)*

Ме́ра моего́ терпе́ния перепо́лнилась, и я его́ вы́гнал. *I got fed up with him and told him to get out.*

ме́рить то́ю же ме́рою; ме́рить в ту же ме́ру—*repay in kind; pay someone in his own coin*

Я стара́лся ме́рить Ива́на той же ме́рою. *I was trying to repay Ivan in kind.*

ме́рить свое́й ме́рой—SEE: **ме́рить на свой арши́н**

не знать ме́ры—*go to extremes*

Он ни в чём не зна́ет ме́ры. *He goes to extremes in everything.*

по кра́йней ме́ре—*at least*

Строи́тельство до́ма потре́бует по кра́йней ме́ре два го́да. *The construction will take at least two years.*

приня́ть все ме́ры—*take all necessary measures*

Мы при́няли все ме́ры для охра́ны го́рода. *We took all necessary measures for the defense of the city.*

мертвéцки

мертвéцки пьян—*drunk as a marine*

Ники́та лежа́л в лу́же мертвéцки пьян. *Nikita lay in the puddle, drunk as a marine.*

спать мертвéцки; спать мертвéцким сно́м—*sleep like a log*

От уста́лости он спал мертвéцки. *He was so tired he slept like a log.*

местéчко—*borough; small town*

тёплое (or **тёпленькое) местéчко**—*snug* (or *cushy) job*

Ивáн нашёл себе тёплое местéчко. *Ivan found himself a cushy job.*

мéсто—*place*

имéть мéсто—*happen; take place*

Собы́тие, о котóром он рассказáл, имéло мéсто во врéмя войны́. *The events he related took place during the war.*

не к мéсту—*out of place; off the topic*

Бори́с говори́т всегдá не к мéсту. *Boris keeps talking off the topic.*

не находи́ть (себé) мéста—*fret; be beside oneself with worry*

Дýмая о возмóжности развóда, Ири́на не находи́ла себé мéста. *Irina was beside herself with worry because of the possibility of a divorce.*

нет мéста; не должнó быть мéста—*must not happen; is out of place*

Неприли́чному поведéнию нет мéста. *Indecent behavior is out of place.*

ни с мéста—*1. entirely still 2. don't move!; stay put!*

1. Как мы не старáемся, а дéло нáше ни с мéста. *No matter how hard we try, our business stands entirely still.*
2. «Ни с мéста!»—сказáл полицéйский. *"Don't move!" the policeman said.*

отказáть от мéста—*fire someone*

Начáльник отказáл Бори́су от мéста. *The boss fired Boris.*

пустóе мéсто—*nobody*

Мой начáльник—э́то пустóе мéсто. *My boss is a nobody.*

с мéста в карьéр—*straight away; right off the bat*

Окóнчив университéт, Пáвел стал дирéктором, с мéста в карьéр. *After Pavel finished the university, he became a director right off the bat.*

ста́вить себя́ на ме́сто—*put oneself in someone else's shoes* (or *place* or *position)*

Пре́жде чем ты сде́лаешь мне замеча́ние, поста́вь себя́ на моё ме́сто. *Before you make remarks about me, try to put yourself in my place.*

я бы на твоём ме́сте—*if I were you*

Я бы на твоём ме́сте не кури́л. *I wouldn't smoke if I were you.*

мета́лл—*metal*

презре́нный мета́лл—*money; filthy lucre*

Оле́г всё вре́мя говори́л о презре́нном мета́лле. *Oleg kept talking about the money all the time.*

метёлка—*whisk*

под метёлку—*clean sweep*

Взло́мщики очи́стили весь дом под метёлку. *The burglars made a clean sweep of the entire house.*

мех—*fur*

на ры́бьем меху́—*ragged* (or *shabby) coat giving no protection from the cold*

Э́то пальто́ на ры́бьем меху́. *This is a shabby coat that gives no protection from the cold.*

меч—*sword*

вложи́ть меч в но́жны—*bury the hatchet*

По́сле спо́ра мы вложи́ли мечи́ в но́жны. *After our dispute we buried the hatchet.*

мечта́ть—*dream*

мечта́ть о себе́ (мно́го or **высоко́)**—*think highly of oneself*

Актри́са мечта́ла о себе́ высоко́. *The actress thought very highly of herself.*

мешо́к—*sack*

мешо́к с соло́мой—*be dull-witted* (or *slow-witted)*

С Па́влом посове́товаться нельзя́, у него́ голова́—мешо́к с соло́мой. *It's not worth asking for Pavel's advice—he is so dull-witted.*

сиде́ть мешко́м—*hang loosely; be baggy; slouch around*

Но́вое пла́тье сиди́т мешко́м на А́нне. *The new dress hangs loosely on Anna.*

мешо́чек—*small bag*

яйцо́ в мешо́чек—*semi-hardboiled egg; three-minute egg*

На за́втрак я ем яйцо́ в мешо́чек. *I eat a three-minute egg for breakfast.*

миг—*moment*

ми́гом—*in no time*

Я ми́гом верну́сь. *I'll be back in no time.*

мизи́нец—*little finger*

не сто́ит мизи́нца—*cannot hold a candle to someone*

Брат не сто́ит мизи́нца сестры́. *The brother can't hold a candle to his sister.*

с мизи́нец; на мизи́нец—*hardly anything; next to nothing; almost nothing*

Его́ успе́хи с мизи́нец. *His successes amount to next to nothing.*

ми́лость—*favor; grace*

ми́лости про́сим—1.—SEE: **добро́ пожа́ловать**

сде́лай(те) ми́лость—*1. do me a favor 2. you are welcome*

1. Сде́лайте ми́лость, помоги́те мне. *Do me a favor—help me!*
2. «Мо́жно воспо́льзоваться ва́шей ру́чкой на мину́точку?»—“ «Сде́лайте ми́лость, ско́лько хоти́те.» *“May I use your pen for a moment?”—“You're welcome to use it any time.”*

скажи́(те) на ми́лость—*1. tell me, please 2. for Goodness' sake!*

1. Скажи́те на ми́лость, ско́лько вре́мени? *Tell me, please, what time is it?*
2. Скажи́те на ми́лость, ско́лько мо́жно издева́ться! *For Goodness' sake, how much mocking can one indulge in?*

ми́на—*mien; expression*

де́лать хоро́шую ми́ну при плохо́й игре́—*put up a bold front; put a good face on the matter*

Ната́ша зна́ла, что речь идёт о недоста́тках её му́жа, но она́ де́лала хоро́шую ми́ну при плохо́й игре́. *Natasha knew that they were talking about her husband's shortcomings, but she put up a bold front.*

мину́та—*minute*

без пяти́ мину́т—*be a step away from becoming something; one will become something very soon*

Ната́шин сын без пяти́ мину́т инжене́р. *Natasha's son is a step away from becoming an engineer.*

жить мину́той—*live for the present*

Не ду́мая о бу́дущем, И́горь жил мину́той. *Igor didn't think of the future—he was living for the moment.*

мину́та в мину́ту—*to the minute*

Он пришёл мину́та в мину́ту. *He arrived to the minute.*

одну́ мину́ту!—*just a minute! wait a minute!*

Одну́ мину́ту! Я сейча́с обслужу́ вас. *Just a minute! I'll serve you right away!*

сию́ мину́ту—*this very minute; at once*

Ты до́лжен заня́ться рабо́той сию́ мину́ту. *You've got to start working this very minute.*

с мину́ты на мину́ту (or **мину́тку** or **секу́нду**)—*any minute (now)*

С мину́ты на мину́ту он до́лжен прийти́. *He's got to arrive any minute.*

мир—*world; community*

идти́ (or **ходи́ть) по́ миру**—*live as a beggar; go begging*

Совсе́м обедне́в, Са́ша ходи́л по́ миру. *Entirely impoverished, Sasha went begging.*

не от ми́ра сего́—*live in a fool's paradise; live in one's own world*

Изве́стный поэ́т Алексе́й Петро́в был не от ми́ра сего́. *Alexey Petrov, the famous poet, lived in his own world.*

переверну́ть весь мир—SEE: **переверну́ть весь свет**

пусти́ть по́ миру—*ruin someone completely*

Свои́м пья́нством он пусти́л по́ миру свою́ семью́. *He ruined his family completely with his alcoholism.*

с ми́ру по ни́тке—*a little bit from here and there*

Для опера́ции ма́льчику жи́тели го́рода собра́ли де́ньги с ми́ру по ни́тке. *The inhabitants of the town collected money for the boy's operation—a little bit from here and there.*

старо́ как мир—*as old as the hills*

Э́та исто́рия стара́ как мир. *This story is old as the hills.*

мирова́я—*peaceful settlement; amicable agreement*

пойти́ на мирову́ю—*settle something among themselves; come to an amicable agreement*

По́сле дли́тельных разгово́ров сто́роны пошли́ на мирову́ю. *After long negotiations, the partners came to an amicable agreement.*

мне́ние—*opinion*

расходи́ться во мне́ниях—*disagree*

К сожале́нию, мы расхо́димся во мне́ниях. *Unfortunately, we disagree.*

мно́го—*much*

ни мно́го ни ма́ло—*not less than*

За дом он уплати́л ни мно́го ни ма́ло: че́тверть миллио́на. *He paid no less than a quarter million for his house.*

моги́ла—*grave*

бра́тская моги́ла—*common grave*

Бе́дного Мо́царта похорони́ли в бра́тской моги́ле. *Poor Mozart was buried in a common grave.*

горба́того одна́ моги́ла испра́вит—*the leopard does not change its spots; boys will be boys*

Он то́лько что освободи́лся из тюрьмы́ и уже́ ворýет. Да, горба́того одна́ моги́ла испра́вит. *Hardly had he gotten out of jail, he started to steal again. Well, the leopard doesn't change its spots.*

мо́жно—*can*

мо́жно сказа́ть—*so to say* (or *speak)*

Бори́с говори́л ма́ло, мо́жно сказа́ть, ничего́. *Boris said but little; almost nothing, so to speak.*

мозг—*brain*

быть с мозга́ми—*clever fellow*

Он с мозга́ми, поэ́тому он быстре́е устро́ится, чем други́е. *He is a clever fellow, so he can find jobs faster than others.*

дави́ть на мозги́—*put pressure on someone; try to brainwash someone*

Не дави́ на мозги́, я сам зна́ю, что мне нýжно де́лать. *Don't put pressure on me, I know what to do by myself.*

мозги́ ва́рят—*have brains; have the smarts; be a smart cookie*

У Ма́ши мозги́ ва́рят, поэ́тому у неё прогре́сс в ли́чной жи́зни. *Masha is a smart cookie, that's why she's getting ahead in life.*

вправля́ть мозги́—*straighten someone out*

Оте́ц детя́м вправля́л мозги́. *Father straightened the kids out.*

раски́дывать (or **шевели́ть) мозгáми**—*rack one's brain*

Над э́той проблéмой пришлóсь шевели́ть мозгáми. *We had to rack our brains over this problem.*

мозóль—*corn*

наступи́ть на (люби́мую) мозóль—*touch someone to the quick; touch a nerve*

Свои́ми выскáзываниями Пётр наступи́л на мою́ люби́мую мозóль. *With his outspokenness, Peter touched me to the quick.*

молодéц—*good boy; fine fellow*

молодéц к молодцý—*all good to a man; be equally good* (or *outstanding)*

Мои́ брáтья молодéц к молодцý. *My brothers are all equally outstanding.*

молодóй—*young*

мóлодо-зéлено—*unripe; green; wet behind the ears*

Мои́ дéти ещё мóлоды-зéлены, но со врéменем они́ измéнятся. *My kids are still wet behind the ears, but with time they'll change.*

мóлодость—*youth*

не пéрвой мóлодости—*past one's prime; no spring chicken*

Мáша ужé не пéрвой мóлодости. *Masha is no spring chicken.*

молокó—*milk*

молокó на губáх не обсóхло—*be wet behind the ears; be a milksop; be a greenhorn*

Молокó на губáх не обсóхло, а он меня́ ýчит. *He's a mere greenhorn, yet he teaches me already!*

на молокé обжёгся, и на вóду дýет—*once bitten, twice shy*

Пóсле развóда он боя́лся встречáться с жéнщинами—обжёгшись на молокé, бýдешь дуть и на вóду. *He was afraid to date women after his divorce—once bitten, twice shy.*

тóлько птúчьего молокá нет—*there's everything under the sun; you name it*

Дéлать покýпки в Амéрике—прóсто прéлесть: тóлько птúчьего молокá нет. *Shopping in the States is a real pleasure—there is everything under the sun.*

мóлот; молотóк—*hammer*

быть (or **находúться** or **попáсть**) **мéжду мóлотом и наковáльней**—*between the devil and the deep blue sea; between a rock and a hard place*

Мéжду мýжем и любóвником Áнна находúлась как мéжду мóлотом и наковáльней. *Between her husband and her lover Anna felt caught between the devil and the deep blue sea.*

продавáть с молоткá—*sell by auction*

Стáрую картúну прóдали с молоткá. *The old picture was sold at an auction.*

молчáние—*silence*

обходúть молчáнием—*pass by* (or *over) in silence*

Он обошёл э́тот вопрóс молчáнием. *He passed by this question in silence.*

момéнт—*moment*

в любóй момéнт—*any time; in any moment* (or *minute)*

Вулкáн мóжет взорвáться в любóй момéнт. *The volcano may erupt any minute.*

в момéнт—*immediately*

«Я вáшу óбувь в момéнт отремонтíрую»—сказáл сапóжник. *"I'll fix your shoes in a minute," said the shoe repair man.*

ловíть (or **улучíть) момéнт**—*seize the opportunity*

Разговáривая о бýдущем, Борíс улучíл момéнт и сдéлал Áнне предложéние. *Talking about the future, Boris seized the opportunity, and popped the question to Anna.*

упустíть момéнт—*miss* (or *neglect) an opportunity*

Ивáн упустíл момéнт, чтóбы женíться на америкáнской миллионéрше. *Ivan missed the opportunity to marry the American millionairess.*

монасты́рь—*monastery*

в чужóй монасты́рь со своúм устáвом не хóдят—SEE: **с волкáми жить, по-вóлчьи выть**

монéта—*coin*

гонú монéту!—*pay up!*

Ты мне дóлжен. Гонú монéту! *You owe me! Pay up!*

оплатúть той же монéтой—SEE: **мéрить той же мéрою; мéрить в ту же мéру**

принимáть за чúстую монéту—*take at face value*

Ивáна легкó обманýть, он принимáет всё за чúстую монéту. *It's easy to cheat Ivan, he takes everything at face value.*

мóре—*sea*

мóре по колéно (or **по колéна)**—*be a dare-devil; nothing fazes one*

Он высо́вывается из окна́ на 80-ом этаже́—ему́ и мо́ре по коле́но. *He's leaning out the window on the 80th floor—he's a dare-devil.*

ждать у мо́ря пого́ды; сиде́ть у мо́ря и ждать пого́ды—*be waiting for the plums to fall into one's mouth*

Лу́чше труди́ться, чем ждать у мо́ря пого́ды. *It's better to be working than to wait for the plums to fall into one's mouth.*

моро́з—*frost*

моро́з по ко́же (or **по спине́**) **дерёт** (or **пробега́ет**)—*it gives one the creeps; send shivers up and down ones's spine*

От стра́ха у Ири́ны моро́з по ко́же пробега́л. *Fear gave Irina the creeps.*

моро́з пробира́ет до косте́й—*be chilled to the bone*

В пургу́ нас моро́з пробра́л до косте́й. *We were chilled to the bone in the snowstorm.*

сто́ит моро́з—*there's frost*

В январе́ моро́з сто́ит на дере́вьях. *There's frost on the trees in January.*

Москва́—*Moscow*

не вдруг Москва́ стро́илась—*Rome was not built in a day*

Набери́сь терпе́ния, ведь Москва́ не сра́зу стро́илась. *Be patient—(after all) Rome wasn't built in one day!*

моча́лка—*loofah*

жева́ть моча́лку (or **моча́ло**)—*keep repeating the same thing*

Разгово́р с Алексе́ем был неинтере́сен: он опя́ть жева́л моча́лку. *The discussion with Aleksey wasn't interesting—he keeps repeating the same thing.*

мочь—*power; might*

во всю мочь; из(о) всей мо́чи; что есть мо́чи—*with all one's might* (or *power); 1. as hard as one can 2. as fast as one can*

Боксёр уда́рил своего́ проти́вника изо всей мо́чи. *The boxer hit his opponent as hard as he could.*

Во всю мочь Алексе́й бежа́л от банди́тов. *Aleksey was running away from the bandits as fast as he could.*

мо́чи нет; мо́чи не ста́ло—*one can't endure* (or *stand) something*

Ле́том иногда́ так жа́рко, что мо́чи нет. *It can be so hot in the summer that one can't stand it.*

мошна́—*pouch; purse*

больша́я (or **то́лстая** or **туга́я**) **мошна́**—*be a fat purse*

О́льга променя́ла любо́вь на туѓую мошну́. *Olga traded in her love for a fat purse.*

наби́ть мошну́—*feather one's nest; line one's pocket; fill one's purse*

Обману́в свои́х партнёров, Ива́н наби́л мошну́. *Ivan feathered his nest by cheating his partners.*

тряхну́ть мошно́й—*spend one's money recklessly; throw money around*

На сва́дьбе Ма́ши оте́ц тряхну́л мошно́й. *Father spent money recklessly for Masha's wedding.*

мрак—*darkness*

кроме́шный мрак—*pitch-dark*

В пеще́ре стоя́л кроме́шный мрак. *It was pitch-dark inside the cave.*

покры́т(о) мра́ком неизве́стности—*shrouded in mystery*

Про́шлое Па́вла покры́то мра́ком неизве́стности. *Pavel's past is shrouded in mystery.*

мудрёный—*strange; odd*

(не) мудрено́; (не) мудрено́, что—*no wonder, that; small wonder that...*

Не мудрено́, что он тала́нтливый музыка́нт, в его́ семье́ все музыка́нты. *No wonder he is such a talented musician—everybody in his family is a musician.*

му́зыка—*music*

му́зыка не та; му́зыка друга́я—*it's a different story* (or *a horse of another color)*

Бори́с ра́ньше был транжи́рой, но с тех пор, как он жени́лся, му́зыка не та. *Boris used to spend money recklessly, but since his marriage it's been a different story.*

му́ка—*suffering*

му́ка му́ченическая—*torture; torment of hell; unbearable suffering*

Потеря́в сы́на на войне́, бе́дная А́нна переноси́ла му́ку му́ченическую. *When she lost her son in the war, poor Anna endured the torment of hell.*

мука́—*flour*

переме́лется—мука́ бу́дет—*things will be OK in the end; every cloud has a silver lining*

И́горь и О́льга поссо́рились. Чепуха́! Переме́лется—мука́ бу́дет. *Igor and Olga fell out with one another—Nothing to it! Things will be OK in the end.*

мура́шки—*ants; creeps; shivers*

мура́шки бе́гают (or **по́лзают) по спине́; мура́шки бе́гают** (or **по́лзают) по те́лу; покрыва́ться мура́шками**—SEE: **моро́з по ко́же дерёт** (or **пробега́ет)**

му́ха—*fly*

быть под му́хой—*have one drink too many; be three sheets to the wind*

На вечери́нке го́сти бы́ли под му́хой. *At the evening party the guests were three sheets to the wind.*

де́лать из му́хи слона́—*make a mountain out of a molehill*

На но́вом ме́сте рабо́ты Ива́н де́лал из му́хи слона́. *Ivan made a mountain out of a molehill at his new job.*

до бе́лых мух—*till the snow falls*

«С ката́нием на са́нках придётся ждать до бе́лых мух»—мать объясня́ла де́тям. *"You have to wait with the sleigh riding till the snow falls," the mother said to the children.*

(кака́я) му́ха укуси́ла?—*what's the matter with him?; what got into him?; what's eating him?*

Он так кричи́т... Кака́я му́ха его́ укуси́ла? *He's shouting so... What's the matter with him?*

слы́шно как му́ха пролети́т—*one might hear a pin drop*

В ко́мнате така́я тишина́, что слы́шно, как му́ха пролета́ет. *It's so quiet in the room that one might hear a pin drop.*

(то́чно) му́ху проглоти́л—*make* (or *pull) a sour* (or *wry) face*

Не получи́в чаевы́х, официа́нт то́чно му́ху проглоти́л. *Since he didn't get a tip, the waiter pulled a sour face.*

мысль—*idea*

без за́дней мы́сли—*without mental reservation; without an ulterior motive; without a secret purpose*

Он всегда́ говори́т, что ду́мает, без за́дней мы́сли. *He always says what he thinks without mental reservation.*

носи́ться с мы́слью—*cherish a thought; nurture a plan*

Са́ша всю жизнь носи́лся с мы́слью уе́хать в А́фрику, но так и не уе́хал. *Sasha nurtured the plan all his life to go to Africa, yet he never went.*

мытьё—*washing*

не мытьём, так ка́таньем—*by hook or by crook; no matter what; come hell or high water*

Мы на́шей це́ли дости́гнем не мытьём, так ка́таньем. *We'll reach our goal by hook or by crook.*

мышь—*mouse*

наду́лась как мышь на крупу́—*turn up one's nose at something; make a long face*

Я то́лько шути́л, а она́ наду́лась как мышь на крупу́. *I was merely joking, yet she turned up her nose at me.*

мя́гко—*softly*

мя́гко выража́ться—*to put it mildly; putting it mildly*

Его́ поведе́ние вчера́ бы́ло, мя́гко выража́ясь, неприли́чное. *His behavior yesterday was unbecoming, to put it mildly.*

Н

на—*on*

вот тебе́ и на!—*there goes nothing*

Вот тебе́ и на! У нас уже́ ни копе́йки не оста́лось. *There goes nothing! We haven't got a penny left!*

на все сто—*magnificently; excellently*

Ты сего́дня вы́глядишь на все сто. *You really look magnificent today!*

набóр—*recruitment; set*

набóр слов—*empty words; mere verbiage*

Егó доклáд оказáлся не интерéсным выступлéнием, а набóром слов. *His report was not an interesting presentation—it was mere verbiage.*

навернякá—*definitely*

бить навернякá—*bet on a sure thing*

Ужé со стáрта Никúта бил навернякá. *Nikita bet on a sure thing from the start.*

навсегдá—*for good*

раз (и) навсегдá—*once and for all; forever; for good*

Раз и навсегдá он покóнчил с курéнием. *He quit smoking for good.*

навстрéчу—*toward*

идтú навстрéчу—*be polite; be considerate toward someone*

Сáша всем шёл навстрéчу. *Sasha was considerate toward everyone.*

пойтú навстрéчу—*to meet halfway*

Пóсле длúтельных переговóров стóроны пошлú навстрéчу друг дрýгу. *After long discussions the parties met halfway.*

наготá—*nudity*

во всей (своéй) наготé—*showing one's true colors; revealing one's true nature*

Когдá Борúс стал начáльником, егó харáктер проявúлся во всей наготé. *When Boris became the boss, he showed his true colors.*

надéжда—*hope*

в надéжде—*hoping; expecting; expect; with the hope that*

В надéжде на сóлнечную погóду мы не взя́ли зóнтик. *Hoping the weather would be sunny we took no umbrella with us.*

возлага́ть наде́жды—*pin one's hopes on someone; place hope in someone*

Роди́тели возлага́ли наде́жды на свои́х дете́й. *The parents pinned their hopes on their children.*

льстить себя́ наде́ждой; пита́ть наде́жду (or **наде́жды)**—*entertain* (or *cherish) (a) hope(s)*

Я пита́л наде́жду на повыше́ние зарпла́ты. *I was entertaining hopes for a salary raise.*

подаёт наде́жду (or **наде́жды)**—*show great promise; have a promising future*

Ма́ленький сын моего́ сосе́да, тала́нтливо игра́ющий на скри́пке, подаёт наде́жды. *My neighbor's little boy who plays the violin so well, has a promising future.*

пусты́е наде́жды—*pie in the sky; pipe dream*

Мои́ пла́ны на бу́дущее оказа́лись пусты́ми наде́ждами. *My plans for the future turned out to be pie in the sky.*

на́до—*to have to*

о́чень мне на́до!—*what do I care?*

Жа́луется, что у него́ долги́. О́чень мне на́до! *He complains about his debts... What do I care?*

так вам и на́до!—*it serves someone right*

И́з-за ле́ности его́ уво́лили. Так ему́ и на́до! *It serves him right that he was fired for his laziness.*

надыша́ться—*inhale; breath in*

не нады́шится; не мо́жет надыша́ться—*dote on* (or *upon)*

Ната́ша не мо́жет надыша́ться на своего́ ребёнка. *Natasha is doting on her baby.*

нажи́ть—*gain*

как на́жито, так и про́жито—*easy come, easy go*

Насле́дство Ива́н ско́ро растра́тил. Как на́жито, так и про́жито. *Ivan soon squandered his inheritance—easy come, easy go!*

наказа́ние—*punishment*

наказа́ние мне—*a pain in the neck*

Переста́нь крича́ть! Наказа́ние мне с тобо́й! *Stop yelling! You're a pain in the neck!*

су́щее наказа́ние!—*what a nuisance!*

Я опозда́л на по́езд. Су́щее наказа́ние! *I missed my train! What a nuisance!*

налёт—*raid*

с налёта; с налёту—*in one fell swoop*

Пётр отвеча́л на все вопро́сы с налёту. *Peter answered all the questions in one fell swoop.*

намёк—*hint*

то́нкий намёк—*delicate hint*

При разгово́ре он сде́лал то́нкий намёк на мой долг. *During the course of the conversation he made a delicate hint at my indebtedness.*

то́нкий намёк на то́лстое обстоя́тельство—*hint at the obvious*

В по́зднее вре́мя гость не уходи́л. Хозя́ин на́чал зева́ть, и э́то был то́нкий намёк на то́лстое обстоя́тельство. *Late at night the guest hadn't left yet, and so the host started to yawn, hinting at the obvious.*

наобу́м—*at random*

наобу́м (Ла́заря)—*without using one brains; without thinking*

Прошу́ тебя́ серьёзно отнести́сь и не отвеча́ть наобу́м. *Please take the question seriously and don't answer without thinking.*

напа́сть—*attack*

не на того́ напа́л—*underestimate one*

Он ду́мал, что я ему́ пове́рил. Не на того́ напа́л. *He thought I believed him—he underestimated me.*

наплева́ть—*spit*

мне наплева́ть!—*I don't give a damn!*

Мне наплева́ть, что они́ обо мне́ ду́мают! *I don't give a damn what they think of me!*

напра́во—*to the right*

напра́во-нале́во; напра́во и нале́во—*to tell everybody and his dog; to the whole world; to every Tom, Dick and Harry*

А́нна расска́зывала о свое́й любви́ напра́во и нале́во. *Anna told everybody and his dog about her love.*

напропалу́ю—*desperately*

идти́ напропалу́ю—*decide to take desperate measures; act desperately*

Боя́сь банкро́тства, Па́вел шёл напропалу́ю. *Being afraid of bankruptcy, Pavel decided to take desperate measures.*

нарасхва́т—*be sold*

продава́ться нарасхва́т—*sell like hot cakes*

Биле́ты на конце́рты Сти́нга продава́лись нарасхва́т. *The tickets for the Sting concert sold like hot cakes.*

покупа́ть нарасхва́т—*there is a great demand for something*
Кни́ги о жи́зни ца́рской семьи́ покупа́ют нарасхва́т. *There is a great demand for books about the life of the Czar's family.*

наро́д—*people*

вы́йти из наро́да—*be of humble origin*
Миллионе́р Арка́дий вы́шел из наро́да. *Arkady, the millionaire, was of humble origin.*

при (всём) (честно́м) наро́де; при всей честно́й компа́нии—*in public; in front of everyone*
Молодожёны держа́лись за ру́ки при всей честно́й компа́нии. *The newlyweds were holding hands in front of everyone.*

нару́жу—*outside*

всё нару́жу—*be very outspoken; be honest; wear one's heart on one's sleeve*
Он сли́шком и́скренен, у него́ всё нару́жу. *He's too sincere—he wears his heart on his sleeve.*

вы́йти нару́жу—*come to light; be revealed*
Тепе́рь вы́шло нару́жу, что у Бори́са была́ связь с ма́фией. *It came to light recently that Boris was mixed up with the Mafia.*

наряду́—*side by side*

наряду́ с э́тим—*at the same time*
Он был до́брым, но наряду́ с э́тим иногда́ груби́л. *He was a good man, but at the same time he was sometimes rude.*

наско́лько—*as far as*

насто́лько, наско́лько—*as much as*
Я ему́ помога́л насто́лько, наско́лько мо́жно бы́ло. *I helped him as much as I could.*

наста́ивать—*insist on*

наста́ивать на своём—*insist on having it one's own way*

Что бы я емý не предлагáл, он настáивал на своём. *No matter what I proposed to him, he insisted on having his own way.*

настроéние—*mood*

быть не в настроéнии—*be in low spirits; be out of sorts*

Пéред экзáменом Ивáн всегдá не в настроéнии. *Before an exam Ivan is always in low spirits.*

чемодáнное настроéние—*wanderlust; have itchy feet*

Ещё недéля до отъéзда, но у меня́ ужé чемодáнное настроéние. *There's still a week before my trip, but I've got itchy feet already.*

натýра—*nature*

широ́кая натýра—*have a generous nature*

Йгорь чáсто нас приглашáет в ресторáн; у негó широ́кая натýра. *Igor often takes us out to a restaurant—he has a generous nature.*

начáло—*beginning*

вести́ начáло—*descend; derive from someone*

Егó семья́ ведёт начáло от Ивáна Гро́зного. *His family descends from Ivan the Terrible.*

на рáвных начáлах—*equitably; on a par with someone*

Мы с коллéгами раздели́ли рабóту на рáвных начáлах. *My colleagues and I divided the work equitably.*

начáть—*begin*

начáть своё—*be back at one's old tricks; start in on something all over again*

Не обращáя внимáния ни на когó, Пáвел нáчал своё. *Without regard for anyone, Pavel started in on his old tricks all over.*

не—*not*

быть не по себé—*feel extremely uncomfortable; be on edge*
Когдá хозя́ин с хозя́йкой пререкáлись, гостя́м бы́ло не по себé. *When the host and the hostess fell out with one another, the guests felt extremely uncomfortable.*

не ахти́ какóй—*nothing spectacular; not too pretty*
Не ахти́ какóй у нас дом. *Our house is nothing spectacular.*

не без тогó—*in all probability; with reasonable certainty*
«Твоя́ сестрá с мýжем приéдет?»—«Не без тогó!» *"Will your sister be coming with her husband?"—"In all probability."*

нé за что—*don't mention it*
Когдá я поблагодари́л егó за пóмощь, он отвéтил: «Нé за что.» *When I thanked him for his help, he answered, "Don't mention it!"*

нéбо—*sky*

витáть мéжду нéбом и землёй—*be (up) in the clouds*
Вы́играв в лотерéю, Мáша витáла мéжду нéбом и землёй. *When Masha won the lottery she was up in the clouds.*

возноси́ть (or **превозноси́ть) до небéс**—*praise someone to high heaven*
Áнна возноси́ла до небéс своегó возлю́бленного. *Anna praised her lover to high heaven.*

как нéбо и земля́; отличáются как нéбо и земля́—*be different as day and night; have nothing in common*
Мои́ два брáта как нéбо и земля́. *My two brothers are different as day and night.*

нéбо с овчи́нку показáлось—*be scared out of one's wits*
Когдá уви́дел пожáр, мне нéбо с овчи́нку показáлось. *I was scared out of my wits when I saw the fire.*

под откры́тым нéбом—*out in the open; outdoors*
Боя́сь землетрясéния, мы спáли под откры́тым нéбом. *We slept out in the open as we were afraid of an earthquake.*

нев́едение—*ignorance*

быть (or **пребыва́ть) в блаже́нном неве́дении**—*live in a fool's paradise*

Не зна́я реа́льной жи́зни, Пётр пребыва́ет в блаже́нном неве́дении. *Peter doesn't know real life—he lives in a fool's paradise.*

неве́стка—*daughter-in-law* (son's wife); *sister-in-law* (brother's wife)

неве́стке в отме́стку—*even the score; pay in kind*

Ле́на не поздра́вила Ни́ну с днём рожде́ния, и Ни́на, неве́стке в отме́стку, отве́тила тем же. *Lena didn't congratulate Nina on her birthday so Nina, to even the score, did the same.*

невозмо́жность—*impossibility*

до невозмо́жности—*to the last* (or *nth) degree*

Он надое́л мне до невозмо́жности. *I was fed up with him to the nth degree.*

не́жность—*tenderness*

теля́чьи не́жности—*sloppy sentimentality; sentimental slop*

Арка́дий це́нит не́жность, но реши́тельно отверга́ет теля́чьи не́жности. *Arkady appreciates tenderness, but he decidedly rejects sloppy sentimentality.*

не́куда—*nowhere; no place*

дева́ть не́куда—*have more than enough; not to know what to do with something*

Де́нег у него́ так мно́го, что дева́ть не́куда. *He's got so much money, he doesn't know what to do with it.*

нелёгкая

нелёгкая его́ сюда́ несёт!—*What on earth* (or *the devil) is he doing here?*

Уви́дев пре́жнего му́жа, А́нна пробормота́ла: «Нелёгкая его́ сюда́ несёт!» *Seeing her ex-husband Anna murmured, "What on earth is he doing here?"*

нельзя́—*should not; could not*

как нельзя́ лу́чше—*couldn't be better; in the best possible way*

Ива́н вы́полнил зада́чу как нельзя́ лу́чше. *Ivan fulfilled his task in the best possible way.*

нельзя́ ли—*may I?; would you permit me?; would you mind if...*

Нельзя́ ли откры́ть окно́? *Would you mind if I opened the window?*

нельзя́ не—*can't help but*

Нельзя́ не любова́ться его́ тала́нтом. *You can't help but admire his talent.*

нельзя́ сказа́ть, что́бы—*something cannot be said; something can hardly be said; you can't exactly call someone something*

Нельзя́ сказа́ть, что́бы он был у́мным. *You can't exactly call him smart.*

немно́го—*a bit; a while*

немно́го погодя́—*after a while*

Он вдруг замолча́л, но немно́го погодя́ продо́лжил свой расска́з. *He fell suddenly silent, but after a while he continued telling his story.*

нерв—*nerve*

дéйствовать на нéрвы; игрáть на нéрвах—*get on someone's nerves*

Начáльник чáсто игрáет на нéрвах своúх подчинённых. *The boss frequently plays on the nerves of the employees under him.*

несчáстье—*misfortune*

двáдцать два несчáстья—*a walking catastrophe*

Николáй—это двáдцать два несчáстья. С ним кáждый день что-то случáется. *Nikolay is a walking catastrophe—every day something happens to him.*

нет—*no; not*

нет как нет—*not a sign of*

Погóды нет как нет. *There's no sign of good weather.*

нет-нет да и—*every once in a while*

Егó нет-нет, да и неожúданно придёт. *Every once in a while he arrives unexpectedly.*

нет (тогó) чтóбы—*1. be reluctant to do something 2. not to have the slightest inclination to do something; not to even think of something*

1. Нет тогó, чтóбы Сáша пошёл рабóтать. *Sasha is reluctant to go to work.*
2. Нет тогó, чтóбы онú переселúлись из Москвы́ в дерéвню. *They haven't the slightest inclination to move to the village from Moscow.*

своди́ть на нет—*totally to destroy; eliminate*

Муж Óльги свёл свой брак на нет. *Olga's husband totally destroyed his marriage.*

сойти́ на нет—*to go up in smoke; become nothing*

Нáша дрýжба сошлá на нет. *Our friendship went up in smoke.*

нетерпéние—*impatience*

ждать с нетерпéнием—*look forward to; eagerly to await*

Я жду с нетерпéнием нáшу встрéчу. *I am eagerly awaiting our meeting.*

сгорáть от нетерпéния—*be dying to do something*

Никúта сгорáет от нетерпéния встрéтиться с подрýгой. *Nikita is dying to meet his girlfriend.*

нечáянность—*unexpectedness*

по нечáянности—*accidentally*

По нечáянности я нарýшил прáвила ýличного движéния. *Accidentally I committed a traffic violation.*

нéчто—*something*

нéчто врóде—*a sort of; a kind of*

Егó положéние нéчто врóде ночнóго стóрожа. *His job is a sort of night watchman.*

ни—*not*

ни в какýю—*under no circumstances*

Я ни в какýю зáмуж за Бориса не вы́йду. *I won't marry Boris under any circumstances.*

ни с тогó, ни сегó—*without rhyme or reason; for no reason*

Ни с тогó, ни с сегó он нáчал кричáть. *He started to yell for no rhyme or reason.*

ни то, ни сё—*neither fish nor fowl*

Ивáн ужé не ребёнок и ещё не взрóслый—получáется ни то, ни сё. *Ivan is not a little boy anymore and neither is he a grownup—he is neither fish nor fowl.*

нúтка; нить—*thread*

бéлыми нúтками шúто—*be easily seen through; be too thin; be too obvious*

Егó объяснéние бéлыми нúтками шúто. *His explanation was too obvious.*

вы́мокнуть до (послéдней) нúтки—*get soaked to the bone* (or *through and through)*

Попа́в под дождь, Ива́н вы́мок до после́дней ни́тки. *Ivan got soaked to the bone in the rain.*

как ни́тка с иго́лкой—*be inseparable*

Мари́я с му́жем как ни́тка с иго́лкой. *Maria and her husband are inseparable.*

на живу́ю ни́тку—*hastily; anyhow; helter-skelter; haphazardly*

Не име́я вре́мени, Бори́с вы́полнил рабо́ту на живу́ю ни́тку. *Boris did a haphazard job for lack of time.*

обобра́ть до ни́тки—*strip someone of everything*

Взло́мщики обобра́ли нас до ни́тки. *The burglars stripped us of everything.*

проходи́ть (or **тяну́ться) кра́сной ни́тью**—*stand out; run through; run like thread through*

Его́ глубо́кая ве́ра в бо́га прохо́дит кра́сной ни́тью в жи́зни. *His deep faith in God runs like a thread through his life.*

ни́точка—*thread*

разобра́ть по ни́точке—SEE: **разбира́ть по ко́сточкам**

ничего́—*all right*

ничего́ подо́бного!—*no way! under no circumstances!*

«Попро́бовал нарко́тики?»—«Ничего́ подо́бного!» *"Have you tried drugs?"—"No way!"*

ничего́ себе́—*so-so; nothing special; not too bad*

Моя́ рабо́та ничего́ себе́. *My work is nothing special.*

нога́—*foot*

быть на коро́ткой ноге́—*be on friendly terms with one*

С пе́рвой мину́ты знако́мства я с ним на коро́ткой ноге́. *From the first moment we met we were on friendly terms.*

быть (or **стоя́ть) на ра́вной ноге́**—*regard* (or *treat) someone as an equal*

Дире́ктор со мной на ра́вной ноге́. *The director treats me as an equal.*

в ногáх прáвды нет—*give one's feet a rest*

Хозя́ин сказáл нам: «Сади́тесь, пожáлуйста, в ногáх прáвды нет.» *"Sit down, give your feet a rest," the host said.*

встáть не с той ноги́; встáть с лéвой ноги́—*get out of bed on the wrong side*

Сегóдня Ири́на всем недовóльна; кáжется, что онá встáла с лéвой ноги́. *Irina is unsatisfied with everything today—seems she got out on the wrong side of the bed.*

жить на ширóкую нóгу—*live in grand style*

Получи́в наслéдство, Бори́с живёт на ширóкую нóгу. *Having gotten his inheritance, Boris is living in a grand style.*

идти́ (or **шагáть) ногá в нóгу**—*keep abreast of (or apace with) something*

С изменéнием мóды я идý ногá в нóгу. *I keep abreast of the changing fashions.*

лизáть нóги—*lick someone's boots* (or *feet); basely to flatter someone*

В интерéсах своегó повышéния Пётр ли́жет нóги своемý начáльнику. *In order to ensure his advancement, Peter is licking his boss's boots.*

мешáться под ногáми—*be in one's way*

Кóшка всегдá мешáется под ногáми у Мáши в кýхне. *The cat's always in Masha's way in the kitchen.*

смотрéть под нóги—*watch one's step*

Смотри́ под нóги, чтóбы не упáсть. *Watch your step so that you don't fall!*

спать без зáдних ног—*sleep like a log*

От устáлости шахтёр спал без зáдних ног. *Exhausted, the miner slept like a log.*

тяжёл(ый) нá ногу—*have trouble walking*

На стáрости лет дéдушка стал тяжёлым нá ногу. *In his old age the grandfather had trouble with his walking.*

что лéвая ногá хóчет (or **захóчет)**—*whatever one pleases*

Что у избало́ванной де́вочки ле́вая нога́ захо́чет, роди́тели всё испо́лнят. *Whatever the spoiled little girl pleases, her parents do for her.*

но́готь—*nail*

от (or **с**) **молоды́х ногте́й**—*from early childhood on*

От молоды́х ногте́й Са́ша люби́л му́зыку. *Sasha has loved music from early childhood on.*

нож—*knife*

без ножа́ ре́зать (or **заре́зать**)—*get one into a fix; do someone in*

Арка́дий вложи́л де́ньги в фи́рму, и партнёр его́ без ножа́ заре́зал, присво́ив себе́ де́ньги. *Arkady invested money into the business. His partner expropriated it and thereby got Arkady into a fix.*

быть на ножа́х—*be at loggerheads; be bitterly at odds*

Мы поспо́рили и сейча́с на ножа́х. *We fell out with one another and now we are at loggerheads.*

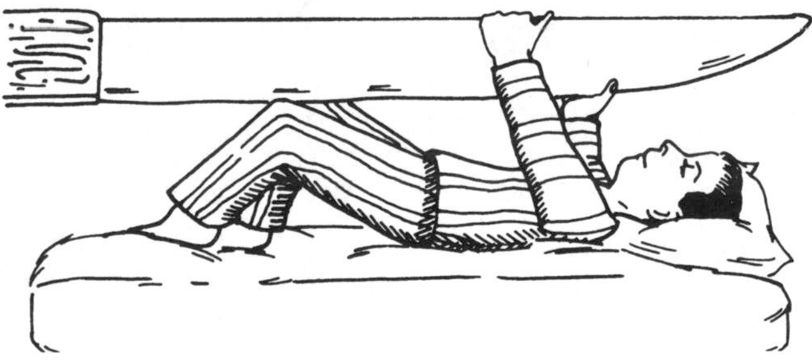

лечь под нож—*have an operation*

В го́спитале мне пришло́сь лечь под нож. *I had to have an operation in the hospital.*

ноль or **нуль**—*zero*

ноль без па́лочки—*a big zero; nobody; small fry*

Хотя́ мой нача́льник ду́мает высокó о себé, он ноль без па́лочки. *Although my boss thinks very highly of himself, he's actually a big zero.*

свести́ к нулю́—*to destroy; reduce to nothing*

Полити́ческие собы́тия свели́ на́ши пла́ны к нулю́. *The political events reduced our plans to nothing.*

стричь под ноль—*give someone a close-cropped haircut*

Парикма́хер стриг под ноль вóлосы Ива́на. *The barber gave Ivan a close-cropped haircut.*

нóмер—*number*

на оди́ннадцатом нóмере; оди́ннадцатым нóмером—*on one's own two feet*

Так как у меня́ автомоби́ля нет, я езжу́ на оди́ннадцатом нóмере. *Since I have no car I travel on my own two feet.*

нос—*nose*

води́ть за́ нос—*lead one down the garden path; make a fool of someone*

Пётр не замéтил, что егó вóдят за́ нос. *Peter didn't notice that he was made a fool of.*

вороти́ть нос; крути́ть нóсом—*sneeze at; turn one's nose up at something*

Что я Ната́ше не предлага́ю, она́ кру́тит нóсом. *Whatever I offer Natasha, she turns her nose up at it.*

держа́ть нос по вéтру—*know which way the wind is blowing*

Васи́лию при любóй вла́сти хорошó, потому́ что он умéет держа́ть нос по вéтру. *Vasily does well under any rule whatsoever—he knows which way the wind is blowing.*

корóче воробьи́ного нóса—*very short; very small*

Э́та истóрия корóче воробьи́ного нóса. *This is a very short story.*

на носу́—*close at hand; round the corner; face to face*

Её рóды на носу́. *Her time of delivery is close at hand.*

но́са не пока́зывать—*not to show up; be a no-show*

На собра́нии Ники́та но́са не пока́зывал. *Nikita was a no-show at the meeting.*

нос к но́су—*eyeball to eyeball*

Мы стоя́ли с враго́м нос к но́су. *We were facing the enemy eyeball to eyeball.*

нос не доро́с—*be wet behind the ears*

Ещё нос не доро́с у ма́льчика, а уже́ жени́ться хо́чет. *The boy is still wet behind the ears but he wants to get married already.*

нос с пу́говкой—*pug nose*

У де́вочки нос с пу́говкой. *The little girl has a pug nose.*

подня́ть нос—*put on airs*

По́сле побе́ды чемпио́н подня́л нос. *The champion put on airs after his victory.*

чу́ять но́сом—SEE: **ню́хом чу́ять** (or **чу́вствовать**)

но́та—*note*

всё прошло́ как по но́там—*everything went A-OK (*or *swimmingly* or *smoothly)*

На венча́нии всё прошло́ как по но́там. *Everything went A-OK at the wedding.*

говори́ть как по но́там—*talk a blue streak*

По-ру́сски А́нна говори́т как по но́там. *Anna can talk a blue streak in Russian.*

ночь—*night*

всю ночь напролёт—*all night long*

Всю ночь напролёт мы гуля́ли на берегу́ мо́ря. *We were walking by the seaside all night long.*

на́ ночь—*before going to bed*

На́ ночь я при́нял снотво́рную табле́тку. *I took a sleeping pill before going to bed.*

нюх—*smell*

ни за нюх табаку́; ни за поню́шку табаку́—*for nothing; senselessly; in vain*

Не ходи́ но́чью в парк, ина́че пропадёшь ни за поню́шку табаку́. *Don't walk in the park at night—otherwise you'll perish senselessly.*

ню́хом чу́ять (or **чу́вствовать); чу́ять но́сом**—*know (*or *realize) something instinctively*

При пе́рвой встре́че Васи́лий ню́хом почу́ял, что Пётр—нече́стный челове́к. *During their first encounter Vasily realized instinctively that Peter is a dishonest person.*

соба́чий нюх—*extraordinary nose for something; be able to sniff something out*

У не́которых полице́йских соба́чий нюх на престу́пников. *Some cops can sniff criminals out.*

О

обе́д—*dinner*

дома́шние обе́ды—*home-cooked meals*

В на́шем рестора́не продаю́тся дома́шние обе́ды. *Home-cooked meals are served in our restaurant.*

обе́дня—*mass*

испо́ртить (всю) обе́дню—*spoil someone's game; foil one's plot*

Заме́тив хи́трость продавца́, покупа́тель испо́ртил ему́ обе́дню. *The customer noticed the salesman's underhandedness and foiled his plot.*

оби́да—*insult*

не дать в оби́ду—*stand up for someone*

Мать не дала́ в оби́ду свои́х дете́й. *The mother stood up for her children.*

обиня́к

без обиняко́в—*in plain terms; without beating around the bush*

Ива́н всегда́ говори́т без обиняко́в. *Ivan always talks without beating around the bush.*

о́блако—*cloud*

быть (or **вита́ть) в облака́х; уноси́ться в облака́**—*be up in the clouds; be unrealistic; be a rainbow chaser*

Пётр ве́чно в облака́х. *Peter is always up in the clouds.*

(как) с облако́в—*like lightning out of the clear blue sky*

Я давно́ не слы́шал о Ма́ше, и вдруг она́ появи́лась как с облако́в. *I haven't heard about Masha for a long time, and suddenly she appeared like lightning out of the clear blue sky.*

о́бласть—*province; field*

отойти́ в о́бласть преда́ния (or **воспомина́ний)**—*be condemned to oblivion* (or *obscurity)*

И́мя а́втора э́тих стихо́в отошло́ в о́бласть преда́ния. *The name of the author of these poems has been condemned to obscurity.*

оборо́т—*turn; circulation*

пуска́ть де́ньги в оборо́т—*invest money*

Мой дя́дя—бога́тый фабрика́нт, но у него́ никогда́ нет де́нег, так как он пуска́ет их в оборо́т. *My uncle is a rich factory owner, but he never has any money because he keeps investing it.*

о́браз—*portrayal; kind*

каки́м о́бразом?—*how?*

Каки́м о́бразом вы попа́ли сюда́? *How did you ever get here?*

не́которым о́бразом—*to a certain degree; in a way; to a certain extent*

Ива́н не́которым о́бразом прав. *Ivan is right to a certain extent.*

никаки́м (or **нико́им) о́бразом**—*under no circumstances; by no means*

Никаки́м о́бразом я с ва́ми не согла́сен. *By no means do I agree with you.*

о́браз жи́зни—*way of life*

Мне о́чень нра́вится америка́нский о́браз жи́зни. *I am very pleased with the American way of life.*

потеря́ть (or **утра́тить) о́браз челове́ческий**—*drop out of the human race; behave like an animal*

От гне́ва Па́вел потеря́л о́браз челове́ческий. *In his anger Pavel behaved like an animal.*

таки́м о́бразом—*in that way; thus*

Он ве́рил в на́чатое де́ло и таки́м о́бразом дости́г це́ли. *He believed in the cause and thus he achieved his goal.*

обстоя́тельство—*circumstance*

гля́дя (or **смотря́) по обстоя́тельствам**—*according to the circumstances*

Поступа́й смотря́ по обстоя́тельствам. *Act according to the circumstances.*

о́бщий—*common*

в о́бщем (и це́лом)—*all in all; on the whole*

В о́бщем, наш разгово́р получи́лся прия́тный. *Our conversation was a pleasant one all in all.*

обя́занность—*duty*

как по обя́занности—*willy-nilly; reluctantly*

Он отвеча́л на мои́ вопро́сы, как по обя́занности. *He answered my questions willy-nilly.*

обыкнове́ние—*habit*

по обыкнове́нию—*as usual*

По обыкнове́нию мой дя́дя Ива́н встал ра́но. *As usual, my uncle Ivan got up early.*

овладе́ть—*take posssession*

овладе́ть собо́й—*get hold of oneself; pull oneself together*

Не ка́ждому дано́ овладе́ть собо́й в тру́дной ситуа́ции. *Not everyone can get hold of himself in a difficult situation.*

óвощ—*vegetables*

вся́кому óвощу своё врéмя—*there is a time to sow and a time to reap; everything in its own good time*

Зачéм торопи́ться с жени́тьбой? Вся́кому óвощу своё врéмя. *Why rush into marriage? Everything in its own good time.*

овчи́нка—*sheepskin*

овчи́нка вы́делки не стóит—*not to be worth the effort (*or *trouble)*

Ремонти́ровать такýю стáрую маши́ну—овчи́нка вы́делки не стóит. *It's not worth the effort to repair such an old car.*

оглашéние—*publication*

не подлежáть оглашéнию—*confidential*

«Э́ти фáкты не подлежáт оглашéнию»—стрóго сказáл адвокáт. *"These facts are confidential," the lawyer said severely.*

огонёк—*(small) light*

с огонькóм—*with zest*

В отли́чие от други́х, Михаи́л всегдá рабóтает с огонькóм. *Unlike others, Mikhail always works with zest.*

огóнь—*fire*

боя́ться когó **как огня́**—*be scared to death of someone*

Пáвел бои́тся Бори́са как огня́. *Pavel is scared to death of Boris.*

готóв пойти́ в огóнь и в вóду—*be ready to go through fire and water*

За свои́х детéй О́льга готóва пойти́ в огóнь и в вóду. *Olga is ready to go through fire and water for her kids.*

из огня́ да в пóлымя—*out of the frying pan into the fire*

В результáте своегó вторóго брáка Михаи́л попáл из огня́ да в пóлымя. *With his second marriage, Mikhail jumped out of the frying pan and into the fire.*

мéжду двýх огнéй—SEE: **быть** (or **находи́ться** or **попáсть**) **мéжду мóлотом и наковáльней**

пройти́ сквозь ого́нь и во́ду (и ме́дные тру́бы)—*go through thick and thin; go through fire and water; to have seen a lot; have been through a lot*

За свою́ жизнь стари́к прошёл сквозь ого́нь и во́ду. *The old man has been through a lot in his lifetime.*

огорче́ние—*grief*

к моему́ вели́кому огорче́нию—*much to my regret*

К моему́ вели́кому огорче́нию на́ша пое́здка не состоя́лась. *Much to my regret, our trip fell through.*

одёжка—*clothes*

по одёжке протя́гивай но́жки—*cut your coat to fit your cloth; live within one's means*

Я не дам тебе́ бо́льше взаймы́, а посове́тую: по одёжке протя́гивай но́жки. *I won't loan you any more money and suggest that you cut your coat to fit your cloth.*

оди́н—*one; alone*

(все) как оди́н—*to a man*

Все как оди́н ста́ли на защи́ту ро́дины. *They rose to their country's defense to a man.*

оди́н (вслед) за други́м—*single file; in a queue*

Мы вошли́ в дом оди́н за други́м. *We entered the house single file.*

оди́н на оди́н—*face to face; privately; one on one*

Он ча́сто говори́т со мно́й оди́н на оди́н о свои́х пробле́мах. *He often talks to me about his problems face to face.*

оди́н-оди́н; оди́н-одинёшенек—*all alone*

По́сле сме́рти жены́ стари́к оста́лся оди́н-одинёшенек. *After his wife's death the old man remained all alone.*

оди́н про Фому́, друго́й про Ерёму—*be at cross-purposes*

Оди́н про Фому́, друго́й про Ерёму—так они́ друг дру́га не понима́ли. *They couldn't understand one another as they kept being at cross-purposes.*

одно́ и то же—*same thing*

Одно́ и то же он повторя́л без конца́. *He kept repeating the same thing without end.*

ожида́ние—*waiting; expectation*

сверх вся́ких ожида́ний—*beyond all expectations*

Сверх вся́ких ожида́ний Ива́н получи́л золоту́ю меда́ль. *Ivan won a gold medal beyond all expectations.*

окруже́ние—*environment; surroundings*

в окруже́нии—*accompanied by; in the company of; together with someone*

Мы провели́ ве́чер в окруже́нии друзе́й. *We spent the evening in the company of our friends.*

о́пера—*opera*

из (совсе́м) друго́й о́перы; не из той о́перы—*that's a horse of another color; that's (quite) a different matter; sing a different tune*

Вчера́ мы договори́лись, а то, что вы сейча́с говори́те, совсе́м из друго́й о́перы. *We had agreed yesterday—and now you're singing quite a different tune!*

о́пыт—*experience*

нау́ченный го́рьким о́пытом—*learned the hard way*

Нау́ченный го́рьким о́пытом, Бори́с стара́лся не де́лать оши́бок. *Boris made an effort not to commit the same errors he learned to avoid the hard way.*

опя́ть—*again*

опя́ть два́дцать пять!—*the same thing over and over again*

Де́душка говори́т о войне́—опя́ть два́дцать пять! *Grandpa is talking about the war—the same thing over and over again.*

орёл—*eagle*

орёл или ре́шка?—*heads or tails?*

Подбро́сив моне́ту, Оле́г сказа́л: «Орёл или ре́шка?» *Oleg tossed the coin and cried, "Heads or tails?"*

оре́х—*nut*

бу́дет (or **доста́нется**) **на оре́хи**—*be called on the carpet; be dragged over the coals*

Е́сли оте́ц узна́ет о мое́й прока́зе, бу́дет мне на оре́хи. *When Dad finds out about my mischief, I'll be called on the carpet.*

оре́шек (or **оре́х**) **не по зуба́м**—*hard nut to crack*

Э́та рабо́та оказа́лась для Ива́на оре́шком не по зуба́м. *This job seemed a hard nut to crack for Ivan.*

осёл—*donkey; ass*

как осёл упрётся—SEE: **как бара́н упрётся**

о́сень—*autumn; fall*

глубо́кая о́сень—*late fall*

Глубо́кой о́сенью пого́да обы́чно прохла́дная. *The weather is usually cool in the late fall.*

оско́мина—*nausea*

наби́ть оско́мину—*be fed up with*

Свои́ми расска́зами Па́вел наби́л нам оско́мину. *We were fed up with Pavel's stories.*

основа́ние—*basis*

до основа́ния—*1. entirely 2. to the bottom of one's soul; deep down where it really counts*

1. До основа́ния мы уничто́жили врага́. *We wiped out the enemy entirely.*
2. Изве́стие потрясло́ его́ до основа́ния. *The events shook him to the bottom of his soul.*

на основа́нии—*on the grounds; according to*

Правосу́дие ведётся вообще́ на основа́нии зако́нов. *In general, justice is supposed to be handed down according to the law.*

с по́лным основа́нием—*with good reason; have a good reason to do something*

Он затро́нул вопро́с с по́лным основа́нием. *He had a good reason to bring up the issue.*

основно́й—*basic*

в основно́м—*basically; by and large; mainly; on the whole*

В основно́м я с ним согла́сна. *On the whole I agree with him.*

осо́ба—*person*

свое́й (со́бственной) осо́бой—*in person*

Он предста́л пе́ред судо́м свое́й со́бственной осо́бой. *He showed up in court in person.*

остава́ться—*remain; stay*

счастли́во остава́ться!—*take care!; good luck!*

При проща́нии Михаи́л сказа́л: «Счастли́во остава́ться!» *"Take care!" Mikhail said in parting.*

остано́вка—*stop; stoppage*

остано́вка за кем-ли́бо; чем-ли́бо—*nothing holds back one but...*

Я бы охо́тно пересели́лся в Австра́лию, но остано́вка за рабо́той. *I would gladly move to Australia—nothing holds me back but my job.*

остро́та—*sharpness; witticism*

отпуска́ть (or **сы́пать**) **остро́ты**—*crack jokes*

На вечери́нке мы отпуска́ли остро́ты. *We were cracking jokes during the evening party.*

уда́чная остро́та—*good joke*

Уда́чная остро́та развесели́ла нас. *We were cheered up by a good joke.*

отбо́й—*retreat*

отбо́ю (or **отбо́я**) **нет**—*there's no end to something*

А́нна така́я краси́вая, что отбо́я нет от женихо́в. *Anna is so beautiful that there's no end to the suitors.*

отве́т—*answer*

(быть) в отве́те; держа́ть отве́т—*be responsible; answer for something*

Ка́ждый до́лжен держа́ть отве́т за свои́ посту́пки. *Everyone has to be responsible for his/her own actions.*

ни отве́та ни приве́та—*there is no word from anybody*

Погости́в у нас, друзья́ уе́хали—и ни отве́та ни приве́та. *After staying with us as our guests, our friends left and there is no word from them.*

ответственность—*responsibility*

под ответственность—*let it be one's responsibility; one will answer for something*

Дайте Николаю ключи под мою ответственность. *Give Nikolay the keys, I'll answer for them.*

отвод—*leading; taking*

для отвода глаз—*in order to divert attention*

Для отвода глаз у Бориса была фирма, но в основном он занимался контрабандой. *Boris had a firm as a front, but in reality he was a smuggler.*

отказ—*refusal*

без отказа—*run smoothly* (or *perfectly*)

Мои новые часы работают без отказа. *My new watch runs perfectly.*

до отказа—*to capacity; to the bursting point*

Стадион был полон, народу было до отказа. *The stadium was filled with people to the bursting point.*

отказать—*refuse*

нельзя отказать в чём-либо—*you can't deny something*

Ивану нельзя отказать в природном таланте. *There's no denying that Ivan is talented.*

отказать наотрез—*refuse point-blank*

Пётр не хотел работать со мной и отказался наотрез от моего предложения. *Peter didn't want to work with me and so refused my proposal point-blank.*

отношение—*attitude; respect*

в некотором отношении—*in a way*; *in a certain respect*

В некотором отношении Игорь был прав. *Igor was right in a certain respect.*

халатное отношение—*carelessness*

Хала́тное отноше́ние к рабо́те нетерпи́мо. *Carelessness is not tolerated at work.*

оторва́ть—*tear off*

оторва́ть от себя́ (or **от се́рдца**)—*deprive oneself of something; forego something; tear off; tear away*

«От себя́ отрыва́ю!»—сказа́л Никола́й и протяну́л дру́гу после́днюю сигаре́ту. *"I'll forego this one," Nikolay said and handed his last cigarette to his friend.*

отста́вка—*dismissal, resignation*

дава́ть отста́вку—*give the axe; break up with someone*

За неде́лю до сва́дьбы Ле́на дала́ отста́вку своему́ жениху́. *One week before the wedding Lena gave her fiancé the axe.*

получа́ть отста́вку—*get the axe; get dumped*

Серге́й получи́л отста́вку от свое́й неве́сты за неве́рность. *Sergey was given the axe by his fiancée because of his infidelity.*

отсу́тствие—*absence*

блиста́ть свои́м отсу́тствием—*be conspicuous by one's absence*

Зна́я, что его́ бу́дут критикова́ть, Са́ша блиста́л свои́м отсу́тствием на собра́нии. *Knowing he would be criticized, Sasha was conspicuous by his absence from the meeting.*

отчего́—*why*

отчего́ да почему́—*whys and wherefores*

По́сле несча́стного слу́чая мы задава́ли вопро́сы отчего́ да почему́. *We asked a lot of whys and wherefores after the accident.*

отчего́-то—*for some reason or (an)other*

Отчего́-то сего́дня Ири́на не в настрое́нии. *For some reason or another, Irina is in a bad mood today.*

отчёт—*account*

отдава́ть себе́ отчёт—*realize*

Ма́льчик укра́л велосипе́д, но бы́ло я́сно, что он так и не отдава́л себе́ отчёта в том, что сде́лал. *The little boy stole the bicycle, but it was evident that he didn't realize what he had done.*

охо́та—*desire; inclination*

отби́ть охо́ту—*discourage*

Авиацио́нная катастро́фа отби́ла у меня́ охо́ту лета́ть. *The air crash discouraged me from flying.*

охо́та пу́ще нево́ли—*work isn't hard if you enjoy it.*

Меня́ всегда́ удивля́ет, как мо́жет Оле́г выполня́ть таку́ю тяжёлую рабо́ту с огонько́м. Очеви́дно, охо́та пу́ще нево́ли. *I was always surprised how Oleg can do such heavy work enthusiastically—evidently work isn't hard if you enjoy it.*

что за охо́та?—*what's the use of something*

Что за охо́та гуля́ть под дождём? *What's the use of walking in the rain?*

о́чередь—*line; turn*

в свою́ о́чередь—*in due course*

В свою́ о́чередь Бори́с подари́л А́нне обруча́льное кольцо́. *Boris gave Anna an engagement ring in due course.*

стоя́ть на о́череди—*be on the waiting list*

Эмигра́нты стоя́ли на о́череди на получе́ние субсиди́рованной кварти́ры. *The immigrants were on the waiting list for subsidized apartments.*

очи́стка; очище́ние—*cleaning*

для очи́стки (or **очище́ния) со́вести**—*for conscience's sake; to set one's mind at ease*

Для очи́стки со́вести я переда́л на́йденную су́мму в поли́цию. *For conscience's sake, I handed over the money I found to the police.*

очки́—*glasses*

втира́ть очки́—*pull the wool over one's eyes*

Свои́ми обеща́ниями Пётр втира́л мне очки́. *Peter pulled the wool over my eyes with his promises.*

смотре́ть сквозь ро́зовые очки́—*see* (or *look) through rose-colored glasses*

Ма́ша смотре́ла на жизнь сквозь ро́зовые очки́. *Masha was looking at life through rose-colored glasses.*

очко́—*point*

дава́ть де́сять очко́в вперёд—*outdo someone a great deal; beat someone by a mile*

Чемпио́н дал де́сять очко́в вперёд остальны́м шахмати́стам. *The champion beat the other chess players by a mile.*

П

па́ва—*peahen (*female of the peacock*)*

ни па́ва, ни воро́на—*neither fish nor fowl*

Как врач Бори́с сла́бый, как поэ́т он нентала́нтлив—получа́ется ни па́ва, ни воро́на. *As a doctor Boris is poor; as a poet he's got no talent—it follows that he is neither fish nor fowl.*

пай—*share*

на пая́х—*on an equal footing; going shares*

Партнёры дели́ли при́быль фи́рмы на ра́вных пая́х. *The partners in the firm divided up the profits on an equal footing.*

па́лец—*finger*

вы́сосать из па́льца—*fabricate; dream* (or *make) something up*

Ле́на ча́сто выса́сывает исто́рии из па́льца, что́бы очерни́ть други́х. *Lena often makes up stories in order to denigrate others.*

гляде́ть (or **смотре́ть) сквозь па́льцы**—*turn a blind eye*
Ива́н смотре́л сквозь па́льцы на пробле́мы други́х. *Ivan turned a blind eye to the problems of others.*

зна́ть как свой пять па́льцев—*know like the palm of one's hand*
Бори́с го́род знал как свой пять па́льцев. *Boris knew the town like the palm of his hand.*

па́лец о па́лец не уда́рить; па́льцем не шевельну́ть; па́льца не разогну́ть—*not to stir (*or *lift) a finger*
Пётр па́лец о па́лец не уда́рил, что́бы оказа́ть по́мощь. *Peter didn't lift a finger to help.*

па́лец в рот не клади́—*watch your step with someone; be careful with someone*
Нача́льнику па́лец в рот не клади́. *Watch your step with the boss!*

попа́сть па́льцем в не́бо—*be way off the mark; miss the point by a mile*
«Где нахо́дится о́стров Гава́йи?»—«В А́фрике, коне́чно!»—«Попа́л па́льцем в не́бо!» *"Where are the Hawaiian islands?"—"Surely, in Africa."—"You're way off the mark!"*

па́лка—*stick*

вставля́ть па́лки в колёса—*put a spoke in the wheel; hinder someone* or *something*

Нача́льник ненави́дел Петра́ и всегда́ вставля́л ему́ па́лки в колёса. *Peter's boss hated him and he always put a spoke in his wheel.*

па́лка о двух конца́х—*double-edged sword*

Не́нависть—э́то па́лка о двух конца́х. *Hatred is a double-edged sword.*

перегиба́ть па́лку—*go too far*

Свои́ми тре́бованиями Ива́н перегиба́л па́лку, за что и поплати́лся. *Ivan went too far with his demands and so he had to pay for it.*

па́мять—*memory*

ве́чная па́мять—*may one's memory live forever*

Ве́чная па́мять геро́ям! *Eternal memory to the heroes!*

вы́лететь (or **вы́скочить) из па́мяти**—*slip one's memory*

Фами́лия э́того челове́ка вы́скочила у меня́ из па́мяти. *The surname of this man slipped my memory.*

де́вичья (or **кури́ная) па́мять**—*bad* (or *poor) memory*

У меня́ де́вичья па́мять. *I've got a poor memory.*

говори́ть по па́мяти; знать на па́мять—*recite* (or *know) by heart*

Актёр зна́ет на па́мять всего́ «Евге́ния Оне́гина.» *The actor can recite all of "Evgeny Onegin" by heart.*

заруби́ть в па́мяти—*memorize well; commit to memory thoroughly*

Я заруби́л в па́мяти са́мые ва́жные номера́ телефо́нов. *I memorized the most important telephone numbers.*

люби́ть без па́мяти—*be head over heels in love; be crazy about one*

Молодожёны люби́ли друг дру́га без па́мяти. *The newlyweds were head over heels in love with one another.*

на па́мять—*remember by something*

О́льга подари́ла мне на па́мять свою́ фотогра́фию. *Olga gave me a picture of herself to remember her by.*

по ста́рой па́мяти—*for old times' sake*

Проходя́ ми́мо витри́ны, по ста́рой па́мяти я посмотре́л игру́шечную желе́зную доро́гу. *Passing by I looked at the toy trains in the shop window for old times' sake.*

пан—*Polish landowner; gentleman*

ли́бо пан, ли́бо пропа́л; пан и́ли пропа́л—*all or nothing*

Когда́ И́горь взя́лся за сомни́тельное де́ло, он сказа́л: «Пан и́ли пропа́л». *When Igor started a dubious business, he said, "It's all or nothing!"*

пар—*steam*

на всех пара́х—*at full* (or *top*) *speed; at full steam*

У нас рабо́та идёт на всех пара́х. *Our work is progressing at full speed.*

па́ра—*pair*

па́ра пустяко́в—*a mere trifle; kid's play*

То, что мне тру́дно, друго́му мо́жет быть па́ра пустяко́в. *Things that are hard for me can be kid's play for someone else.*

педа́ль—*pedal*

нажима́ть на все педа́ли—*pull out all the stops; do one's utmost*

Ники́та нажима́л на все педа́ли, что́бы доби́ться це́ли. *Nikita pulled out all the stops in order to meet his objective.*

пелена́—*shroud*

как бы (or **сло́вно** or **то́чно) пелена́ с глаз упа́ла**—*scales fell from one's eyes*

Когда́ я узна́л от О́льги пра́вду, у меня́ то́чно пелена́ с глаз упа́ла. *The scales fell from my eyes when I learned the truth from Olga.*

пéна—*foam; spume*

докáзывать с пéной у рта—*argue* (or *insist on*) *furiously* (or *very aggressively*)

Йгорь докáзывал своió правотý с пéной у рта. *Igor was insisting on being right very aggressively.*

пéрвый—*first*

пéрвый и послéдний—*the only one*

Мой брат Пáвел для меня́ пéрвый и послéдний рóдственник. *My brother Pavel is my only relative.*

пéрво-нáперво—*first of all*

Приéхав в гóрод, мы пéрво-нáперво стáли искáть гости́ницу. *When we hit town, first of all we looked for a hotel.*

перевóд—*translation; transfer*

нет перевóда (or **перевóду**)—*there's no end to something*

Скóлько рабóты мы ни дéлаем, ей нет перевóда. *We keep working all the time, yet there's no end to it.*

перекрёсток—*cross-road; crossing*

кричáть на всех перекрёстках; кричáть на вся́ком перекрёстке—*cry from the rooftops; divulge*

Йгорь кричáл на всех перекрёстках о свои́х успéхах. *Igor was crying from the rooftops about his successes.*

переплёт—*binding*

попáсть в переплёт—*get into a tight corner; get into a scrape*

Йз-за своéй лжи он попáл в переплёт. *He got into a tight corner because of his own lie.*

пéрец—*pepper*

задавáть пéрцу—*give it someone hot; bawl someone out; let one have it*

Когдá Пáвел серди́тый, он задаёт всем пéрцу. *When Pavel is mad, he lets everyone have it.*

перó—*pen; feather*

вы́йти и́з-под перá—*be written by*

Ромáн «Войнá и мир» вы́шел и́з-под перá Толстóго. *The novel* War and Peace *was written by Tolstoy.*

ряди́ться в чужи́е пéрья—*adorn oneself with borrowed feathers*

Варвáра самá ничегó не умéет, а ряди́тся в чужи́е пéрья. *Barbara doesn't know anything—she merely adorns herself with borrowed feathers.*

персóна—*person*

сóбственной персóной—SEE: **своéй (сóбственной) осóбой**

пéсенка—*song*

пéсенка спéта—*one's goose is cooked; one is done for*

Егó разоблачи́ли, егó пéсенка спéта. *He got exposed—his goose is cooked.*

пéсня—*song*

дли́нная (or **дóлгая**) **пéсня**—*long story*

О моéй жи́зни я расскажу́ потóм. Э́то дóлгая пéсня. *I'll talk about my life later—it's a long story.*

пéтля—*noose; buttonhole*

засу́нуть гóлову в пéтлю; лезть в пéтлю—*put one's neck into the noose; take risks*

Проси́вшись на передову́ю, мнóгие молоды́е солдáты добровóльно лéзли в пéтлю. *By asking to be sent to a forward position, many young soldiers voluntarily put their heads into the noose.*

надéть пéтлю на шéю—*hang a millstone around one's neck; carry an unwanted burden*

Приня́ть иждивéнца—знáчит надéть пéтлю себé на шéю. *To take in an unemployed man as a dependent is like hanging a millstone around one's neck.*

петýх—*rooster*

вставáть с петухáми—*rise with the chickens*

У Ивáна привы́чка вставáть с петухáми. *Ivan habitually rises with the chickens.*

до петухóв—*till the crack of dawn*

Мы рабóтали до петухóв. *We kept on working till the crack of dawn.*

от петухóв до петухóв—*around the clock*

Пожáрники рабóтали от петухóв до петухóв, чтóбы потуши́ть огóнь. *The firefighters worked around the clock to put out the fire.*

пусти́ть крáсного петухá—*set fire; commit arson*

Пáвел грози́лся пусти́ть крáсного петухá и уничтóжить моё предприя́тие. *Pavel threatened to destroy my business with arson.*

пусти́ть петухá—*let out a squeak (*on a high note*)*

Вчерá на концéрте сопрáно пусти́ла петухá на высóкой нóте. *During yesterday's concert the soprano let out a squeak on a high note.*

печáль—*grief; sorrow*

(вот) нé было печáли!—*That's all we needed!*

Вот нé было печáли! А тут дом сгорéл. *That's all we needed—now even the house has burned down.*

не твоя́ печáль!—*mind your own business; it isn't your concern* (or *business)*

Не твоя́ печáль занимáться моúми проблéмами. *Dealing with my problems isn't your concern.*

печáть—*press*

вы́йти из печáти—*appear in print; be published*

Моя́ пéрвая кни́га скóро вы́йдет из печáти. *My first book will soon be published.*

попáсть в печáть—*be mentioned in newspapers*

Свéдения о развóде извéстной актри́сы попáли и в печáть. *The news about the famous actress's divorce was mentioned even in the newspapers.*

пéчка—*stove*

пéчки—лáвочки—*this and that*

«О чём вы разговáривали весь вéчер?»—«Ни о чём, так—пéчки—лáвочки.» *"What were you talking about all night long?"—"This and that."*

писáть—*write*

не про когó-ли́бо пи́сано—*be way above one's head*

Изучи́ть япóнский язы́к не про меня́ напи́сано. *Learning Japanese is way above my head.*

пиши́ пропáло—*it's as good as lost; you can kiss it good-bye*

Одолжи́ Петру́ дéньги—пиши́ пропáло. *Lend Peter some money, and you can kiss it good-bye.*

пить—*drink*

как пить дать—*as sure as you're born*

Он снóва потеря́ет зóнтик, как пить дать. *He'll lose his umbrella again as sure as you're born.*

пла́стырь—*plaster*

прилипа́ть (or **пристава́ть) как пла́стырь**—SEE: **приста́ть** (or **привяза́ться) как ба́нный лист**

платфо́рма—*platform*

стоя́ть на платфо́рме—*be a supporter*

Ива́н стои́т на платфо́рме демокра́тии. *Ivan is a supporter of democracy.*

плева́ть—*spit*

плева́ть на всё—*not to give a damn; not to care a bit* (or *hoot)*

Мне плева́ть на всё, что лю́ди обо мне ду́мают. *I don't give a damn what people think of me.*

плечо́—*shoulder*

выноси́ть на свои́х плеча́х—*bear the responsibility* (or *burden) all alone*

По́сле сме́рти отца́ ста́рший брат вы́нес на свои́х плеча́х все забо́ты о семье́. *After the father's death the older brother bore the entire family burden.*

по плечу́—*be equal to a task*

Э́та зада́ча Бори́су не по плечу́. *Boris isn't equal to this task.*

сбро́сить (or **сложи́ть) с плеч (доло́й)**—*get rid of something*

Вы́платив за дом всю су́мму, Па́вел сбро́сил с плеч долги́. *Pavel got rid of his debts after paying up the loan on the house.*

с чужо́го плеча́—*hand-me-downs; used clothing; secondhand*

Костю́м Бори́су не по разме́ру, очеви́дно с чужо́го плеча́. *Boris's suit doesn't fit him—it's obviously a hand-me-down.*

плоть—*flesh*

войти́ в плоть и кровь—*become second nature; get it in one's bones*

Привы́чка чита́ть газе́ту за за́втраком вошла́ в его́ плоть и кровь. *It became his second nature to read the newspaper while having his breakfast.*

плю́нуть—*spit*

раз плю́нуть—*child's play; be a cinch; be a piece of cake for someone*

Така́я зада́ча Ива́ну раз плю́нуть. *A task like that is a piece of cake for Ivan.*

побо́ище—*slaughter; bloody battle*

заводи́ть мама́ево побо́ище—*stage a big quarrel; have a major falling out*

И́з-за распределе́ния насле́дства семья́ завела́ мама́ево побо́ище. *The family had a major falling out because of the dividing up of the inheritance.*

поворо́т—*bend*

ле́гче на поворо́тах!—*watch your step! Hold your horses!*

Никола́й стал груби́ть, и я был вы́нужден сказа́ть ему́: «Поле́гче на поворо́тах!» *When Nikolay started to get rude, I had to tell him: "Hold your horses!"*

поговори́ть—*talk*

поговори́ть начистоту́—*speak one's mind; openly; without equivocation*

О́льга предложи́ла сы́ну-подро́стку поговори́ть начистоту́. *Olga advised her adolescent son to speak his mind.*

пого́да—*weather*

кака́я бы ни была́ пого́да—*rain or shine*

Кака́я бы ни была́ пого́да, на рабо́ту нельзя́ опа́здывать. *Rain or shine, you mustn't be late for work.*

поде́лать—*do; make; act*

ничего́ не поде́лаешь—*there's nothing to be done about something; it just can't be helped*

Мой оте́ц умира́ет от ра́ка, и ничего́ не поде́лаешь. *My father is dying of cancer, and there's nothing to be done about it.*

поделóм

поделóм ему!—*it serves him right!*

Па́вла посади́ли за воровствó, и поделóм ему́! *Pavel was sent to jail for stealing—serves him right!*

подма́зать—*grease*

не подма́жешь—не поéдешь—*wheels don't run without oil*

Чтóбы поступи́ть в университе́т в Росси́и, ну́жно дать взя́тку. «Не подма́жешь—не поéдешь»—говоря́т лю́ди. *In order to get admitted to the university in Russia you have to grease someone's palm. "Wheels don't run without oil," people say.*

подмётка—*sole*

в подмётки не годи́ться—*cannot hold a candle to; not to be fit to lick one's boots*

Ири́на постоя́нно критику́ет ва́шу жену́, хотя́ она́ ей и в подмётки не годи́тся. *Irina constantly criticizes your wife, although she can't hold a candle to her.*

подóбный—*similar; like*

и тому́ подóбное (и т.п.)—*and the like; and so on; etc.*

Во вре́мя разговóра Óльга ча́сто повторя́ла: «И тому́ подóбное, и тому́ подóбное.» *During our talk Olga kept repeating "and the like, and the like."*

ничегó подóбного!—*no way! under no circumstances; absolutely not*

Заплати́ть миллиóн дóлларов за э́тот ста́рый дом? Ничегó подóбного! *To pay a million dollars for this old house? No way!*

пожа́р—*fire*

не на пожа́р—*there's no hurry; not to be urgent; there is no one chasing after you*

Почему́ ты так бы́стро идёшь? Не на пожа́р же ведь! *Why are you in such a hurry—there is no one chasing after you.*

пожива́ть—*get on*

поживём—уви́дим—*time will tell (*or *show)*

А как бу́дет да́льше—никто́ не зна́ет. Поживём—уви́дим. *How it will be later on, nobody knows, but time will tell.*

позволе́ние—*permission*

с позволе́ния сказа́ть—*if I may say so*

С позволе́ния сказа́ть, я ва́шей рабо́той не о́чень дово́лен. *I'm not too pleased with your work, if I may say so.*

поздравля́ть—*congratulate*

с чем вас и поздравля́ю—*congratulations!* (ironically)

«Предста́вьте себе́, за превыше́ние ско́рости на доро́ге мне присла́ли штраф на две́сти до́лларов.» Васи́лий улыбну́лся и сказа́л: «Ну, Алексе́й, с чем вас и поздравля́ю!» *"Imagine, I got a $200 ticket for speeding." Vasily smiled and said, "Well, Aleksey, congratulations!"*

пои́ть—*give to drink*

пои́ть и корми́ть—*support someone; feed and keep someone*

Когда́ А́нна прие́хала в Аме́рику, поначáлу ро́дственники её пои́ли и корми́ли. *When Anna arrived in the States, she was supported by her relatives at the beginning.*

пойти́—*go; leave*

е́сли (уж) на то пошло́; ко́ли на то пошло́—*speaking of something; since we are on the subject*

Е́сли уж на то пошло́, что ты жени́лся, то будь сча́стлив. *Since we are on the subject of your having gotten married, I wish you happiness.*

так не пойдёт!—*it won't do* (or *work)!*

«Так не пойдёт, ты меня́ не обма́нешь»—сказа́л нача́льник но́вому рабо́чему. *"This won't do—you can't cheat me!" the boss said to the new employee.*

поко́й—*rest; peace*

оста́вить в поко́е—*leave* (or *let) alone*

«Уходи́! Оста́вь меня́ в поко́е!»—сказа́л Ива́н серди́то. *"Get lost! Leave me alone!" Ivan said angrily.*

на поко́й—*time to turn in*

«Ребя́та, уже́ по́здно, пора́ на поко́й!»—сказа́л оте́ц. *"Kids, it's getting late... Time to turn in!" the father said.*

покори́тель—*subjugator*

покори́тель серде́ц—*lady-killer*

Молодо́й актёр был покори́телем серде́ц. *The young actor was a lady-killer.*

пола́—*skirt; flap*

продава́ть и́з-под полы́—*sell on the black market; sell under the counter*

Нарко́тики продаю́тся и́з-под полы́. *Drugs are sold on the black market.*

по́ле—*field; ground*

одного́ (or **своего́) по́ля я́года**—*be kindred spirits* (or *souls); be birds of a feather*

Вы с прия́телем—одного́ по́ля я́года. *You and your boyfriend are kindred spirits.*

па́вший на по́ле би́твы—*killed in action*

На пло́щади откры́ли па́мятник солда́там, па́вшим на по́ле би́твы. *They unveiled a memorial for the soldiers who were killed in action.*

полёт—*flight*

с пти́чьего полёта—*from a bird's-eye view*

Со 103-го этажа́ го́род ви́ден с пти́чьего полёта. *You can see the city from a bird's-eye view from the 103rd floor.*

полнота́—*plenitude; completeness*

от полноты́ се́рдца (or **души́**)—*with great love; with lots of affection*

Меня́ друзья́ поздравля́ли с днём рожде́ния от полноты́ се́рдца. *My friends congratulated me with great love on my birthday.*

по́лный—*full*

полны́м-полно́—*filled up to the bursting point*

Полны́м-полно́ бы́ло наро́ду на стадио́не. *The stadium was filled with people to the bursting point.*

положе́ние—*situation; condition*

быть в положе́нии—*be an expectant mother; be with child*

До́ктор сообщи́л, что моя́ жена́ в положе́нии. *The doctor informed us that my wife is expecting.*

войти́ в положе́ние—*put oneself in someone's shoes*

Зна́я мою́ фина́нсовую пробле́му, О́льга вошла́ в моё положе́ние, и дала́ мне сто до́лларов взаймы́. *Knowing my financial problems, Olga put herself in my shoes and loaned me $100.*

обще́ственное положе́ние—*walk of life; social standing*

В демонстра́ции принима́ли уча́стие лю́ди ра́зного обще́ственного положе́ния. *People of all walks of life participated in the demonstration.*

пи́ковое положе́ние—*a tight spot; dire straits; a pickle*

Когда́ ко́нчатся де́ньги, мы ока́жемся в пи́ковом положе́нии. *We'll be in a tight spot when our money runs out.*

положе́ние веще́й—*the lay of the land; state of affairs*

Как мы ни стара́лись, а положе́ние веще́й не измени́лось. *No matter how hard we tried, the state of our affairs didn't change.*

полусло́во or **полсло́ва**—*half of a word*

замолча́ть (or **останови́ться) на полусло́ве**—*stop in the middle of a sentence*

На допро́се Па́вел замолча́л на полусло́ве. *When Pavel was interrogated, he stopped in the middle of a sentence.*

мо́жно вас на полсло́ва?—*may I have a word with you?*

Ива́н подошёл ко мне и спроси́л: «Мо́жно вас на полсло́ва?» *Ivan came up to me and asked, "May I have a word with you?"*

оборва́ть на полусло́ве—*cut someone short*

Неве́жливо обрыва́ть на полусло́ве. *It's impolite to cut someone short.*

помо́и—*slop*

облива́ть помо́ями—*sling (*or *fling) mud at someone; besmirch one's reputation*

Во вре́мя разво́да Пётр и Ири́на облива́ли друг дру́га помо́ями. *At the time of their divorce, Peter and Irina were slinging mud at one another.*

понима́ние—*understanding; comprehension*

вы́ше понима́ния—*beyond one's grasp*

«Астроно́мия вы́ше моего́ понима́ния»—сказа́л учи́тель физкульту́ры. *"Astronomy is beyond my grasp," said the physical education teacher.*

понима́ть—*understand*

(вот) э́то я понима́ю!—*that's great!; you cannot beat that!; that's really something!*

Андре́й из горя́щего до́ма вы́нес ребёнка. Вот э́то я понима́ю! *Andrey rescued a child from inside the burning house. You can't beat that!*

пописа́ть—*write*

ничего́ не попи́шешь—*it can't be helped; there is nothing one can do about it*

Ничего́ не попи́шешь, жизнь о́чень тяжёлая. *Life is very hard; it can't be helped.*

попы́тка—*attempt*

попы́тка не пы́тка—*nothing ventured, nothing gained*

Дава́й ку́пим а́кции! Попы́тка не пы́тка. *Let's buy some shares! Nothing ventured, nothing gained!*

попя́тный—*backward*

пойти́ на попя́тный—*go back on one's word*

Хотя́ И́горь обеща́л жени́ться на Ле́не, он пошёл на попя́тный и эмигри́ровал в Аме́рику. *Although Igor promised to marry Lena, he went back on his word and emigrated to the States.*

пора́—*time*

в (са́мую) по́ру; как раз в по́ру—*just in time; at just the right time; the perfect moment*

Он прие́хал в по́ру сбо́ра урожа́я. *He arrived just in time for the harvest.*

давно́ пора́—*it's high time*

Де́ти, вам давно́ пора́ на бокову́ю. *Come on kids, it's high time you went to bed.*

до поры́ до вре́мени—*1. for the time being 2. up to a certain time; for a while; for a time*

1. До поры́ до вре́мени мы прожива́ем в э́том го́роде. *For the time being, we'll stay and live in this town.*
2. До поры́ до вре́мени я терплю́ мою́ рабо́ту. *I'll put up with my job for a while.*

мне пора́—*I have got to go*

По́сле обе́да Ники́та встал и сказа́л: «Мне пора́.» *After dinner Nikita stood up and said, "I've got to go."*

на пе́рвых пора́х—*at the beginning; at first*

На пе́рвых пора́х поживи́ у нас, пото́м бу́дет ви́дно. *Stay with us at the beginning—later we'll see what happens.*

с да́вних пор—*for ages; for a long time*
С да́вних пор мы друзья́. *We've been friends for ages.*

с тех пор не ма́ло воды́ утекло́—*since then a lot of water has flowed under the bridge*
Де́тство мы провели вме́сте, но с тех пор не ма́ло воды утекло́. *We spent our childhood together, but since then a lot of water has flowed under the bridge.*

поро́г—*threshold*
быть на поро́ге—*be coming very soon; be around the corner; be very close*
Весна́ уже́ на поро́ге. *Spring is coming very soon.*

по́рох—*gunpowder*
не хвата́ет по́роха (or **по́роху**)—*lack strength* (or *stamina* or *guts); be too weak for something*
У стари́ка не хвата́ет по́роха для физи́ческой рабо́ты. *The old man is too weak for physical work.*

па́хнуть по́рохом—*there's a threat of war in the air*
В на́шей стране́ бе́шеное вооруже́ние—па́хнет по́рохом. *There is a feverish arms race going on in our country—there's a threat of war in the air.*

поря́док—*order; arrangement; setup*
быть в поря́дке веще́й—*be quite natural; be a matter of course*
Я тебе́ помога́ю, э́то в поря́дке веще́й. *I'll help you—that's a matter of course.*

в пожа́рном поря́дке—*in great haste; posthaste*
Из-за бомбёжки мы уе́хали из го́рода в пожа́рном поря́дке. *We left the city because of the bombardments posthaste.*

в поря́дке живо́й о́череди—*first come first served*

В биле́тной ка́ссе обслу́живание в поря́дке живо́й о́череди. *Service at the ticket office is on a first-come-first-served basis.*

в ча́стном поря́дке—*on the sly* (or *quiet); on the QT*

Контра́кт мы заключи́ли в ча́стном поря́дке. *We concluded the contract on the quiet.*

идти́ свои́м поря́дком—*take it's normal course*

По́сле о́тпуска на́ша жизнь идёт свои́м поря́дком. *Our life will take it's normal course after our vacation.*

ну и поря́дки!—*what a mess!*

Никто́ ничего́ не зна́ет—ну и поря́дки! *What a mess! Nobody knows anything!*

приводи́ть себя́ в поря́док—*clean* (or *tidy) oneself up*

По́сле рабо́ты А́нна приводи́ла себя́ в поря́док. *Anna got all tidied up after work.*

пост—*position; duty*

стоя́ть на своём посту́—*perform one's duties*

Он всегда́ добросо́вестно стоя́л на своём посту́. *He always performed his duties conscientiously.*

пот—*perspiration, sweat*

рабо́тать до седьмо́го (or **крова́вого) по́та**—*work to the point of collapse*

Для благополу́чия семьи́ оте́ц рабо́тал до седьмо́го по́та—*The father worked to the point of collapse for the sake of the family's well-being.*

потоло́к—*ceiling*

брать с потолка́—*spin a yarn out of thin air; make something up*

Ему́ нельзя́ ве́рить, он всё берёт с потолка́. *You can't believe him—he makes everything up.*

пото́п—*deluge*

по́сле нас хоть пото́п—*all hell can break loose; "après moi le déluge"*

Мы своё сде́лали, а по́сле нас хоть пото́п. *We've done all we could—so let all hell break loose!*

потроха́—*bowels; entrails*

со все́ми потроха́ми—*lock, stock and barrel*

Бори́с про́дал свою́ фи́рму со все́ми потроха́ми. *Boris sold his firm, lock, stock and barrel.*

поцелу́й—*kiss*

посыла́ть возду́шный поцелу́й—*blow* (or *throw*) *a kiss to someone*

Уходя́, он посла́л мне возду́шный поцелу́й. *He threw me a kiss as he left.*

по́чва—*soil; ground*

зонди́ровать по́чву—*test the ground; see how the land lies*

Пре́жде всего́ нам придётся зонди́ровать по́чву, а пото́м реша́ть, что де́лать. *First we have to see how the land lies, and then we'll decide what to do next.*

подгото́вить по́чву—*pave the way for something; lay the ground for something*

Недово́льство наро́да подгото́вило по́чву для револю́ции. *The people's dissatisfaction paved the way to the revolution.*

по́чва ушла́ и́з-под ног—*flounder; become disoriented*

Когда́ Ива́на уво́лили с рабо́ты, по́чва ушла́ и́з-под его́ ног. *Ivan became all disoriented when he lost his job.*

теря́ть по́чву под нога́ми—*loose one's footing; slip; become disjointed*

По́сле сме́рти роди́телей А́нна потеря́ла по́чву под нога́ми. *Anna became all disjointed after her parents' death.*

пра́вда—*truth; right*

все́ми пра́вдами и непра́вдами—*by hook or by crook*

Пётр все́ми пра́вдами и непра́вдами стара́лся дости́чь свое́й це́ли. *Peter strove to achieve his objectives by hook or crook.*

говори́ть (or **ре́зать) пра́вду-ма́тку в глаза́**—*call a spade a spade; be outspoken; give it to one straight*

Ива́на уво́лили, потому́ что он ре́зал пра́вду-ма́тку в глаза́ нача́льнику. *Ivan was let go from his job, because he gave it to his boss straight.*

гляде́ть (or **смотре́ть) пра́вде в глаза́** (or **лицо́)**—*face up to the truth; be realistic*

В любо́м слу́чае ну́жно смотре́ть пра́вде в глаза́. *One has to face up to the truth under all circumstances.*

жить по пра́вде—*live an honest life*

Мои́ роди́тели жи́ли всю жизнь по пра́вде. *My parents have lived an honest life throughout their entire existence.*

по пра́вде говоря́ (or **сказа́ть); пра́вду говоря́** (or **сказа́ть)**—*to tell the truth*

По пра́вде говоря́, я не гото́вился к экза́мену. *I didn't study for this exam, to tell the truth.*

пра́вда глаза́ ко́лет—*truth hurts*

Оле́г оби́делся, когда́ я его́ обма́нщиком назва́л, ведь пра́вда глаза́ ко́лет. *Oleg got offended when I called him a cheat, but then truth hurts.*

что пра́вда, то пра́вда—*what's true is true*

Да, он в э́том де́ле невинова́т—что пра́вда, то пра́вда. *Yes, he's innocent in this matter—what's true is true.*

пра́вило—*rule; regulation*

положи́ть (or **поста́вить**) **(себе́) пра́вилом** (or **за пра́вило**)—*make it a rule to do something*

Я поста́вил себе́ за пра́вило принима́ть витами́ны пе́ред сном. *I made it a rule to take vitamins before going to sleep.*

пра́во—*right*

вступа́ть в свои́ права́—*come into one's own*

Когда́ весна́ вступа́ет в свои́ права́, ре́ки легко́ выхо́дят из берего́в. *When spring comes into its own, the rivers tend to flood.*

дать пра́во—*is good for something*

Э́тот биле́т даёт вам пра́во пересе́сть на друго́й маршру́т авто́буса. *This ticket is good for transfer to the other route of the bus line.*

жить на пти́чьих права́х—*live a precarious existence*

И́горь живёт с подру́гой на пти́чьих права́х. *Igor lives a precarious existence with his girlfriend.*

оста́вить за собо́й пра́во—*reserve the right*

Судья́ оста́вил за собо́й пра́во сказа́ть после́днее сло́во. *The judge reserved the right to have the last word.*

преде́л—*limit; end*

преде́л терпе́ния—*the last straw*

Хва́тит! Э́то уже́ преде́л терпе́ния! *Enough! That is the last straw!*

предме́т—*subject*

на предме́т—*for the purpose of something; in order to*

Бори́с прие́хал в Чика́го на предме́т жени́тьбы. *Boris came to Chicago in order to get married.*

на тот предме́т, е́сли—*in case, if*

На тот пре́дмет, е́сли дождь идёт, экску́рсия не состо́ится. *In case of rain, we'll cancel the excursion.*

предме́т постоя́нных насме́шек—*laughing stock*

Арка́дий одева́лся как кло́ун и был предме́том постоя́нных насме́шек. *Arkady became a laughing stock for dressing like a clown.*

предоставля́ть—*call upon*

быть предоста́вленным самому́ себе́—*be left on one's own*

По́сле ги́бели роди́телей в автомоби́льной катастро́фе ребёнок предоста́влен самому́ себе́. *After the parents died in a car accident, the child was left on his own.*

пре́сса—*press*

бульва́рная пре́сса—*yellow press*

Люби́мая те́ма бульва́рной пре́ссы—э́то сенса́ция. *Sensation mongering is the favorite topic of the yellow press.*

прести́ж—*prestige*

потеря́ть прести́ж—*lose face*

Бори́с потеря́л прести́ж, когда́ его́ разоблачи́ли. *Boris lost face when he was found out.*

спасти́ прести́ж—*save face*

Что́бы спасти́ прести́ж, Па́вел потра́тил мно́го де́нег. *Pavel spent a lot of money on saving face.*

прете́нзия—*claim*

быть в прете́нзии—*bear someone a grudge*

Ива́н ча́сто в прете́нзии к окружа́ющим. *Ivan often bears a grudge at those around him.*

приём—*admittance; welcome*

ока́зывать холо́дный приём—*give someone the cold shoulder*

А́нна оби́делась и оказа́ла Ива́ну холо́дный приём. *Anna got offended and gave Ivan the cold shoulder.*

прийти́сь—*to have to*

как придётся—*any way*

Поста́вьте ме́бель как придётся, а пото́м мы её расста́вим. *Just put the furniture down any way—we'll arrange it later.*

приме́р—*example*

брать приме́р—*follow one's example*

Сын брал приме́р со своего́ отца́. *The son followed his father's example.*

не в приме́р; невприме́р—*unlike*

Не в приме́р мно́гим, Са́ша отно́сится к себе́ крити́чески. *Unlike many others, Sasha takes a critical look at himself.*

не в приме́р лу́чше—*better by far*

Све́жие фру́кты не в приме́р лу́чше варе́нья. *Fresh fruit is far better than canned fruit.*

пода́ть (or **показа́ть**) **приме́р**—*set an example*

Он свое́й приле́жностью подава́л хоро́ший приме́р. *He set an example with his diligence.*

приня́ть—*accept; take*

э́то не при́нято—*it isn't done*

Пожа́луйста не чиха́йте в во́здух, э́то не при́нято. *Please stop sneezing around—it's not done!*

припа́рка—*poultice; fomentation*

как мёртвому припа́рки—*be needed like a hole in the head; be completely unnecessary*

Са́ше мои́ сове́ты нужны́ как мёртвому припа́рки. *Sasha needs my advice like a hole in the head.*

припева́ть—*troll (out)*

жить припева́ючи—*be in clover; live the life of Riley*

Получи́в насле́дство, Ива́н жил припева́ючи. *Ivan lived the life of Riley after he received his inheritance.*

припёк—*surplus*

сбо́ку припёка; сбо́ку припёку—*be unecessary; be a fifth wheel*

Ма́ша ча́сто прихо́дит к нам в дом и не замеча́ет, что она́ сбо́ку припёку. *Masha comes to visit us often but doesn't notice that she is a fifth wheel.*

при́ступ—*storm; rush; attack*

при́ступу нет—*1. be (financially) out of reach 2. be unapproachable*

1. Це́ны так повы́сились, что к но́вому до́му при́ступа нет. *The prices rose so high that a new house is out of reach.*
2. Тепе́рь И́горь тако́й ва́жный, что к нему́ при́ступа нет. *Igor thinks of himself so highly that he's quite unapproachable.*

приходи́ть—*come*

приходи́ть некста́ти—*come at the wrong time*

Го́сти пришли́ к нам некста́ти. *Our guests arrived at the wrong time.*

приходи́ться—*fit*

приходи́ться кста́ти—*come at the perfect time; just what one needs at that time*

Её пода́рок пришёлся мне кста́ти. *Her present was just I needed at that time.*

про́ба—*trial; test*

вы́сшей (or **высо́кой) про́бы**—*of high quality*

На́ша фи́рма купи́ла това́ры вы́сшей про́бы и́з-за грани́цы. *Our firm bought goods of the highest quality from abroad.*

ни́зшей (or **ни́зкой) про́бы**—*the lowest (*or *worst) kind*

«Как ты мо́жешь дружи́ть с Влади́миром, ведь он челове́к ни́зкой про́бы»—сказа́л Оле́г Па́влу. *"How can you be friends with Vladimir? He is a person of the worst kind," said Oleg to Pavel.*

про́ба пера́—*first steps in literature*

Про́ба пера́ уже́ дала́ Ива́ну успе́х. *Already his first steps in literature brought Ivan success.*

про́бка—*cork*

про́бкой вы́лететь (or **вы́скочить**)—*shoot out of somewhere like a rocket*

Когда́ вошла́ больша́я соба́ка, Ники́та про́бкой вы́летел из ко́мнаты. *Nikita shot out of the room like a rocket when a big dog entered.*

продолже́ние—*continuation*

продолже́ние сле́дует—*to be continued*

На после́дней страни́це расска́за напи́сано: «Продолже́ние сле́дует.» *On the last page of the short story is written, "To be continued."*

пройти́—*walk through; go through*

пройти́ ми́мо—*overlook*

Я не могу́ пройти́ ми́мо ва́шего наха́льного поведе́ния. *I can't overlook your insolent behavior!*

про́клятый—*damned*

рабо́тать (or **занима́ться**) **как про́клятый**—*work like a possessed person*

Пе́ред сда́чей экза́менов Алексе́й занима́лся как про́клятый. *Aleksey worked like a possessed person before his examination.*

про́мах—*miss; slip*

дава́ть (or **де́лать**) **про́мах** (or **прома́шку**)—*make a big mistake* (or *blunder)*

Ли́за дала́ прома́шку, когда́ она́ упомяну́ла своего́ любо́вника пе́ред свекро́вью. *Lisa made a big blunder when she mentioned her lover in front of her mother-in-law.*

пропада́ть—*be missing; be lost*

где вы пропада́ли?—*where on earth have you been?*

Не ви́дев Оле́га до́лго, его́ спроси́ли: «Где вы пропада́ли?» *Since Oleg hadn't been seen for a long time, people were asking, "Where on earth have you been?"*

где на́ша не пропада́ла!; где на́ше не пропада́ло!—*take the risk; chance it*

И́горь реши́л внести́ дополни́тельную су́мму де́нег в фи́рму, а жена́ была́ про́тив, но И́горь сказа́л: «Где на́ша не пропада́ла!» *Igor wanted to invest a large sum of money in the firm, but his wife was against it. Then Igor said, "I will risk it!"*

про́рва—*a mass (of)*

как в про́рву—*wasted effort* (or *money); down the drain*

В прести́жном университе́те избало́ванный сын не занима́лся, и, таки́м о́бразом, де́ньги роди́телей шли как в про́рву. *The spoiled son at the prestigious university didn't study, and so the parents' money went down the drain.*

профо́рма—*formality*

для профо́рмы—*for appearance's sake*

Для профо́рмы Ле́на и Бори́с вме́сте пошли́ в го́сти, хотя́ они́ бы́ли в разво́де. *Lena and Boris went to the party together, although they were already in the midst of getting a divorce.*

прохо́д—*passage; isle*

не дава́ть прохо́да—*pester the life out of one; give one no peace*

Ната́ша му́жу прохо́да не дава́ла, что́бы он купи́л ей но́вую шу́бу. *Natasha was pestering the life out of her husband to buy her a new fur coat.*

пти́ца—*bird; poultry*

ва́жная пти́ца; пти́ца высо́кого (or **вы́сшего**) **полёта**—*big shot; big-wig*

Зако́нчив институ́т, Алексе́й стал ва́жной пти́цей. *Alex became a big shot after graduating from the university.*

жить как пти́ца небе́сная—*live an untroubled life*

Са́ша жил как пти́ца небе́сная, хотя́ вокру́г него́ лю́ди умира́ли от го́лода. *Sasha was living an untroubled life, although the people around him were dying of hunger.*

пу́говица—*button*

застёгнут(ый) на все пу́говицы—*be stiff*

С на́шим дире́ктором о́чень тру́дно обща́ться, он всегда́ застёгнут на все пу́говицы. *It is very difficult to be close to our boss—he is so stiff.*

пу́зо—*belly; paunch*

есть (or **нае́сться**) **от пу́за**—*eat one's fill*

Ли́за приде́рживалась дие́ты, но на сва́дьбе до́чери она́ разреши́ла себе́ есть от пу́за. *Lisa kept to her diet, but at her daughter's wedding she allowed herself to eat her fill.*

пузы́рь—*bubble*

ду́тый пузы́рь—*be a fake* (or *sham)*

По́сле изуче́ния книг разреклами́рованного в газе́тах специали́ста, Арка́дий по́нял, что э́то ду́тый пузы́рь. *After he read the book of the alleged specialist much advertised in the newspapers, Arkady realized that he was a fake.*

пуп—*navel*

мнить себя́ пу́пом земли́—*think of oneself as the hub* (or *navel) of the universe*

По поведе́нию Бори́са я́сно, что он мнит себя́ пу́пом земли́. *It is evident from Boris' behavior that he thinks of himself as the hub of the universe.*

путь—*way; path; journey*

держа́ть путь—*wend one's way toward*

Мы держа́ли путь в Москву́. *We were wending our way toward Moscow.*

обма́нным путём—*by false pretenses*

Обма́нным путём Ива́н уе́хал. *Ivan left by false pretenses.*

око́льным путём—*in a roundabout way; indirectly*

Я узна́л о про́шлом О́льги око́льным путём. *I found out about Olga's past in a roundabout way.*

проби́ть себе́ путь—*make a place in the sun for oneself; succeed*

Свои́ми уси́лиями Ники́та сам проби́л себе́ путь. *Nikita made his own place in the sun by his own efforts.*

счастли́вый путь! счастли́вого пути́!—*farewell! bon voyage!*

На проща́ние хозя́ева пожела́ли нам счастли́вого пути́. *When saying farewell our hosts wished us "bon voyage."*

пух—*down*

ни пу́ха, ни пера́!—*good luck!*

Пе́ред экза́меном обы́чно жела́ют ни пу́ха, ни пера́. *It is customary to wish one good luck before an exam.*

пу́шка—*cannon*

вы́лететь как из пу́шки—*fly* (or *tear) out like a bat out of hell*

Из кабине́та дире́ктора Ники́та вы́летел как из пу́шки. *Nikita tore out of the director's office like a bat out of hell.*

пыль—*dust*

в пылу́ гне́ва—*in a fit of anger*

В пылу́ гне́ва Ни́на уда́рила Петра́. *In a fit of anger Nina hit Peter.*

пыль столбо́м—*all hell has broken loose*

Во вре́мя разде́ла насле́дства семья́ ссо́рилась так, что пыль столбо́м стоя́ла. *When the inheritance was divided, the family quarrelled so hard that all hell broke loose.*

пуска́ть пыль в глаза́—*dazzle*

Свои́ми дороги́ми пода́рками Серге́й стара́лся пуска́ть пыль в глаза́ А́нны. *Sergey tried to dazzle Anna with his expensive gifts.*

с пы́лу, с жа́ру—*sizzling* (or *piping) hot*

Ба́бушка подала́ нам пиро́г на стол с пы́лу, с жа́ру. *Grandma served a sizzling hot pie.*

пядь—*span; inch*

семи́ пя́дей во лбу—*as wise as Solomon*

Будь он семи́ пя́дей во лбу, э́тот вопро́с не реши́л бы. *He could not solve this problem even if he were as wise as Solomon.*

пя́тка—*heel*

лиза́ть пя́тки—*lick someone's boots*

Трусли́вые лю́ди ча́сто ли́жут пя́тки нача́льнику. *Cowardly people often lick the boss's boots.*

пока́зывать пя́тки—*take to one's heels; show a clean pair of heels*

Уви́дев сто́рожа, ма́льчик с укра́денными фру́ктами в рука́х показа́л пя́тки. *When the boy saw the guard, he took to his heels with stolen fruit.*

пя́тница *Friday*

семь пя́тниц на (одно́й) неде́ле—*keep changing one's mind*

Ива́ну нельзя́ ве́рить, у него́ семь пя́тниц на неде́ле. *You can't believe Ivan because he keeps changing his mind constantly.*

пятно́—*stain*

класть пятно́ на репута́цию—*besmudge* (or *besmirch) the reputation of somebody or something*

Манипуля́ции Петра́ кла́ли пятно́ на репута́цию на́шей фи́рмы. *Peter's manipulations besmirched the reputation of our company.*

пя́тый—*fifth*

расска́зывать (or **переска́кивать) с пя́того на деся́тое**—*tell a story in snatches; jump from one point to another*

Расска́з Ники́ты был непоня́тен, потому́ что он переска́кивал с пя́того на деся́тое. *It was not possible to understand Nikita's story because he kept jumping from one point to another.*

быть (or **находи́ться**) **под пято́й**—SEE: **быть под башмако́м**

Р

рабо́та—*work; job*

взя́ться за рабо́ту; стать на рабо́ту—*start working*

По́сле обе́да мы взя́лись за рабо́ту. *We started working after dinner.*

горе́ть на рабо́те—*be married to one's job; be a workaholic*

За́нятый с ра́ннего утра́ до по́зднего ве́чера свои́ми экспериме́нтами, профе́ссор Кузнецо́в гори́т на рабо́те. *Professor Kuznetsov is busy with his experiments from early in the morning till late at night—he is married to his job.*

иметь рабо́ты по го́рло—*have one's hands full*

Име́я всегда́ по го́рло рабо́ты, Ната́ша еще уме́ла уделя́ть внима́ние семье́. *Although she had her hands full, Natasha nevertheless was able to pay attention to her family.*

не пы́льная (рабо́та)—*not to have a tough job; have a cushy job*
У Никола́я рабо́та не пы́льная. *Nikolay has a cushy job.*

рабо́та кипи́т—*work is in full swing*
На стро́йке рабо́та кипи́т. *Work is in full swing on the construction site.*

рабо́тать над собо́й—*perfect* (or *improve) oneself*
Нам всем придётся постоя́нно рабо́тать над собо́й. *We all have to keep improving ourselves.*

устра́иваться на рабо́ту—*get a job*
Наконе́ц мой сын устро́ился на рабо́ту. *At long last my son got a job.*

рад—*glad*

и не рад; сам не рад—*regret; one wishes one hadn't done something*
Ива́н сам не рад, что рассказа́л Ири́не о свои́х чу́вствах. *Ivan wished he hadn't spoken to Irina about his feelings.*

рад не рад; хоть рад, хоть не рад—*willy-nilly; like it or not*
Рад не рад, но Бори́с согласи́лся на сотру́дничество. *Willy-nilly, Boris agreed to cooperate.*

раз—*time; once*

в са́мый раз—*just at the right time*
Обе́д поспе́л к прихо́ду госте́й в са́мый раз. *The dinner was ready just at the right time when the guests arrived.*

как раз—*just*
И́горь как раз собира́лся уходи́ть, когда́ зазвони́л телефо́н. *Igor was just about to leave when the phone started to ring.*

на э́тот раз—*for this once*
На э́тот раз я тебе́ дам де́ньги, но бо́льше у меня ничего́ не проси́. *For this once I'll give you money, but don't ask me anymore!*

ни ра́зу—*never*
Ни ра́зу я не был в Антаркти́де. *I have never been to Antarctica.*

раз гу́сто, раз пу́сто; ра́зом пу́сто, ра́зом гу́сто—*one day a feast, next day a famine*

Де́ньги мы получа́ем нерегуля́рно, так у нас раз гу́сто, раз пу́сто. *We don't get paid regularly, and so it's one day a feast, next day a famine.*

раз, два и обчёлся; оди́н, друго́й и обчёлся—*very few; you can count them on (the fingers of) one hand*

Ско́лько у него́ друзе́й? Раз, два и обчёлся. *"How many friends does he have?"—"You can count them on one hand!"*

раз за ра́зом—*time after time; again and again; over and over again*

Раз за ра́зом ве́тер захва́тывал кро́ну дере́вьев. *The wind shook the crown of the trees again and again.*

раз и навсегда́—*for good; once and for all*

Раз и навсегда́ Са́ша поко́нчил с куре́нием. *Sasha quit smoking once and for all.*

раз от ра́зу—*from case to case; each time*

Раз от ра́зу ма́льчик всё лу́чше игра́ет на роя́ле. *The boy plays the piano better each time.*

раз так—*if that is so; in that case; that being the case*

Раз так, я от тебя́ ухожу́. *I'll leave you if that's so.*

разга́р—*climax*

в по́лном разга́ре—*in full swing; in* (or *at*) *the height of*

Ле́на вы́шла за́муж в по́лном разга́ре ле́та. *Lena got married at the height of the summer.*

разгово́р—*conversation; talk; discussion*

друго́й разгово́р—*that's a different story*

А́нна вы́шла за́муж за Петра́ и́з-за де́нег. Е́сли бы по любви́, то был бы друго́й разгово́р. *Anna married Peter for money; if she had done it for love, that would be a different story.*

задуше́вный разгово́р; разгово́р по душа́м—*heart-to-heart talk*

Ма́ша и А́нна провели́ ве́чер в задуше́вном разгово́ре. *Masha and Anna spent the evening with a heart-to-heart talk.*

разгово́р о пустяка́х—*small talk*

Па́вел не те́рпит разгово́ров о пустяка́х. *Pavel can't stand small talk.*

ра́зница—*difference*

кака́я ра́зница?—*what difference does it make?*

Ну, кака́я ра́зница? Е́сли сего́дня не мо́жете, то позвони́те мне за́втра. *Well, what difference does it make? If you can't call me today, call me tomorrow!*

разреше́ние—*permission*

с ва́шего разреше́ния (or **позволе́ния**)—*if you don't mind; with your permission*

С ва́шего разреше́ния я сейча́с уйду́ домо́й. *I'm leaving for home now, if you don't mind.*

ра́зум—*mind; intelligence*

жить свои́м ра́зумом—*stick to one's convictions* (or *views*)

И́горь жил свои́м ра́зумом и стал кло́уном. *Igor stuck to his own views and became a clown.*

набра́ться ра́зума—*one should come to one's senses; one should get some sense into one's head*

Ты совершенноле́тний, пора́ уже набира́ться ра́зума! *You're a grown-up—it's time you came to your senses!*

наводи́ть на ра́зум—*bring someone to his senses*

Свои́ми аргуме́нтами отцу́ удало́сь навести́ сы́на на ра́зум. *The father succeeded in bringing his son to his senses with his arguments.*

ум за ра́зум захо́дит—*one's mind is going around in circles; be at one's wit's end*

У Бори́са уже́ ум за ра́зум захо́дит, но пробле́му реши́ть он не мо́жет. *Boris is already at his wit's end—still he hasn't found the solution to the problem yet.*

разуме́ться—*be self-explanatory*

само́ собо́ю разуме́ется—*it goes without saying; it stands to reason*

Само́ собо́ю разуме́ется, что де́вушки лю́бят комплиме́нты. *It goes without saying that girls like compliments.*

разуме́ние—*understanding*

по моему́ разуме́нию—*in my opinion; to my mind*

По моему́ разуме́нию, класси́ческое иску́сство красиве́е совреме́нного. *In my opinion classical art is more beautiful than modern art.*

рай—*heaven; paradise*

отпра́вить в рай—*send someone to kingdom come; do in someone*

Чле́ны ма́фии уже́ давно́ хотя́т отпра́вить Па́вла в рай. *The members of the Mafia have been wanting to do Pavel in for a long time.*

рак—*crawfish; cancer*

когда́ рак (на горе́) сви́стнет—*when hell freezes over; never*

Бори́с нам де́ньги вернёт, когда́ рак сви́стнет. *Boris will pay us our money back when hell freezes over.*

показа́ть, где ра́ки зиму́ют—*show someone what's what*

Оби́женный учи́тель реши́л показа́ть гру́бым ученика́м, где ра́ки зиму́ют. *The offended teacher decided to show the rude students what's what.*

ра́но—*early*

ра́но или по́здно—*sooner or later*

Ра́но и́ли по́здно, но и́стина всегда́ проясни́тся. *Sooner or later, but the truth will always out.*

раны́м-рано́—*at the crack of dawn; very early in the morning*

У Ива́на привы́чка встава́ть раны́м-рано́. *Ivan is in the habit of getting up at the crack of dawn.*

расположе́ние—*disposition; inclination*

расположе́ние ду́ха—*frame of mind; mood; humor*

По́сле еды́ его́ расположе́ние ду́ха всегда́ изменя́ется к лу́чшему. *After a meal his frame of mind always changes for the better.*

распу́тье—*crossroad(s)*

быть (or **стоя́ть) на распу́тье** (or **распу́тьи)**—*face a tough choice; be at a crossroads*

Мы стои́м на распу́тье: жени́ться и́ли расстава́ться? *We are at a crossroads: shall we get married or stop seeing each other?*

расте́ние—*plant*

оранжере́йное (or **тепли́чное) расте́ние**—*hothouse plant (*or *flower); mimosa*

С ним ну́жно делика́тно обраща́ться—он чувстви́тельный, как оранжере́йное расте́ние. *You must treat him with kid gloves—he is as sensitive as a hothouse plant.*

расхо́д—*expense*

брать на себя́ расхо́ды; нести́ расхо́ды—*bear (*or *cover) expenses*

В семье́ он оди́н нёс все расхо́ды. *He alone bore the expenses in the whole family.*

вводи́ть в расхо́ды—*run up a bill; cost a (*or *one) bundle*

Образова́ние на́шего сы́на вводи́ло нас в расхо́ды. *Our son's education has cost us a bundle.*

учáствовать в расхóдах—*go Dutch; share expenses*

В ресторáне все мои коллеги учáствовали в расхóдах. *All of my colleagues went Dutch in the restaurant..*

расцвéт—*bloom; blossoming*

в расцвéте сил—*in the prime of one's life; in one's prime*

Борíс стал чемпиóном по плáванию в расцвéте сил и энéргии. *Boris became a swimming champion in the prime of his life.*

расчёт—*calculation; computation*

быть в расчёте—*be even with someone; be even Steven*

Чтóбы быть с ним в расчёте, остáлось вы́платить ты́сячу дóлларов. *We had to pay $1,000 in order to be even with him.*

рéдко—*seldom*

рéдко да мéтко—*do something seldom, but to the point*

Мой отéц говорит рéдко да мéтко. *My father doesn't talk much but when he says something it's to the point.*

рéдко когдá—*once in a blue moon; rarely*

Рéдко когдá из престýпника бýдет свящéнник. *Only once in a blue moon does a criminal become a priest.*

рéдкость—*rarity; curiosity*

музéйная рéдкость—*museum piece*

Корóна царя́ тепéрь музéйная рéдкость. *The czar's crown is now a museum piece.*

на рéдкость—*extraordinarily; unusually*

Моя́ сестрá на рéдкость краси́вая. *My sister is unusually beautiful.*

рельс—*rail; truck*

постáвить на рéльсы—*get started; get something going*

Дав хорóшее образовáние дéтям, роди́тели постáвили их на рéльсы. *By giving their children a good education, the parents gave them a good start in life.*

ре́па—*turnip*

дешéвле пáреной рéпы—*dirt-cheap; a real bargain*

Э́то плáтье стóит дешéвле пáреной рéпы. *This dress is dirt-cheap.*

прóще пáреной рéпы—*child's* (or *kid's*) *play; a piece of cake*

Такáя рабóта прóще пáреной рéпы. *This kind of work is easier than child's play.*

репутáция—*reputation*

дурнáя репутáция—*bad name; one's name is mud*

Пóсле егó растрáты о нём пошлá дурнáя репутáция. *After his embezzlement his name was mud.*

имéть незапя́тнанную репутáцию—*have a clean record*

Нáша шкóла имéет незапя́тнанную репутáцию. *Our school has a clean record.*

пáчкать репутáцию—*defame one's character; besmirch one's reputation*

Своими дéйствиями он сам себé пáчкал репутáцию. *He besmirched his own reputation with his actions.*

речь—*speech; conversation*

вести́ речь—*drive at something; aim one's talk at something*

Он ведёт речь о прибáвке. *His talk is aimed at getting a raise.*

выступáть с рéчью; держáть речь; произноси́ть речь—*deliver* (or *make*) *a speech*

Депутáт хотéл вы́ступить с рéчью пéред избирáтелями. *The deputy wanted to make a speech in front of the electorate.*

и рéчи быть не мóжет—*be out of the question*

Трáтить твои́ дéньги на сигарéты? Об э́том и рéчи быть не мóжет. *To squander your money on cigarettes? It's out of the question.*

речь идёт—*talk about something; be a question of something*

У нас речь чáсто идёт об эколóгии окружáющей среды́. *We often talk about the protection of the environment.*

решéние—*solution; decision*

принимáть решéние; приходи́ть к решéнию—*make a decision; make up one's mind*

Дирéктор при́нял решéние и заяви́л о банкрóтстве. *The director made up his mind and declared bankruptcy.*

решётка—*bars*

посади́ть за решётку—*put someone into prison*

За взлом Ники́ту посади́ли за решётку. *Nikita was sent to jail for the robbery.*

сидéть за решёткой—*be* (or *stay) in prison*

Престу́пник ужé год сиди́т за решёткой. *The criminal has been in jail for a year already.*

Ри́га—*Riga*

поéхать в Ри́гу—*vomit; throw up*

Пóсле оби́льного у́жина И́горь поéхал в Ри́гу. *Igor threw up after the ample dinner.*

риск—*risk*

на свой риск; на свой страх и риск—*at one's own risk*

Нóвый дирéктор при́нял решéние на свой страх и риск. *The new director made a decision at his own risk.*

рог—*horn*

наставля́ть рогá—*make a cuckold of someone; cuckold someone*

Невéрная женá настáвила му́жу рогá. *The unfaithful wife cuckolded her husband.*

сбить рогá—*clip one's wings*

Чтóбы Пётр знал своё мéсто, ему́ придётся сбить рогá. *Peter needs to have his wings clipped so he will know his place.*

род—*family; kin; birth; origin*

без рóду, без плéмени; без рóду и плéмени—*without kith or kin*

Бездóмный был без рóду и плéмени. *The homeless person was without kith or kin.*

в нéкотором рóде—*to some* (or *certain) degree* (or *extent)*

Ивáн в нéкотором рóде прав. *Ivan is right to a certain extent.*

в своём рóде—*in one's (own) way*

Э́та пьéса замечáтельна в своём рóде. *This play is remarkable in its own way.*

еди́нственный в своём рóде—*unique*

Талáнт Бори́са еди́нственный в своём рóде. *Boris's talent is unique in its own way.*

из рóда в род—*from generation to generation*

Музыкáльный талáнт в семьé Бáха передавáлся из рóда в род. *Musical talent in the Bach family was inherited from generation to generation.*

óт роду—*years of age; years old*

Я встрéтил старикá 102 лет óт роду. *I met an old man who was 102 years old.*

на родý напи́сано—*it's in the cards* (or *stars); it was preordained*

Емý бы́ло на родý напи́сано стать извéстным. *It was in the cards for him to become famous.*

ни рóду ни плéмени—*have not a* (or *one) soul left*

Пóсле смéрти жены́ у старикá не остáлось ни рóду ни плéмени. *After his wife's death the old man didn't have a soul left.*

рóдственник—*relative; relation*

рóдственник до вторóго (трéтьего) колéна—*cousin twice (thrice...) removed*

Ивáн мне рóдственник до вторóго колéна. *Ivan is my cousin twice removed.*

рожо́н—*pointed rod; pointed stick*

лезть на рожо́н—*ask for trouble; kick against the pricks*

Лу́чше жить споко́йно, чем лезть на рожо́н. *It's better to live quietly than to be asking for trouble.*

пере́ть про́тив рожна́—*swim against the tide*

«Я признаю́ твою́ правоту́, но сове́тую не пере́ть про́тив рожна́»—сказа́л колле́га Ники́те. *"I agree that you're right, but I suggest that you don't swim against the tide," Nikita's colleague said to him.*

роль—*part; role*

войти́ в роль—*get adjusted to one's role; grow into one's role*

Никола́й бы́стро вошёл в свою́ роль адвока́та. *Nikolay quickly grew into his role as a lawyer.*

выступа́ть (or **явля́ться) в ро́ли**—*assume the role of*

Во вре́мя спо́ра Ива́н выступа́л в ро́ли умиротвори́теля. *Ivan assumed the role of peacemaker during the quarrel.*

знать свою́ ро́ль—*know what one's duty* (or *task) is; know what to do*

В любо́й ситуа́ции он зна́ет свою́ роль. *He knows what to do in any situation.*

игра́ть пе́рвую роль—*1. play the leading part 2. play first fiddle*

1.В но́вой пье́се изве́стный актёр игра́ет пе́рвую роль. *A famous actor plays the leading role in the new play.*

2. В на́шей фи́рме он игра́ет пе́рвую роль. *He plays the first fiddle in our firm.*

на вторы́х роля́х—*be in a subordinate position; play a supporting role*

Тала́нт актри́сы не был заме́чен, и она́ оста́лась на вторы́х роля́х. *The actress's talent wasn't recognized and so she was left to do supporting roles.*

на пе́рвых роля́х—*be in a key position*

Специали́сты по компью́теру в на́шей фи́рме на пе́рвых роля́х. *Computer specialists at our firm are in a key position.*

не игрáет никакóй рóли—*it doesn't matter at all; it hardly matters*

Сентиментáльные вопрóсы не игрáют никакóй рóли в нáшем финáнсовом проéкте. *Sentimentality hardly matters in our financial projects.*

ромáн—*novel; romance*

крути́ть ромáн—*fool around with someone*

Лéна всё врéмя крути́ла ромáн с кéм-то. *Lena was always fooling around with someone.*

роси́нка—*dewdrop*

ни (мáковой) роси́нки не дать (or **получи́ть**)—*not to give (*or *get) a blessed thing*

Всю́ мою́ жизнь от моéй богáтой тёти я не получи́л ни мáковой роси́нки. *All my life I never got a blessed thing from my wealthy aunt.*

рост—*growth; increase*

отдавáть (or **пускáть) дéньги в рост**—*lend money on interest*

Он разбогатéл за счёт тогó, что отдавáл свои́ дéньги в рост. *He got rich by lending his money on interest.*

рот—*mouth*

держáть рот на замкé—*keep one's mouth shut; not to reveal a secret*

Михаи́лу мóжно расскáзывать секрéты, он дéржит рот на замкé. *You can tell Mikhail secrets—he keeps his mouth shut.*

замáзывать рот—*bribe someone to keep one's mouth shut; pay hush money*

Крýпная сýмма емý замáзала рот. *The huge sum bribed him and he shut his mouth.*

ми́мо рта пролетéть (or **пройти́)**—*forego something; miss the opportunity to do something*

Возмóжность дёшево купи́ть дом пролетéла у меня́ ми́мо рта. *I missed the opportunity to buy a cheap house.*

не брáть в рот—*not to (even) touch something*
Пётр вóдку в рот не берёт. *Peter won't even touch vodka.*

не лéзет в рот—*not to be able to eat a single bite*
От волнéния мне ничегó не лéзет в рот. *I am so excited I can't eat a single bite.*

разжевáть и в рот положи́ть—*spell something out for someone*
Емý нáдо всё разжевáть и в рот положи́ть. *You must spell everything out for him.*

смотрéть (or **глядéть) в рот**—*listen spellbound to someone*
Дéти смотрéли расскáзчику в рот. *The children were listening to the story teller spellbound.*

рубáха; рубáшка—*shirt; Russian blouse*

роди́ться в рубáшке (or **сорóчке)**—*be born with a silver spoon in the mouth; be born under a lucky star*
Олéг роди́лся в рубáшке и емý всё удаётся в жи́зни. *Oleg succeeds at everything in life—he was born under a lucky star.*

рубáха-пáрень—*regular guy; outgoing fellow*
Мой брат общи́тельный, рубáха-пáрень. *My brother is a friendly, outgoing fellow.*

своя́ руба́ха (or **руба́шка**) **бли́же к те́лу**—*self comes first; charity begins at home*

«Своя руба́ха бли́же к те́лу»—ду́мал дире́ктор и дал себе́ са́мое высо́кое повыше́ние зарпла́ты во всей фи́рме. *"Charity begins at home," the director thought, and gave himself the biggest raise in the whole company.*

рука́—*hand*

брать себя́ в ру́ки—*get control of oneself*

Возьми́ себя́ в ру́ки! Переста́нь крича́ть! *Stop yelling! Control yourself!*

быть на́ руку—*suit; be convenient; just what one needs*

Так как Ива́н зи́му не лю́бит, э́та пое́здка на юг ему́ на́ руку. *Since Ivan dislikes the winter, this field trip to the south suits him just fine.*

вы́рвать из рук сме́рти—*rescue from death; save one's life*

Хиру́рг вы́рвал больно́го из рук сме́рти. *The surgeon saved the patient's life.*

греть ру́ки—*feather one's nest; line one's pocket*

Бори́с нагре́л ру́ки на растра́те зарпла́ты рабо́чих. *Boris feathered his nest by embezzling the workers' salaries.*

здоро́ваться за́ руку—*shake hands*

При встре́че мы здоро́вались за́ руку. *We shook hands when we met.*

наложи́ть на себя́ ру́ки—*commit suicide*

От го́ря Ири́на наложи́ла на себя́ ру́ки. *Irina committed suicide in her grief.*

на́ руку не чи́ст(ый)—*have sticky fingers*

Осторо́жно с ним, он на́ руку не чи́стый. *Watch out for him—he's got sticky fingers!*

не поднима́ется рука́—*can't bring himself to do something against someone*

У меня́ не поднима́ется рука́ нанести́ ему́ боль. *I can't bring myself to cause him pain.*

отбива́ться рука́ми и нога́ми—*resist definitely; refuse vehemently*

Он рука́ми и нога́ми отбива́лся от физи́ческой рабо́ты. *He vehemently refused to do physical labor.*

оторва́ть с рука́ми—*sell like hot cakes*

Кни́ги о короле́вской семье́ с рука́ми отрыва́ют. *Books about the royal family sell like hot cakes.*

рабо́тать не поклада́я рук—*to work like crazy; work tirelessly*

Пе́ред ука́занным сро́ком мы рабо́тали не поклада́я рук. *We worked like crazy before the deadline.*

рука́ не дро́гнет—*have no scruples; not hesitate to do something*

У него́ рука́ не дро́гнет причини́ть неприя́тности. *He has no scruples about causing others trouble.*

ру́ки не отва́лятся—*doing something won't kill you*

Не бо́йся, от небольшо́й рабо́ты ру́ки не отва́лятся. *Don't be afraid, a little work won't kill you!*

ру́ки прочь!—*hands off!*

Ру́ки про́чь от чужи́х де́нег! *Hands off the money of others!*

ру́чка—*little hand; handle*

довести́ до ру́чки—*drive someone to the deep end*

Свои́ми спекуля́циями Ива́н довёл на́шу фи́рму до ру́чки. *Ivan drove our company to the deep end with his speculations.*

ры́ба—*fish*

би́ться, как ры́ба об лёд—*struggle desperately*

Мы бьёмся, как ры́ба об лёд, что́бы вы́браться из долго́в. *We're struggling desperately to get out of debt.*

ни ры́ба ни мя́со—*neither fish, nor fowl*

Он не демокра́т и не республика́нец, получа́ется ни ры́ба ни мя́со. *He is neither a democrat, nor a republican—he is neither fish nor fowl.*

рыба́к—*fisherman*

рыба́к рыба́ка ви́дит издалека́—*birds of a feather flock together*

Бога́тая пре́емница вы́шла за́муж за миллионе́ра—рыба́к рыба́ка ви́дит издале́ка. *The rich heiress married a millionaire—birds of a feather flock together.*

ряд—*row; line*

из ря́да вон (выходя́щий)—*outstanding; exceptional*

Его́ зна́ния из ря́да вон выходя́щие. *His knowledge is outstanding.*

це́лый ряд—*a lot; many*

Что́бы купи́ть себе́ пла́тье по разме́ру, она́ обошла́ це́лый ряд магази́нов. *She visited a lot of stores in order to buy herself a dress in the right size.*

С

са́жа—*soot*

дела́—как са́жа бела́—*things are an awful mess; in a very bad way*

«Как дела?»—«Как са́жа бела́.» "How are things going?"—*"They're an awful mess."*

чёрный, как са́жа—*black as pitch*

У Ната́ши во́лосы чёрные, как са́жа. *Natasha's hair is black as pitch.*

сам—*myself; yourself; himself; herself*

сам не сво́й—*not to be* (or *feel like) oneself*

Сего́дня как-то я сам не сво́й. *Today I am somehow not myself.*

само́ собо́й—*by itself*

Пробле́ма реши́лась сама́ собо́й. *The problem got solved by itself.*

са́мый—*very; most*

в са́мом де́ле—*really; indeed; actually*

Вам, в са́мом де́ле, сто лет? *Are you really a hundred years old?*

в са́мый раз—*1. at the best possible time; just the right moment 2. as if it was made to order; be a perfect fit*

1. Он пришёл в са́мый раз к обе́ду. *He arrived for dinner at the best possible time.*
2. Э́тот жаке́т ему́ в са́мый раз. *This jacket fits him as if it was made to order.*

на са́мом де́ле—*actually; in fact; really*

На са́мом де́ле я не собира́лся е́хать, но меня́ сро́чно вы́звали. *Actually, I didn't want to go on a trip, but I was urgently summoned.*

э́то то же са́мое (де́ло)—*be all the same; amount to the same thing*

Покупа́ть о́вощи на ры́нке, э́то то же са́мое де́ло, что и в магази́не. *It amounts to the same thing if you buy your vegetables in a store or at the market.*

сапо́г—*boot*

два сапога́—па́ра—*two of a kind; they make a pair; be well matched*

Ива́н и Ле́на два сапога́—па́ра. *Ivan and Lena are quite well matched.*

сапоги́ всмя́тку—*rubbish; sheer nonsense*

Что Бори́с говори́т, э́то одни́ сапоги́ всмя́тку. *What Boris says is sheer nonsense.*

сапо́жник—*shoemaker*

сапо́жник без сапо́г—*the shoemaker's child goes barefoot*

Он архите́ктор, а у них до́ма нет—сапо́жник без сапо́г. *He is an architect but they have no house—the shoemaker's child goes barefoot.*

пья́н(ый) как сапо́жник—*be drunk as a sailor*

Он лежа́л на полу́, пья́ный как сапо́жник. *He lay on the floor, drunk as a sailor.*

са́хар—*sugar*

не са́хар—*not all milk and honey*

Моя жизнь с ней—не са́хар. *My life isn't all milk and honey with her.*

сва́дьба—*wedding*

бриллиа́нтовая (or **алма́зная**) **сва́дьба**—*75th wedding anniversary*

Мои́м сосе́дям уже́ недалеко́ до алма́зной сва́дьбы. *It's not too long before my neighbors' diamond jubilee.*

до сва́дьбы заживёт—*one will survive it; one will be just fine*

Пла́чущего ма́льчика ма́ма успоко́ила: «Твоя́ ра́на несерьёзна, до сва́дьбы заживёт.» *The mother comforted the crying little boy, "Your wound is not serious, you're going to be just fine."*

(как) на Мала́ньину сва́дьбу—*enough to feed an army*

На мой день рожде́ния мы напекли́ сто́лько пирого́в, как на Мала́ньину сва́дьбу. *We baked so many pies for my birthday that it was enough to feed an army.*

сват—*father of a son-in-law* (or *daughter-in-law)*

ни сват, ни брат—*no relation of one's; no kith or kin of one*

Как он сме́ет вме́шиваться в мою́ ли́чную жизнь? Он мне ни сват, ни брат. *How does he dare interfere with my personal life? He's no kith or kin of mine.*

све́дение—*information*

к ва́шему све́дению—*you might want to know; for your information*

К ва́шему све́дению, пи́сьменный экза́мен бу́дет за́втра. *For your information, the written examination will take place tomorrow.*

приня́ть к све́дению—*take into consideration* (or *account)*

Оле́г при́нял моё мне́ние к све́дению. *Oleg took my opinion into consideration.*

све́жесть—*freshness*

не пе́рвой све́жести—*1. not quite fresh 2. not very clean 3. not very young; past her prime*

1. О́вощи бы́ли не пе́рвой све́жести. *The vegetables weren't quite fresh.*
2. Посте́ль была́ не пе́рвой све́жести. *The bedding was not very clean.*
3. Неве́ста была́ не пе́рвой све́жести. *The bride was past her prime.*

све́рху—*from above*

све́рху до́низу—*1. from top to bottom 2. to the core*

1. Я обыска́л кварти́ру све́рху до́низу, но ключе́й не нашёл. *I searched my apartment from top to bottom, but couldn't find my keys.*
2. Он был плохо́й челове́к све́рху до́низу. *He was a man rotten to the core.*

смотре́ть све́рху вниз—*look down on someone*

На люде́й Никола́й смотре́л све́рху вниз, бу́дучи самоуве́ренным. *Being very self-assured, Nikolay looked down on people.*

свет—*light*

чуть свет—*crack of dawn*

Чуть свет Ива́н прие́хал. *Ivan arrived at the crack of dawn.*

свет—*world*

выпуска́ть в свет—*publish*

Мою кни́гу вы́пустили в свет год тому́ наза́д. *My book was published a year ago.*

выходи́ть в свет—*be published*

Но́вый журна́л выхо́дит в свет два ра́за в ме́сяц. *The new journal will be published twice a month.*

люби́ть свет—*enjoy society*

Она́ жизнера́достная, лю́бит свет. *She enjoys society as she is full of joie de vivre.*

на бе́лом све́те—*in the wide world*

Тако́й ма́тери, как моя́, нет на бе́лом све́те. *There isn't another mother like mine in the whole wide world!*

ни за что на све́те—*not for the life of one; not for anything in the world*

Ни за что на све́те я э́ту та́йну не расскажу́. *I won't give this secret away for anything in the world.*

переверну́ть весь свет—*leave no stone unturned; move heaven and earth*

Что́бы доказа́ть свою́ невино́вность, он переверну́л весь свет. *He left no stone unturned in order to prove his innocence.*

по всему́ све́ту—*high and low; everywhere*

Ива́н иска́л Ве́ру по всему́ све́ту. *Ivan was looking for Vera everywhere.*

руга́ть кого́ **на чём свет стои́т**—*call someone every name in the book*

Ива́н руга́л Никола́я на чём свет стои́т. *Ivan called Nikolay every name in the book.*

тот свет—*the other* (or *next) world*

Он до́лго не возвраща́лся с войны́, и мы счита́ли, что он уже́ на том све́те. *He didn't return from the war for a long time, so we thought he was already in the other world.*

яви́ться на свет; уви́деть свет (or **мир)**—*be born*

Моя сестра́ появи́лась на свет три го́да тому́ наза́д. *My sister was born three years ago.*

свида́ние—*meeting; appointment*

до ско́рого свида́ния!; до ско́рого!—*see you soon!*

«До ско́рого свида́ния!»—сказа́л Серге́й уходя́. *"See you soon," Sergey said as he was leaving.*

свиде́тель—*witness*

быть (or **служи́ть) живы́м свиде́телем**—*be a living monument*

Руи́ны це́ркви бы́ли живы́м свиде́телем войны́. *The church ruins were a living monument to the destructiveness of the war.*

свинья́—*pig; hog*

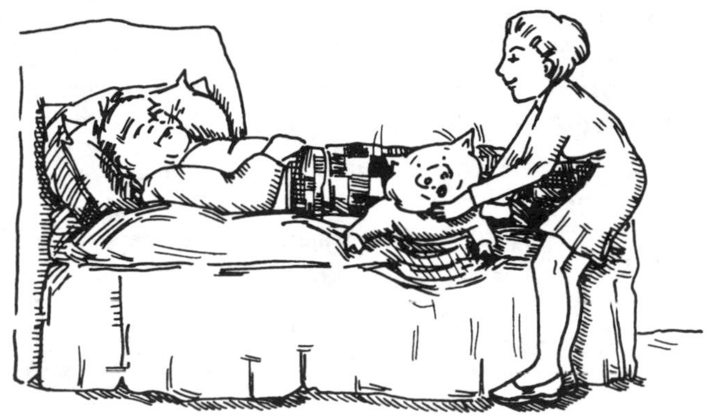

подложи́ть свинью́—*play a dirty* (or *mean) trick on someone*

Ле́на подложи́ла Па́влу свинью́ тем, что на свида́ние пришла́ с па́рнем. *Lena played a dirty trick on Pavel by showing up on their date with another young man.*

подложи́ть свинью́ самому́ себе́—*throw a stone in one's own garden*

Приня́в на рабо́ту растра́тчика, он подложи́л свинью́ самому́ себе́. *He threw a stone in his own garden by hiring an embezzler.*

посади́ свинью́ за стол, она́ и но́ги на стол—*give him an inch and he will take a mile*

Оле́г не зна́ет грани́цы—посади́ свинью́ за стол, она́ и но́ги на стол. *Oleg doesn't know the limits—give him an inch and he will take a mile.*

свой—*one's own*

на свои́х (на) двои́х—*on foot*

Он хо́дит на рабо́ту на свои́х двои́х. *He goes to work on foot.*

по-сво́йски—*free and easy*

Ива́н с на́ми обраща́лся по-сво́йски. *Ivan behaved free and easy in our company.*

сда́ча—*surrender; change*

дать сда́чи—*answer (*or *pay back) in kind*

Ну́жно уме́ть дать сда́чи, е́сли тебя́ оби́дят. *Insults should be paid back in kind.*

себя́—*myself; yourself*

быть вне себя́—*be beside oneself*

Оле́г был вне себя́ от го́ря. *Oleg was beside himself with grief.*

не по себе́—*be ill at ease; be uneasy*

Ле́не бы́ло не по себе́ в семье́ му́жа. *Lena felt ill at ease in her husband's family.*

уйти́ в себя́—*lost in thought; be pensive; withdrawn into oneself*

Он ушёл в себя́ и не заме́тил, когда́ я вошёл в ко́мнату. *Withdrawn into himself, he didn't notice when I entered the room.*

уйти́ к себе́—*withdraw to one's quarters; go to one's office*

По́сле ссо́ры с жено́й И́горь ушёл к себе́. *After the fight with his wife, Igor withdrew to his quarters.*

у себя́—*in; at home*

Да, Са́ша у себя́, он сейча́с подойдёт к телефо́ну. *Yes, Sasha's in; he'll come to the phone in a minute.*

сего́дня—*today*

не сего́дня—за́втра—*one of these days; any time* (or *moment) now*

Не сего́дня—за́втра мо́гут прие́хать ро́дственники. *One of these days our relatives may be arriving.*

сезо́н—*season*

ба́рхатный сезо́н—*the warm autumn months*

Мы взя́ли о́тпуск в ба́рхатный сезо́н. *We took our vacation during the warm autumn months.*

секре́т—*secret*

под стро́гим (or **строжа́йшим** or **больши́м**) **секре́том**—*in strict confidence*

Ива́н рассказа́л о своéй жи́зни под стро́гим секре́том. *Ivan talked about his life in strict confidence.*

секу́нда—*second*

одну́ (or **сию́**) **секу́нду!**—*just a moment!; wait a moment!*

Одну́ секу́нду, я верну́сь. *I'll be back in just one moment...*

секу́нда в секу́нду—*on the dot; at the precise time; right on time*

Я был уве́рен, что он рабо́ту вы́полнит секу́нда в секу́нду. *I was convinced that he'd complete his work on the dot.*

сентя́брь—*September*

смотре́ть сентябрём—*have a long face on; look morose*

По́сле похоро́н отца́ Ники́та смотре́л сентябрём. *Nikita looked morose after his father's funeral.*

се́рдце—*heart*

(бли́зко) принима́ть к се́рдцу—*take to heart*

Ни́на всё бли́зко принима́ет к се́рдцу, а пото́м не́рвничает. *Nina takes everything to heart, and then she gets nervous.*

брать за се́рдце—*move deeply*

Траге́дия сироты́ меня́ брала́ за се́рдце. *The tragedy of the orphan has moved me deeply.*

лежа́ть на се́рдце—*weigh heavily on one's mind*

Судьба́ угнетённых наро́дов лежи́т на се́рдце у меня́. *The fate of oppressed peoples weighs heavily on my mind.*

от всего́ се́рдца—*with all one's heart*

От всего́ се́рдца я поздра́вил мать с днём рожде́ния. *I congratulated my mother on her birthday with all my heart.*

по се́рдцу (or **душе́**)—*to one's liking; please one; something appeals to someone*

Изве́стно, что лесть всем по се́рдцу. *It is well known, that flattery pleases everyone.*

се́рдце замира́ет—*one's heart sinks* (or *skips a beat)*

Когда́ я получи́л счета́ из больни́цы, у меня́ се́рдце за́мерло. *My heart sank when I received the bill from the hospital.*

се́рдце (or **душа́) не лежи́т**—*have no liking for; something doesn't appeal to one*

У меня́ се́рдце не лежи́т к совреме́нной му́зыке. *I have no liking for modern music.*

се́рдце не на ме́сте—*be anxious* (or *uneasy); be sick at heart; be worried sick*

Когда́ де́ти больны́, у ма́тери се́рдце не на ме́сте. *When her children are sick, the mother is sick at heart.*

се́рдце отхо́дит—*calm down*

Ма́ша легко́ раздража́ется, но её се́рдце бы́стро отхо́дит. *Masha becomes excited very easily, but she also cools down just as fast.*

скрепя́ се́рдце—*reluctantly*

Скрепя́ се́рдце Ле́на позвони́ла кредито́ру, что́бы объясни́ть, почему́ она́ не мо́жет плати́ть. *Reluctantly Lena phoned her creditor to explain why she couldn't pay.*

с лёгким се́рдцем—*without anxiety; lightheartedly*

Оле́г при́нял но́вый пост с лёгким се́рдцем. *Oleg assumed his new post without anxiety.*

середи́на—*middle*

золота́я середи́на—*happy middle; golden mean*

В жи́зни лу́чше всего́ держа́ться золото́й середи́ны. *It is best to keep to the golden mean in life.*

си́ла—*strength*

быть не под си́лу—*be too much for one; be more than one can handle*

Учёба э́тому ма́льчику не под си́лу. *Studying is too much for this boy.*

вступа́ть в (зако́нную) си́лу—*become effective*

Че́рез ме́сяц но́вые зако́ны всту́пят в си́лу. *New laws will become effective within a month.*

крича́ть и́зо всех сил—*cry (*or *shout) at the top of one's voice (*or *with all one's might)*

От бо́ли Арка́дий крича́л и́зо всех сил. *Arkady was shouting at the top of his voice with pain.*

не рассчита́ть свои́х сил—*overestimate one's strength*

Не рассчита́в свои́х сил, он заболе́л. *He overestimated his strength and became ill.*

оста́ться в си́ле—*be effective; hold good*

На́ши реше́ния оста́лись в си́ле на до́лгое вре́мя. *Our decisions were effective for a long time.*

сказа́ть—*tell; say; talk*

как вам сказа́ть?—*how shall I put it?*

Ну как вам сказа́ть? Мне ка́жется, что вы с тако́й рабо́той не спра́витесь. *How shall I put it? It seems to me that this kind of work is not really for you.*

к сло́ву сказа́ть; кста́ти сказа́ть—*by the way*

Кстáти сказáть, я зáвтра уезжáю. *By the way—I'm off tomorrow on a trip.*

нéчего сказáть!—*I must say!*

Сергéй прав. Нéчего сказáть! *I must say—Sergey is right!*

ничегó не скáжешь—*one can't deny; one has to admit that*

Дом прóчно пострóен, ничегó не скáжешь. *The house is solidly built—one has to admit that!*

так сказáть—*so to speak*

Мы, так сказáть, ужé решúли э́ту проблéму. *We have solved this problem already, so to speak.*

скáтерть—*tablecloth*

скáтертью дорóга—*good riddance!*

Мóжешь уходúть, скáтертью тебé дорóга! *You may go! Good riddance!*

склáд—*stamp; mould*

ни склáду, ни лáду—*neither rhyme nor reason*

В расскáзе Никúты ни склáду, ни лáду. *There's no rhyme or reason to Nikita's story.*

склад умá—*mentality; way of thinking*

Э́то не по егó склáду умá дéло. *This is not a matter that corresponds to his way of thinking.*

скóлько—*how much*

скóлько угóдно—*to one's heart's content; as much as you want*

Кýшайте, скóлько угóдно! *Eat to your heart's content!*

скóрый—*quick; fast*

скорée всегó—*most likely; probably*

Скорée всегó, дождя́ не бýдет. *It is most likely that it won't rain.*

скýка—*bore*

зелёная скýка—*unbearable* (or *intolerable*) *boredom*

Э́та кнúга—зелёная скýка. *This book is unbearable boredom.*

наводи́ть ску́ку—*bore to death*

Арка́дий наводи́л ску́ку на меня́ свои́ми расска́зами. *Arkady bored me to death with his stories.*

сла́ва—*glory*

входи́ть в сла́ву—*win fame; become famous*

Получи́в Но́белевскую пре́мию, поэ́т вошёл в сла́ву. *The poet became famous after he won the Nobel Prize.*

сла́ва бо́гу—*thank God*

Сла́ва бо́гу мы жи́вы и здоро́вы. *Thank God, we're alive and healthy.*

на сла́ву—*excellent(ly); really well*

Рабо́ту мы вы́полнили на сла́ву. *We have really done our job well.*

след—*mark*

его́ и след просты́л—*vanish into thin air*

Его́ и сле́д просты́л, когда́ он заме́тил полице́йского. *He vanished into thin air when he saw the policeman.*

слеза́—*tear*

до слёз—*be extremely upset (*or *hurt* or *offended,* etc.*)*

До слёз бо́льно, что я напра́сно труди́лся. *It hurts to think that I have labored in vain.*

облива́ться слеза́ми—*dissolve in tears*

На похорона́х Ната́ша облива́лась слеза́ми. *Natasha dissolved in tears at the funeral.*

осуши́ть слёзы—*dry one's tears; comfort someone*

Тёплыми слова́ми И́горь осуши́л слёзы О́льге. *Igor comforted Olga with his compassionate words.*

отолью́тся слёзы—*will have to pay for*

Хотя́ Анато́лий оби́делся на Арка́дия, он ничего́ не сказа́л, но ду́мал: отолью́тся слёзы. *Although Anatoly got offended at*

Arkady, he didn't say anything and just thought, "He will have to pay for it."

сло́во—*word*

без да́льних (or **ли́шних) слов**—*without further ado*

Без да́льних слов, Михаи́л попроси́л меня́ оста́вить его́ в поко́е. *Without further ado, Mikhail asked me to leave him alone.*

брать сло́во—*deliver a speech*

На собра́ниях Са́ша ча́сто брал сло́во. *Sasha frequently delivered speeches at the meetings.*

брать сло́во с кого́—*make one promise*

Я уже́ не раз брал с Ники́ты сло́во, что он бро́сит кури́ть. *I made Nikita promise more than once that he would quit smoking.*

броса́ть слова́ на ве́тер—*1. waste words 2. speak* (or *talk) at random*

1. Ты лишь броса́ешь слова́ на ве́тер, когда́ даёшь ему́ сове́ты. *You'll just waste your words by giving him advice.*
2. Не поду́мав, Пётр броса́л слова́ на ве́тер. *Peter was talking thoughtlessly and at random.*

ве́рить на́ слово—*take one at one's word*

Че́стному челове́ку мо́жно ве́рить на́ слово. *You can take an honest person at his word.*

в двух слова́х; в коро́тких слова́х—*in a nutshell; briefly*

В двух слова́х я объясни́л Са́ше ситуа́цию. *I explained the situation to Sasha in a nutshell.*

двух слов связа́ть не мочь—*not to be able to put two words together*

И́горь постоя́нно хва́стался зна́нием францу́зского языка́, но когда́ пришло́сь говори́ть по-францу́зски, он двух слов связа́ть не мог. *Igor kept bragging about his knowledge of French, but when it came to having to speak French, he was unable to put two words together.*

держáть (своё) слóво—*be as good as one's word; stick to one's word*

Я обещáл Пáвлу держáть слóво. *I promised Pavel that I'd stick to my word.*

к слóву (сказáть)—*by the way; incidentally*

К слóву сказáть, в расскáзе Ивáна ни кáпли ӣстины нет. *By the way, there wasn't a shred of truth in Ivan's story.*

нет слов; слов нет—*there's no doubt*

Ивáн прав, слов нет. *There is no doubt that Ivan is right.*

слóво в слóво (or **до слóва)**—*word by word; word for word*

Слóво в слóво Грӣша передáл моӣ указáния. *Grisha transmitted my directives word by word.*

слóвó зá слово—*one word led to another*

Слóво зá слово, и вéчер прошёл. *One word led to another and the evening passed by.*

стоя́ть на своём слóве—*be as good as one's word*

В любóй ситуáции Борӣс стоя́л на своём слóве. *Boris was as good as his word in every situation.*

черкнýть нéсколько слов—*drop a line*

Я черкнýла Сáше нéсколько слов о встрéче на зáвтра. *I dropped Sasha a line about our meeting tomorrow.*

чéстное слóво!—*upon my word!; word of honor!*

Чéстное слóво, я э́то сдéлаю! *I'll do this—word of honor!*

словцó—*word*

крáсно словцó—*clever* (or *apt) remark*

Ӣгорь слáвился тем, что умéл встáвить крáсное словцó. *Igor was famous for his clever remarks.*

слóжность—*complication*

в óбщей слóжности—*in sum; in all*

В óбщей слóжности вéчер прошёл прия́тно. *In sum, the evening went by pleasantly.*

слон—*elephant*

(как) слон в посу́дной ла́вке—*(like) a bull in a china shop*

Йгорь на катке́, как слон в посу́дной ла́вке. *On a skating rink Igor is like a bull in a china shop.*

слона́ не приме́тить—*overlook the obvious*

В тако́м разнообра́зии това́ров да́же слона́ мо́жно не приме́тить. *In such an abundance of goods, one can easily overlook the obvious.*

слон на́ ухо наступи́л—SEE: **медве́дь на́ ухо наступи́л**

слу́жба—*service; work; favor*

дви́гаться (or **повыша́ться) по слу́жбе**—*get a promotion*

Андре́й бы́стро дви́гался по слу́жбе. *Andrey got a fast promotion.*

не в слу́жбу, а в дру́жбу—*for friendship's sake; do someone a favor*

Не в слу́жбу, а в дру́жбу за́втра подмени́ меня́ на рабо́те. *Please stand in for me at work tomorrow, for friendship's sake!*

сослужи́ть слу́жбу—*do a favor*

Сослужи́те мне слу́жбу, вы́зовите врача́! *Do me a favor and call the doctor, won't you?*

слух—*hearing*

ни слу́ху, ни ду́ху—*there's no news whatsoever*

По́сле отъе́зда Ле́ны о ней ни слу́ху, ни ду́ху. *There was no news from Lena whatsoever after she had left.*

обрати́ться (or **преврати́ться) в слух; навостри́ть** (or **насторожи́ть) слух**—*be all ears*

Когда́ выступа́л президе́нт, Фёдор весь обрати́лся в слух. *When the President appeared on the stage, Fedor was all ears.*

слу́чай—*case; occasion; accident*

в кра́йнем слу́чае—*if worst comes to worst*

В кра́йнем слу́чае, нам придётся отказа́ться от пое́здки. *If worst comes to worst we'll just have to cancel our trip.*

в лу́чшем слу́чае—*in the best of cases; in an optimal scenario*

В лу́чшем слу́чае Ива́на вы́берут президе́нтом. *In an optimal scenario, Ivan might be elected president.*

во вся́ком слу́чае—*in any case* (or *rate)*

Во вся́ком слу́чае позвони́ мне по́сле прие́зда. *Give me a ring once you've arrived, at any rate.*

на вся́кий слу́чай—*just in case*

На вся́кий слу́чай оста́вь свой но́мер телефо́на. *Give your phone number, just in case.*

ни в ко́ем слу́чае—*under no circumstances*

Ни в ко́ем слу́чае не продава́й дом. *Don't sell the house under any circumstances!*

от слу́чая к слу́чаю—*from time to time*

От слу́чая к слу́чаю Па́вел приезжа́л к нам в го́сти. *Pavel would visit us from time to time.*

при слу́чае—*on occasion; when opportunity offers; when you get a chance*

При слу́чае напиши́ подро́бное письмо́. *Write me a detailed letter when you get a chance!*

удо́бный слу́чай—*the right time; (if* or *when we get) a chance*

При удо́бном слу́чае мы поговори́м о твое́й пробле́ме. *We'll talk about your problem when we get a chance.*

смерть—*death*

до сме́рти хо́чется—*is dying for something; want something very much*

Петру́ до сме́рти хо́чется купи́ть я́хту. *Peter is dying to buy a yacht.*

смерть как люби́ть—*just love; love to distraction; be crazy about something*

Смерть как люблю́ слу́шать расска́зы Ве́ры. *I just love to listen to Vera's stories.*

умере́ть свое́й сме́ртью—*die a natural death*

На войне́ солда́т ре́дко умира́ет свое́й сме́ртью. *Soldiers seldom die a natural death in a war.*

смех—*laugh*

ката́ться (or **па́дать**) **со́ смеху; па́дать от сме́ха**—*roll with laughter*

От шу́ток Арка́дия мы ката́лись со́ смеху. *We were rolling with laughter from Arkady's jokes.*

ло́паться от сме́ха (or **со́ смеху**)—*burst with laughter*

Когда́ Степа́н расска́зывал анекдо́ты, мы про́сто ло́пались от сме́ха. *We simply burst with laughter when Stepan told us his jokes.*

поднима́ть на́ смех—*make a laughing stock of someone; make fun of someone*

Оле́г ча́сто поднима́л меня́ на́ смех. *Oleg often made me into a laughingstock.*

смотре́ть—*look; see*

смотре́ть в о́ба—*be on one's guard; be on alert; keep one's eyes open*

Э́тот челове́к—опа́сный банди́т, с ним ну́жно смотре́ть в о́ба. *This fellow is a dangerous criminal—keep your eyes open when he's around.*

смотри́(те)—*be sure*

Смотри́те, не забу́дьте вы́ключить свет. *Be sure not to forget to turn the light out!*

смотря́ как—*depending on*

«Мы пое́дем в Нью-Йорк?»—«Смотря́ как вы бу́дете себя́ вести́.» *"Are we going to New York?"—"We'll see; depends on how well you behave yourselves."*

смысл—*meaning; sense*

в не́котором смы́сле—*in a way*

В не́котором смы́сле Ива́н прав. *Ivan is right—in a way.*

в перено́сном смы́сле сло́ва—*figuratively; in the figurative sense of the word*

Э́то я сказа́л в перено́сном смы́сле сло́ва. *I said this in the figurative sense of the word.*

в по́лном смы́сле сло́ва—*in the full* (or *true*) *sense of the word*

Фёдор был в по́лном смы́сле сло́ва счастли́вым челове́ком. *Fedor was a happy man, in the true sense of the word.*

снег—*snow*

как (бу́дто or **сло́вно** or **то́чно) снег на го́лову**—*like a bolt from the blue; out of the clear blue sky; out of nowhere*

Мы до́лго не ви́дели А́нну, и вдруг она́ появи́лась, бу́дто снег на го́лову. *We hadn't seen Anna for a long time when she appeared like a bolt from the blue.*

ну́жен, как прошлого́дний снег—*someone needs something like a hole in the head*

Э́ти расхо́ды мне нужны́, как прошлого́дний снег. *I need these expenses like a hole in the head.*

собáка—*dog*

вéшать всех собáк—*blame somebody for everything*

Я ужé привы́к, что брáтья вéшают всех собáк на меня́. *I am used to the fact that my brothers blame me for everything.*

вот где собáка зары́та—*that's where the shoe pinches; that's where the trouble lies; that's the root of the matter*

«Вот где собáка зары́та»—сказáл проверя́ющий, когдá закóнчил ревúзию в бухгáлтерских документах. *"That's where the trouble lies," said the supervisor when he finished the checking of the ledgers.*

как собáка на сéне—*like a dog in the manger*

Петрý велосипéд не нýжен, а другúм не даёт; тóчно как собáка на сéне. *Peter doesn't want the bicycle and yet he won't give it to anyone else—like a dog in the manger.*

любúть как собáка пáлку—*love as a horse loves the whip*

Васúлий лю́бит свою́ рабóту как собáка пáлку. *Vasily loves his work like a horse loves the whip.*

нýжен, как собáке пя́тая ногá—*need as a fifth wheel* (or *like a hole in the head)*

Мне егó дрýжба нужнá, как собáке пя́тая ногá. *I need his friendship like a fifth wheel.*

собáке собáчья смерть—*a cur's death to a cur!*

Олéг всех обманýл, а сейчáс и сам попáл в ловýшку. Собáке собáчья смерть. *Oleg cheated everyone, but now he fell into his own trap. A cur's death to a cur!*

собáку съéсть—*be an old hand; know something inside out*

В компью́терном дéле Úгорь собáку съел. *Igor is an old hand when it comes to the computer.*

сóвесть—*conscience*

лежáть на сóвести—*have pangs of conscience*

Ошúбки, сдéланные в ю́ности, до сих пор лежáт на сóвести Аркáдия. *The mistakes Arkady made in his youth are still giving him pangs of conscience.*

по со́вести сказа́ть—*honestly speaking; to tell you the truth*
По со́вести сказа́ть, я о́чень го́лоден. *I am very hungry, to tell you the truth.*

со споко́йной со́вестью—*with a clear conscience; without a guilt complex*
Ири́на плохо́го ничего́ не сде́лала, она живёт со споко́йной со́вестью. *Since Irina hadn't done anything wrong, she lives with a clear conscience.*

хва́тит со́вести—*have the cheek; have the gall; have the nerve*
У Са́ши хвати́ло со́вести проси́ть у нас де́ньги. *Sasha had the nerve to ask us for money.*

совсе́м—*completely; entirely*

совсе́м бы́ло—*just about*
Я совсе́м бы́ло реши́л уе́хать в о́тпуск. *I've just about made up my mind to take a vacation trip.*

совсе́м наоборо́т—*just the other way around*
Я ду́мал, что о́бувь хоро́шего ка́чества, а оказа́лось совсе́м наоборо́т. *I thought that the shoes were of good quality, but it was just the other way around, as it turned out.*

совсе́м нет—*1. not in the least; not at all 2. out of the question*
1. У него́ совсе́м нет угрызе́ний со́вести за свои́ отрица́тельные посту́пки. *He has no guilty conscience in the least on account of his misdeeds.*
2. «Ты мо́жешь пойти́ с на́ми в теа́тр?»—«К сожале́нию, совсе́м нет.» *"Can you come with us to the theater?"—"Unfortunately, it's out of the question."*

сожале́ние—*regret*

к вели́кому моему́ сожале́нию—*much to my regret*
К вели́кому моему́ сожале́нию, я до́лжен уе́хать из го́рода. *Much to my regret, I must leave town.*

к сожале́нию—*unfortunately*
К сожале́нию, тепе́рь я не могу́ вам верну́ть мой долг. *Unfortunately, I cannot repay my debt to you just now.*

соль—*salt*

сы́пать соль на ра́ну—*rub it in*

Капитали́ст Михаи́л горди́лся, что у него́ есть Мерседе́с и не по́льзуется городски́м тра́нспортом. «Не сыпь мне соль на ра́ну!»—сказа́л обанкро́тившийся друг. *Mikhail was bragging that he has a Mercedes and doesn't use public transport. "Don't rub it in!" said his friend who suffered bankruptcy.*

сон—*sleep; dream*

ни сном ни ду́хом (не винова́т)—*be not guilty at all*

Вы́яснилось, что подсуди́мый ни сном ни ду́хом не винова́т. *It became clarified that the accused wasn't guilty at all.*

прия́тного сна!—*sleep well!; sleep tight*

«Прия́тного сна!»—сказа́ла мать де́тям. *"Sleep tight," the mother said to her children.*

сон в ру́ку—*the dream has come true*

Ната́ша вы́шла за́муж за миллионе́ра—сон в ру́ку. *Natasha's dream came true—she married a millionaire.*

сон (в го́лову) не идёт—*be unable to sleep; be unable to catch any z's*

Из-за волне́ния мне сон в го́лову не идёт. *I can't catch any z's because of all the excitement.*

сор—*rubbish*

выноси́ть сор из избы́—*wash one's dirty linen in public*

У Ле́ны была́ плоха́я привы́чка выноси́ть сор из избы́. *Lena had the bad habit of washing her dirty linen in public.*

соро́чка—*shirt*

роди́ться в соро́чке—SEE: **роди́ться в руба́шке**

соста́в—*composition; staff*

в по́лном соста́ве—*in a body; as one man; in its entirety*

На заседа́ние на́ша фи́рма появи́лась в по́лном соста́ве. *Our firm appeared in its entirety at the session.*

со́ус—*sauce; gravy*

ни под каки́м со́усом—SEE: **ни в ко́ем слу́чае**

спаси́бо—*thanks*

большо́е спаси́бо—*thanks a lot; many thanks*

Большо́е спаси́бо за ока́занную мне по́мощь. *Many thanks for the help you gave me.*

и на том спаси́бо; спаси́бо и на э́том—*one should be thankful at least for that*

Мы у́чимся на тру́дностях жи́зни, и на том спаси́бо. *We learn from the difficulties of life—one should be thankful at least for that.*

сде́лать за одно́ спаси́бо—*do something for love* (or *for free of charge)*

О́льга сде́лала мне мно́го услу́г за одно́ спаси́бо. *Olga did me many favors for love.*

спи́ца—*knitting needle; spoke*

после́дняя спи́ца в колесни́це—*be a tiny cog in a machine; be a small fry*

Почему́ Пётр тако́й самодово́льный? Ведь он после́дняя спи́ца в колесни́це на свое́й фи́рме. *Why is Peter so impressed with himself, when he is but a tiny cog in the machine at the firm?*

пя́тая спи́ца в колесни́це—SEE: **пя́тое колесо́ в теле́ге**

сре́дство—*means; way*

жить не по сре́дствам—*live beyond one's means*

Покупа́я бо́льше пла́тьев, чем ей ну́жно, сестра́ живёт не по сре́дствам. *By buying far more clothes than she needs, my sister lives beyond her means.*

зараба́тывать сре́дства на жизнь—*earn one's living*

Мы зарабáтываем срéдства на жизнь большúм трудóм. *We earn our living with great difficulty.*

не по срéдствам—*not to be able to afford something*

Предложúли дорогóй автомобúль, но мне э́то не по срéдствам. *I was offered an expensive car, but I just can't afford it.*

срок—*date; time*

к срóку—*on time*

Навéрно, мы не поспéем к срóку. *We probably won't make it on time.*

стáрость—*old age*

дожúть до глубóкой стáрости—*live to be very old*

Дéдушка дожúл до глубóкой стáрости и никогдá не болéл. *Grandpa lived to be very old and was never sick.*

на стáрости лет—*in one's old age*

На стáрости лет Степáн нáчал интересовáться садовóдством. *Stepan began to cultivate an interest in gardening in his old age.*

стать—*stand; become; begin*

во что бы то ни стáло—*at any price*

Во что бы то ни стáло, Ирúна хóчет стать актрúсой. *Irina wants to become an actress at any price.*

ни стать ни сесть—*there is no room at all; no room to (even) drop a needle*

На концéрте извéстной поп-звезды́ в зáле ни стать ни сесть. *There is no room at all at the famous pop singer's concert.*

ни стать ни сесть не умéть—*be uncultured*

Как он пойдёт на дипломатúческий приём? Он ни стать ни сесть не умéет. *How will he attend the diplomatic reception—he is so uncultured!*

стенá—*wall*

жить стенá в стенý—*live next door to someone*

Мы с подру́гой живём стена́ в стену́. *I live next door to my girlfriend.*

лезть на сте́ну—*be beside oneself with something; get mad*
От гне́ва Бори́с лез на сте́ну. *Boris was beside himself with fury.*

стол—*table*

ложи́ться на стол—*have surgery*
По́сле дли́тельного обсле́дования вы́яснилось, что Петру́ придётся лечь на стол. *After a lengthy examination it turned out that Peter had to have surgery.*

писа́ть на стол (or **в я́щик)**—*write for the desk drawer*
Стихи́ тала́нтливой поэте́ссы не издава́ли и она́ писа́ла на стол. *The talented poetess's verses didn't get published—she wrote for the desk drawer.*

сади́ться за оди́н стол—*sit down at the negotiating table*
Представи́тели бо́рющихся сторо́н наконе́ц се́ли за оди́н стол. *The representatives of the warring parties finally sat down at the negotiating table.*

столб—*pole*

стоя́ть столбо́м—*stand like a statue; stand dumb and motionless*
Когда́ преподава́тель спра́шивал Арка́дия, он стоя́л столбо́м. *When the teacher asked Arkady, he stood dumb and motionless.*

сто́ить—*cost*

не сто́ит (чего́-либо)—*don't mention it!*
Когда́ я поблагодари́л Па́вла, он ответи́л: «Не сто́ит благода́рности.» *When I thanked Pavel, he said, "Don't mention it!"*

ничего́ не сто́ит—*be like kid's play; be easy to handle* (or *take care of)*
Петру́ ничего́ не сто́ит отремонти́ровать автомоби́ль. *It's kid's play for Peter to repair the car.*

сто́ит то́лько мигну́ть—*all one has to do is snap one's fingers*

Мне сто́ит то́лько мигну́ть, и О́льга тут же вернётся ко мне. *All I have to do is snap my fingers and Olga comes running back to me.*

сторона́—*side; part; land*

брать (or **держа́ть** or **принима́ть**) **сто́рону**—*side with someone; be on someone's side*

Тёща Ива́на всегда́ держа́ла сто́рону свое́й до́чери. *Ivan's mother-in-law was always on her daughter's side.*

друга́я (or **оборо́тная**) **сторона́ (меда́ли)**—*other side of the coin; the downside of something; on the negative side of something*

У́мной же́нщине трудне́е вы́йти за́муж—вот оборо́тная сторона́ (меда́ли)! *The downside of being a smart woman is that it is harder to get married.*

лицева́я сторона́ до́ма—*front of the house*

Лицева́я сторона́ на́шего до́ма смо́трит на се́вер. *The front of our house faces north.*

с мое́й стороны́—*for my part*

С мое́й стороны́ что тре́бустся—я сде́лаю. *For my part, I'm doing all that's required.*

с одно́й стороны́ ... с друго́й стороны́—*on the one hand... on the other hand*

С одно́й стороны́ И́горь на́ши усло́вия не зна́л, с друго́й стороны́ он и не хоте́л их знать. *On the one hand, Igor didn't know our circumstances; on the other, neither did he want to.*

узна́ть стороно́й—*learn from hearsay; through the grapevine; (from the) scuttlebutt*

Стороно́й я узна́л, что О́льга вы́шла за́муж за моего́ дру́га. *I heard through the grapevine that Olga married my friend.*

стра́сть—*passion*

стра́сть как—*very much; intensely; passionately; be crazy about something*

Стра́сть как люблю́ путеше́ствовать. *I am crazy about traveling.*

стра́сть ско́лько—*very many; a dreadful quantity of; a huge amount*

Стра́сть ско́лько люде́й собрало́сь на пля́же. *There were dreadfully many people on the beach.*

стра́сть как хо́чется—*be dying to do something*

Стра́сть как Петру́ хо́чется уе́хать в Австра́лию. *Peter is dying to go to Australia.*

строй—*system; order*

войти́ в строй—*start to function; begin production; go into operation*

Но́вая фа́брика вошла́ в строй. *The new factory began production.*

вы́йти из стро́я—*1. go bad 2. become dysfunctional; break down; be out of order*

1. Бори́с сто́лько пья́нствовал, что его́ пе́чень вы́шла из стро́я. *Boris drank so much that his liver went bad.*
2. В на́шем до́ме лифт сно́ва вы́шел из стро́я. *The elevator has broken down again in our building.*

вы́вести из стро́я—*put out of action*

Жильцы́ до́ма вы́вели из стро́я водопрово́д. *The tenants put the water pipe out of action.*

стул—*chair*

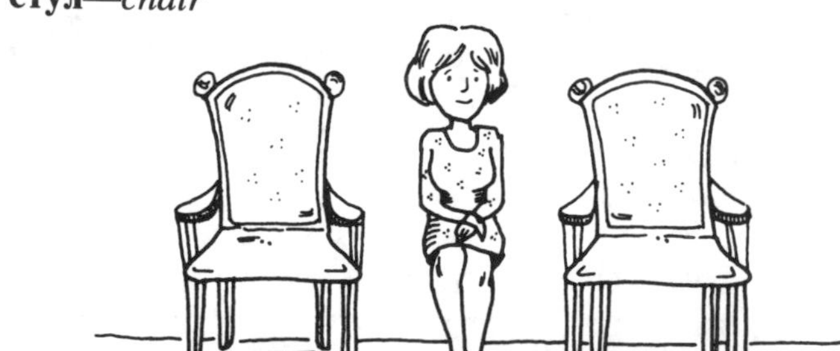

сиде́ть ме́жду двух сту́льев—*sit on the fence; to equivocate*

Ма́ша сиде́ла ме́жду двух сту́льев, не зна́я что де́лать: вы́йти за́муж и́ли поступи́ть в университе́т. *Masha didn't know whether to get married or attend the university—she was sitting on the fence.*

стыд—*shame*

как вам не сты́дно—*aren't you ashamed (of yourself) for doing something?*

Как вам не сты́дно так вражде́бно клевета́ть на колле́г? *Aren't you ashamed of yourself for badmouthing your colleagues so maliciously?*

нет стыда́ в глаза́х—*have no shame at all*

О́льга нам нагруби́ла и на сле́дующий день опя́ть пришла́. У неё про́сто стыда́ в глаза́х нет. *Olga offended us, yet next day she came to see us again. She has no shame at all.*

суд—*court; trial*

отдава́ть под суд; привлека́ть к суду́; предава́ть суду́—*put on trial; take to court*

За убийство его́ отда́ли под суд. *He was put on trial for murder.*

судьба́—*fate*

благодари́ть судьбу́—*thank one's lucky stars*

За мои́ успе́хи я благодарю́ судьбу́. *I thank my lucky stars for my success.*

искуша́ть судьбу́—*fly into the face of providence; tempt fate*

Свои́ми отрица́тельными де́йствиями Бори́с искуша́л судьбу́. *Boris was tempting fate with his thoughtless actions.*

каки́ми судьба́ми?—*what good wind brings you here? how on earth did you get here?*

Каки́ми судьба́ми ты яви́лся в наш университе́т? *How on earth did you get to our university?*

не судьба́—*not to be in the cards* (or *stars)*

Не судьба́ нам жени́ться. *It's not in the cards for us to get married.*

реша́ть судьбу́—*seal one's fate*

Случа́йная встре́ча реши́ла их судьбу́. *The accidental encounter sealed their fate.*

сумасше́ствие—*madness*

доводи́ть до сумасше́ствия—*drive someone mad*

Шум дете́й доводи́л нас до сумасше́ствия. *The noise of the kids was driving us mad.*

су́мма—*amount; sum*

кру́глая (or **кру́гленькая) су́мма**—*a pretty penny; a lot of money*

Кругосве́тное путеше́ствие обошло́сь нам в кру́гленькую су́мму. *Our trip around the world has cost us a pretty penny.*

существо́—*essence; being*

по существу́ (говоря́)—*in substance; basically; in essence*

Серге́й, по существу́, и́скренний челове́к. *Sergey is, basically, a sincere person.*

су́щность—*essence*

в су́щности (говоря́)—SEE: **по существу́ (говоря́)**

сча́стье—*happiness; luck*

име́ть сча́стье—*be honored; have the honor*

Я име́ю сча́стье прочита́ть ва́шу кни́гу. *I am honored to be reading your book.*

сча́стье измени́ло—*one's luck's run out*

По́сле мно́гих лет бога́тства, сча́стье нам измени́ло. *After many years of riches, our luck (finally) ran out.*

счёт—*bill; account*

в два счёта—*in a jiffy*

Я за́втрак пригото́влю в два счёта. *I'll fix the breakfast in a jiffy.*

в коне́чном (or **после́днем) счёте**—*finally; in the end*

В конéчном счёте всё хорошó получи́лось в моéй жи́зни. *In the end, everything has turned out OK in my life.*

для рóвного счёта—*make it even*

Для рóвного счёта мы прибáвили по два дóллара, чтóбы купи́ть подáрок для секретáрши. *To make it even, we all chipped in $2 so we can buy a present for the secretary.*

относи́ть (or **принимáть) на свой счёт**—*take something personally*

Мы говори́ли о знакóмом, а Пáвел отнёс э́то на свой счёт. *We were talking about an acquaintance, but Pavel took it personally.*

сын; сынóк—*son*

мáменькин сынóк—*mother's darling*

Éсли мáменькин сынóк попадáет в áрмию, то емý óчень тяжелó прихóдится. *When a mother's darling enters the military, he'll have a real rough time.*

сыр—*cheese*

катáться, как сыр в мáсле—*live off the fat of the land; be in clover*

Вы́играв в лотерéю, они́ катáлись как сыр в мáсле. *They were in clover when they won the lottery.*

T

тáйна—*secret*

открывáть тáйну—*reveal a secret*

Я случáйно откры́л тáйну о прóшлом моéй жены́. *I've accidentally revealed a secret about my wife's past.*

посвящáть в тáйну—*let someone into a secret*

Я не кáждого посвящáю в свои́ тáйны. *I don't let just anyone into my secrets.*

хранúть в тáйне—*keep something a secret*

Своё разочаровáние Ивáн бóльше не мог хранúть в тáйне. *Ivan could no longer keep his disappointment a secret.*

так—*so*

и так дáлее (и т.д.)—*etc.; and so on*

Ирúна умéет шить, вязáть, вышивáть, и так дáлее. *Irina knows how to sew, knit, embroider, and so on.*

и так—*as it is; in the first place; to begin with*

Дéнег и так нет, а ты ещё трáтишь на космéтику. *As it is, there's no money—and yet you keep spending on cosmetics!*

так úли инáче—*1. in any case 2. one way or (an)other*

1. Так úли инáче, мне придётся изучáть языкú. *I must study languages in any case.*
2. Так или инáче, я узнáю прáвду. *One way or another, I will learn the truth.*

так как—*because; since*

Так как бы́ло уже пóздно, мы поéхали домóй. *We went home, because it was late already.*

так себé—*1. so-so 2. just passable; nothing special*

1. «Как вы себя́ чу́вствуете?»—«Так себé.» *"How are you?—"So-so."*
2. Нóвый рестора́н так себé. *The new restaurant is just passable.*

так тóчно—*yes, exactly!; that's right!; yes Sir (*or *Madam)!*

«Вы написáли рáпорт?»—«Так, тóчно, товáрищ полкóвник!» *"Did you write the report?"—"Yes, exactly, Comrade Colonel!"*

так что—*so*

Я ужé купúл тебé билéт, так что мóжешь éхать в óтпуск. *I bought your ticket already, so you can leave for your vacation.*

талáнт—*talent*

зары́ть (or **закопáть**) **талáнт в зéмлю**—*waste one's talent; hide one's light under a bushel*

О́льга зары́ла музыка́льный тала́нт в зе́млю, занима́ясь то́лько дома́шним хозя́йством. *Olga was wasting her musical talent by doing nothing except housekeeping.*

там—*there*

там ви́дно бу́дет—*we shall see when the time comes; we shall see when we get to it*

Там ви́дно бу́дет, как нам с на́шим прое́ктом пойти́ да́льше. *We'll see when the time comes how to proceed with this project.*

там же—*in the same place*

Бори́с рабо́тает там же, где его́ оте́ц. *Boris works at the same place as his father.*

там и тут; там и сям—*here and there and everywhere; every which way*

Там и тут бы́ли разбро́саны ве́щи в кварти́ре по́сле о́быска. *After the house search things lay strewn around here and there and everywere.*

там хорошо́, где нас нет—*the grass is (always) green(er) on the other side of the fence*

Ни́на ду́мает, что мне живётся лу́чше, чем ей. Там хорошо́, где нас нет. *Nina thinks that I do much better than she—the grass is always greener on the other side of the fence.*

таре́лка—*plate*

быть не в свое́й таре́лке—*be not quite oneself; feel ill at ease*

Среди́ чужи́х Ната́ша была́ не в свое́й таре́лке. *Natasha felt ill at ease among the strangers.*

теа́тр—*theater*

зелёный теа́тр—*open air theater*

Ле́том мы хо́дим в зелёный теа́тр. *We frequent the open air theater in the summer.*

телегра́мма—*telegram*

телегра́мма-мо́лния—*express telegram*

В день рожде́ния я получи́л телегра́мму-мо́лнию. *I received an express telegram for my birthday.*

телефо́н—*phone*

(часа́ми) висе́ть (or **пови́снуть) на телефо́не**—*be on the phone for an excessively long time* (or *for ages*)

На́ши де́ти часа́ми вися́т на телефо́не. *Our kids are on the phone for ages.*

тем—*instrumental form of* **тот**

ме́жду тем как—*whereas; while*

Я уже́ пообе́дал, ме́жду тем как она́ ещё не се́ла за стол. *I already had my dinner, whereas she didn't even sit down yet.*

тем бо́лее—*the more so; all the more*

Будь осторо́жен, тем бо́лее, что ты бо́лен. *Take care of yourself—all the more, as you're sick!*

тем не ме́нее—*nevertheless*

Име́я пробле́мы, тем не ме́нее мы сча́стливы. *Although we have some problems, we are, nevertheless, happy.*

тем ху́же—*so much the worse*

Ива́н до сих пор не зна́ет англи́йский, тем ху́же для него́. *Ivan still speaks no English—so much the worse for him!*

те́ма—*subject; topic*

быть не по те́ме—*be beside the point*

Его́ аргуме́нты не по те́ме. *His arguments are beside the point.*

говори́ть по те́ме—*keep to the point*

В свои́х выступле́ниях И́горь всегда́ говори́т по те́ме. *Igor always keeps to the point with his comments.*

темп—*tempo; rate; speed*

в те́мпе—*posthaste; real fast*

Порабо́тай в те́мпе, а пото́м пойдём в рестора́н. *Work real fast and then we'll go to a restaurant.*

тень—*shade*

наводи́ть тень на плете́нь (or **я́сный день**)—*confuse matters; fog* (or *cloud) the issue*

Пётр рассказа́л о Никола́е так, как ему́ бы́ло вы́годно. Э́тим он наводи́л тень на плете́нь. *Peter spoke about Nikolay as it was favorable to himself—thereby he confused the matter.*

терпе́ние—*patience*

выводи́ть из терпе́ния—*try someone's patience*

Ученики́ ча́сто выво́дят из терпе́ния учителе́й. *Students often try the teachers' patience.*

вы́йти из терпе́ния—*lose patience*

Дискути́руя с Бори́сом, я стара́лся не вы́йти из терпе́ния. *I tried not to lose my patience while talking to Boris.*

терпе́ние ло́пается—*one's patience is* (or *gets) exhausted*

Бори́с так мно́го говори́л, что моё терпе́ние ло́пнуло. *Boris talked so much that my patience got exhausted.*

тече́ние—*current*

в тече́ние—*during; in the course of something*

В тече́ние ле́та Са́ша объе́здил всю страну́. *Sasha traveled all over the country during the summer.*

с тече́нием вре́мени—*in time; eventually; as time goes by*

С тече́нием вре́мени все невзго́ды уля́гутся. *All troubles go away as time goes by.*

това́р—*goods; merchandise.*

хо́дкий това́р—*goods in great demand*

Ле́гче всего́ продава́ть хо́дкий това́р. *The easiest to sell are goods in great demand.*

толк—*sense; use*

с то́лком—*properly; sensibly*

Нача́льник от нас потре́бовал вы́полнить рабо́ту с то́лком. *The boss demanded of us that we do our work properly.*

то́лько—*only; but; just*

то́лько и всего́—*(that's) all; nothing more*

Он подари́л мне одну́ ро́зу—то́лько и всего́. *All he gave me was a rose.*

то́лько что—*1. just 2. no sooner than*

1. Я то́лько что прие́хал из командиро́вки. *I just arrived back from my business trip.*
2. Са́ша то́лько что прие́хал, а его́ вы́звали обра́тно. *No sooner had Sasha arrived than he was called back.*

то́лько что не—*just short of; almost*

Пётр говори́л так гро́мко, то́лько что не крича́л. *Peter spoke so loudly, it was just short of shouting.*

тон—*tone; tune*

впада́ть в шу́точный тон—*speak in a funny* (or *joking* or *teasing) manner; assume a humorous manner*

По́сле посеще́ния конце́рта изве́стного юмори́ста, И́горь впал в шу́точный тон. *After the famous humorist's performance, Igor assumed a humorous manner himself.*

задава́ть тон—*set the tone*

В кругу́ друзе́й Ната́ша всегда́ задаёт тон. *It's always Natasha who sets the tone in her circle of friends.*

попада́ть в тон—*strike the right tone*

У Михайла тала́нт попада́ть в тон собесе́днику. *Mikhail has the talent to strike the right tone with the person he's speaking to.*

тот; то—*that*

до того́—*to such a degree; to the point where*

Он до того́ напи́лся, что не мог подня́ться с ме́ста. *He got drunk to the point where he couldn't get up from his seat.*

не без того́—*one could say that; one cannot deny*

Я челове́к неуравнове́шенный, во вре́мя бесе́ды могу́ сорва́ться, не без того́. *One cannot deny that I am not well balanced and that I can explode during a conversation.*

несмотря́ на то, что—*in spite of the fact that*

Несмотря́ на то, что была́ плоха́я пого́да, мы пое́хали в го́ры. *In spite of the fact that the weather was bad, we took off for the mountains.*

не то, что́бы—*not exactly*

Ми́ша не то, что́бы ге́ний, но о́чень у́мный. *Misha is not exactly a genius, but he's rather smart.*

по́сле того́, как—*after*

По́сле того́, как мы пожени́лись, мы кру́пно поссо́рились. *Just after we had tied the knot we had a terrible fight.*

то́ есть—*that is*

Мы добира́лись до Вене́ции во́дным путём, то́ есть на корабле́. *We reached Venice by water—that is, by boat.*

то́чка—*dot; point*

дойти́ до мёртвой то́чки *come to a stop; come to a halt; be interrupted*

Из-за нехва́тки фина́нсов строи́тельство на́шей да́чи дошло́ до мёртвой то́чки. *Because of the finances the building of our summer cottage came to a halt.*

и то́чка!—*period!*

Ма́льчик заяви́л, что не вернётся в шко́лу, и то́чка. *The boy declared that he refuses to go back to school, period.*

попа́сть в то́чку—*hit the nail right on the head*

Свои́м выска́зыванием он попа́л в то́чку. *He hit the nail right on the head with his statement.*

ста́вить то́чки над «и»—*dot the "i's" and cross the "t's"; finish the fine detail; complete*

По́сле дли́тельных перегово́ров мы поста́вили то́чки над «и». *After extended negotiations we dotted the "i's" and crossed the "t's."*

то́чка в то́чку—*exactly; to a "T."*

Мне́ния А́нны и Никола́я совпада́ют то́чка в то́чку. *Anna's and Nikolay's opinions match to a "T."*

то́чка зре́ния—*point of view*

Па́вел ве́рит то́лько свое́й то́чке зре́ния. *Pavel only believes in his own point of view.*

трава́—*grass*

траво́й пороcло́—*gone and all forgotten; gone with the wind*

На́ши ю́ные мечты́ уже́ траво́й поросли́. *The dreams of our young years are all gone and forgotten.*

труба́—*pipe*

вы́лететь в трубу́—*go bankrupt; go broke*

Мы всё потеря́ли и вы́летели в трубу́. *We lost everything and went bankrupt.*

спуска́ть в трубу́—*waste; squander*

Ива́п спусти́л в трубу́ всё своё иму́щество. *Ivan squandered his whole inheritance.*

труд—*work; difficulty*

брать (or **приня́ть) на себя́ труд; дать себе́ труд**—*take the trouble*

Профе́ссор взял на себя́ труд дать мне сове́т, как улу́чшить мою́ рабо́ту. *The professor took the trouble to make suggestions how to improve my work.*

не пожале́ть труда́—*spare no effort to do something*

Что́бы дости́чь успе́хов, Ники́та не пожале́л труда́. *Nikita spared no effort to achieve success.*

не сто́ит труда́—*it's not worth the trouble*

Не сто́ит труда́ стара́ться убеди́ть Петра́, он нам всё равно́ не ве́рит. *It's not worth trying to convince Peter—he won't believe us anyway.*

с трудо́м—*hardly be able to manage; barely to succeed doing something*

Во вре́мя бу́ри мы с трудо́м перебира́лись на другу́ю сто́рону доро́ги. *We could hardly manage to reach the other side of the road in the storm.*

с трудо́м перебива́ться—*live from hand to mouth*

На свою́ скро́мную зарпла́ту на́ша семья́ с трудо́м перебива́ется. *Our family lives from hand to mouth on a modest income.*

туда́—*there*

ни туда́, ни сюда́—*be stuck; be unable to move left or right*

С та́кой репута́цией Петру́ в по́иске рабо́ты—ни туда́, ни сюда́. *With such a reputation Peter is stuck on the job market.*

туда́ и обра́тно—*there and back*

Мы ежедне́вно е́здим туда́ и обра́тно на авто́бусе. *Every day we go by bus there and back.*

туда́ и сюда́—*back and forth; to and fro; up and down*

От волне́ния Ма́ша ходи́ла туда́ и сюда́ по ко́мнате. *Masha was pacing back and forth in the room in her excitement.*

тупи́к—*dead-end street*

быть в тупике́; зайти́ в тупи́к—*be at a loss; reach a dead end*

Мы до́лго обсужда́ли э́тот вопро́с, пока́ не зашли́ в тупи́к. *We discussed the problem at great length until we reached a dead end.*

ста́вить в тупи́к—*stump someone; corner someone*

Профе́ссор свои́ми вопро́сами поста́вил студе́нта в тупи́к. *The professor stumped the student with his questions.*

тут—*here*

при чём тут я?—*what business of mine is it?*

Е́сли Арка́дий провали́лся на экза́мене, то при чём тут я? *What business of mine is it if Arkady flunked his exam?*

тут же—*at once; immediately*

Гром загреме́л, и тут же пошёл дождь. *There was loud thunder and immediately it started to rain.*

тут как тут—*there one is; there they are*

Я то́лько поду́мал о Ната́ше, и вдруг она́ тут как тут! *I was just thinking of Natasha, and suddenly there she was!*

тут чего́-то не так—*something is wrong here*

Рассма́тривая счета́, я заме́тил, что тут чего́-то не так сде́лано. *I noticed that something was wrong here as I went through the account.*

я тут ни при чём—*I'm innocent; I've got nothing to do with something*

Меня́ обвиня́ли в кра́же докуме́нтов, но я тут ни при чём. *I was accused of theft, but I've got nothing to do with it.*

ту́ча—*cloud*

ту́ча-ту́чей—*1. in a swarm 2. morose; gloomy*

1. Ле́том на берегу́ о́зера комары́—ту́ча ту́чей. *In the summer there are swarms of mosquitoes on the lakeshore.*
2. По́сле ухо́да А́нны Бори́с стал ту́ча-ту́чей. *After Anna's departure, Boris became morose.*

ты—*you*

быть (or **говори́ть** or **обраща́ться) на ты**—*be on first name terms; "thee-and-thou" someone*

Он со все́ми был на ты *or* Он ко все́м обраща́лся на ты. *He was on first name terms with everybody.*

тяп

тяп да ляп; тяп-ляп—*anyhow; in a slipshod way; haphazardly*

Дома́шнее зада́ние де́вочка сде́лала тяп да ляп. *The girl did her homework haphazardly.*

убежде́ние—*persuasion; belief*

приходи́ть к убежде́нию—*arrive at a conclusion*

Коми́ссия пришла́ к убежде́нию, что бухга́лтер присво́ил де́ньги. *The committee arrived at the conclusion that the bookkeeper stole the money.*

уби́йство—*murder*

уби́йство и́з-за угла́—*treacherous murder*

Уби́йства и́з-за угла́ не быва́ют случа́йными. *Treacherous murders don't happen accidentally.*

уби́ть—*kill*

хоть убе́й—*for the life of me*

Хоть убе́й, я не зна́ю, где твои́ ключи́! *For the life of me, I don't know where your keys are!*

убы́ток—*loss*

продава́ть (or **торгова́ть) себе́ в убы́ток**—*sell oneself off* (or *trade) at a loss*

Обанкро́тившаяся фи́рма продава́ла себе́ в убы́ток. *After it went bankrupt, the firm sold itself off at a loss.*

увели́чить—*increase*

увели́чить вдво́е—*double*

Мы суме́ли увели́чить дохо́д вдво́е за счёт но́вой техноло́гии. *Thanks to the new technology we succeeded in doubling our income.*

уве́ренный—*assured; certain*

бу́дьте уве́рены!—*you can rest assured*

Вы дости́гнете свое́й це́ли, бу́дьте уве́рены! *You'll reach your goal, you can rest assured!*

уговóр—*persuasion; agreement*

уговóр дорóже дéнег—*a promise is a promise*

Éсли я обещáл, то сдéлаю—уговóр дорóже дéнег. *If I promise something, I'll do it, too. A promise is a promise.*

угоди́ть—*please; oblige*

на всех не угоди́шь—*you can't please everyone*

Старáйся как мóжешь, но на всех не угоди́шь. *You can try as hard as you want—you can't please everyone.*

ýгол; уголóк—*corner*

дéйствовать и́з-за углá—*be underhanded; act dishonestly* (or *treacherously)*

Тóлько хи́трый дéйствует и́з-за углá. *Only sly people act underhandedly.*

загоня́ть (or **прижимáть) в ýгол**—*be driven into a corner*

Зáгнанный в ýголИ́горь признáлся в своéй винé. *Driven into a corner, Igor confessed.*

под углóм зрéния—*from the point of view; from the vantage point of*

Бори́с всё рассмáтривает под свои́м углóм зрéния. *Boris looks at everything from his own point of view.*

срéзать ýгол—*take a shortcut*

Чтóбы быстрéе приéхать, мы срéзали ýгол. *We took a shortcut in order to get there faster.*

уголкóм глáза—*out of* (or *from) the corner of one's eye*

Онá смотрéла на меня́ уголкóм глáза. *She looked at me from the corner of her eye.*

шептáться (or **шушýкаться) по углáм**—*talk in secret* (or *in whispers)*

Девчóнки, как обы́чно, шептáлись по углáм. *The girls, as usual, were talking in whispers.*

у́голь—*coal*

быть (or **сиде́ть), как на угля́х** (or **уго́льях)**—*be (*or *sit) on pins and needles*

Ожида́я звонка́, Еле́на сиде́ла, как на у́глях. *Elena was sitting on pins and needles while she waited for the phone call.*

уда́р—*blow; stroke*

быть в уда́ре—*be in great form*

Сего́дня ве́чером Ива́н был в уда́ре. *Tonight Ivan was in great form.*

у́дочка—*fishing rod*

подде́ть (or **пойма́ть) на у́дочку**—*dupe; trick; outwit*

Ей каза́лось, что она́ мо́жет подде́ть меня́ на у́дочку. *It seemed to her that she might be able to outwit me.*

у́жас—*fright; horror*

до у́жаса—*terribly; an awful lot*

Я люблю́ сла́дости до у́жаса. *I like sweets an awful lot.*

прийти́ в у́жас—*be horrified*

Уви́дев мёртвого, я пришёл в у́жас. *I was horrified when I saw the dead body.*

узда́—*bridle*

держа́ть в узде́—*keep in check; hold in leash*

Полице́йский держа́л в узде́ престу́пника, освободи́вшегося на пору́ки. *The police officer kept the parolee in check.*

узело́к—*small knot*

завя́зывать узело́к (на па́мять)—*make sure that one won't forget something*

Она́ завяза́ла узело́к, что́бы не забы́ть меня́ поздра́вить с днём рожде́ния. *She made sure that she wouldn't forget to congratulate me on my birthday.*

у́йма—*load; heap*

име́ть у́йму вре́мени—*have all the time in the world*

А́нна до́лго говори́ла по телефо́ну, бу́дто име́ла у́йму вре́мени. *Anna spoke so long on the phone as if she had all the time in the world.*

уйти́—*leave*

не уйдёт—*it can wait; one can do it later*

Ты пока́ отложи́ э́ту рабо́ту, она́ не уйдёт. *Put this work on the side for a while—you can do it later.*

уйти́ ни с чем—*go away empty-handed*

По́сле разво́да муж ушёл ни с чем. *The husband left empty-handed after the divorce.*

у́лица—*street*

бу́дет на на́шей у́лице пра́здник—*our day will come*

Не грусти́, бу́дет и на на́шей у́лице пра́здник. *Don't be sad—our day will come!*

выноси́ть на у́лицу—*make something public*

У Ни́ны была́ привы́чка выноси́ть семе́йные пробле́мы на у́лицу. *Nina was in the habit of making family matters public.*

на у́лице—*outside; in the street*

Сего́дня о́чень хо́лодно на у́лице. *Today it's very cold outside.*

улыба́ться—*smile*

улыба́ться кому́-ли́бо—*appeal to someone; please someone*

Никола́ю улыбну́лось пое́хать в Аме́рику. *Nikolay was pleased by the thought of going to the States.*

ум—*mind*

бра́ться за ум—*become reasonable; come to one's senses*

Преподава́тель сказа́л ученика́м, что пора́ бра́ться за ум. *The teacher said to the students that it was time to come to their senses.*

быть без умá—*be charmed; be enthused about somebody or something; be crazy about something*

Женúх без умá от богáтства невéсты. *The groom is enthused about the bride's wealth.*

быть не в своём умé—*be off the rails; be out of one's mind*

Егó поведéние говорúт о том, что он не в своём умé. *His behavior indicated that he is out of his mind.*

в своём умé—*in one's right mind*

Тóлько лю́ди не в своём умé дýмают, что, запóлнив билéт, онú тут же вы́играют в лотерéю. *Only people not in their right mind think that just by filling out a slip they've already won the lottery.*

зáдним умóм крéпок—*be wise after the event; hindsight is 20-20*

Éсли бы я знал вчерá, что Úгорь своегó слóва не сдéржит, то я бы на негó не рассчúтывал. Человéк всегдá зáдним умóм крéпок. *If I had known yesterday that Igor wouldn't keep his word, I wouldn't have counted on him. One is always wise after the event.*

на ум не идёт—*won't even enter one's mind*

Петрý на ум не идёт рабóта. *Working doesn't even enter Peter's mind.*

сойтú с умá—*go off one's head; go mad*

У меня́ стóлько забóт, что я с умá сойдý. *I've got so much to worry about that I'm going mad.*

умá палáта—*very wise; have a lot of brains*

У моегó мýжа умá палáта. *My husband is very wise.*

что на умé, то и на языкé—*be frank; not to beat around the bush*

Ивáн не хóдит вокрýг да окóло, а что на умé, то и на языкé. *Ivan doesn't beat about the bush, he is frank.*

упóр—*rest; stop*

глядéть (or **смотрéть**) **в упóр**—*stare at someone or something in a fixed gaze*

Никола́й гляде́л на меня́ в упо́р. *Nikolay stared at me in a fixed gaze.*

сказа́ть в упо́р—*say something to someone's face* (or *point-blank)*

Я сказа́л в упо́р, что я о нём ду́маю. *I told him straight to his face what I thought of him.*

ура́—*hurrah*

на ура́—*haphazardly; by the seat of one's pants; on luck alone*

Экза́мен Степа́н сдал на ура́. *Stepan passed his exam by the seat of his pants.*

уро́к—*lesson; homework; class*

извле́чь уро́к—*learn a lesson*

Ива́н извлёк уро́к из свои́х оши́бок. *Ivan learned from his own mistakes.*

ус—*mustache*

и в ус (себе́) не дуть—*not to give a damn*

Срок отда́чи фо́рмы для но́вой рабо́ты уже прошёл, а Ники́та и в ус не дул. *The deadline for the application for a new job had passed already, but Nikita didn't give a damn.*

са́ми с уса́ми—*not to be a babe in the woods; have got brains, too*

Нас не обма́нешь, мы са́ми с уса́ми. *You can't cheat us—we're no babes in the woods either!*

усло́вие—*condition*

в настоя́щих усло́виях—*in these* (or *under the) circumstances*

В настоя́щих усло́виях тру́дно воспи́тывать дете́й. *It is a daunting task to bring up kids under the present circumstances.*

уста́—*mouth; lips*

быть на уста́х у всех—*be the talk of the town; be on everybody's lips*

Но́вые сканда́лы изве́стной актри́сы на уста́х у всех. *The famous actress's newest scandals are the talk of the town.*

из уст в уста́—*by word of mouth*

Но́вости о побе́де на́шей кома́нды передава́лись из уст в уста́. *The news of our team's victory was spreading by word of mouth.*

у́тка—*duck*

пусти́ть у́тку—*spread false rumors*

Противобо́рствующие па́ртии пусти́ли у́тку о свое́й побе́де. *The opposing parties spread false rumors about their respective victories.*

у́хо; у́шко—*ear*

быть по́ уши в долга́х—*be up to one's ears* (or *neck) in debts*

Оле́г жа́ловался, что он по́ уши в долга́х. *Oleg complained that he's up to his ears in debt*

быть по́ уши в рабо́те—*be up to the eyes in work*

Андре́й постоя́нно по́ уши в рабо́те. *Andrey is always up to the eyes in work.*

влюби́ться по́ уши—*be head over heels in love; be madly in love*

Уже́ на пе́рвой встре́че Па́вел влюби́лся в А́нну по́ уши. *Pavel fell head over heels in love with Anna at first sight.*

говори́ть на́ ухо—*whisper into one's ear*

Серге́й говори́л Ири́не на́ ухо о свое́й любви́. *Sergey whispered into Irina's ear about his love.*

держа́ть у́хо востро́—*watch one's step with someone; be on one's guard with someone*

С таки́м челове́ком сле́дует держа́ть у́хо востро́! *One has to watch one's step with such a person.*

доходи́ть до уше́й—*come to one's knowledge; become aware of*

Дошло́ до мои́х уше́й, что бухга́лтер присво́ил капита́л фи́рмы. *I became aware of the fact that the bookkeeper expropriated the company's funds.*

кре́пкий (or **туго́й**) **на́ ухо**—*hard of hearing*
Ба́бушка крепка́ на́ ухо. *Grandma is hard of hearing.*

навостри́ть у́ши—*prick up one's ears*
Когда́ они́ на́чали говори́ть обо мне, я навостри́л у́ши. *I pricked up my ears when they started to talk about me.*

покрасне́ть до уше́й—*blush to the roots of one's hair*
От смуще́ния Ле́на покрасне́ла до уше́й. *Lena blushed to the roots of her hair in her embarrasment.*

прожужжа́ть все у́ши—*din into one's ears*
Свои́ми тре́бованиями Ната́ша прожужжа́ла му́жу все у́ши. *Natasha dinned into her husband's ears with her demands.*

сказа́ть на у́шко—*whisper into someone's ear*
Э́то секре́т, но я тебе́ на у́шко скажу́. *This is a secret but I'll whisper it into your ear.*

у́шки на маку́шке—*be all ears; perk up one's ears*
Когда́ ма́ма чита́ла ска́зку о Зо́лушке, у Ма́ши у́шки бы́ли на маку́шке. *When Mother read the story about Cinderella, Masha was all ears.*

учёный—*learned; academic*

не учи́ учёного—*don't teach your grandmother; don't teach your father how to make a child*
Я и без тебя́ всё знаю. Не учи́ учёного! *I know everything even without you—don't teach your grandmother!*

фаво́р—*favor*

быть в фаво́ре—*be in one's good graces*
Я в фаво́ре у жены́ дире́ктора. *I am in the good graces of the director's wife.*

фасóн—*fashion; style*

держáть фасóн—*show off; put on the dog*

Лéна держáла фасóн не по средствáм. *Lena put on the dog beyond her means.*

фигýра—*figure*

крýпная фигýра—*important person*

В нáшей фи́рме Ивáн—крýпная фигýра. *Ivan is an important person at our firm.*

флаг—*flag*

под флáгом—*1. in the name of 2. in the guise of*

1. Под флáгом закóна стáлинская кли́ка совершáла преступлéния. *Stalin's clique committed crimes in the name of the law.*
2. Под флáгом нужды́ в гуманитáрной пóмощи нечéстное прави́тельство трáтило дéньги на себя́. *The dishonest regime spent the money for its own purposes in the guise of humanitarian help.*

фóкус—*trick*

выки́дывать фóкус—*play a trick*

Пётр вы́кинул очереднóй фóкус, чтóбы заня́ть мою́ дóлжность. *Peter played all sorts of dirty tricks in order to take over my job.*

фрáза—*sentence*

отдéлываться óбщими фрáзами—*fob something off*

Пáвлу нéчего сообщи́ть, поэ́тому он отдéлывается óбщими фрáзами. *Peter doesn't have anything real to say, so he fobs off the matter with empty phrases.*

фрукт—*fruit*

ну и фрукт!—*he is a rotten apple!; a bad egg*

Ну и фрукт! С ним не бу́дем дружи́ть. *We won't associate with him—he's a rotten apple.*

фунт—*pound*

вот так фунт!—*what a mess!*

Когда́ лифт останови́лся ме́жду двумя́ этажа́ми, мы воскли́кнули: «Вот так фунт!» *"What a mess!" we cried, when the elevator got stuck between two floors.*

не фунт изю́му!—*it isn't to be sneezed at! it isn't a trifle; be no easy matter*

Написа́ть рома́н—э́то не фунт изю́му! *It's no easy matter to be writing a novel!*

фуфу́

на фуфу́—*carelessly; thoughtlessly*

Бродя́га всю жизнь прожи́л на фуфу́. *The vagabond lived his entire life thoughtlessly.*

Х

хам—*cad; boor*

из ха́ма не быва́ет па́на—*you cannot make a silk purse out of a sow's ear*

Как Илья́ ни стара́лся вести́ себя́ культу́рно, но из ха́ма не быва́ет па́на. *Ilya did all he could to behave like a cultured person, but then you can't make a silk purse out of a sow's ear.*

ха́рактер—*disposition; temper; nature*

выде́рживать ха́рактер—*be firm; not to give in*

Во всех ситуа́циях Ива́н выде́рживает ха́рактер. *Ivan stays firm in all situations.*

не сойти́сь ха́рактером—*not to get along*

Ири́на и Никола́й, как ни стара́лись, всё-таки не сошли́сь хара́ктером. *No matter how hard Irina and Nikolay tried, they just didn't get along.*

ха́та—*peasant house*

моя́ (твоя́ ...) ха́та с кра́ю—*it's none of my (your...) business (*or *concern)*

Когда́ Васи́лий попроси́л Са́шу быть свиде́телем во вре́мя суда́, он отказа́лся, сказа́в: «Моя ха́та с кра́ю.» *When Vasily asked Sasha to be a witness at court, Sasha refused him by saying, "It's none of my business."*

хвата́ть—*have enough*

хва́тит!—*1. stop! 2. that'll do!; enough of that!*

1.«Хва́тит болта́ть!»—сказа́ла преподава́тельница. *"Stop chattering!" the teacher said.*

2. Хва́тит безде́льничать, пора́ занима́ться де́лом! *Enough of the loitering! Let's get down to work!*

хва́тит на сего́дня—*let's call it a day*

К ве́черу нача́льник сказа́л: «Хва́тит на сего́дня». *Toward evening the boss said, "Let's call it a day!"*

хвати́ть че́рез край—*exaggerate a bit*

Пётр хвати́л че́рез край в своём расска́зе. *Peter exaggerated a bit in his account.*

с меня́ хва́тит—*I've had enough; be fed up with something*

Э́та кни́га—зелёная ску́ка. С меня́ хва́тит! *This book is boredom incarnate. I'm all fed up with it.*

хвост—*tail; rear*

стоя́ть в хвосте́—*stand in line; queue up*

Мы стоя́ли в хвосте́ за биле́тами на конце́рт поп-му́зыки. *We stood in line to buy a ticket for the pop concert.*

хвóстик—*little tail*

с хвóстиком—*1. and (a little) more; plus 2. with (an) additional family member(s)*

1. Ей сóрок лет с хвóстиком. *She is forty-something.* 2. Он женúлся на жéнщине с хвóстиком. *He married a woman with an additional family member.*

хлеб—*bread; grain*

быть на хлебáх—*be kept* (or *supported) by someone else; be a boarder*

В моú студéнческие гóды я был на хлебáх у дя́ди. *During my student years I was a boarder at my uncle's.*

водúть хлеб-соль—*be friends; exchange frequent visits*

Мы вóдим хлеб-соль с сосéдями. *We are friends with our neighbors.*

встречáть хлéбом-сóлью—*give a warm welcome*

Нас рóдственники встречáли хлéбом-сóлью. *Our relatives gave us a warm welcome.*

есть чужóй хлеб—*live at someone else's expense; be a free-loader*

Никúта не рабóтает, а ест чужóй хлеб. *Nikita lives like a free-loader—he's got no job.*

зарабáтывать себé на хлеб—*earn one's living*

На хлеб Сáша себé всегдá зарабáтывал. *Sasha has always earned his own living.*

хлебнýть лúшнего—*have a drop too much; have one too many*

На свáдьбе дóчери Ивáн хлебнýл лúшнего. *Ivan had one too many at his daughter's wedding.*

хлеб с мáслом—*live well; have enough to live on*

Пётр зарабáтывает себé на хлеб с мáслом. *Peter makes a good living.*

хлóпоты—*trouble*

хлопóт (or **забóт) пóлон рот**—*have one's hands full*

У Ле́ны больша́я семья́, хлопо́т по́лон рот. *Lena has a large family—she's got her hands full.*

ход—*motion; course*

быть в (большо́м) ходу́—*be in (great) demand*

Кроссо́вки везде́ в большо́м ходу́. *Sneakers are in great demand everywhere.*

знать все ходы́ и вы́ходы—*know the ropes; know all the ins and outs*

Ива́н в э́том де́ле знал все ходы́ и вы́ходы. *Ivan knew all the ropes of this business.*

по́лным хо́дом—*in full swing; at top speed*

Рабо́та идёт по́лным хо́дом на на́шей фа́брике. *Work is in full swing at our factory.*

пуска́ть в ход—*1. get started 2. use*

1. Заво́д пу́стят в ход то́лько по́сле капита́льного ремо́нта. *The factory will get started only after a major overhaul.*
2. Ива́н пусти́л все свя́зи в ход, что́бы дости́гнуть своей́ полити́ческой це́ли. *Ivan used all of his connections in order to reach his political goals.*

ход конём—*decisive step*

Эмигра́ция в Аме́рику—это был ход конём в мое́й жи́зни. *Emigration to the States was the decisive step in my life.*

хозя́ин—*owner; host; master*

быть хозя́ином положе́ния—*have the upper hand; be master of the situation*

Бори́с как адвока́т был хозя́ином положе́ния в перегово́рах. *Being a lawyer Boris had the upper hand during the negotiations.*

быть хозя́ином своего́ сло́ва—SEE: **быть господи́ном своего́ сло́ва**

сам себе́ хозя́ин—SEE: **сам себе́ голова́**

хо́лод—*cold*

а́дский (or **соба́чий**) **хо́лод**—*bitter cold*

В а́дский хо́лод мы поéхали в лес за ёлкой. *We went to the forest for a Christmas tree in the bitter cold.*

обда́ть хо́лодом—*turn a cold shoulder to someone*

С ним неприя́тно; он обдаёт всех хо́лодом. *It's unpleasant to be with him—he turns a cold shoulder to everyone.*

хоро́ший—*good*

всего́ хоро́шего!—*best of luck!*

«Всего́ хоро́шего!»—сказа́л Ники́та проща́ясь. *"Best of luck!" Nikita said as we parted.*

что хоро́шего?—*what's the news?*

Ещё с поро́га Са́ша спроси́л: «Что хоро́шего?» *Sasha asked already from the threshhold, "What's the news?"*

хоте́ть—*want; wish*

хо́чешь, не хо́чешь—*like it or not; willy-nilly*

Хо́чешь, не хо́чешь, но в шко́лу идти́ ну́жно. *Like it or not, you must go to school!*

хоть—*though; even; at least*

хо́ть бы—*1. I wish 2. the least (one can do)*

1. Хо́ть бы Никола́й меня́ по́нял! *I wish Nikolay would understand me!* 2. Хо́ть бы Ива́н подари́л бе́дной Ма́ше буке́т роз! *The least Ivan could give poor Masha is a bouquet of roses!*

хоть и—*although*

Хоть и бога́тый, Арка́дий жа́луется, как ни́щий. *Although Arkady is rich, he is poor-mouthing like a beggar.*

хоть како́й—*no matter what kind; any kind*

«Мне бы муж, хоть како́й!»—сказа́ла Ма́ша, не зна́я, кака́я она́ наи́вная. *"May I have a husband, any kind!" said Masha, not knowing how naive she was.*

хоть куда́!—*splendid!*

Ива́н па́рень хоть куда́! *Ivan is a splendid guy.*

хотя́—*although*

хотя́ бы—*even if*

Приезжа́йте к нам, хотя́ бы на денёк. *Come and visit us, even if only for a short day.*

Христос—*Christ*

Христа́ ра́ди—*for God's sake.*

Христа́ ра́ди, переста́нь пла́кать! *For God's sake, stop crying!*

Христо́с воскре́с!—*Christ has arisen!* (greeting on Easter Sunday)

При встре́че в Све́тлое Воскресе́нье Пётр приве́тствовал нас: «Христо́с воскре́с!»—«Войстину воскре́с!»—отве́тили мы. *Peter greeted us by saying, "Christ has arisen!" when we met on Easter Sunday. "Indeed He is risen!" we answered.*

Ц

цвет—*flower; bloom*

во цве́те лет—*in the prime of one's life*

Ива́н да́же во цве́те лет не дости́г призна́ния. *Ivan didn't get any recognition, not even in the prime of his life.*

загоре́ться как ма́ков(ый) цвет—*blush crimson*

Когда́ мы уличи́ли его́ во лжи, Па́вел загоре́лся, как ма́ковый цвет. *Pavel blushed crimson when we proved him a liar.*

целико́м—*whole; entirely*

целико́м и по́лностью—*completely; utterly and completely; without reservations*

Я ему́ доверя́ю целико́м и по́лностью. *I believe him utterly and completely.*

це́лый—*whole*

це́л(ый) и здоро́в(ый)—*alive and kicking; safe and sound*

Никола́й верну́лся по́сле кругосве́тного путеше́ствия цел и здоро́в. *Nikolay returned from his round-the-world trip safe and sound.*

цель—*goal; objective*

бить в цель—*achieve one's aim*

Бори́с сде́лал всё, что́бы бить в цель. *Boris did all he could in order to achieve his aim.*

бить ми́мо це́ли—*go astray; not to have any impact*

Но́вый дире́ктор бил ми́мо це́ли свои́ми чересчу́р честолюби́выми пла́нами. *The new director went astray with his over-ambitious plans.*

не отвеча́ть це́ли—*serve no purpose*

Безделу́шки на комо́де не отвеча́ли никако́й це́ли. *The knick-knacks in the credenza served no (useful) purpose.*

с како́й це́лью?—*what for?*

С како́й це́лью вы посыла́ете мне цветы́?—спроси́ла Ири́на. *"What are you sending me flowers for?" asked Irina.*

цена́—*price; value*

загну́ть це́ну—*charge an exorbitant price*

Хозя́ин магази́на загну́л та́кую це́ну за шу́бу, что мне бы́ло не по карма́ну. *The owner of the store charged such an exorbitant price for the fur coat that I just couldn't afford it.*

знать себе́ це́ну—*know one's own value*

Во всех ситуа́циях жи́зни Ири́на зна́ла себе́ це́ну. *Irina knew her own value in all situations of life.*

любо́й ceно́й—*at all costs; by hook or by crook*

Любо́й ceно́й Серге́й добива́лся свое́й це́ли. *Sergey strove to achieve his goals at all costs.*

нет цены́—*invaluable*

Ста́рым ру́кописям нет цены́. *The old manuscripts are invaluable.*

сбить це́ну (or **це́ны**)—*lower the price*

В конце́ сезо́на магази́ны сбива́ют це́ну на шу́бы. *At season's end stores lower the price of fur coats.*

цыплёнок—*chicken*

цыпля́т по о́сени счита́ют—*don't count your chickens before they're hatched*

Устро́ившись на рабо́ту, я уже́ мечта́л, что ско́ро бу́ду дире́ктором, но Ле́на напо́мнила мне, что цыпля́т по о́сени счита́ют. *When I got the job I dreamt that soon I'd be the director, but Lena reminded me not to count my chickens before they're hatched.*

Ч

чадра́—*chador*

(с)бро́сить чадру́—*become emancipated*

Же́нщины в на́шем ве́ке сбро́сили чадру́. *The women became emancipated during the course of the present century.*

ходи́ть под чадро́й—*pretend; hide one's real face*

Мы не зна́ли её и́стинные чу́вства, потому́ что Ната́ша ходи́ла под чадро́й. *We didn't know Natasha's true sentiments—she kept hiding her real face.*

чай—*tea*

гоня́ть чай—*spend one's time drinking tea*

По вечера́м мы с дру́гом гоня́ем чай. *My friend and I spend our time drinking tea in the evenings.*

дава́ть на чай (or **на чаёк**)—*give a tip*

Официа́нту в рестора́не мы всегда́ даём на чай. *We usually give the waiter a tip in the restaurant.*

час—*time; o'clock; hour*

би́тый час—*a whole hour; a good hour*

Мы жда́ли авто́буса би́тый час. *We were waiting a whole hour for the bus.*

в до́брый час!—*good luck!*

«Наконе́ц я устро́ился на рабо́ту.»—«В до́брый час!» *"I got a job at long last!"—"Good luck!"*

вся́кий час—*constantly; incessantly*

Гро́мкая му́зыка сосе́да меша́ла мне вся́кий час. *My neighbor's loud music kept bothering me constantly.*

в (or **че́рез) час по (ча́йной) ло́жке**—*1. in dribs and drabs 2. very slowly*

1. Ста́рая коро́ва дала́ молока́ в час по ча́йной ло́жке. *The old cow gave milk in driblets.* 2. Све́дения о землетрясе́нии мы получа́ли в час по ча́йной ло́жке. *We received news of the earthquake only very slowly.*

не в до́брый час—*in an evil hour; in an unlucky moment*

О́льга и Арка́дий познако́мились не в до́брый час. *It was in an evil hour that Olga and Arkady got acquainted.*

не ровён час—*who knows (*what may happen*)*

Хотя́ со́лнце све́тит, но хо́лодно. Не ровён час, мо́жно простуди́ться. *Although the sun is shining, it's cold. Who knows, one may catch a cold.*

стоя́ть на часа́х—*stand on guard; keep watch*

Пе́ред короле́вским дворцо́м охра́на стои́т на часа́х. *The guards keep watch in front of the royal palace.*

с час—*about an hour*

Никола́й занима́лся уро́ком с час. *Nikolay spent about an hour at his homework.*

с ча́су на час—*every moment*

Пассажи́ры, потерпе́вшие кораблекруше́ние, с ча́су на час поджида́ли спасе́ния. *The shipwrecked passengers expected to be rescued at any moment.*

час в час—*right on time*

Самолёт приземли́лся час в час. *The plane landed right on time.*

час-друго́й—*(for) an hour or two*

Мы побесе́довали час-друго́й. *We chatted for an hour or two.*

час о́т часу не ле́гче—*things are going from bad to worse*

«Ва́ша пробле́ма решена́?»—«Нет, совсе́м наоборо́т, час о́т часу не ле́гче.» *"Did your problem get resolved?"—"No, things are actually going from bad to worse."*

часы́ пик—*rush hour*

В часы́ пик тру́дно добира́ться на рабо́ту. *It's very difficult to get home during the rush hour.*

ча́ша—*cup; bowl*

перепо́лнить ча́шу (терпе́ния)—*be the last straw (that breaks the camel's back)*

Гру́бость Петра́ перепо́лнила ча́шу терпе́ния. *Peter's rudeness was the last straw that broke the camel's back.*

челове́к—*man; person*

все до одного́ челове́ка—*to a man; to the last person*

Все до одного́ челове́ка бы́ли со мной согла́сны. *Everybody agreed with me to the last person.*

полтора́ челове́ка—*very few people*

На заседа́нии бы́ло полтора́ челове́ка. *There were very few people at the meeting.*

с челове́ка—*a* (or *per*) *person; a head*

Они́ должны́ плати́ть за обе́д 10 до́лларов с челове́ка. *They have to pay $10 a person for dinner.*

у́зкий челове́к—*narrow-minded person*

С у́зким челове́ком тру́дно говори́ть о поли́тике. *It's very hard to discuss politics with a narrow-minded person.*

челове́к на все ру́ки—SEE: **ма́стер на все ру́ки**.

челове́к с вы́вертом—*eccentric man*

С Са́шей тру́дно дружи́ть, он челове́к с вы́вертом. *It's difficult to be friends with Sasha; he is an eccentric person.*

челове́к с и́менем—*well-known person*

В на́шей дере́вне ещё никогда́ не бы́ло челове́ка с и́менем. *There has never been a well-known person in our village.*

чепуха́—*nonsense*

чепуха́ на по́стном ма́сле—SEE: **ерунда́ на по́стном ма́сле**

червячо́к—*small worm*

замори́ть червячка́—*take a bite; take the edge off one's appetite*

Мы то́лько замори́ли червячка́ не име́я вре́мени обе́дать. *Since we had no time to eat dinner, we just had a bite to take the edge off our hunger.*

чересчу́р—*too*

э́то уже́ чересчу́р!—*that's going a bit too far*

У вас тако́е плохо́е мне́ние о Петре́? Э́то уже́ чересчу́р! *Do you have such a bad opinion about Peter? That's going a bit too far.*

чёрт—*devil; damn*

иди́ к чёрту!—*go to hell!*

Не мешáй мне, иди́ к чёрту! *Don't bother me! Go to hell!*

на кой чёрт?—*why the hell?*
На кой чёрт мне нужны́ долги́? *Why the hell do I need debts?*

ни к чёрту не годи́тся—*not to be worth a damn*
Егó обещáния ни к чёрту не годя́тся. *His promises aren't worth a damn.*

у чёрта на кули́чках—*at the back of beyond; in a godforsaken place*
Они́ живу́т у чёрта на кули́чках. *They live in a godforsaken place.*

чёрт знает—*the devil only knows*
Чёрт знáет, что Сергéй дéлает пóсле рабóты. *The devil only knows what Sergey is doing after work.*

что за чёрт!—*what the hell!*
Что за чёрт! Кáжется, я снóва потеря́л ключи́. *What the hell! It looks as if I lost my keys again!*

чертá—*line*

в глáвных (or **óбщих** or **основны́х) чертáх**—*in outline; roughly; in a general way*
Обрису́й мне положéние вещéй в óбщих чертáх. *Give me the lowdown in a rough outline.*

честь—*honor*

нáдо (or **порá) и честь знать**—*it's time to call it quits*
Уже пóздно, порá и честь знать. *It's late—it's time to call it quits.*

числó—*number; date*

без числá—*in (great) numbers; countless; more than one can count*
На демонстрáции людéй—без числá. *There were countless people at the demonstration.*

в числé—*among*

В числé слýшателей бы́ло мнóго специали́стов. *There were many specialists among the audience.*

в том числé—*including*

Мнóгие бы́ли прóтив забастóвки, в том числé и я. *Many were against the strike, including me.*

нет и числá—*innumerable; countless*

Мои́м забóтам нет и числá. *I've got countless worries.*

превосходи́ть числóм—*outnumber*

Жéнщины в нáшей фи́рме превосхóдят числóм мужчи́н. *The men at our firm are outnumbered by the women.*

чих—*sneeze*

на вся́кий чих не наздрáвствуешься—*don't pay any attention*

Почемý ты так расстрóился пóсле разговóра с ним, ты же знáешь егó. На вся́кий чих не наздрáвствуешься. *Why were you so down after you had talked to him? You know him; don't pay any attention.*

что—*what*

нé за что—*don't mention it*

«Спаси́бо!»—сказáл Олéг. «Нé за что»—отвéтила Мáша. *"Thanks!" Oleg said. "Don't mention it!" Masha answered.*

не что инóе, как—*nothing but*

Для нéкоторых людéй жизнь—не что инóе, как рáдость. *Life is nothing but happiness for some people.*

чтó ли—*perhaps; maybe*

Сýдя по шýму, там вертолёт пролетéл, что ли? *Judging from the noise, maybe a helicopter was flying by.*

что слы́шно?—*any news? what's new? what's the news?*

Что слы́шно у вас? *What's the news with you?*

что там такóе?—*what's the matter?*

Почемý ты плáчешь? Что там такóе? *Why are you crying? What's the matter?*

чу́вство—*sense*

чу́вство ло́ктя—*feeling of comradeship* (or *solidarity)*

Во вре́мя войны́ чу́вство ло́ктя среди́ солда́т бы́ло осо́бенно ва́жно. *During the war a feeling of comradeship among the soldiers was especially important.*

чуть—*hardly; scarcely*

чуть не—SEE: **едва́ не**

Ш

шаг—*step*

в двух шага́х—*a few steps away; a stone's throw away; near by*

Кино́ в двух шага́х от на́шего до́ма. *The cinema is just a few steps away from our house.*

е́хать ша́гом—*go slowly: at a slow pace*

В густо́м тума́не мы е́хали ша́гом. *We drove at a slow pace in the thick fog.*

на кажд́ом шагу́—*at every turn*

В це́нтре города на ка́ждом шагу́ магази́н. *There is a shop at every turn in the city.*

напра́вить шаги́—*head in a certain direction*

Мы напра́вили шаги́ на мирово́е сотру́дничество. *We were headed toward peaceful cooperation.*

ни ша́гу!—*stay put!*

Ни ша́гу! Я за тобо́й приду́. *I'll come and get you right away. Stay put!*

шаг за ша́гом—*step by step; little by little*

Он шаг за ша́гом дока́зывал свою́ тео́рию. *He proved his theory step by step.*

шагну́ть—*take a step*

шагну́ть не дать—*be unable to budge; be all squeezed in; be cornered*

Актри́се фоторепортёры шагну́ть не даю́т. *The paparazzi keep hounding the actress—she's all squeezed in.*

шёлковый—*silk*

стать шёлковым—*become as meek as a lamb*

Я ему́ моё мне́ние вы́сказал, и тепе́рь он стал шёлковым. *I gave him a piece of my mind—he's become as meek as a lamb.*

шерсть—*wool*

гла́дить по ше́рсти—*flatter; compliment*

Дире́ктор привы́к, что́бы его́ гла́дили по ше́рсти. *The director got used to being flattered.*

гла́дить про́тив ше́рсти—*ruffle someone else's feathers*

Мы постара́лись не гла́дить Са́шу про́тив ше́рсти. *We tried not to ruffle Sasha's feathers.*

ше́я—*neck*

жить на ше́е—*be a burden; live off*

Ива́н живёт свои́ми пробле́мами на ше́е у меня́. *Ivan with his problems is a burden to me.*

Хотя́ Бори́с уже́ взро́слый, он ещё живёт на ше́е роди́телей. *Although Boris is a grown-up, he is still living off his parents.*

по ше́ю—*up to the neck*

Никола́й и Ири́на в долга́х по ше́ю. *Nikolay and Irina are up to the neck in debt.*

сверну́ть ше́ю—*break one's neck; run afoul; fall down on*

На э́той пробле́ме да́же специали́ст мо́жет сверну́ть ше́ю. *Even an expert can fall down on this problem.*

ши́ворот—*collar*

ши́ворот-навы́ворот—*topsy-turvy; the wrong way round*

Ива́н де́лает всё ши́ворот-навы́ворот. *Ivan does everything topsy-turvy.*

шить—*sew*

ши́то-кры́то—*quietly; on the sly; on the QT*

У Ники́ты всегда́ всё ши́то-кры́то, но все зна́ют, что он занима́ется гря́зными дела́ми. *Nikita handles everything on the QT—yet everyone knows that he is up to no good.*

шиш—*fig*

ни шиша́ нет—*not to have a thing*

Тепе́рь на счету́ Бори́са ни шиша́ нет де́нег в ба́нке. *There isn't a thing in Boris' bank account.*

ши́шка—*cone*

больша́я (or **ва́жная) ши́шка**—SEE: **ва́жная пти́ца**

шку́ра—*skin; hide*

быть в шку́ре—*be in someone's shoes*

Я не хоте́л бы быть в твое́й шку́ре. *I wouldn't like to be in your shoes*

драть (or **сдира́ть) семь шкур**—*exploit*

Нача́льник сдира́ет семь шкур с подчинённых. *The boss is exploiting his employees.*

шту́ка—*piece; thing*

вот так шту́ка!—*1. that's great! 2. what a blow!*

1. Он стал чемпио́ном—вот так шту́ка! *He became a champion! That's great!*
2. У меня́ укра́ли де́ньги—вот так шту́ка! *My money was stolen! What a blow!*

в то́м-то и шту́ка!—*that's just the point!*

Прерыва́я аргумента́цию Ле́ны, Ива́н воскли́кнул: «Вот в то́м-то и шту́ка!» *Interrupting Lena's argument in the middle, Ivan cried out, "That's just the point!"*

шум—*noise; racket*

мно́го шу́ма из ничего́—*much ado about nothing*

Он уме́ет создава́ть мно́го шу́ма из ничего́. *He can make much ado about nothing.*

шу́тка—*joke; joking*

в шу́тку—*in jest; not seriously*

Не обижа́йся! Я сказа́л э́то то́лько в шу́тку. *Don't be offended! I was just saying that in jest.*

не до шу́ток—*1. not to be a laughing matter 2. one is in no mood for joking*

Когда́ в ба́нке не ока́зывается де́нег на счету́, то тут не до шу́ток. *When one has no money in one's bank account, it's nothing to laugh about.*

Сего́дня Бори́су не до шу́ток. *Boris is in no mood for joking today.*

отпуска́ть шу́тки—*crack a joke*

Он люби́л иногда́ отпуска́ть шу́тки в кругу́ друзе́й. *Among his friends, he liked to crack a joke every now and then.*

шу́тки в сто́рону! шу́тки прочь!—*joking aside*

Шу́тки в сто́рону, дава́й займёмся де́лом. *Joking aside, come and let's start working.*

шу́тку (or **шу́тки**) **шути́ть**—*kid someone; fool around*

Вы действи́тельно вы́играли миллио́н, и́ли шу́тку шу́тите? *Have you really won a million, or are you just kidding me?*

Щ

щека́—*cheek*

есть (or **упи́сывать**) **за о́бе щеки́**—*gulp down something; stuff oneself with something*

Своё люби́мое блю́до Вáня всегдá упи́сывает за óбе щеки́. *Vanya always gulps down his favorite food.*

щéпка—*kindling*

худóй, как щéпка—*skinny as a toothpick*

Пóсле болéзни Мáша стáла худáя, как щéпка. *After her illness, Masha was as skinny as a toothpick.*

щит—*shield*

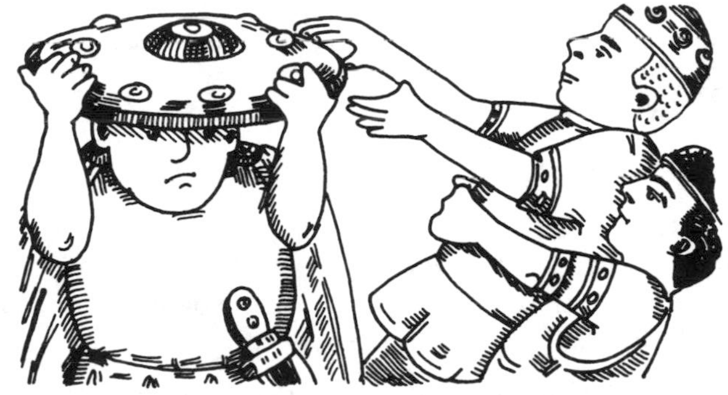

поднять на щит—*praise to high heaven* (or *to the skies*)

Газéты подня́ли на щит нóвого президéнта. *The newspapers praised the new president to high heaven.*

Э

экрáн—*screen*

вы́пустить на экрáн—*release a motion picture*

Э́тот фильм вы́пустили на экрáн в прóшлом годý. *This motion picture was released last year.*

эпóха—*epoch; period*

состáвить эпóху—*represent a landmark*

Изобрете́ние а́томной эне́ргии соста́вило эпо́ху в исто́рии челове́чества. *The invention of atomic energy represents a landmark in the history of mankind.*

эстафе́та—*relay race; baton*

передава́ть эстафе́ту—*pass on the torch*

В своё вре́мя оте́ц основа́л фи́рму, а на ста́рости лет он переда́л эстафе́ту сы́ну. *Way back it was the father who founded the firm, and now that he is old, he has passed on the torch to his son.*

Ю

ю́бка—*skirt*

бе́гать за ю́бкой—*chase a skirt*

У Фёдора привы́чка бе́гать за вся́кой ю́бкой в на́шем го́роде. *It's Fedor's habit to chase after every skirt in town.*

держа́ться за ю́бку—*hang on to one's (a woman's) apron strings*

Мой сосе́д Арка́дий де́ржится за ю́бку свое́й жены́. *My neighbor Arkady hangs on to his wife's apron strings.*

Я

я́блоко—*apple*

я́блоко от я́блони недалеко́ па́дает—*like father, like son; a chip off the old block*

Оте́ц был во́ром, и сын уже́ шага́ет по престу́пной доро́жке: я́блоко от я́блони недалеко́ па́дает. *The father was a thief—and his son's on the best way to becoming a criminal. Like father like son.*

я́блоку не́где упа́сть—*no room to turn around; can't drop even a needle*

Зал ожида́ния так по́лон наро́ду, что я́блоку не́где упа́сть. *The waiting room is so full of people that you can't even drop a needle.*

язы́к—*tongue; language*

быть о́стрым на язы́к—*have a sharp tongue*

Его́ все боя́тся, он о́стрый на язы́к. *Everyone is afraid of him, he's got such a sharp tongue.*

держа́ть язы́к за зуба́ми—*hold one's tongue; keep things to oneself*

Не волну́йтесь, Ива́н уме́ет держа́ть язы́к за зуба́ми. *Don't worry, Ivan knows how to hold his tongue.*

найти́ о́бщий язы́к—*find common ground*

Сто́роны нашли́ о́бщий язы́к и вско́ре подписа́ли контра́кт. *The negotiating partners found a common ground and signed the contract in a short time.*

укороти́ть язы́к—*silence someone*

Свои́ми замеча́ниями Са́ша укороти́л Петру́ язы́к. *Sasha silenced Peter with his remarks.*

язы́к без косте́й—*loose tongue*

Хоть бы промолча́л! У него́ язы́к без косте́й. *I wish he'd shut up! He's got a loose tongue.*

язы́к проглóтишь—*it makes your mouth water*

Ле́на так вку́сно гото́вит, что язы́к проглóтишь. *Lena is such a great cook that it makes your mouth water.*

язы́к че́шется сказа́ть—*be anxious* (or *itching) to say (*or *to speak)*

У Оле́га язы́к че́шется вы́сказать своё мне́ние. *Oleg is itching to voice his opinion.*

яйцо́—*egg*

вы́еденного яйца́ не сто́ит—*not to be worth a damn*

Наш догово́р не сто́ит вы́еденного яйца́. *Our contract isn't worth a damn.*

я́ма—*pit*

возду́шная я́ма—*air pocket*

Во вре́мя полёта мы попа́ли в возду́шную я́му. *We hit an air pocket during flight.*

самому́ себе́ я́му рыть—*fall into one's own trap*

Нача́льник рыл я́му само́му себе́, когда́ обвиня́л подчинённых. *The boss fell in his own trap when he blamed his employees.*

я́рость—*fury; rage*

быть вне себя́ от я́рости—*be beside oneself with rage*

Узна́в об изме́не му́жа, А́нна была́ вне себя́ от я́рости. *Anna was beside herself with rage when she found out that her husband was cheating on her.*

я́сный—*clear*

ясне́е я́сного—*as clear as daylight*

Слу́шая слова́ Бори́са, ста́ло ясне́е я́сного, что он Ма́шу не лю́бит. *It became clear as daylight upon hearing Boris's words that he didn't love Masha.*

я́щик—*drawer; case; box*

откла́дывать в до́лгий я́щик—*put off* (or *shelve) indefinitely*

Напра́сно ждать отве́та, е́сли заявле́ние откла́дывали в до́лгий я́щик. *It's unnecessary to wait for an answer if the petition has been indefinitely shelved.*

писа́ть в я́щик—SEE: **писа́ть на стол**

сыгра́ть в я́щик—*kick the bucket; turn up one's heels; cash in one's chips*

«Бо́льше не пей незнако́мых лека́рств, так мо́жно и в я́щик сыгра́ть»—говори́ли друзья́ Васи́лию. *"Don't take any unknown medicine—that's a way to kick the bucket," Vasily's friends told him.*

Русский указатель

А

Б

В

Г

Д

РУССКО-АНГЛИЙСКИЙ УКАЗАТЕЛЬ

Е

З

И

Й

К

Л

М

РУССКО-АНГЛИЙСКИЙ УКАЗАТЕЛЬ

О

Р

С

Т

У

Ц

Ч

Ш

Щ

Э

Ю

Я

PART II: ENGLISH-RUSSIAN IDIOMS

ЧАСТЬ II: АНГЛО-РУССКИЕ ИДИОМЫ

ACKNOWLEDGMENTS

I wish to express my sincere gratitude to the following individuals who have helped me during the preparation of this dictionary. They are, first and foremost, Dr. Raisa Gerasimovna Grinkot and Mr. Maks Moyseyevich Vaysberg, who have generously donated their time and energy throughout the entire process of writing this dictionary. I am also grateful to Dr. Larissa Aleksandrovna Mashkova of Moscow State University and Visiting Professor at the University of Illinois at Chicago, Mrs. Vera Mikhailovna Dragunskaya, and to my husband, Dr. Adam Makkai for their helpful observations.

FOREWORD

One of the most striking characteristics of languages is that standard, average sentence constructions and word combinations such as *the boy kissed the girl* and *the boy didn't kiss the girl* also abound in expressions such as *the cowboy kicked the bucket, the room was at sixes and sevens.* If someone, who doesn't know that these are idioms, rushes unsuspectingly to the dictionary and looks up each word, he or she will get strange paraphrases that don't make any sense, such as "the cowboy's foot came into collision with a pail"; "the room was [probably arranged according to the numbers] six and seven."

But these sentences do not have these meanings. As most Americans know, they mean "to die" and "to be very messy," respectively. These meanings, however, are by no means obvious to a foreigner.

The same is true of Russian idioms for speakers of English. Russians take their idioms just as much for granted as Americans do theirs. These frozen speech forms reveal their strange imagery when one tries to understand them for the first time without previous familiarity.

Idioms are semantic entities whose constituent words do not, as a rule, suggest the actual meaning, or do so misleadingly and only up to a certain extent.

Yet to know a language really well, as an "insider," one must master the idiomatic expressions of a language. Lacking this skill, the speaker of the language in question sounds like a lifeless grammar book for beginners.

Both Russian and English are Indo-European languages — English is West Germanic, Russian is Eastern Balto-Slavic. Once, in the distant past of several millennia ago, they sprang from the same source, known as Proto Indo-European.

A few cognates still exist, of course — think of Russian *мать* versus English *mother*, both meaning "female parent"; or one may also think of Russian *брат* "brother" or *сестра* "sister." Such cases are rare, and any English speaker wishing to learn Russian must acquire a great deal of new vocabulary.

Recent events on the international scene have dramatically increased the traffic between the Russian-speaking world and the United States. There are thousands of recent Russian-speaking arrivals; American business people go to Russia in increasing numbers and learn the language. The more Russian idioms they can understand and use, the better it will be for their human relations and for their businesses.

In this dictionary a great effort has been made to match the most common and most important Russian idioms with their American English counterparts. In many instances there is a match, but very often there isn't. Thus for instance the Russian idiom *добрыми намерениями вымощена дорога в ад* corresponds exactly to the English *the road to hell is paved with good intentions.* The same is true of *делить шкуру неубитого медведя*, which literally means "to divide the hide of a bear that hasn't been killed yet." This corresponds to the sense — not to the words! — of *don't count your chickens before they're hatched.* However, another frequent version in Russian has *цыплят по осени считают,* in which both "chicken" and "counting" are mentioned, making this a very close relative of the English proverbial idiom.

Some of the most typical Russian idioms have no English counterparts — these had to be translated only as to their sense. Examples include *бесструнная балалайка*, meaning "a chatterbox" from a literal "stringless balalaika." The balalaika is a famous Russian musical instrument, which is normally stringed. If it lacks a string, it cannot be played or it will sound foul or unnatural. Here the Russians use an image from their folk culture for which there is no exact English equivalent; this idiom is glossed, then, as "chatterbox," which is the unpredictable meaning it developed in Russian.

The Russian idiom *жить как на вулкане* literally means "to live as if on a volcano," that is, "in peril, in an explosive situation." In English one says *to sit on a powder keg.* A powder keg is not a volcano, but they are both explosive. Compilers of idiom dictionaries must walk a fine line between trying to find the nearest English equivalent, or give a short and concise definition. Whenever two idioms match almost exactly — as in the example *the road to hell is paved with good intentions* — we are dealing with commonly inherited proverbial wisdom which has evolved across national boundaries.

The task of an idiom dictionary is not to teach elementary Russian. This does not mean that beginners cannot make use of this dictionary; it simply means that to profit from this dictionary, they would have to look up the literal meanings of the Russian words in a regular Russian-English dictionary.

As in other idiom dictionaries, entries are alphabetically arranged according to the first basic or key word in the given expression or sentence. This is followed by the Russian idiom in which the leading word appears; then the closest English paraphrase is given. The leading or "strong word" is often a noun; it can also be a verb, an adjective or an adverb. If a noun is involved, we use the most frequent verbs of spoken Russian to go with them; needless to say, others are also possible in most cases. This is followed by a typical sentence from modern colloquial Russian, which then is translated into English.

It is my sincere hope that this work will be both useful and interesting to Americans studying the Russian language as well as to Russians interested in the English language and culture.

Agnes Arany-Makkai

REFERENCES

Англо-русский синонимический словарь [English-Russian Dictionary of Synonyms], А.И. Розенман, Ю.Д. Апресян, «Русский язык,» Москва, 1988.

Англо-русский фразеологический словарь [English-Russian Phraseological Dictionary], А.В. Кунин, «Русский язык,» Москва, 1984.

Dictionary of American Idioms [3rd revised and updated edition] by Adam Makkai, Maxine T. Boatner and Edward J. Gates, Barron's Educational Series, Hauppauge, N.Y., 1995.

Dictionary of Russian Idioms and Colloquialisms, by Wasyl Jaszczun and Szymon Krinski, University of Pittsburgh Press, 1967.

Фразеологический словарь русского языка [A Phraseological Dictionary of the Russian Language], «Советская энциклопедия,» А.И. Молотков, Москва, 1967.

Russian-English Dictionary of Idioms, by Sophia Lubensky, Random House, New York, 1995.

Russicizmusok [Set Russian Expressions] by Erno Keszthelyi, Terra, Budapest, 1993.

The Great Russian-English Dictionary of Idioms and Set Expressions, by Piotr Borkowski. Published by P. Borkowski, London, 1973.

The Oxford Russian Dictionary, Oxford University Press, Oxford, New York, 1995.

English Idioms (*Идиомы английского языка*)

A

A — *бу́ква "А"*

from A to Z — *от А до Я; с нача́ла до конца́*

Sasha learned his physics from A to Z. *Са́ша изучи́л фи́зику от А до Я.*

abide — *терпе́ть; выноси́ть*

abide by — *приде́рживаться*

The members must abide by the rules of the club. *Чле́ны должны́ приде́рживаться пра́вил клу́ба.*

abide by one's promise — *остава́ться ве́рным своему́ обеща́нию*

Whatever happened, Sasha abode by his promise. *Чего́ бы ему́ не сто́ило, Са́ша оста́лся ве́рным своему́ обеща́нию.*

about — *о; об*

about time — *пора́*

"It's about time to get up!" — Mother said. *"Пора́ встава́ть!" — сказа́ла мать.*

about to — *сейча́с*

The plane is about to land. *Самолёт сейча́с приземли́тся.*

just about to — *как раз собира́ться де́лать что́-либо*

I was just about to leave when the phone rang. *Я как раз собира́лся уйти́, когда́ разда́лся телефо́нный звоно́к.*

above — *над*

above all — *са́мое гла́вное; пре́жде всего́*

Above all, remember that a friend in need is a friend indeed. *Са́мое гла́вное, не забу́дь, что друзья́ познаю́тся в беде́.*

absence — *отсу́тствие*

in the absence of — *за спино́й*

In the absence of his wife, Ivan chases after young women. *За спино́й свое́й жены́ Ива́н постоя́нно уха́живает за молоды́ми же́нщинами.*

account — *счёт; отчёт*

a man of no account — *незначи́тельный (or ничто́жный) челове́к*

My boss thinks highly of himself although he is a man of no account. *Мой нача́льник высо́кого мне́ния о себе́, хотя́ он незначи́тельный челове́к.*

by one's own account — *по чьи́м-нибудь со́бственным слова́м*

By her own account Lena never wanted to marry. *По со́бственным слова́м Ле́ны, она́ никогда́ не хоте́ла вы́йти за́муж.*

on account of — *из-за*

Our journey didn't take place on account of rain. *На́ше путеше́ствие не состоя́лось из-за дождя́.*

on no account — *ни в ко́ем слу́чае*

"On no account shall I marry a poor man" — said Irina. *"Ни в ко́ем слу́чае не вы́йду за́муж за бе́дного" — сказа́ла Ири́на.*

take into account — *1. счита́ться с че́м-ни́будь 2. принима́ть в расчёт*

1. "We have to take all the facts into account" — the judge said. *"Нам на́до счита́ться со все́ми фа́ктами" — сказа́л судья́.* 2. I didn't take into account that there might be financial difficulties. *Я не при́нял в расчёт, что мо́гут быть фина́нсовые тру́дности.*

to account for — *объясня́ть*

How can you account for your behavior? *Как вы мо́жете объясни́ть своё поведе́ние?*

across — *поперёк*

across the board — *для всех*

The President wanted taxes lowered across the board. *Президе́нт хоте́л сни́зить нало́ги для всех.*

act — *посту́пок*

act of God — *стихи́йное бе́дствие*

When the earthquake destroyed our house, the insurance didn't pay, claiming that it was an act of God. *Землетрясе́ние разру́шило наш дом, но страхова́я компа́ния нам ничего́ не компенси́ровала, счита́я, что э́то стихи́йное бе́дствие.*

act — *игра́ть*

act as if — *де́лать вид*

Boris just acted as if he understood me. *Бори́с то́лько де́лал вид, что понима́ет меня́.*

add — *прибавля́ть*

add fuel to the flame — *подлива́ть ма́сла в ого́нь; поддава́ть жа́ру*

With his strong injunction against smoking, the father added fuel to the flame. *Стро́гим запреще́нием кури́ть, оте́ц подлива́л ма́сла в ого́нь.*

add up to; result in — *своди́ться к*

His passion for gambling resulting in losing all his possessions. *Его́ стра́сть к аза́ртным и́грам свела́сь к поте́ре всего́ иму́щества.*

it doesn't add up — *концы́ не схо́дятся*

Ivan says he was an officer during the war, but it doesn't add up because he was only eighteen. *Ива́н говори́т, что он во вре́мя войны́ был офице́ром, но концы́ не схо́дятся, так как ему́ бы́ло то́лько восемна́дцать лет.*

ado — *суета́; хло́поты*

much ado about nothing — *мно́го шу́ма из ничего́; мыши́ная возня́*

Children can make much ado about nothing. *Дéти умéют создавáть мнóго шýма из ничегó.*

---

afford — *позвóлить себé*

not to be able to afford — *не мóжет себé позвóлить; не по срéдствам; не по кармáну*

I really can't afford to buy this house. *Э́тот дом мне не по срéдствам.*

---

after — *пóсле*

after all — *1. в конéчном счёте 2. как-никáк*

1. You are right, after all. *В конéчном счёте, вы прáвы.* 2. You must obey him, for after all, he is your father. *Ты дóлжен слýшаться егó; как-никáк, он твой отéц.*

---

again — *снóва*

again and again; time after time — *снóва и снóва; раз за рáзом*

The wind shook the tree tops again and again. *Раз за рáзом вéтер захвáтывал крóну дерéвьев.*

---

age — *вóзраст; эпóха*

belying one's age; beyond one's years — *не по годáм*

My neighbor's daughter was serious belying her age. *Дочь сосéда былá серьёзна не по годáм.*

beyond one's age — *не по вóзрасту*

The boy was serious about life beyond his age. *Серьёзное понимáние жи́зни у мáльчика бы́ло я́вно не по вóзрасту.*

for ages — *с дáвних пор; давны́м-давнó*

I haven't seen my sister for ages. *Я дáвным-давнó не ви́делся с сестрóй.*

for all ages to come — *на вéки вéчные*

Pushkin's poetry will endure for all ages to come. *Стихи́ Пýшкина остаю́тся нам на вéки вéчные.*

of age — *совершеннолéтний*

Nikolay came of age on his eighteenth birthday. *Никола́й стал совершенноле́тним в день его́ восемна́дцатого дня рожде́ния.*

agreement — *соглаше́ние*

come to an agreement — *договори́ться*

After lengthy negotiations the parties came to an agreement. *По́сле дли́тельных перегово́ров сто́роны договори́лись.*

ahead — *пе́ред*

ahead of time (or schedule) — *ра́ньше сро́ка*

The thief was released from jail ahead of schedule. *Во́ра освободи́ли из заключе́ния ра́ньше сро́ка.*

air — *во́здух*

air (or wash) one's dirty linen in public — *выноси́ть сор из избы́*

Natasha had the bad habit of washing her dirty linen in public. *У Ната́ши была́ плоха́я привы́чка выноси́ть сор из избы́.*

go by air(plane) — *лете́ть (самолетом or на самолете)*

We decided to go by air to New York. *Мы реши́ли лете́ть в Нью-Йорк.*

alive — *живóй; в живы́х*

alive and kicking — *SEE: safe and sound*

all — *весь*

all alone — *оди́н*

I can't lift this heavy table all alone. *Я не могу́ подня́ть оди́н э́тот тяжёлый стол.*

all-American — *чи́сто америка́нский*

Elvis Presley is an all-American pop star. *Э́львис Пре́сли — э́то чи́сто америка́нская поп-звезда́.*

all at once — *вдруг*

All at once it started raining. *Вдруг пошёл дождь.*

all but — *едва́ не; чуть не*

The storm all but destroyed our village. *Бу́ря чуть не разру́шила на́шу дере́вню.*

all in all — *в о́бщем и це́лом*

Our evening with our in-laws was a pleasant one all in all. *В о́бщеми це́лом, наш ве́чер со свата́ми получи́лся прия́т ным.*

all in its own good time — *всему́ своё вре́мя*

It's very difficult to teach children the wisdom of "all in its own good time." *О́чень тру́дно де́тям внуши́ть му́дрость, что всему́ своё вре́мя.*

all over (the place) — *во все концы́; из кра́я в край; повсю́ду*

Lisa sent invitations for her wedding to relatives all over the country. *Ли́за разосла́ла приглаше́ния на свою́ сва́дьбу ро́дственникам во все концы́ страны́.* Peter traveled all over the country. *Пётр объе́здил страну́ из кра́я в край.* At five o'clock there was a huge mess in the office all over the place. *В пять часо́в во всей конто́ре был большо́й беспоря́док.*

all right — *ла́дно; хорошо́; идёт*

"Will you help me?" — "All right!" *"Бу́дешь помога́ть мне?" — "Хорошо́."*

all set? — *готóвы?*

Are we all set? Can we leave now? *Все готóвы? Мóжем поехáть?*

all the better — *тем лýчше*

If you do not want to come with me, all the better. *Éсли вы не хотúте пойтú со мной, тем лýчше.*

all the best — *всех благ; всегó дóброго*

We wished him all the best before he set out on his way. *Пéред отъéздом мы пожелáли емý всех благ.*

all the live-long day — *SEE: from dawn to dusk*

all the same; just the same — *всё равнó*

It's all the same to me if you are coming or not. *Мне всё равнó, идёшь ты úли нет.*

all the way — *пóлностью*

I'm convinced all the way that he is honest. *Я пóлностью убеждён в егó правоте.*

all year round — *крýглый год*

All year round the weather was bad here. *Крýглый год у нас не было погóды.*

at all — *1. вообщé 2. совершéнно*

1. Peter will be coming tomorrow, if at all. *Пётр приéдет зáвтра, éсли он вообщé приéдет.* 2. We have no difficulties at all. *У нас совершéнно нет трýдностей.*

at all costs — *во чтó бы то ни стало*

We have to finish this job at all costs. *Мы должны́ закóнчить э́ту рабóту во чтó бы то ни стáло.*

at close hand; at hand — *1. под рукóй 2. на порóге*

1. Vera kept the dictionary close at hand when she did an important translation. *Вéра держáла словáрь под рукóй, когдá онá дéлала вáжный перевóд.* 2. "Be prepared" — Irene reminded Nina — "Grandma's and Grandpa's diamond wedding anniversary is at hand." "*Готóвься!*" — *напóмнила Ирúна*

Нине — "на пороге бриллиантовая свадьба у нашей бабушки и дедушки."

at heart — *по сути своей; по природе*

Our sergeant seemed to be very strict but he was a good man at heart. *Наш сержант казался очень строгим, но по сути был добрым человеком.*

in all probability; with reasonable certainty — *не без того*

"Will your sister be coming with her husband?" — "In all probability." *"Твоя сестра с мужем приедет?" — " Не без того!"*

it's all over — *кончен бал; песенка спета*

"It's all over" — the people said when the thief got arrested. *"Кончен бал" — сказали люди, когда вора взяли под арест.*

least of all — *менее всего*

I counted on a raise in salary least of all. *Менее всего я рассчитывал на прибавку.*

not at all — *1. совсем не 2. вовсе (or совершенно or совсем) нет*

1. I'm not at all hungry yet. *Я ещё совсем не голоден.* 2. "Can you swim?" — "Not at all." *"Ты умеешь плавать?" — "Совсем нет."*

2. not at all; don't mention it — *не за что*

When I thanked him for his help, he answered "not at all!" *Когда я поблагодарил его за помощь, он ответил: "Не за что."*

once and for all — *раз (и) навсегда*

Sasha quit smoking once and for all. *Раз и навсегда Саша покончил с курением.*

---

alley — *переулок; аллея*

be (right) up one's alley — *(и) карты (или книги) в руки; быть как раз по чьей-либо части*

Since Ivan is an attorney, my divorce case is right up his alley. *Ива́ну, как адвока́ту, и ка́рты в ру́ки в моём бракоразво́дном де́ле.*

allowance — *содержа́ние*

make allowance — *де́лать исключе́ние*

Since the director knew me, he made allowance in my case. *Так как дире́ктор знал меня́, он сде́лал для меня́ исключе́ние.*

make allowance(s) for — *1. принима́ть во внима́ние 2. находи́ть оправда́ние*

1. You better make no allowance for his conduct. *Лу́чше не принима́йте во внима́ние его́ посту́пки.* 2. Zina always makes allowances for her expenditures. *Зи́на всегда́ найдёт оправда́ние свои́м расхо́дам.*

alone — *оди́н*

leave alone — *оста́вить в поко́е*

Go away! Leave me alone! *Уходи́! Оста́вь меня́ в поко́е!*

answer — *отвеча́ть*

answer the door — *открыва́ть дверь*

Hearing a knock, Lisa answered the door. *Услы́шав стук, Ли́за откры́ла дверь.*

answer the phone — *подходи́ть к телефо́ну*

Hearing the ring, Anna answered the phone. *Услы́шав звоно́к, А́нна подошла́ к телефо́ну.*

any — *вся́кий*

any more — *ещё*

Do you have any more money? *Есть у вас ещё де́ньги?*

appear — *появля́ться*

appear out of the blue; appear out of the clear blue sky — *бу́дто (or сло́вно) из-под земли́ появи́ться*

He appeared suddenly, as if out of the clear blue sky. *Вдруг, сло́вно из-под земли́, он появи́лся.*

---

appearance — *вид; нару́жность*

for the sake of appearances — *для ви́да*

George scolded his son for the sake of appearances, but he agreed with him in his heart. *Георгий поруга́л сы́на для ви́да, но в душе́ он был с ним согла́сен.*

---

appetite — *аппети́т*

appetite comes with eating — *аппети́т прихо́дит во вре́мя еды́*

At the beginning she didn't want to buy anything, but then she bought three dresses. As people say, appetite comes with eating. *В нача́ле она́ не хоте́ла ничего́ покупа́ть, но пото́м купи́ла три пла́тья. Аппети́т, говоря́т, прихо́дит во вре́мя еды́.*

---

apple — *я́блоко*

be the apple of one's eye — *души́ не ча́ять*

Peter was the apple of his mother's eye. *Мать души́ не ча́яла в Петре́.*

---

around — *вокру́г; круго́м*

one has been around — *вида́ть ви́ды*

The old man told us so much, it became obvious that he had been around. *Стари́к мно́го расска́зывал. Бы́ло ясно, что он вида́л ви́ды.*

---

arm — *рука́*

arm and a leg — *бе́шеные де́ньги*

Nowadays an apartment in the center of the city costs an arm and a leg. *В на́ше вре́мя кварти́ра в це́нтре го́рода сто́ит беш́еные де́ньги.*

---

arm — *вооружа́ть*

armed to the teeth — *вооружённый с головы́ до ног*

The members of the Mafia were armed to the teeth. *Члéны мáфии бы́ли вооружёны́ с головы́ до ног.*

arms — *ору́жие*

be up in arms — *протестовáть*

The factory workers were up in arms at the new rules. *Рабóчие фáбрики протестовáли прóтив нóвых поря́дков.*

as — *как*

as — *в кáчестве*

My brother was working at our company as a secretary. *Мой брат рабóтал в нáшей фи́рме в кáчестве секретаря́.*

as a whole — *в цéлом; в (óбщей) мáссе*

"Look at the project as a whole and then we'll discuss the details" — said George to his boss. *"Давáйте, посмóтрим на проéкт в цéлом, а потóм обсу́дим в детáлях" — сказáл Геóргий начáльнику.*

as far as — *наскóлько*

Mary has two sons as far as I know. *Наскóлько мне извéстно, у Мари́и двá сы́на.*

as far as I know — *наскóлько я знáю*

As far as I know, Ivan hasn't returned from his vacation yet. *Наскóлько я знáю, Николáй ещё не верну́лся из óтпуска.*

as far as one is concerned — *что касáется*

As far as I am concerned, I support your suggestion. *Что касáется меня́, я поддéрживаю вáше предложéние.*

as far as possible — *по возмóжности; по мéре возмóжности*

I'll do everything for you as far as possible. *По мéре возмóжности я всё сдéлаю для вас.*

as fast as one can; as fast as one's legs can carry one — *во весь дух (or мах or опóр)*

I ran as fast as I could when I saw a UFO landing. *Уви́дев приземлéние НЛО, я побежáл во весь дух.*

as good as new — *совсéм как нóвый*

I seldom wore this hat — it's as good as new. *Я ре́дко носи́л э́ту шля́пу — она́ совсе́м как но́вая.*

as hard as one can — *во всю мочь; изо́ всей мо́чи*

Ivan was hitting the gangster who attacked him as hard as he could. *Ива́н изо́ всей мо́чи уда́рил напа́дающего на него́ банди́та.*

as if — *как бу́дто*

Natasha looked at me as if nothing happened. *Ната́ша смотре́ла на меня́, как бу́дто ничего́ не случи́лось.*

as much as — *насто́лько, насколько*

I helped him as much as I could. *Я ему помога́л насто́лько, насколько можно было.*

as much as one's heart desires — *ско́лько душе́ уго́дно*

"Eat as much as your heart desires!" — said the hostess to her guests. *"Ку́шайте ско́лько душе́ уго́дно!" — сказа́ла хозя́йка гостя́м.*

as much as you can — *как мо́жно бо́льше*

Bring with you as much food and drink as you can. *Принеси́ как мо́жно бо́льше еды́ и питья́.*

as regards — *SEE: as far as one is concerned*

as soon as — *как то́лько; при пе́рвой возмо́жности*

I'll visit you as soon as I get some free time. *Как то́лько я освобожу́сь, я к тебе́ приду́.*

as soon as possible — *при пе́рвой возмо́жности*

Please call me as soon as possible. *Пожа́луйста, позвони́ мне при пе́рвой возмо́жности.*

as to — *SEE: as far as one is concerned*

as well — *вдоба́вок; то́же; так же; сверх того́*

After the theater we went to a restaurant as well. *По́сле теа́тра мы так же пошли́ в рестора́н.*

as yet — *пока́ ещё*

We haven't gotten an answer to our letter as yet. *Пока́ ещё мы не получи́ли отве́т на на́ше письмо́.*

aside — *в стóрону*

aside from — *éсли бы не*

The song was nice, aside from Peter's singing in a reedy voice. *Пéсня былá бы красúва, éсли бы Пётр не пел козлóм.*

ask — *спрáшивать*

ask for trouble — *лезть на рожóн*

It's better to live quietly than to be asking for trouble. *Лýчше жить спокóйно, чем лезть на рожóн.*

don't even ask! — *делá как сáжа белá*

"How are things going?" — "Don't even ask!" *"Как делá?" — "Как сáжа белá!"*

at — *на*

at any minute — *вот-вот*

Our guest will be here any minute now. *Наш гость вот-вот придёт.*

at best — *в лýчшем слýчае*

This work will take two days at best. *В лýчшем слýчае э́та рабóта займёт два дня.*

at ease — *непринуждённый*

Vera is nice to everybody, therefore everyone feels at ease in her company. *Вéра отнóсится ко всем óчень мúло, поэ́тому лю́ди чýвствуют себя́ непринуждённо в её óбществе.*

at first — *сначáла*

At first I didn't like my job, but later I got used to it. *Сначáла рабóта мне не понрáвилась, но потóм я привы́к к ней.*

at first blush — *с первого рáза*

At first blush George's idea seemed great but when we considered it in detail, it turned out to be unworkable. *С пéрвого рáза идéя Георгия казáлась отлúчной, но когдá мы рассмотрéли её в детáлях, вы́яснилось, что онá неработоспосóбна.*

at first glance (or sight) — *с пéрвого взгля́да*

Peter and Ann fell in love at first sight. *Пётр и А́нна полюби́ли дру́г друга с пе́рвого взгля́да.*

at last — *наконе́ц*

At last the rain stopped and the sun came out. *Наконе́ц дождь переста́л и появи́лось со́лнце.*

at least — *по кра́йней ме́ре*

There were at least two hundred people in the meeting. *На собра́нии бы́ло, по кра́йней ме́ре, две́сти челове́к.*

at leisure — *на досу́ге*

When at leisure, the stern sergeant is an easy-going person. *Стро́гий полко́вник, благоду́шный челове́к на досу́ге.*

at most — *1. са́мое бо́льшеё 2. не бо́льше*

1. Give me 50 or at most $100. *Дай мне пятьдеся́т, и́ли, са́мое бо́льшеё, сто до́лларов.* 2. At most, this play will take only two hours. *Э́тот спекта́кль займёт не бо́льше двух часо́в.*

at once — *сейча́с же*

Get ready! We will leave at once for New York. *Гото́вьтесь! Мы сейча́с же уезжа́ем в Нью-Йо́рк.*

at one's leisure — *в свобо́дное вре́мя; не спеша́*

Natasha likes to read at her leisure. *В свобо́дное вре́мя Ната́ша охо́тно чита́ет.*

at that — *1. тем не ме́неё; всё же; при всем при том 2. сверх того́; к тому́ же; вдоба́вок; вме́сте с тем 3. в о́бщем*

1. The famous dancer didn't dance very well yesterday. At that it was a pleasure to see his movements. *Знамени́тый танцо́р вчера́ танцева́л нева́жно, но всё же на него́ бы́ло прия́тно смотре́ть.* 2. Your talk yesterday was interesting but very alarming at that. *Ва́ша вчера́шняя ле́кция была́ о́чень интере́сная, но вместе с тем тревожная.* 3. You know, it has been a great play at that. *В о́бщем, пье́са была́ отли́чная.*

at the crossroads — *на распу́тье*

After the divorce my life was at a crossroads. *По́сле разво́да моя жизнь была́ на распу́тье.*

at the eleventh hour — *в послéднюю минýту*

The serum against the deadly epidemic reached the suffering African tribe at the eleventh hour. *Сы́воротка прóтив смертéльной эпидéмии прибылá к страдáющему африкáнскому плéмени в послéднюю минýту.*

at times — *временáми; врéмя от врéмени*

At times I sleep ten hours at a stretch. *Временáми я сплю́ дéсять часóв подря́д.*

at will — *как угóдно*

Use my time at your will. *Пожáлуйста, распоряжáйтесь моúм врéменем как вам угóдно.*

average — *ýровень*

on the average — *в срéднем; на круг*

On the average I earn $1000 a month. *В срéднем, я зарабáтываю ты́сячу дóлларов в мéсяц.* Our electricity bill is $50 on the average. *У нас счёт за электри́чество на круг 50 дóлларов.*

away — *отсю́да*

be away — *1. отсýтствовать 2. уезжáть*

1. How long have you been away from school? *Скóлько врéмени ты отсýтствовал в шкóле?* 2. "I'll be away for a few days" — said my boss. *"Я уезжаю́ на нéсколько дней" — сказáл мой начáльник.*

be only a hop, skip and a jump away — *SEE: be round the corner*

ax — *топóр*

ax to grind — *имéть коры́стные побуждéния*

Ann had no ax to grind when she persuaded her neighbors to vote for the democratic president. *У Áнны нé было коры́стных побуждéний, когдá онá убеждáла своúх сосéдей голосовáть за президéнта-демокрáта.*

give the ax — *давáть отстáвку; увóлить*

When the boss found out that Peter was an embezzler, he gave him the ax. *Когдá начáльник узнáл о растрáте, он увóлил Петрá.*

B

baby — *младéнец*

baby grand — *кабинéтный рoя́ль*

Our living room isn't very large; we could find enough room only for a baby grand. *У нас гости́ная не óчень большáя, мы могли́ помести́ть там тóлько кабинéтный рояль.*

back — *спинá; назáд*

back of beyond — *SEE: middle of nowhere*

backward — *назáд*

be backward — *стесня́ться*

Natasha is very backward about asking a favor from her acquaintances. *Натáша очень стесня́ется проси́ть одол-жéние у знакóмых.*

backwards — *взад*

backwards and forwards — *SEE: to and fro*

bad — *плохóй*

from bad to worse — *все хýже и хýже*

Nikolay's affairs went from bad to worse. *Делá Николáя шли всё хýже и хýже.*

bag — *сýмка; мешóк*

bag and baggage — *со всéми пожи́тками*

Peter got mad when his mother-in-law appeared in his home bag and baggage. *Пётр вы́шел из себя́, когда́ его́ тёща появи́лась в до́ме со всéми пожи́тками.*

bag of bones — *ко́жа да ко́сти; одни́ ко́сти*

After her bout with cancer, Natasha was a bag of bones. *По́сле борьбы́ с ра́ком у Ната́ши оста́лись лишь ко́жа да ко́сти.*

in the bag — *ужé в карма́не*

We thought victory was in the bag. *Мы ду́мали, что побéда у нас ужé в карма́не.*

---

baker — *пéкарь*

baker's dozen — *чёртовая дю́жина*

"How many of the meat pies?" — the salesgirl asked. "Give me a baker's dozen" — answered Barbara. *"Ско́лько вам пирого́в с мя́сом?" — спроси́ла продавщи́ца. — "Прошу́ чёртовую дю́жину" — отвéтила Варва́ра.*

---

ball — *мяч*

crystal ball — *маги́ческий криста́лл; предчу́вствие; предвкушéние*

According to my crystal ball your job offers wonderful prospects. *По моему́ предчу́вствию твоя́ рабо́та о́чень перспекти́вная.*

get balled up — *сби́ться с то́лку*

When we asked Peter about his past he got all balled up. *Когда́ мы спра́шивали Петра́ о его́ про́шлом, он соверше́нно сби́лся с то́лку.*

baloney — *ерундá*

a lot of baloney — *ерундá (or чепухá) на пóстном мáсле*

Everything Boris said tonight was a lot of baloney. *Всё, что Бори́с говори́л сегóдня вéчером, чепухá на пóстном мáсле.*

bang — *удáр; ударя́ть*

bang-up — *первоклáссный*

"You did a bang-up job" — his father praised Peter when he reorganized the office. *"Э́то первоклáссная рабóта" похвали́л отéц Петрá, пóсле переоборýдования егó кабинéта.*

bargain — *сдéлка; соглашéние*

a bargain is a bargain — *уговóр дорóже дéнег*

I must keep my promise. A bargain is a bargain. *Мне придётся вы́полнить своё обещáние. Уговóр дорóже дéнег.*

bargain day — *распродáжа*

Today is a bargain day at our store. *Сегóдня в нáшем магази́не распродáжа.*

bargain for (or on) — *ожидáть; рассчи́тывать на чтó-нибудь*

We didn't bargain for such a rainy season. *Мы не ожидáли такóго дождли́вого сезóна.*

it's a bargain! — *по рука́м!*

"It's a bargain!" — said the used car dealer after we agreed on the price. *"По рука́м!" сказа́л торго́вец бы́вших в употребле́нии автомоби́лей, когда́ договори́лись о цене́.*

bark — *ла́ять*

bark up the wrong tree — *(обраща́ться) не по а́дресу*

With your remark you are barking up the wrong tree. *Ва́ше замеча́ние напра́влено не по а́дресу.*

bark worse than one's bite — *гро́зен лишь на слова́х*

The new boss seemed very strict on the first day in office, but soon we learned that his bark was worse than his bite. *В пе́рвый день рабо́ты но́вый нача́льник показа́лся о́чень стро́гим, но ско́ро мы убеди́лись, что он гро́зен лишь на слова́х.*

bat — *лету́чая мы́шь*

bats in one's belfry; bats in the belfry — *ви́нтика не хвата́ет*

In the beginning we took Nina seriously, but soon we realized she had bats in the belfry. *Внача́ле мы серьёзно относи́лись к Ни́не, но ско́ро мы по́няли, что у неё не хвата́ет ви́нтика.*

bat the breeze — *SEE: wag one's chin*

like a bat out of hell — *о́чень бы́стро; внеза́пно*

My neighbor has a sports car and when he's late for work he backs out of his garage like a bat out of hell. *У моегó сосéда спорти́вный автомоби́ль, и когдá он опáздывает на рабóту, он óчень бы́стро выезжáет из гаражá.*

bat — *бита; лапта*

right off the bat — *с мéста в карьéр*

Eve became a star right off the bat after her first major role in a film. *Éва с мéста в карьéр стáла кинозвездóй срáзу пóсле её пéрвой глáвной рóли в фи́льме.*

bay — *лай*

be (or stand) at bay — *быть припёртым к стенé*

The beginning fencer was completely at bay trying to fend off his experienced opponent. *Начинáющий фехтовáльщик был совсéм припёрт к стенé, когдá он старáлся отрази́ть атáку óпытного проти́вника.*

bear — *медвéдь*

bear in the air — *вертолёт ГАИ (ГАИ: госудáрственная автомоби́льная инспéкция)*

When Michael noticed the bear in the air, he stepped on the brake at once. *Когда́ Ми́хаил уви́дел вертолёт ГАИ, он сра́зу же нажа́л на тормоза́.*

beat — *бить*

beat around the bush — *ходи́ть вокру́г да о́коло; бобы́ разводи́ть*

Nikita kept beating around the bush, and never talked straight. *Ники́та всё ходи́л вокру́г да о́коло, а пря́мо не говори́л.* Mikhail kept beating around the bush all evening instead of saying anything concrete. *Ми́хаил весь ве́чер разводи́л бобы́ вме́сто конкре́тного разгово́ра.*

beat it! — *кати́сь!*

"Beat it, kid!" — the gang leader said, "we don't need little kids around here." *"Кати́сь, малы́ш!" — сказа́л предводи́тель ба́нды. — "Нам де́ти не нужны́."*

beat one at his own game — *поби́ть кого́-либо его́ же ору́жием*

Ivan beat the famous cheater at his own game today at cards. *В картежной игре́ сего́дня Ива́н победи́л изве́стного обма́нщика его́ же ору́жием.*

beat one black and blue — *изби́ть до полусме́рти*

The gang members were beating the leader of the rival gang black and blue. *Чле́ны ба́нды изби́ли главаря́ сопе́рничающей ба́нды до полусме́рти.*

beat one's gums — *SEE: wag one's chin*

that beats all — *э́то превосхо́дит всё*

"That beats all!" — the father cried in dismay when he found out that his son was a dope dealer. *Когда́ оте́ц узна́л, что сын занима́ется торго́влей нарко́тиков, он с у́жасом закрича́л: "Э́то превосхо́дит всё!"*

beaver — *бобр*

eager beaver — *хлопоту́н*

Vera always volunteers to do over time-work — she is a real eager beaver. *Ве́ра настоя́щая хлопоту́нья: она́ всегда́ как волонтёр рабо́тает сверхуро́чно.*

because — *потому что*

because of — *из-за; благодаря*

We arrived late to dinner because of the snowstorm. *Из-за пурги мы опоздали на ужин.*

become — *станови́ться*

become outdated — *изжива́ть себя́*

Many principles of the past have become outdated. *Мно́го ста́рых при́нципов изжи́ли себя́.*

bed — *посте́ль; крова́ть*

bed of thorns — *терни́стый путь*

I'm sorry I remarried — the second round turned out to be a bed of thorns as well. *Я о́чень жале́ю, что втори́чно жени́лся; и э́тот брак оказа́лся на терни́стом пути́.*

bee — *пчела́*

bee in one's bonnet — *быть поме́шанным на чём-нибудь*

Grandma has a bee in her bonnet about remembering her childhood. *Ба́бушка поме́шана на воспомина́ниях о своём де́тстве.*

make a bee-line — *стрело́й помча́ться*

After work Nikolay made a bee-line for the sports club. *По́сле рабо́ты Никола́й стрело́й помча́лся в спорти́вный клуб.*

beef — *говя́дина; си́ла; эне́ргия*

beef up — *укрепля́ть; подкрепля́ть*

Our army got beefed up by the thousands of partisans. *На́ша а́рмия была́ подкреплена́ ты́сячами партиза́н.*

behalf — *интере́с*

in (or on) one's behalf — *от чьего́-нибудь и́мени (or ли́ца); ра́ди кого́-нибудь; в чьи́х-нибудь интере́сах; в чью-нибудь по́льзу*

The high commissioner made a speech on behalf of his country. *Амбассадо́р говори́л от лица́ своей страны́.*

---

belabor — *избива́ть*

belabor the obvious — *ломи́ться в откры́тые воро́та; дока́зывать очеви́дное*

We've agreed with you some time ago — you are belaboring the obvious. *Мы с ва́шим реше́нием давно́ согла́сны, а вы ло́митесь в откры́тую дверь.*

---

bend — *гнуть*

bend over backwards — *из ко́жи (or шку́ры) вон лезть; де́лать бо́льше, чем мо́жешь*

Ann bends over backwards in order to please the parents of her boyfriend. *А́нна из ко́жи вон ле́зет, что́бы доста́вить удово́льствие роди́телям своего́ молодо́го челове́ка.*

---

beside — *ря́дом*

be beside oneself (with anger or rage) — *не по́мнить себя́ от гне́ва*

Irina pushed Pavel to the point where he was beside himself with rage. *Ири́на довела́ Па́вла до того́, что он не по́мнил себя́ от гне́ва.*

---

bet — *держа́ть пари́*

bet on the wrong horse — *просчита́ться; поста́вить не на ту ло́шадь*

When after the wedding Barbara learned that her husband's brother will inherit the factory, she understood that she bet on the wrong horse. *Когда́ Варва́ра по́сле сва́дьбы узна́ла, что брат му́жа явля́ется насле́дником фа́брики, она́ поняла́, что просчита́лась.*

don't bet on it — *держи́ карма́н (ши́ре)*

"I hope I'll be the head of the department." — "Don't bet on it." *"Я надéюсь быть нача́льником отде́ла." — "Держи́ карма́н ши́ре!"*

you bet! — *SEE: it goes without saying; ещё бы!; ещё как!*

better — *лу́чше*

better safe than sorry — *бережёного и бог бережёт*

"Better safe than sorry," we thought, and put all our jewelry in the safe before we took our vacation trip. *Мы поду́мали, что бережёного и бог бережёт, поэ́тому пе́ред о́тпуском сда́ли все драгоце́нности в ломба́рд.*

between — *между*

between you and me — *ме́жду на́ми*

Please don't tell it to anyone, this is just between you and me. *Пожа́луйста никому́ не расска́зывай, э́то то́лько ме́жду на́ми.*

beyond — *за*

beyond one's years — *не по годам*

My daughter is serious beyond her years. *Моя дочь серьёзна не по годам.*

bide — *остава́ться*

bide one's time — *ждать благоприя́тного слу́чая*

When Mary learned that George cheated on her, she bided her time for revenge. *Когда́ Мари́я узна́ла, что Гео́ргий изменя́л ей, она́ ждала́ благоприя́тного слу́чая для ме́сти.*

bird — *пти́ца*

a bird in the hand is worth two in the bush — *лу́чше сини́ца в руке́, чем жура́вль в не́бе*

Steven earns $1000 a month, but when he started looking for a better paying job, his wife reminded him that a bird in the hand is worth two in the bush. *Степáн зарабáтывает тысячу дóлларов в мéсяц, но когдá он хотéл искáть рабóту с бóльшей зарплáтой, егó женá напóмнила емý, что лýчше синúца в рукé, чем журáвль в нéбе.*

a little bird told me — *слýхом землЯ́ пóлнится*

"How did you learn that Mary married her music teacher?" — "A little bird told me." *"Как ты узнáл, что Марúя вышла зáмуж за своегó преподавáтеля мýзыки?" — "Слýхом землЯ́ пóлнится."*

bird's eye view — *вид с (высоты́) птúчьего полёта*

From the mountain top we saw the city from a bird's eye view. *Стóя на вершúне горы́, мы вúдели гóрод с высоты́ птúчьего полёта.*

(be) birds of a feather — *одногó (or своегó) пóля Я́года; однóй (и той же) мáсти; под однý масть*

Listening to their opinions it became clear that Natasha and her husband were birds of a feather. *Слýшая мнéния Натáши и её мýжа, мне стáло Я́сно, что онú однóй мáсти.*

birds of a feather flock together — *рыбáк рыбакá вúдит издалекá*

The rich heiress married a millionaire — birds of a feather flock together. *Богáтая наслéдница вышла зáмуж за миллионéра — рыбáк рыбакá вúдит издалекá.*

early bird — *1. пéрвая лáсточка 2. рáнняя птáшка*

1. Ivan was the first early bird when they opened the new store. *При откры́тии нóвого магазúна Ивáн оказáлся пéрвой лáсточкой.* 2. Natasha never sleeps long in the morning — she's an early bird. *Натáша никогдá не спит дóлго — онá рáнняя птáшка.*

kill two birds with one stone — *убúть двух зáйцев однúм удáром*

By solving this question we killed two birds with one stone. *С решéнием э́того вопрóса мы убúли двух зáйцев однúм удáром.*

rare bird — *SEE: queer fish*

the early bird catches the worm — *кто рáно встаёт, тому́ Бог подаёт*

"Why do you always get up so early?" — Natasha asked. "Because the early bird catches the worm" — I answered. *"Почему́ ты всегдá так рáно встаёшь?" — спросúла Натáша. "Потому́ что кто рáно встаёт, тому́ Бог подаёт" — ответúла я.*

wise old bird — *стáрый (or стрéляный) воробéй*

Nothing can surprise him any more, he's a wise old bird. *Егó ужé ничегó не удивúт — он стáрый воробéй.*

---

bit — *кусóк; кусóчек*

a bit — *немнóго*

I arrived home a bit later than my family. *Я верну́лся домóй немнóжко пóзже, чем моя́ семья́.*

bit by bit — *кáпля за кáплей; кáпля по кáпле*

We built up our savings for a new car bit by bit. *Мы собирáли дéньги на нóвый автомобúль кáпля по кáпле.*

do one's bit — *вносúть свою́ лéпту во чтó-нибудь*

"Well, I did my bit and now I can afford to quit for the day" — said Ivan on the construction site. *"Лáдно, я ужé внёс свою́ лéпту и могу́ спокóйно идтú домóй" сказáл Ивáн на строúтельстве.*

it wouldn't hurt a bit if — *не лúшне (бы́ло бы)*

It wouldn't hurt a bit if our party had more supporters. *Не лúшне бы́ло бы для нáшей пáртии имéть бóльше сторóнников.*

not a (or one) bit — *ни на вóлос; ни кáпельки*

Ten years have passed, yet she hasn't changed a bit. *Де́сять лет прошло́, но она́ ни ка́пельки не измени́лась.* Boris hasn't got a bit of patience. *У Бори́са нет ни ка́пельки терпе́ния.*

bite — *куса́ть*

bite off more than one can chew — *де́ло не по плечу́*

Ivan started to write a play but soon he realized he had bitten off more than he could chew. *Ива́н взя́лся написа́ть пье́су, но вско́ре он по́нял, что э́то де́ло ему́ не по плечу́.*

black — *чёрный*

black out — *вы́черкнуть*

Nina considered it long and decided to black out the last line of her report. *Ни́на до́лго ду́мала, а пото́м реши́ла вы́чернуть после́днюю стро́чку из своего́ докла́да.*

blame — *порица́ние; вина́*

take the blame — *взять на себя́ вину́*

Natasha took the blame for Ivan's mistake. *Ната́ша взяла́ на себя́ вину́ за оши́бку Ива́на.*

blank — *пусто́й*

draw a blank — *иска́ть беспло́дно (or напра́сно)*

I looked in all the Chinese dictionaries to find an ancient character, but I drew a blank every time. *Я иска́л дре́вние иеро́глифы во всех кита́йских словаря́х, но ка́ждый раз я иска́л напра́сно.*

blast — *поры́в*

at full blast — *по́лным хо́дом*

After repair the machine was working again at full blast. *По́сле ремо́нта маши́на сно́ва рабо́тала по́лным хо́дом.*

blind — *слепо́й*

blind as a bat (or beetle or mole or owl) — *(как) слепа́я ку́рица*
Without my glasses I'm blind as a bat. *Я без очко́в, как слепа́я ку́рица.*

in the kingdom of the blind the one-eyed is a king — *на безры́бье и рак ры́ба*
I knew but little English, yet I had to do the translating since there weren't any other translators; in the kingdom of the blind the one-eyed is a king. *Зна́я ма́ло слов на англи́йском я до́лжен был сде́лать перево́д, поско́льку други́х перево́дчиков не́ было. На безры́бье и рак ры́ба.*

---

blockhead — *о́лух (царя́ небе́сного); болва́н; тупи́ца; ме́дный лоб*
Steven is such a blockhead — you can't teach him anything. *Степа́н тако́й о́лух — его́ ничему́ не на́учишь.*

---

blood — *кровь*
blood freezes (or runs cold or turns to ice) — *кровь сты́нет в жи́лах; кровь леденеёт (от у́жаса); испуга́ться так, что холоде́ют ру́ки и но́ги*

Lena's blood froze when she saw the airplane crash into the mountain. *У Лéны кровь засты́ла в жи́лах, когдá онá уви́дела самолёт, врéзавшийся в гóру.*

hot-blooded — *горя́чий темперáмент*

Natasha is a hot-blooded woman. *Натáша э́то жéнщина с горя́чим темперáментом.*

in cold blood — *хладнокрóвно*

The terrorist blew up the whole building in cold blood. *Террори́ст хладнокрóвно взорвáл цéлое здáние.*

---

blow — *дуть*

blow a fuse (or gasket); blow one's top (or stack) — *вы́йти из себя́; распсиховáться*

Boris blew his top when he learned that Olga was cheating on him. *Бори́с вы́шел из себя́, узнáв об измéне Óльги.*

blow in — *неожи́данно примчáться*

We were just about to sit down to dinner when Peter blew in. *Пётр неожи́данно примчáлся, когдá мы собирáлись у́жинать.*

blow one's own horn — *хвали́ться*

Alex believed that nobody would notice him unless he blew his own horn. *Алексей ду́мал, что éсли он не хвáлится, никтó егó не замéтит.*

blow over — *затихáть; утихáть*

The storm blew over and the sun came out. *Бу́ря ути́хла и сóлнце вы́шло.*

---

blue — *синевá; голубизнá*

blue collar worker — *рабóтник физи́ческого трудá*

The father of the famous playwright was a blue collar worker. *Отéц извéстного драмату́рга был рабóтником физи́ческого трудá.*

get the blues — *впадáть в уны́ние*

I always get the blues when it thunders. *Когдá греми́т гром, я всегдá впадáю в уны́ние.*

have the blues — *хандрить*

Barbara had the blues for a whole year when George left her. *Варвáра хандрúла в течéние гóда, когдá Георгий покúнул её.*

out of the blue — *с нéба; совершéнно неожúданно; ни с тогó, ни с сегó; с бýхты-барáхты*

For years I had sought a solution until suddenly, out of the blue, it presented itself. *Я пытáлся разрешúть э́тот вопрóс много лет, и вдруг решéние на меня́ как с нéба свалúлось.* Irina always showed up at our place out of the blue. *Ирúна всегдá явля́лась к нам с бýхты-барáхты.*

board — *доскá*

board and lodging — *квартúра и стол; кров и стол*

After his mother's death Pavel got board and lodging at his aunt's. *Пóсле смéрти мáтери Пáвел получúл кров и стол у тёти.*

boat — *лóдка*

in the same boat — *в одинáковом положéнии; в такóм же положéнии*

Andrey was very disappointed when he got dismissed, but he knew many were in the same boat. *Андрéй был óчень огорчён, когдá егó увóлили, но он знал, что мнóгие бы́ли в такóм же положéнии.*

body — *тéло*

in a body — *в пóлном составе*

They appeared at the meeting in a body. *Онú прúбыли на собрáние в пóлном состáве.*

bog — *болóто; трясúна*

bog down; get bogged down — *увязáться; завязáться; связáться*

I had to give up my plans to go to Alaska, because I got bogged down in office work. *Я дóлжен был отказáться от плáна поéздки на Аля́ску, потомý что я связáлся с канцеля́рской рабóтой.*

boil — *кипéть*

boil down — *сводúтся*

The whole issue boils down to the government's raising the prices again. *Весь вопрóс свóдится к повтóрному повышéнию цен правúтельством.*

bolt — *засóв; удар грóма*

bolt from the blue — *(как) гром средú я́сного нéба; (как) снег на гóлову*

The news about the flood reached us like a bolt out of the clear blue sky. *Извéстие о наводнéнии бы́ло для нас, как гром средú я́сного нéба.*

bone — *кость*

bonehead — *дýрень; балдá*

Ivan is a real bonehead — small wonder he never finds any job. *Ивáн настоя́щий дýрень; неудивúтельно, что он никогдá не найдёт рабóту.*

bone to pick — *имéть претéнзию*

"I have a bone to pick with you" — said Olga to me with a sullen look on her face. *"У меня́ к вам претéнзия" — сказáла мне Óльга с мрáчным вúдом.*

make no bones — *не стесня́ться*

Vera made no bones about telling her husband that she had a boyfriend. *Вéра не постесня́лась сказáть мýжу, что у неё есть любóвник.*

to the bone — *до мóзга костéй*

When the snowstorm found us on the road, we felt chilled to the bone. *Когдá в дорóге нас застáла пургá, мы продрóгли до мóзга костéй.*

book — *кни́га*

by one's book — *на взгля́д*

I told him that by my book he wasn't right. *Я ему́ сказа́л, что на мой взгляд он был непра́в.*

closed book — *кни́га за семью́ печа́тями*

Many details of Stalin's life still remain a closed book. *Мно́го дета́лей из жи́зни Ста́лина оста́лись и до сих по́р кни́гой за семью́ печа́тями.*

in one's good books — *SEE: in one's good graces*

read one like an open book — *ви́деть кого́-либо насквво́зь; ви́деть на два арши́на под землёй*

You can't fool Peter, he reads you like an open book. *Петра́ не обма́нешь, он ви́дит на два арши́на под землёй.*

---

boot — *боти́нок; башма́к*

lick one's boots — *лиза́ть но́ги (or пя́тки)*

Peter keeps licking the boss' boots in the hope that he'll get a raise. *Пётр ли́жет но́ги нача́льнику, наде́ясь, что полу́чит повыше́ние зарпла́ты.*

---

bore — *надоеда́ть*

bore to tears — *надоеда́ть до́ смерти*

Grandpa's incessant stories about WW II bored me to tears. *Посто́янные расска́зы де́душки о второ́й мирово́й войне́ мне надое́ли до́ смерти.*

(be) born — *роди́ться*

be born under a lucky star — *роди́ться в соро́чке*

Only George could save the firm — his competition went bankrupt. He must have been born under a lucky star. *То́лько Гео́ргий сохрани́л свою́ фи́рму — он наве́рно роди́лся в соро́чке, — а его́ конкуре́нты разори́лись.*

one wasn't born yesterday — *SEE: wise old bird*

---

bosom — *грудь*

bosom friend — *закады́чный друг*

Alex and Vera have been bosom friends since childhood. *С де́тства Алекса́ндр и Ве́ра закады́чные друзья́.*

boss — *хозя́ин; нача́льник*

be one's own boss — *сам себе́ голова́*

Steven opened a pastry shop and he is now his own boss. *Степа́н откры́л конди́терскую, и тепе́рь он сам себе́ голова́.*

boss around one — *е́здить верхо́м на ко́м-нибу́дь*

Ivan's wife keeps bossing him around. *Жена́ Ива́на всегда́ е́здит верхо́м на нём.*

bother — *меша́ть*

bother the heck out of one — *вы́мотать все кишки́*

With his constant phone calls, Oleg bothers the heck out of me. *Свои́ми постоя́нными звонка́ми Оле́г выма́тывает мне все кишки́.*

bottle — *буты́лка*

bottle up — *сдержа́ть*

Nikolay blushed but bottled up his anger when his boss criticized him. *Когда́ нача́льник критикова́л Никола́я, он покрасне́л, но сдержа́л свой гнев.*

bottom — *дно*

at the bottom of one's heart — *в глубине́ души́ (or се́рдца)*

Although Igor didn't say so, at the bottom of his heart he new that Lena was right. *Хотя́ И́горь не вы́сказал э́того, но в глубине́ души́ он знал, что Ле́на права́.*

bottoms up! — *до дна!*

"Bottoms up!" — the drunkard cried in the tavern. *"Пей до дна!" — крича́л пья́ница в кабаке́.*

brain — *мозг*

brain child — *детище (or плод) разума; детище (or плод) воображения*

The new publishing house was the brainchild of my husband. *Новое издательство было плод разума моего мужа.*

brain drain — *"утечка мозгов"*

After the dissolution of the Soviet Union a major brain drain to the West got under way. *После распада Советского Союза началась значительная "утечка мозгов" на Запад.*

brain trust — *мозговой трест*

The President gathered a brain trust around himself before the elections. *Перед выборами президент собрал мозговой трест вокруг себя.*

brainwash — *промывание мозгов; давить на мозги*

The main method of communists to "educate" the people was brainwashing. *Промывание мозгов было главным методом коммунистов "воспитания" народа.* "I have my own opinion about politics and don't you try to brainwash me!" — Peter protested. *"У меня своё мнение о политике, и не дави на мои мозги!" — протестовал Пётр.*

have brains; be brainy — *иметь голову на плечах; быть с головой*

Vera is not only pretty, but has brains as well. *Вера не только красивая, но она также имеет голову на плечах.*

pick one's brains — *использовать чьи-то мысли (or опыт) присваивать чьи-то идеи*

"May I pick your brains about the income tax?" — Barbara asked her uncle. *"Можно использовать твой опыт о подоходном налоге?" — спросила Варвара своего дядю.*

rack one's brain — *раскидывать (or шевелить) мозгами; ломать голову*

I racked my brain over my pending divorce problems, but I couldn't find any solution to them. *Я ломáл гóлову над проблéмами о развóде, но решéния не нашёл.*

branch — *ветвь; разветвля́ться*

branch out — *расширя́ть дéятельность*

First our factory produced shoes, then it branched out and produced handbags as well. *Сначáла нáша фáбрика изготовля́ла óбувь, а потóм расши́рила дéятельность и производи́ла еще дáмские сýмки.*

brand — *фабри́чная мáрка*

brand-new — *с игóлки; новёхонький; совершéнно нóвый*

Andrey has a brand-new video cassette recorder. *Видеомагнитофóн у Андрéя совершéнно нóвенький.*

brazen — *мéдный; брóнзовый*

brazen it out — *нагло выкрýчиваться; выкрýчиваться из чегó-нибудь*

When the store manager found the stolen watch in Olga's bag, she brazened it out; she said somebody else must have put it there. *Когдá дирéктор магази́на нашёл укрáденные часы́ в Óльгиной сýмке, онá нáгло выкрýчивалась докáзывая, что ктó-то их тудá подложил.*

break — *ломáть*

break away — *вы́рваться из рук когó-либо*

Boris succeeded in breaking away from the gangsters. *Бори́су удалóсь вы́рваться из рук граби́телей.*

break even — *оставáться при свои́х*

Because of its high overhead our firm could hardly break even. *Из-за высóких накладны́х расхóдов, нáша фи́рма с трудóм остáлась при свои́х.*

break new ground — *проклáдывать нóвые пути́*

The retired physician decided to break new ground and started to take piano lessons. *Отставно́й врач реши́л прокла́дывать но́вые пути́ и на́чал брать уро́ки по кла́ссу фортепиа́но.*

break up — *1. прекраща́ть; конча́ть 2. разбива́ть*

1. The chairperson broke up the meeting. *Председа́тель прекрати́л собра́ние.* 2. With the divorce of the parents the family broke up. *Разво́д роди́телей разби́л семью́.*

break with — *порва́ть с ке́м-либо; поко́нчить с че́м-либо*

We were all surprised when Eve broke up with Peter just a few days before their wedding. *Мы все удиви́лись, когда́ Е́ва порва́ла с Петро́м за не́сколько дней до сва́дьбы.* My New Year's resolution was to break with my old habit and quit smoking. *Мой нового́дний заро́к — поко́нчить со ста́рой привы́чкой кури́ть.*

---

breath — *дыха́ние*

waste one's breath — *болта́ть (or говори́ть) на ве́тер; говори́ть по́пусту; по́пусту тра́тить слова́*

No matter how hard I tried to explain, I was only wasting my breath. *Что бы я им не объясня́л, это сло́вно говори́ть на ве́тер.*

---

breeze — *ветеро́к*

breeze in — *влете́ть*

Who is this guy that just breezed into the restaurant? *Кто э́тот ма́лый, кото́рый то́лько что влете́л в рестора́н?*

shoot (or bat or fan) the breeze; shoot the bull — *разводи́ть антимо́нии*

The men were shooting the breeze over a mug of beer. *Мужчи́ны за кру́жкой пи́ва разводи́ли антимо́нии.*

---

brief — *коро́ткий*

in brief — *SEE: in short*

---

bright — *я́ркий; све́тлый*

bright and early — *ра́ненько яви́ться*

Zina appeared bright and early for breakfast where the whole family had already gathered. *Ра́ненько у́тром Зи́на яви́лась к за́втраку, где собра́лась вся семья́.*

bring — *приноси́ть*

bring about — *осуществля́ть; вызыва́ть*

The war has brought about great changes in living. *Война́ вы́звала значи́тельные переме́ны в жи́зни люде́й.*

bring around (or **round**) — *уговори́ть*

At first Igor was against my promotion, but then I brought him around. *Внача́ле И́горь был про́тив моего́ повыше́ния в до́лжности, но пото́м я его́ уговори́л.*

bring down the house — *вы́звать гром аплодисме́нтов*

The President's speech on the eve of the elections brought down the house. *Речь президе́нта накану́не вы́боров вы́звала гром аплодисме́нтов.*

bring home to one — *довести́ до созна́ния*

The doctor's information about Georgy's lung cancer brought home to him the dangers of smoking. *Сообще́ние до́ктора о ра́ке лёгких, довело́ до созна́ния Гео́ргия опа́сность куре́ния.*

bring one to one's senses — *образу́мить*

Dad's criticism about my fiancee brought me to my senses. *Кри́тика па́пы о моёй неве́сте образу́мила меня́.*

B.Y.O.B. (Bring Your Own Bottle) — *принеси́ буты́лку*

Nikita added to the bottom of his invitation: B.Y.O.B. *В конце́ приглаше́ния Ники́та доба́вил: принеси́ буты́лку.*

bring to light — *раскрыва́ть*

The excavations in Egypt brought to light the Pharaohs' lifestyle. *Раско́пки в Еги́пте раскры́ли о́браз жи́зни фарао́нов.*

brush — *чи́стить*

brush up; brush up on — *освежа́ть; улучша́ть*

My sister went to Berlin for a month to brush up on her German. *Моя́ сестра́ уе́хала в Берли́н на ме́сяц, что́бы освежи́ть зна́ние неме́цкого языка́.*

---

buck — *оле́нь*

big bucks — *ку́ча де́нег*

"Wow! That present must have cost you big bucks" — Peter exclaimed to his father. *"О! Тако́й пода́рок до́лжен был тебе́ сто́ить ку́чу де́нег" — сказа́л Пётр отцу́.*

---

buckle — *застегивать*

buckle down — *приниматься за что́-нибудь*

After having a chat the ladies buckled down to prepare the dinner. *По́сле болтовни́ да́мы приняли́сь гото́вить у́жин.*

---

budge — *дви́гаться*

not to budge an inch — *ни взад, ни вперёд*

The bus is so crowded that no one can budge an inch. *В авто́бусе сто́лько наро́ду, что ни взад, ни вперёд.*

---

bug — *клоп; меша́ть*

bug-eyed — *с вы́пученными глаза́ми*

Vera stood there bug-eyed during the divorce negotiations as her husband demanded possession of the house and the car. *Ве́ра стоя́ла с вы́пученными глаза́ми во вре́мя бракоразво́дного проце́сса, когда́ муж отста́ивал дом и автомоби́ль в свою́ по́льзу.*

bug the hell out of one — *SEE: bother the heck out of one*

---

bull — *бык*

bull in a china shop — *слон в посу́дной ла́вке*

Steven breaks everything he touches — he's a bull in a china shop. *Степа́н разбива́ет всё, к чему́ прикоснётся, как слон в посу́дной ла́вке.*

bullshit — *брехня́*

What Ivan said yesterday was a lot of bullshit. *То, что Ива́н сказа́л вчера́, э́то была́ брехня́.*

hit the bull's eye — *попада́ть в цель*

Barbara hit the bull's eye when she said that the robbery was an inside job. *Варва́ра попа́ла в цель, когда́ сказа́ла, что ограбле́ние бы́ло сде́лано сотру́дником.*

seize the bull by the horns — *взя́ть быка́ за рога́*

Steven decided to seize the bull by the horns and criticize his boss, even risking his job. *Степа́н реши́л взя́ть быка́ за рога́, когда́ критикова́л нача́льника, да́же риску́я потеря́ть рабо́ту.*

---

burn — *жечь*

burn one's fingers — *обже́чься*

George really burned his fingers when he told his boss how to run the business. *Григо́рий обжёгся на том, что дава́л сове́ты нача́льнику как вести́ де́ло.*

burn oneself out — *погуби́ть своё здоро́вье*

If Sasha continues working this hard, he'll burn himself out for the rest of his life. *Е́сли Са́ша и да́льше бу́дет так рабо́тать, он оконча́тельно погу́бит своё здоро́вье.*

burn the candle at both ends — *безрассу́дно расхо́довать си́лы*

If you study so late every evening you burn the candle at both ends and you may get sick. *Е́сли ты ка́ждый ве́чер бу́дешь так по́здно занима́ться, ты безрассу́дно расхо́дуешь си́лы и мо́жешь заболе́ть.*

burn the midnight oil — *заси́живаться за рабо́той за́ полночь*

The students are late preparing for the exam; this is why they're burning the midnight oil. *Студе́нты уже́ потеря́ли вре́мя на подгото́вку к экза́менам и поэ́тому засижи́ваются за рабо́той за́ полночь.*

burst — *взрыв*

burst into flame — *вспы́хнуть*

When the lightning struck the old wooden building, it suddenly burst into flame. *Когда́ мо́лния уда́рила в ста́рый деревя́нный дом, он внеза́пно вспы́хнул.*

burst into tears — *разрыда́ться*

Mary burst into tears when she heard that her fiance got arrested. *Мари́я разрыда́лась, когда́ узна́ла, что жениха́ арестова́ли.*

in a burst of temper — *SEE: in the heat of the moment*

bury — *хорони́ть*

bury one's head in the sand — *отка́зываться смотре́ть фа́ктам в лицо́*

Mary knows that her husband is cheating on her, but she buries her head in the sand. *Мари́я зна́ет, что муж изменя́ет ей, но отка́зывается смотре́ть фа́ктам в лицо́.*

bury the hatchet — *вложи́ть меч в но́жны*

Ann's parcnts opposed her marriage, but when their grandson was born they buried the hatchet. *Роди́тели А́нны бы́ли про́тив её заму́жества, но по́сле рожде́ния вну́ка они́ вложи́ли меч в но́жны.*

business — *де́ло*

it's none of my business — *моё де́ло сторона́; э́то не моё де́ло*

It's none of my business what you spend your money on. *Вы мо́жете тра́тить свои́ де́ньги на что хоти́те, а моё де́ло сторона́.*

on business — *по де́лу*

Igor has arrived on important business. *И́горь прие́хал по ва́жному де́лу.*

butt — *уда́р; бода́ть*

butt in — *встрева́ть; вме́шиваться*

The host's son constantly butted into the guests' conversation, making everybody nervous. *Сын хозя́ина постоя́нно вме́шивался в разгово́р госте́й и э́тим раздража́л всех.*

butt into everything — *лезть во все ды́рки*

Irina has bad manners — she butts into everything. *У Ири́ны плоха́я мане́ра лезть во все ды́рки.*

butter — *ма́сло*

butter up — *льсти́ть; ума́сливать*

Steven began to butter up the boss in order to get a raise. *Степа́н на́чал льстить нача́льнику, что́бы получи́ть повыше́ние зарпла́ты.*

butterfly — *ба́бочка*

butterflies in one's stomach — *се́рдце ёкает у кого́-нибудь; мути́т от стра́ха*

I had butterflies in my stomach as I was waiting for the committee's "yes" or "no" regarding my promotion. *У меня́ се́рдце ёкало от стра́ха, пока́ я ждал реше́ние комите́та в связи́ с мои́м повыше́нием по слу́жбе.*

buy — *покупа́ть*

buy for a song — *купи́ть за бесце́нок*

"How much did this used car cost?" — "I picked it up for a song" — Steven answered. *"Ско́лько сто́ит э́тот бы́вший в употребле́нии автомоби́ль?" — "Я его́ купи́л за бесце́нок" — отве́тил Степа́н.*

buy off — *брать взя́тку*

You can't buy off the members of the cabinet. *Чле́ны кабине́та взя́ток не беру́т.*

buy secondhand — *купи́ть по слу́чаю*

Masha bought a computer secondhand. *Ма́ша купи́ла компью́тер по слу́чаю.*

buy sight unseen — *покупа́ть за глаза́*

Irina bought a fur coat sight unseen but got soon disappointed in its poor quality. *Ири́на купи́ла шу́бу за глаза́, но ско́ро разоча́ровалась и́з-за ни́зкого ка́чества.*

buy up — *скупи́ть*

The company is trying to buy up all the available shares. *Компа́ния стара́ется скупи́ть все име́ющиеся а́кции.*

---

buzz — *жужжа́ние*

buzz word — *мо́дное слове́чко*

It's enough to know a few buzz words to become a member of the new religious group. *Доста́точно знать мо́дное слове́чко, что́бы стать чле́ном но́вой религио́зной гру́ппы.*

---

by — *побли́зости*

by and large — *в о́бщем*

By and large our trip to Alaska went all right. *В о́бщем, на́ше путе́шествие на Аля́ску прошло́ благополу́чно.*

C

cake — *кекс; торт*

sell like hot cakes — *оторва́ть (or вырыва́ть) с рука́ми*

Thanks to successful advertising even poor quality products sell like hot cakes. *Благодаря́ хоро́шей рекла́ме да́же изде́лия невысо́кого ка́чества вырыва́ют с рука́ми.*

---

call — *зов; оклик; звать*

as the call so the echo — *как аукнется, так и откли́кнется*

"As the call, so the echo" — I thought and stole the thief's watch. *"Как а́укнется, так и откли́кнется" — поду́мал я и укра́л часы́ у вора́.*

call a spade a spade — *называ́ть ве́щи свои́ми (or со́бстве́нными or настоя́щими) имена́ми*

Talk concretely — call a spade a spade! *Говори́ конкре́тно, называ́й ве́щи свои́ми имена́ми!*

call attention to — *обраща́ть внима́ние на*

Peter keeps calling attention to the fact that he is physically handicapped. *Пётр постоя́нно обраща́ет внима́ние всех на тот факт, что он инвали́д.*

call even a snowflake a spade — *принима́ть бе́лое за чёрное*

Ann doesn't believe anyone, and calls even a snowflake a spade. *А́нна никому́ не ве́рит и принима́ет бе́лое за чёрное.*

call for — *тре́бовать*

Success in life calls for hard work. *Успе́х в жи́зни тре́бует затра́ты большо́го труда́.*

call girl — *проститу́тка, приходя́щая по вы́зову*

We were very surprised to learn that our neighbor was a call girl. *Мы о́чень удиви́лись, когда́ узна́ли, что на́ша сосе́дка проститу́тка, приходя́щая по вы́зову.*

call it quits — *закрыва́ть ла́вочку*

"Let's call it quits" — said my boss when we got exhausted by the negotiations. *"Дава́йте закро́ем ла́вочку!" — сказа́л нача́льник, когда́ перегово́ры нас изнури́ли.*

call names — *руга́ть*

Vera got mad at Peter and started to call him names. *Ве́ра рассерди́лась на Петра́ и на́чала руга́ть его.*

call off — *отмени́ть*

The directors' meeting has been called off. *Собра́ние директоро́в отме́нено.*

call on — *1. заходи́ть к 2. обраща́ться к*

1. My sister called on me today. *Моя́ сестра́ заходи́ла ко мне сего́дня.*

2. If you need help, feel free to call on me. *Éсли вы нуждáетесь в пóмощи, не стесня́йтесь обрати́ться ко мне.*

call one names — *обзывáть когó-нибýдь*

When George is in a bad mood, he calls his wife names. *Когда Гéоргий в плохóм настроéнии, он обзывáет свою́ женý.*

call on the carpet — *давáть нагоня́й (or взбучку)*

The boss called Oleg on the carpet for coming late. *Начáльник дал нагоня́й Олéгу за опоздáние.*

call the roll — *дéлать перекли́чку*

Our sergeant calls the roll every morning before breakfast time. *Наш сержáнт кáждое ýтро дéлает перекли́чку пéред зáвтраком.*

call the shots (or tune) — *завéдывать; дéлать погóду*

Pavel calls the shots in our company. *Нáшим товáриществом завéдует Пáвел.*

close call — *чýдом избежáть от чегó-нибýдь; чуть не...; едвá спáсся при...*

Peter almost got hit by a truck on his motorcycle on the way home — it was a very close call. *Пётр на мотоци́кле чуть не врéзался в грузови́к по дорóге домóй.*

on call — *на вы́зове*

Our doctor will be on call all day. *Наш врач бýдет на вы́зовах весь день.*

calm — *спокойный*

calm down — *успокóиться*

"Calm down!" — the doctor said to the trembling patient — "You'll have a long life." *«Успокóйтесь! Вы доживёте до седы́х волóс» — сказáл врач дрожáщему больнóму.*

can — *ба́нка*

can of worms — *куча нериятностей*

Handling the problem this way can open up a whole new can of worms. *Тако́е реше́ние э́того вопро́са мо́жет вы́звать ку́чу неприя́тностей.*

---

cancer — *рак*

cancer stick — *сигаре́та*

"Take that cancer stick out of your mouth!" — the mother angrily shouted at her teenage son. *Ма́ма я́ростно крича́ла подро́стку: "Убери́ сигаре́ту изо рта!"*

---

candle — *све́чка*

cannot hold a candle to one — *в подмётки не годи́тся*

"You are such a great mathematician, Mr. Kuznetsov, that I can't even hold a candle to you" — Oleg said. *"Вы, господи́н Кузнецо́в, вели́кий матема́тик, а я вам в подмётки не гожу́сь" — сказа́л Оле́г.*

---

capacity — *спосо́бность*

in the capacity of — *SEE: as*

to capacity — *до отка́за*

The stadium was filled to capacity by the fans. *Стадио́н был наби́т до отка́за боле́льщиками.*

card — *ка́рточка*

ace up one's sleeve — *есть в запа́се ко́зырь; есть запасно́й ко́зырь*

"You'll never win against Peter" — Arkady said. "He's always got an ace up his sleeve. *"Ты никогда́ не победи́шь Петра́, у него́ всегда́ есть запасно́й ко́зырь" — сказа́л Арка́дий.*

put one's cards on the table — *раскры́ть свои́ ка́рты*

Lev is a reliable business man — but he doesn't always put all of his cards on the table. *Лев — достове́рный бизнесме́н, но не всегда́ раскрыва́ет все свои́ ка́рты.*

care — *осторо́жность; забо́та; забо́титься*

one couldn't care less — *SEE: not to give a damn*

petty cares (or concerns) — *мыши́ная возня́*

Her concerns were basically petty cares. *Её жа́лобы явля́лись в су́щности мыши́ной вознёй.*

who cares? — *не всё ли равно́?*

Who cares that Peter got fired first — he was the worst employee of the firm. *Не всё ли равно́, что Петра́ уво́лили пе́рвым, ведь он был са́мый плохо́й рабо́тник фи́рмы.*

case — *слу́чай*

in any case — *во вся́ком слу́чае*

In any case I'll answer your letter by the end of the month. *Я отве́чу на ва́ше письмо́ во вся́ком слу́чае до конца́ ме́сяца.*

in case — *на тот предме́т, е́сли; в слу́чае*

In case of fire don't use the elevator. *В слу́чае пожа́ра нельзя́ по́льзоваться ли́фтом.*

cash — *получа́ть де́ньги (по че́ку, и т.п.)*

cash in on — *воспо́льзоваться*

The novelist cashed in on the fad and wrote another sentimental best seller. *Романи́ст воспо́льзовался мо́дой и написа́л ещё оди́н сентимента́льный бестсе́ллер.*

cash in one's chips — *SEE: kick the bucket*

cast — *броса́ние; мета́ние*

cast in one's lot — *SEE: throw in one's lot*

cat — *ко́шка*

cathouse — *дом терпи́мости; публи́чный дом*

The upstairs of the inn is really a cathouse. *Ве́рхняя часть гости́ницы в действи́тельности явля́ется до́мом терпи́мости.*

curiosity killed the cat — *любопы́тство до до́бра не дово́дит*

"Curiosity killed the cat" — Mother said when she caught little Zina peeping through the keyhole. *«Любопы́тство до до́бра не дово́дит» — сказа́ла ма́ма, когда́ заста́ла Зи́ночку у замо́чной сква́жины..*

it's raining cats and dogs — *дождь льёт как из ведра́*

During a summer storm it rains cats and dogs. *Во вре́мя ле́тней грозы́ дождь льёт как из ведра́.*

let the cat out of the bag — *выболта́ть секре́т; проболта́ться*

Lena asked her sister in vain not to tell anyone about her failure on the exam, but she let the cat out of the bag anyway. *Ле́на напра́сно проси́ла сестру́ никому́ не расска́зывать о неуда́че на экза́мене, но та проболта́лась.*

catastrophe — *катастро́фа*

walking catastrophe — *два́дцать два несча́стья*

Every day something happens to Ivan — this is why we call him a walking catastrophe. *С Ива́ном ка́ждый день что́-нибу́дь случа́ется, по́этому мы называ́ем его́ два́дцать два несча́стья.*

catch — *лови́ть; пойма́ть*

catch one's breath — *перевести́ дух (or дыха́ние)*

We took a break digging the backyard to catch our breath. *Перека́пывая зе́млю на за́днем дворе́, мы останови́лись перевести́ дух.*

catch one's eye — *привле́чь чьё-нибудь внима́ние*

Zina's beauty caught my eye. *Красота́ Зи́ны привлекла́ моё внима́ние.*

catch one's glance — *лови́ть на себе́ взгляд*

During the dance she caught Nikolay's glance. *Во вре́мя та́нца она лови́ла на себе́ взгляд Никола́я.*

cave — *пеще́ра*

cave in — *сдава́ться*

After an extended argument with her husband about moving to a new town Irene caved in. *По́сле дли́тельного спо́ра с му́жем о перее́зде в друго́й го́род Ири́на сдала́сь.*

cent — *(моне́та) цент*

not a red cent to one's name — *гроша́ нет; ни гроша́ нет; (ни) гроша́ за душо́й нет*

Andrey hasn't got a red cent to his name. *У Андре́я нет ни гроша́ за душо́й.*

certain — *наверно*

for certain — *SEE: for sure*

chain — *цепь*

chain letter — *письмо́, рассыла́емое по цепо́чке*

Time and again I get a chain letter, but I never pay any attention to it. *Раз за ра́зом я получа́ю письмо́, рассыла́емое по цепо́чке, но я никогда́ не обраща́ю на него́ внима́ние.*

chain smoke — *(непреры́вно) кури́ть одну́ папиро́су за друго́й*

It's a bad habit to chain smoke — you may develop lung cancer! *Плоха́я привы́чка кури́ть одну́ папиро́су за друго́й, потому́ что это мо́жет привести́ к ра́ку лёгких!*

chain smoker — *зая́длый кури́льщик*

Uncle Steven is a chain smoker, and he is getting sicker every day. *Дя́дя Степа́н зая́длый кури́льщик, и с ка́ждым днём его́ боле́знь прогресси́рует.*

chain store — *однoти́пный фи́рменный магази́н*

There are many chain stores in the US. *В США много однoти́пных фи́рменных магази́нов.*

chalk — *мел*

chalk up — *приписывать*

We chalked up his bad behavior to his mental illness. *Его плохо́е поведе́ние мы припи́сывали как результа́т наруше́ния пси́хики.*

chance — *случа́йность*

by chance — *случа́йно*

The other day I met by chance a teacher of mine in the supermarket. *На днях я случа́йно встре́тил моего́ преподава́теля в универма́ге.*

chances are (that) ... — *на́до ду́мать (or полага́ть)*

Chances are that they left already because nobody answers the phone. *На́до ду́мать, что они уже уе́хали, потому́ что никто́ не отвеча́ет на звонки́.*

change — *меня́ть*

change hands — *переходи́ть из рук в ру́ки*

Good used cars often change hands. *Автомоби́ли ещё в хоро́шем состоя́нии ча́сто перехо́дят из рук в ру́ки.*

change one's mind — *разду́мывать; обду́мывать*

First I thought I'd marry Nina, but then I changed my mind and married her sister. *Внача́ле я ду́мал жени́ться на Ни́не, а пото́м я разду́мал и жени́лся на её сестре́.*

charge — *нагру́зка; нагружа́ть*

charge account — *счет в магази́не*

Many stores in the neighborhood are reluctant to open a charge account for their customers. *В на́шем райо́не мно́го магази́нов неохо́тно открыва́ют счёт для покупа́телей.*

charge one with — *обвиня́ть в чём-нибу́дь*

Peter was charged with murdering his wife but he was acquitted by the jury. *Петра́ обвини́ли в уби́йстве жены́, но суд прися́жных оправда́л его́.*

chase — *сбе́гать*

chase around — *SEE: run around*

cheek — *щека*

have the cheek (or gall) — *хвати́ло бессты́дства (or на́глости)*

Irene had the cheek to ask me for another loan when she hasn't even payed me back the previous one yet. *У Ири́ны хвати́ло бессты́дства повто́рно проси́ть у меня́ де́ньги, не возврати́в сво́й до́лг.*

cheer — *подбодря́ть*

cheer up — *ободря́ться; настрое́ние повы́сится*

Nina cheered up right away when she found out that she got a raise. *У Ни́ны сра́зу повы́силось настрое́ние, когда́ она́ узна́ла о повыше́нии зарпла́ты.*

cheer up! — *не унывáйте!*

"Cheer up!" — Mary said to Ann. "Better days are ahead." *"Не унывáй! Лу́чшие дни ещё впереди́" — сказа́ла Мари́я А́нне.*

cheese — *сыр*

big cheese — *SEE: big wheel*

cheesecake — *полураздéтая красóтка*

The program of the night club was full of cheesecake. *Прогрáмма ночнóго клу́ба былá запóлнена полураздéтыми красóтками.*

chew — *жевáть*

chew one out — *отчи́тать*

The teacher chewed out the student for cheating on his exam. *Преподавáтель отчи́тал ученикá за то, что он хитри́л на экзáмене.*

chew the fat (or rag) — *SEE: wag one's chin*

chicken — *цыплёнок*

be no spring chicken — *быть в годáх*

Peter was no spring chicken when he got married for the first time. *Пётр уже был в годáх, когдá пéрвый раз жени́лся.*

chicken feed — *пустяки́; мéлочь; ми́зер*

"How can we get married? My salary is but chicken-feed" — Arkady complained to Zina. *"Как мне жени́ться, éсли я получáю такóй ми́зер" — жáловался Аркáдий Зи́не.*

chicken-hearted (or livered) — *трусли́вый; малоду́шный*

Alex will never get on a roller coaster. He is so chicken-livered. *Алекса́ндр никогда́ не ката́ется на америка́нских го́рках. Он трус.*

chicken out — *ухо́дить в кусты́*

I wanted to take a roller-coaster ride but at the last minute I chickened out. *Я хоте́л ката́ться на америка́нских го́рках, но в после́днюю мину́ту я ушёл в кусты́.*

count one's chickens before they are hatched — *дели́ть шку́ру неуби́того медве́дя*

We barely bought the lottery ticket when my wife started to plan buying things. So I stopped her and said: don't count your chickens before they are hatched. *Как то́лько мы купи́ли лотере́йный биле́т, жена́ на́чала мы́сленно де́лать поку́пки. Я её останови́л: "Не дели́ шку́ру неуби́того медве́дя!"*

don't count your chickens before they are hatched — *цыпля́т по о́сени счита́ют*

"I bought a lotto ticket and I'm taking you to Paris!" — Peter said grinning. "Don't count your chickens before they're hatched" — Nina replied soberly. *"Я купи́л лотере́йный биле́т и приглаша́ю тебя́ в Пари́ж!" — сказа́л Пётр усмехну́вшись. "Цыпля́т по о́сени счита́ют" — отве́тила Ни́на серьёзно.*

rise with the chickens — *встава́ть с петуха́ми*

Lena goes to bed early and rises with the chickens. *Ле́на идёт ра́но спать и встаёт с петуха́ми.*

---

child — *дитя́*

burnt child dreads the fire — *SEE: once bitten, twice shy*

child's play — *де́тская игру́шка (or заба́ва); де́тские игру́шки; па́ра пустяко́в*

What was a difficult task for Boris, was child's play for Nikolay. *Сло́жная зада́ча для Бори́са была́ де́тской игру́шкой для Никола́я.*

with child — *быть в положе́нии; быть бере́менной*

Nikolay and Lisa decided to marry without delay, since Lisa was with child. *Никола́й и Ли́за реши́ли сро́чно жени́ться, так как неве́ста была́ в положе́нии.*

chin — *подбородок*

be up to the chin (or neck) in work — *быть по го́рло в рабо́те*

You can't talk to him now, he's up to the chin in work. *Сейча́с с ним не говори́те, он по го́рло в рабо́те.*

circumstance — *обстоя́тельство; усло́вие*

not under any circumstances — *ни под каки́м ви́дом; никаки́м (or нико́им) о́бразом*

Ivan wouldn't confess under any circumstances. *Ива́н не признава́лся в своём преступле́нии ни под каки́м ви́дом.*

citizen — *граждани́н; гражда́нка*

senior citizen — *челове́к пенсио́нного во́зраста; пожило́й челове́к*

On certain days shops lower their prices for senior citizens. *В определённые дни магази́ны снижа́ют це́ны для пожилы́х люде́й.*

clam — *двуство́рчатый морско́й моллю́ск*

clam up; shut up; fall silent; stop talking — *затыка́ться; закрыва́ть ла́вочку; затыка́ть гло́тку; промолча́ть*

"Shut up!" — Arkady shouted angrily at his nephew who was screaming at the top of his voice. *"Заткни́сь!" — кри́кнул Арка́дий я́ростно на своего́ племя́нника, кото́рый вопи́л во всё го́рло.*

clamp — *зажима́ть*

clamp down — *зажа́ть; прижа́ть*

The police clamped down on the local gang. *Мили́ция прижа́ла ме́стную ба́нду.*

clear — *чи́стить; чи́стый*

clear-cut — *чёткий; я́сный*

"The situation is clear-cut. You are the best person for the new job" — the boss said to Natasha. *"Ситуа́ция чёткая, вы са́мый подходя́щий челове́к на э́ту рабо́ту" — сказа́л нача́льник Ната́ше.*

clear the air — *разряди́ть атмосфе́ру*

After lengthy explanations about the problem we finally managed to clear the air. *По́сле дли́тельных объясне́ний мы наконе́ц суме́ли разряди́ть атмосфе́ру конфли́кта.*

clear out! — *кати́сь!*

"Clear out!" — the bartender shouted at the drunks. *"Кати́тесь!" — крича́л ба́рмен на пья́ниц.*

clear-up — *чи́стка; очи́стка*

After the hurricane the town's residents started a major clear-up. *По́сле тайфу́на жи́тели взя́лись за глоба́льную очи́стку го́рода.*

---

cliff — *утёс*

cliffhanger — *захва́тывающий фильм (or расска́з or рома́н)*

"Apollo 13" was a real cliffhanger. *"Аполло́н 13" — это был настоя́щий захва́тывающий фильм.*

---

climb — *ла́зить*

climb the ladder of success — *SEE: come up in the world*

---

clip — *стри́жка; подреза́ть*

clip-joint — *прито́н; обира́ловка*

There are many clip-joints in vacation places for naive tourists. *В места́х о́тдыха нахо́дится о́чень мно́го прито́нов для наи́вных тури́стов.*

clip one's wings — *подреза́ть кры́лышки (or кры́лья)*

The famous New York critic clipped the wings of the conceited young poet. *Извéстный нью-йóркский крúтик подрезáл крылья молодóму самоувéренному поэ́ту.*

---

cloak — *плащь; мáнтия*

cloak and dagger story — *расскáз о шпиóнах*

It was a cloak and dagger story about terrorists who tried to explode an airliner. *Это был расскáз о шпиóнах, котóрые пытáлись взорвáть самолёт.*

---

cloud — *óблако*

be (up) in the clouds — *витáть мéжду нéбом и землёй; быть (or вúтать) в облакáх; уносúться в облакá*

When Peter proposed to Zina's daughter, she was up in the clouds. *Когдá Пётр просúл рýку её дóчери, Зúна вúтала мéжду нéбом и землёй.*

be on cloud nine — *SEE: be in seventh heaven*

every cloud has a silver lining — *нет хýда без добрá*

Grandfather cannot drive a car any more, so he started to take long walks. There's a silver lining in every cloud, as the saying goes. *Дéдушка уже не мóжет водúть машúну, поэ́тому нáчал дéлать длúнные прогýлки; как говорят, нет хýда без добрá.*

---

clover — *клéвер*

in clover — *SEE: live in clover; live off the fat of the land*

---

clue — *ключ; нить*

not to have a clue about something — *ни бе, ни ме (ни кукарéку); ни бельмéса не знать (or понимáть); понятия не имéть*

Lena doesn't have a clue about the matter at hand. *Лéна в э́том дéле не знáет ни бе ни ме.*

---

coal — *ка́менный у́голь*

carry coals to Newcastle — *е́хать в Ту́лу со свои́м самова́ром*

"You're carrying coals to Newcastle" — Sasha said when he saw his neighbor watering the grass after the rain. *«Вы е́дете в Ту́лу со свои́м самова́ром» — сказа́л Са́ша, когда́ он уви́дел, что сосе́д полива́ет траву́ по́сле дождя́.*

cock — *петух*

cock-and-bull story — *вздор; вздо́рные исто́рии*

"Don't tell me such a cock-and-bull story" — the teacher said to the runaway student. *"Не расска́зывайте мне таки́е вздо́рные исто́рии!" — сказа́л преподава́тель ученику́-прогу́льщику.*

coffee — *ко́фе*

coffee-break — *переры́в на ко́фе*

Twice a day our secretary takes a coffee break. *У на́шей секрета́рши переры́в на ко́фе два ра́за в день.*

not for all the coffee in Brazil — *SEE: not for all the tea in China*

coffin — *гроб*

coffin nail — *SEE: cancer stick*

cold — *холо́дный*

biting cold — *черто́вский хо́лод*

Yesterday we had a biting cold day. *Вчера́ у нас бы́ло черто́вски хо́лодно.*

out in the cold — *SEE: holding the bag*

color — *цвет*

in one's true colors — *во всей (свое́й) наготе́*

When it came to dividing the inheritance, my brother's character came out in its true colors. *Когда́ нам пришло́сь подели́ть насле́дство, хара́ктер моего́ бра́та раскры́лся во всей наготе́.*

come — *приходи́ть*

come a cropper; come to grief — *обломáть себé зу́бы*

If you sell your stock at the wrong time, you might come a cropper. *Вы мóжете обломáть себé зу́бы, éсли продади́те свои́ áкции несвоеврéменно.*

come again — *скажи́те снóва!; ну-ка, повтори́!*

"Come again, Steven!" — grandmother said to her grandson. "You know I'm hard of hearing." *"Ну-ка, повтори́! Ты же знаешь, что я крепкá на ухо" — сказáла бáбушка вну́ку.*

come by through connection (or influence) — *получáть по блáту*

Sasha came by work through his connections. *Сáша получи́л рабóту по блáту.*

come clean — *SEE: show one's hand*

come down in sheets — *идёт проливнóй дождь*

This spring the rain often came down in sheets. *В э́том году́ веснóй чáсто шли проливны́е дожди́.*

come hell or high water — *будь что бу́дет; (хоть) кровь из нóса (or из носу́ or и́з носу)*

I'll tell him my opinion come hell or high water. *Я éму скажу́ своё мнéние, будь что бу́дет.*

come into power — *SEE: take office*

come into use — *войти́ в быт*

Under Peter the Great smoking, potatoes, and long wigs came into use. *При Петре I в быт вошли́ ку́рение, картóшка и дли́нные парики́.*

come on! — *брось(те)!*

Come on! You don't mean that! *Брóсьте, ведь вы так не думаéте!*

come out on top — *далекó пойти́ (or уйти́)*

If one knows languages, one can come out on top. *Знáя языки́, мóжно далекó пойти́.*

come to blows — *дойти́ до рукопа́шного бо́я*

The professor and his student almost came to blows when the student found out that he flunked. *Профе́ссор и студе́нт почти́ дошли́ до рукопа́шного бо́я, когда́ после́дний узна́л, что провали́лся на экза́мене.*

come to light — *обнару́житься; стать очеви́дным*

The embezzler concealed his past but eventually everything came to light. *Растра́тчик скрыва́л о своём про́шлом, но в конце́ концо́в всё обнару́жилось.*

come to one's senses — *бра́ться за ум*

"You are already twenty years old — time to come to your senses!" — Father said to Pavel. *"Тебе́ уже́ два́дцать лет — пора́ бра́ться за ум!" — сказа́л оте́ц Па́влу.*

come to power — *прийти́ к вла́сти*

The new President came to power a month ago. *Но́вый прези-де́нт пришёл к вла́сти ме́сяц тому́ наза́д.*

come to terms — *прийти́ к соглаше́нию*

The employer and his workers finally came to terms. *Работода́тель и рабо́чие в конце́ концо́в пришли́ к соглаше́нию.*

come up in the world — *идти́ в го́ру*

It seems Michael has come up in the world. *Мне ка́жется, что Михаи́л пошёл в го́ру.*

come up smelling like a rose — *SEE: scot-free*

come what may — *была́ не была́; что бу́дет, то бу́дет*

She was thinking whether she should do it or not, and then she decided come what may and did it. *Она́ ду́мала де́лать или не де́лать, а была́ не была́, и сде́лала.*

easy come, easy go — *легко́ нажи́то, легко прожи́то*

Nikolay, who received his inheritance from his parents, immediately spent it all — "easy come, easy go" as the saying goes. *Никола́й получи́л насле́дство роди́телей, и бы́стро промотáл его́; как говори́тся: легко́ нажи́то, легко́ прожи́то.*

how come — *как случи́лось*

"How come Vera bought such a luxurious home?" — Barbara asked. "Well, she won the lottery." *"Как случи́лось, что Ве́ра купи́ла тако́й роско́шный дом?" — спроси́ла Варва́ра. "Она же вы́играла по лотере́йному биле́ту."*

---

conscience — *со́весть*

one's guilty conscience is speaking — *на воре́ ша́пка гори́т*

Lena was not yet reprimanded, but she's already making excuses — her guilty conscience is speaking. *Ле́не ещё не предъяви́ли обвине́ния, а она́ уже опра́вдывается — на воре́ ша́пка гори́т.*

---

cook — *вари́ть*

cook up a (fine) mess — *завари́вать ка́шу*

The embezzler cooked up a fine mess at our firm. *Растра́тчик завари́л хоро́шую ка́шу в на́шей фи́рме.*

---

cookie — *пече́нье*

smart cookie — *ловка́ч*

If not even a smart cookie like Misha could join the group, nobody ever will. *Е́сли тако́й ловка́ч как Ми́ша не смог попа́сть в э́ту компа́нию, то други́м э́то недосту́пно.*

tough cookie (or customer or nut) — *кре́пкий (or твёрдый) оре́х (or оре́шек)*

Young Zina looks extremely naive, but in fact she's quite a tough cookie. *Зи́ночка вы́глядит сли́шком наи́вно, но в действи́тельности она твёрдый оре́шек.*

---

corn — *зерно*

measure another's corn by one's own bushel — *SEE: measure others by one's own yardstick; judge by one's own standards*

---

corner — *угол*

be round the corner — *1. быть (or находиться) под бóком; быть рядом (or поблизости) 2. быть не за горáми (а за плечáми); быть на порóге*

1. The school is round the corner. *Шкóла нахóдится под бóком.* 2. The holidays are just around the corner. *Прáздники уже не за горáми.*

---

cost — *ценá, стóимость*

at all costs — *любóй ценóй*

My friend strived to become the president of the bank at all costs. *Мой друг старáлся любóй ценóй стать дирéктором бáнка.*

---

cost — *стóить*

cost a pretty penny — *обойтись в (крýгленькую) копéйку (or копéечку)*

His daughter's wedding cost George a pretty penny. *Свáдьба дóчери обошлáсь Геóргию в крýгленькую копéечку.*

---

couch — *кушéтка; дивáн*

couch potato — *постоянный зритель телевизиóнного экрáна*

Ivan gained forty pounds by being a couch potato. *Бýдучи постоянным зрителем телевизиóнного экрáна, Ивáн набрáл двáдцать килогрáммов вéса.*

---

counter — *прилáвок*

(from) under the counter — *SEE: on the black market*

---

cousin — *двоюродный брат*

kissing cousin — *седьмáя (or десятая) водá на киселé*

What relation is Sergey to me? We're but kissing cousins. *Какóй Сергéй мне рóдственник? Седьмáя водá на киселé.*

---

cover — *крышка; покрывáть*

cover-up — *ширма*

After the Chernobyl nuclear accident every official explanation was merely a cover-up. *По́сле ава́рии в Черно́быле все официа́льные объясне́ния явля́лись то́лько ши́рмой реа́льной обстано́вки.*

crack — *тре́щина*

crackpot — *дура́к*

Don't believe him, he is a crackpot. *Не верь ему, он дура́к.*

crash — *разда́вливать*

crash the gate — *пройти́ за́йцем*

Boris wanted to crash the gate at the pop concert, but they wouldn't let him in. *Бори́с хоте́л пройти́ за́йцем на поп-конце́рт, но его́ задержа́ли.*

cream — *сли́вки*

cream of the crop — *наилу́чший*

Eve and Ann were the cream of the crop in our class. *Е́ва и А́нна бы́ли наилу́чшие учени́цы на́шего кла́сса.*

crop — *урожа́й*

crop up — *возни́кнуть*

Serious financial troubles cropped up at the time of the signing of the contract. *Серьёзные финáнсовые трýдности возни́кли при подписáнии контрáкта.*

cross — *крест; попере́чный; скре́щивать*

at cross purposes — *оди́н про Фомý, другóй про Ерёму*

We'll never understand one another if we keep arguing at cross-purposes. *Éсли оди́н про Фомý, другóй про Ерёму — так мы друг дрýга никогдá не поймём.*

cross one's mind — *приходи́ть в гóлову*

It never crossed my mind that I might become the director of a huge international firm. *Мне никогдá не прихóдило в гóлову, что я могý стать дире́ктором большóй междунарóдной фи́рмы.*

cross one's path — *повстречáться*

An old friend of mine crossed my path yesterday. *Вчерá я повстречáлся со свои́м стáрым дрýгом.*

cross street — *попере́чная ýлица; переýлок*

I turned into a cross street and suddenly met my ex-wife. *Я повернýл в переýлок и неожи́данно встре́тил свою́ бы́вшую женý.*

cross the bridge when one comes to it — *нечегó зарáнее тревóжиться (or волновáться)*

"Will I need a serious operation?" — the patient asked. "Wait for the test results and we'll cross that bridge when we come to it" — the doctor answered. *"Нýжна ли мне серьёзная оперáция?" — спроси́л больнóй. "Подожди́те результáт исслéдования, нéчего зарáнее волновáться" — отве́тил врач.*

cross the wire — *прийти́ (на фи́ниш) в соревновáнии по бéгу*

The Mexican runner crossed the wire just behind the Russian. *На соревновáнии по бéгу мексикáнец пришёл с нéкоторым отставáнием от рýсского.*

keep one's fingers crossed — *скрести́ть па́льцы, что́бы не сгла́зить*

"I'm applying for a new job" — Peter said. "Please keep your fingers crossed for me." *"Я по́дал заявле́ние на но́вую рабо́ту" — сказа́л Пётр. "Пожа́луйста, скрести́ па́льцы, что́бы не сгла́зить."*

---

crow — *воро́на*

as the crow flies — *по прямо́й ли́нии*

It is four miles to the next town from us as the crow flies. *По прямо́й ли́нии от нас до сосе́днего го́рода шесть киломе́тров.*

crow to pick — *SEE: bone to pick*

---

cry — *плач; пла́кать*

cry over spilled milk — *что с во́зу упа́ло, то пропа́ло*

We lost a fortune when we went bankrupt — but there's no use crying over spilled milk. *Обанкро́тившись, мы потеря́ли большу́ю су́мму де́нег, но что ж сде́лаешь, что с во́зу упа́ло, то пропа́ло.*

far cry — *далеко́ от*

Modern cooking is a far cry from the traditional Russian stove. *Совреме́нное приготовле́ние пи́щи далеко́ ушло́ от ру́сской традицио́нной пе́чки.*

---

cup — *ча́шка; ча́ша*

not one's cup of tea — *душа́ не лежи́т к чему́-либо; не во вку́се; не по кому́-то*

Studying physics isn't my cup of tea. *К изуче́нию фи́зики у меня́ не лежи́т душа́.*

---

cushy — *тёплое*

cushy job — *тёплое (or тёпленькое) месте́чко*

I'm trying to find myself a cushy job. *Я постара́юсь найти́ се́бе тёплое месте́чко.*

D

damn — *прокля́тие; руга́тельство*

not to give a damn (or hoot) — *наплева́ть; и в ус (себе) не дуть*

I don't give a damn about what they think of me! *Мне наплева́ть, что они́ обо мне́ ду́мают!*

---

dance — *танцева́ть*

dance attendance on — *SEE: kowtow to someone*

---

dare — *реши́ться*

take a dare — *рискну́ть*

Ivan is always ready to take a dare in matters of importance. *Ива́н всегда́ гото́в рискну́ть в ва́жном де́ле.*

---

dark — *тёмный*

keep one in the dark — *скрыва́ть от кого́-нибудь что́-нибудь*

Why do you keep me in the dark about your affairs? *Почему ты скрываешь от меня твои дела?*

it's pitch dark — *(ни) зги не ви́дать (or не ви́дно)*

It was pitch dark in the forest at night. *Ни зги не́ было ви́дно но́чью в лесу́.*

---

date — *да́та*

at an early date — *в ближа́йшем бу́дущем*

We hope that Vera's and Michael's courtship will end in a happy marriage at an early date. *Мы наде́емся, что в ближа́йшем бу́дущем дру́жба Ве́ры и Михайла зако́нчится счастли́вым бра́ком.*

go out of date — *устарева́ть*

Most of Newton's rules haven't gone out of date. *Большинство́ зако́нов Ньюто́на ещё не устаре́ли.*

---

day — *день*

carry the day — *одéржать побéду*

At the basketball tournament our team carried the day. *На соревновáнии по баскетбóлу нáша komáнда одержáла побéду.*

clear as day — *SEE: clear as daylight*

day after day — *изо дня́ в день*

After her serious operation Lisa's health is improving day after day. *Пóсле серьёзной оперáции здорóвье Лúзы изо дня́ в день улучшáется.*

day after tomorrow — *послезáвтра*

We'll meet the day after tomorrow at the theater. *Мы встрéтимся послезáвтра в теáтре.*

day by day — *SEE: day after day*

daydream — *мечтáть; грёзить (наявý)*

Barbara was daydreaming about a happy marriage, but then she took the veil. *Варвáра грёзила о счастлúвом брáке, а потóм ушлá в монасты́рь.*

day in, day out; day in and day out — *изо дня́ в день*

My upstairs neighbors keep banging at the wall day in and day out. *Сосéди, живýщие надо мнóй, стучáт в стéну изо дня́ в день.*

day off — *выходнóй (день)*

I decided to take a day off yesterday to go to the dentist. *Вчерá я решúл взя́ть выходнóй, чтóбы пойтú к стоматóлогу.*

day-to-day — *повседнéвный*

Our day-to-day problems take up all of our time and energy. *Повседнéвные хлóпоты занимáют всё нáше врéмя и сúлы.*

every blessed day — *кáждый бóжий день*

Every blessed day Arkady asks me to marry him. *Аркáдий прóсит меня́ кáждый бóжий день вы́йти за негó зáмуж.*

for a rainy day — *на чёрный день*

I saved up a small sum of money for a rainy day. *Я собрáла небольшýю сýмму на чёрный день.*

from day to day — *изо днй в день; с кáждым днём*

From day to day our financial situation is getting better. *С кáждым днём нáше финáнсовое положéние улучшáется.*

in the days of — *во временá*

In the days of Pushkin poetry deeply affected the reading public. *Во временá Пýшкина поэ́зия óчень влиялa на читáтелей.*

in the olden days; in days of old; in the old days — *в былы́е дни; в мои́ гóды*

People didn't travel much in the olden days, but spent their lives in the town where they were born. *В бы́лые дни́ лю́ди не чáсто éздили, а всю жи́знь прóжили в роднóм гóроде.*

"In the old days there was no electricity" — the old man said. *"В мои́ гóды электри́чества ещё нé было" — говори́л стари́к.*

one fine day — *в однó прекрáсное ýтро (or врéмя)*

One fine day I decided to go to London. *В однó прекрáсное ýтро я реши́л уéхать в Лóндон.*

plain as day — *SEE: clear as daylight*

Rome wasn't built in a day — *не срáзу Москвá стрóилась*

Why worry that your first novel hasn't estabilished your reputation? After all, Rome wasn't built in a day. *Зачéм волновáться из-за тогó, чтó пéрвый ромáн не принёс тебé извéстность, ведь не срáзу Москва стрóилась.*

salad days — *порá ю́ношеской неóпытности*

"My salad days are long over" — Grandma sighed. *"Пора ю́ношеской неóпытности уже давно прошла" — вздохнýла бáбушка.*

the day is ours — *SEE: carry the day*

the other day — *на днях*

The other day I saw a wonderful rainbow above the lake. *На днях я ви́дел чудéсную рáдугу над óзером.*

to one's dying day — *до гробовóй дóски*

Oleg remained faithful to the Orthodox Church to his dying day. *Олег остáлся вéрен православной религúи до гробовóй доскú.*

daylight — *дневнóй свет*

clear as daylight — *ясно как (бóжий) день*

How come you don't get it when it's clear as daylight? *Почемý вы не понимáете, ведь это ясно, как бóжий день.*

daylight saving time; daylight (or fast) time — *лéтнее врéмя*

In the spring we have to turn the clock to daylight saving time. *Веснóй нам придётся перевестú стрéлки часóв на лéтнее врéмя.*

in broad daylight — *средú бéлого дня*

I was robbed on the street in broad daylight. *Средú бéлого дня ограбили меня на ýлице.*

dawn — *заря́*

from dawn to dusk — *от зарú до зарú*

Ivan worked from dawn to dusk on his thesis project. *Ивáн рабóтал от зарú до зарú над диплóмным проéктом.*

dead — *мёртвый*

dead-end — *тупик*

1. Next to the park there is a dead-end street. *Ря́дом с пáрком тупúк.* 2. Zina's life got into a dead-end: she couldn't live any more with or without her husband. *Жизнь Зúны попáла в тупúк: онá бóльше не моглá жить с мýжем и не моглá жить без нéго.*

dead-end job — *бесперспектúвная рабóта*

Ivan joined the firm with great enthusiasm but soon it was apparent that he was stuck in a dead-end job. *Ивáн поступúл в фúрму с большúм востóргом, но вскóре выяснилось, что егó рабóта былá бесперспектúвна.*

deadline — *предéл*

The deadline for this work is April. *Преде́л э́той рабо́ты: апре́ль.*

dead loss — *большо́й убы́ток; больша́я утра́та*

This unfortunate project meant a dead loss for our company. *Э́тот неуда́чный прое́кт принёс больши́е утра́ты для на́шей компа́нии.*

deadpan — *с невырази́тельным лицо́м*

Our boss was a deadpan — we never knew what he was thinking. *Наш нача́льник был с невырази́тельным лицо́м: мы никогда́ не зна́ли, о чём он ду́мает.*

dead ringer — *весь в*

Our son is a dead ringer for his father. *Наш сын весь в отца́.*

dead set against — *быть реши́тельно про́тив*

Mary was dead set against her daughter's marriage before her final exams. *Мари́я была́ реши́тельно про́тив заму́жества до́чери до госуда́рственного экза́мена.*

dead tired — *смерте́льно уста́лый*

Michael arrived home dead tired from building his summer cottage. *Михаи́л возвраща́лся домо́й смерте́льно уста́лый по́сле строи́тельства да́чи.*

dead to the world — *1. спать мёртвым сном 2. быть в бессозна́тельном состоя́нии*

1. After an exhausting day Alex was dead to the world. *По́сле утоми́тельного дня Алекса́ндр спал мёртвым сном.* 2. After his car accident Grisha was dead to the world for three hours. *После автомоби́льной ава́рии Гри́ша был в бессозна́тельном состоя́нии в тече́нии трёх часо́в.*

---

deal — *сде́лка*

a good deal — *мно́гое*

It's late already, and I still don't understand a good deal in this text. *Уже по́здно, а мно́гое ещё в э́том те́ксте не поня́тно.*

a great deal — *о́чень мно́го*

Natasha reads a great deal. *Ната́ша о́чень мно́го чита́ет.*

big deal! — *великá (or эка) вáжность!*

"I'm a night watchman at a world-famous firm" — said Igor proudly. "Big deal!" — Sasha answered. *"Я нóчной стóрож всемúрно-извéстной фúрмы" — гордúлся Ѝгорь. "Великá вáжность!" — сказáл Сáша.*

get a raw deal — *несправедлúво поступúть с* кем-нибудь

Sergey complained that he got a raw deal during the final accounting at the shipyard. *Сергéй жáловался, что с ним несправедлúво поступúли во время рассчёта на судостроúтельном завóде.*

it's a deal! — *договорúлись!; по рукáм!*

"My last offer for the car is $2000" — "It's a deal!" — the owner answered. *"Моё послéднее слóво 2000 дóлларов за автомобúль." — "По рукáм!" — отвéтил хозя́ин.*

---

dear — *дорóгой*

Dear John letter — *письмó о разры́ве (отношéний)*

Ann wrote a Dear John letter and left Ivan forever. *Áнна написáла письмó о разры́ве с Ивáном и ушлá навсегдá.*

dear me! — *о, Гóсподи!*

"Dear me!" — Barbara cried when she couldn't find her car keys. *"О, Гóсподи!" — вскрúкнула Варвáра, когдá онá не моглá найтú ключú от автомобúля.*

---

deck — *пáлуба*

deck (out) — *украшáть*

Main Street was decked with flags for the Fourth of July. *Глáвная ýлица гóрода былá укрáшена знамёнами в честь четвёртого ию́ля.*

---

deep — *глубóкий*

deep down where it really counts — *SEE: at the bottom of one's heart*

degree — *гра́дус*

by degrees — *постепе́нно*

Lena's health improved by degrees after her serious operation. *Здоро́вье Ле́ны постепе́нно улучша́лось по́сле серьёзной опера́ции*

murder in the first degree — *убийство с зара́нее обдума́нным намере́нием*

Nikolay was accused of murder in the first degree. *Никола́я обвини́ли в убийстве с зара́нее обду́манным намере́нием.*

to the nth degree — *в вы́сшей сте́пени*

Scales must be accurate to the nth degree. *Весы́ должны́ быть то́чными в вы́сшей сте́пени.*

deliver — *доставля́ть*

deliver the goods — *вы́полнить обеща́нное*

My boss promised me a salary raise and I was sure he would deliver the goods. *Мой нача́льник обеща́л повы́сить зарпла́ту, и я уве́рен, что он вы́полнит обеща́нное.*

Dennis — *мужско́е и́мя*

Dennis the Menace — *зану́да́*

"Your son, Ivan, is becoming a regular Dennis the Menace," — Nina said to Lena. *«Твой сын, Ива́н, превраща́ется в настоя́щую зану́ду» — сказа́ла Ни́на Ле́не.*

depth — *глубина*

be beyond one's depth — *вы́ше понима́ния*

Nature's laws are usually beyond man's depth. *Зако́ны нату́ры обы́чно вы́ше челове́ческого понима́ния.*

design — *план*

have designs on one — *име́ть ви́ды*

While pretending to help Peter, Zina had designs on him as a potential husband. *Под ви́дом по́мощи Петру́, Зи́на име́ла ви́ды на заму́жество с ним.*

devil — *чёрт*

between the devil and the deep blue sea — *ме́жду мо́лотом и накова́льней*

Between her office work and household chores Eve felt caught between the devil and the deep blue sea. *Ме́жду рабо́той в конто́ре и до́мом Е́ва находи́лась как ме́жду мо́лотом и накова́льней.*

dare-devil — *мо́ре по колёно (or по колёна)*

Peter is a dare-devil: he dives from the highest rocks into the river. *Петру́ мо́ре по колено́, он пры́гает с са́мых высо́ких скал в реку́.*

devil-may-care — *бесшаба́шный; разу́далый*

Alex always had a devil-may-care attitude in the company of his wife's parents. *Алекса́ндр всегда́ бесшаба́шно вел себя́ в компа́нии роди́телей жены́.*

devil of a fellow — *отчая́нный па́рень*

Boris was a devil of a fellow and often got into fist fights. *Бори́с был отча́янный па́рень и ча́сто вступа́л в дра́ку.*

diamond — *алма́з; бриллиа́нт*

diamond cuts diamond — *нашла́ коса́ на ка́мень*

"Diamond cuts diamond" — I thought when I noticed that all the Russian foreign minister's diplomatic shrewdness went awry in Chechnya. *"Вот нашла́ коса́ на ка́мень" — ду́мал я, когда́ заме́тил, что вся хи́трость диплома́тии ру́сского мини́стра иностранных дел наткну́лась на собы́тия в Чечне́.*

diamond in the rough — *саморо́док*

Although Steven attended no music conservatory, he is considered a diamond in the rough because of the many beautiful songs he composed. *Хотя́ Степа́н не око́нчил консервато́рию, он а́втор мно́гих хоро́ших пе́сен и поэ́тому его́ счита́ют саморо́дком.*

die — *игра́льная кость; умере́ть*

die away (or down) — *замере́ть; пога́снуть*

The mother's anger died away when she saw her daughter's tears. *Гнев ма́тери пога́с, когда́ она́ заме́тила слёзы до́чери.*

die hard — *живу́чий*

It is difficult to convince Nikolay because rumors die hard. *Никола́я тру́дно переубеди́ть, потому́ что, слу́хи живу́чи.*

die is cast — *жре́бий бро́шен*

"The die is cast" — said Irene and married her fiance's brother. *"Жре́бий бро́шен!" — сказа́ла Ири́на и вы́шла за́муж за бра́та своего́ жениха́.*

die of boredom — *му́хи до́хнут*

Peter hates to visit his sick old aunt — he complains that he dies of boredom every time he goes there. *Пётр неохо́тно навеща́ет больну́ю ста́рую тётю: у неё всегда́ ску́ка, му́хи до́хнут.*

die out — *вы́мереть*

Several species of animals died out in the last century because of environmental pollution. *В после́днем ве́ке мно́го ви́дов живо́тных вы́мерло вследствие загрязнения окружа́ющей среды́.*

dying to — *ужасно́ хоте́ть; сгора́ть от нетерпе́ния*

George is dying to buy a sports car but he can't afford it. *Ге́оргий ужа́сно хо́чет купи́ть спорти́вный автомоби́ль, но он не мо́жет позво́лить себе́.*

never say die! — *никогда́ не отча́ивайся!*

"Never say die!" — thought Ivan when he flunked his exam and decided to go for a second try. *"Никогда́ не отча́ивайся!" — поду́мал Ива́н, когда́ провали́лся на экза́мене и реши́л пересда́ть.*

---

difference — *ра́зница; разли́чие*

split the difference — *подели́ть попола́м ра́зницу*

The inheritance went partly toward paying up debts, and the difference was split between the sons. *Насле́дство части́чно пошло́ на покры́тие долго́в, а ра́зницу подели́ли попола́м ме́жду сыновья́ми.*

dig — *копа́ть*

dig up dirt on someone — *ры́ться (or копа́ться) в гря́зном белье́*

Gregory started to dig up dirt on his girl friend in order to find a reason to dump her. *Григо́рий на́чал ры́ться в гря́зном белье́ своéй подру́жки, что́бы найти́ по́вод для разры́ва.*

dine — *обе́дать*

dine out — *обе́дать в рестора́не; обе́дать вне до́ма*

"Let's dine out tonight!" — the tired mother said. *"Дава́йте сего́дня ве́чером пообе́даем в рестора́не!" — сказа́ла уста́лая мать.*

dint — *след уда́ра; вмя́тина*

by dint of hard work (or labor) — *SEE: by the sweat of one's brow*

dirt — *грязь*

(buy or sell something) dirt cheap — *SEE: for a song*

eat dirt — *прогла́тывать оби́ду*

In order to keep his job, the father of eight has to eat dirt whenever his boss is mean. *Чтóбы удержáться на рабóте, отцý восьмерыx детéй придётся проглáтывать обúды от начáльника.*

dirty — *гря́зный; вы́пачкать*

dirty look — *смотрéть сердúто*

Barbara didn't say a word, just gave Ann a dirty look when she heard her remark. *Варвáра ни слóва не сказáла, тóлько смотрéла сердúто на Áнну, услы́шав её замечáние.*

dirty one's hands — *марáть рýки*

"Don't dirty your hands with drug money!" — Vera warned Peter. *"Не марáй рýки деньгáми от продáжи наркóтиков!" — предупредúла Вéра Петрá.*

dirty story — *сáльность*

Olga left the room when Ivan started to tell dirty stories. *Óльга вы́шла из кóмнаты, когдá Ивáн нáчал расскáзывать сáльности.*

discretion — *осмотрúтельность; благоразýмие*

discretion is the better part of valor — *благоразýмие — глáвное достóинство хрáбрости*

Whenever you are facing difficult circumstances, discretion is the better part of valor. *Когдá вы нахóдитесь в тяжёлой ситуáции, благоразýмие — глáвное достóинство хрáбрости.*

dish — *тарéлка*

not one's dish — *SEE: not one's cup of tea*

distraction — *отвлéчение*

love to distraction — *любúть до безýмия*

Boris loves the neighbor's wife to distraction. *Борúс лю́бит женý сосéда до безýмия.*

do — *дéлать*

be done for — *никудá не годи́ться; пропасть*

These shoes are done for. *Э́ти тýфли никудá не годя́тся.* If the boss finds out Peter's lack of expertise, he is done for. *Éсли начáльник узнáет о недостáтке компетéнтности Петрá — он пропáл.*

do away with — *отмени́ть*

Soon many regulations concerning citizenship examination will be done away with. *Скóро отмéнят мнóгое из прáвил в сдáче экзáмена на граждáнство.*

do one in — *SEE: get one into a fix*

do one's best — *сдéлать всё возмóжное*

Zina did her best to become a mother. *Зи́на сдéлала всё возмóжное, чтóбы стать мáтерью.*

do without — *обойти́сь без*

If I can't get a watermelon today, I'll have to buy apples. *Éсли я сегóдня не смогý купи́ть арбýз, мне придётся купи́ть я́блоки.*

it won't do — *1. не годи́тся 2. так не пойдёт*

1. This old dress won't do — I've got to buy a new one. *Э́то стáрое плáтье мне не годи́тся, нýжно купи́ть нóвое.* 2. "This won't do, nobody talks to me like this" — Barbara said to Pavel. *"Так не пойдёт, со мнóй так не говоря́т" — сказáла Варвáра Пáвлу.*

---

dog — *собáка*

dog days — *сáмые жáркие лéтние дни; пéкло*

"The dog days are upon us; let's go swimming in the lake!" — said Barbara. *"У нас пéкло; давáйте искупáемся в óзере!" — сказáла Варвáра.*

dog in the manger — *собáка на сéне*

Uncle Peter doesn't need the car anymore, yet he won't give it to anyone either — he's a regular dog in the manger. *Автомоби́ль дя́де Петра́ у́же бо́льше не ну́жен, но и никому́ дать не хо́чет; то́чно как соба́ка на се́не.*

dog-tired — *без ног*

We spent the whole day shopping and came home dog-tired. *Весь день мы провели́ за поку́пками и верну́лись домо́й без ног.*

work like dog — *рабо́тать как вол*

A father of a big family has to work like a dog. *Оте́ц многочи́сленной семьи́ до́лжен рабо́тать как вол.*

---

doghouse — *соба́чья конура́*

in the doghouse — *в немилости*

Our neighbor is in the doghouse with his wife because he got into an affair with another woman. *Наш сосе́д нахо́дится в неми́лости у жены́, потому́ что у него́ появи́лась любо́вница.*

---

door — *дверь*

out of doors — *на во́льном (or откры́том or све́жем) во́здухе*

We spend our Sundays out of doors. *По воскресе́ньям мы прово́дим вре́мя на откры́том во́здухе.*

---

double — *двойной*

double check — *перепроверять; проверять ещё раз*

"Double check if the door is locked!" — Ann told her husband before they went to sleep. *"Проверь еще раз, заперта ли дверь" — просила Анна мужа перед сном.*

double cross — *обманывать*

The used car salesman double-crossed Vera: instead of a nearly new car he sold her a car which had been in an accident. *Продавец бывших в употреблении автомобилей обманул Веру: обещал ей выбрать хороший автомобиль, а продал аварийный.*

---

down — *заря*

down in the dumps (or mouth) — *вешать нос*

Olga was down in the dumps when all the girls left with their boyfriends and she had to stay home alone. *Ольга повесила нос, когда все подруги ушли со своими парнями, а ей пришлось остаться одной дома.*

down to earth — *трезвый*

Nikolay has a down-to-earth attitude. *У Николая трезвый взгляд на вещи.*

down payment — *аванс*

George gave $1000 to the owner of the car as a down payment. *Георгий заплатил владельцу автомобиля тысячу долларов в счёт аванса.*

---

draft — *сквозняк*

on draft — *из бочки*

This restaurant serves beer on draft. *В этом ресторане продаётся пиво из бочки.*

---

drag — *тянуть*

drag one's feet (or heels) — *медлить; тянуть*

First the boss promised us a salary raise but then he started to drag his feet. *Сперва́ нача́льник обеща́л нам повыше́ние зарпла́ты, но пото́м на́чал тя́нуть.*

---

drain — *сток; водосто́к*

down the drain — *как в про́рву*

Since Igor was busy with love affairs instead of learning when at the university, his parents' money went down the drain. *Так как И́горь вме́сто учёбы в университе́те занима́лся любо́вью, де́ньги роди́телей шли как в про́рву.*

---

draw — *тяну́ть; таска́ть*

draw a line — *подвести́ черту́*

Peter and Zina wanted to invite all their friends to their wedding, but they had to draw a line somewhere. *Пётр и Зи́на хоте́ли пригласи́ть всех свои́х друзе́й на сва́дьбу, но пришло́сь подвести́ черту́.*

drawback — *недоста́ток; поме́ха*

The biggest drawback in Barbara's career is that she can't speak any foreign language. *Са́мый большо́й недоста́ток для карье́ры Варва́ры — это незна́ние иностра́нного языка́.*

---

drawer — *я́щик*

top-drawer — *SEE: of the first water*

---

drink — *пить*

dead drunk — *пьян вдре́безги*

Ivan is lying on the floor dead drunk. *Ива́н лежи́т на полу́ вдре́безги пьян.*

drink like a fish — *пить как бо́чка (or сапо́жник)*
Igor drank like a fish. *И́горь пил, как бо́чка.*

drink to — *вы́пить за что́-нибудь*
We drank to our friendship. *Мы вы́пили за на́шу дру́жбу.*

---

drive — *е́здить; вбить; пра́вить*

drive at — *клонить (or гнать) к чему-нибудь*
"What are you driving at?" — asked Ivan looking Zina in the face. *"К чему́ ты кло́нишь?" — спроси́л Ива́н, смотря́ в лицо́ Зи́ны.*

drive one mad (or nuts or wild); drive one to a frenzy — *доводи́ть до бе́шенства (or безу́мия)*
The noise in the quarry is driving me nuts. *Шум в каменоло́мне дово́дит меня́ до бе́шенства.*

drive one out of one's wits — *выводи́ть из себя́*
The crying of the children always drives me out of my wits. *Крик дете́й меня́ всегда́ выво́дит из себя́.*

drive one to the grave — *во́гнать (or вколоти́ть) в гроб*
Oleg drove Lisa to the grave with his jealousy. *Свое́й ре́вностью Олег вогна́л Ли́зу в гроб.*

drive something home to one — *довести́ кого́-нибудь до созна́ния; убеди́ть кого́-нибудь в чём-нибудь*

The doctor's arguments drove home the point to George that he had to give up smoking. *Аргуме́нты врача́ убеди́ли Гео́ргия бро́сить кури́ть.*

drop — *ка́пля*

at the drop of a hat — *сра́зу; то́тчас же*

If need be, I'll come at the drop of a hat. *В слу́чае необходи́мости я приду́ то́тчас же.*

drop by the wayside — *SEE: fall by the wayside*

drop in the bucket — *ка́пля в мо́ре*

Our university needs $50,000; your contribution of ten is a mere drop in the bucket. *На́шему университе́ту необходи́ма су́мма в пятьдеся́т ты́сяч до́лларов, а ваш десятидо́лларовый взнос — это ка́пля в мо́ре.*

drop — *пада́ть*

drop a line — *черкну́ть кому́-либо па́ру слов*

When is your baby going to be born? Drop me a line the minute it happens! *Когда́ у вас роди́тся ребёнок? Черкни́те мне па́ру слов сра́зу же!*

drop dead — *что́бы ты сдох!; подо́хни!*

"Drop dead!" shouted Ivan at his little brother when he kicked him in the shin. *"Что́бы ты сдох!" — кри́кнул Ива́н мла́дшему бра́ту, когда́ он его́ уда́рил по го́лени.*

drop in on one — *загляну́ть к чему́-либо*

My friend dropped in on me yesterday. *Мой друг загляну́л ко мне вчера́.*

drop someone at — *вы́садить кого́-либо у чего́-либо*

Please drop me at the airport. *Пожа́луйста, вы́садите меня́ у аэропо́рта.*

drown — *топи́ть; утону́ть*

drown one's sorrows (or troubles) — *залива́ть го́ре*

Nikolay always drowns his sorrows in vodka. *Никола́й всегда́ го́ре залива́ет во́дкой.*

duck — *у́тка*

try to duck out — *смотре́ть (or гляде́ть) в кусты́*

Olga promised to help me whenever need be, but when it came to it, she tried to duck out. *О́льга обеща́ла помога́ть как то́лько мне ну́жно бу́дет, а когда́ пришло́сь к де́лу, она́ смотре́ла в кусты́.*

due — *до́лжное*

give the devil his due — *отда́ть справедли́вость*

We have got to give the devil his due — he certainly has a great expertise with computers. *На́до отда́ть ему́ справедли́вость; у него́ без сомне́ния большо́й о́пыт с компью́терами.*

dumb — *немо́й*

dumbwaiter — *лифт для пода́чи пи́щи из ку́хни в столо́вую*

The dinner was delayed half an hour because the dumbwaiter broke down and the waiters had to carry the food upstairs by hand. *Обе́д задержа́лся на полчаса́, потому́ что лифт для пода́чи пи́щи из ку́хни в столо́вую вы́шел из стро́я, и официа́нтам пришло́сь носи́ть еду́ по ле́стнице.*

dummy — *ку́кла*

be no dummy — *губа́ не ду́ра*

Zina is no dummy — she managed to marry a millionaire. *Зи́не удало́сь вы́йти за́муж за миллионе́ра — губа́ не ду́ра.*

dust — *пыль*

bite the dust — *упа́сть мёртвым*

The old fox bit the dust. *Ста́рый хитре́ц упа́л мёртвым.*

throw dust into one's eyes — *пусти́ть пыль в глаза́*

With expensive presents Oleg tried to throw dust into Barbara's eyes. *Це́нными пода́рками Оле́г стара́лся пусти́ть пыль в глаза́ Варва́ре.*

duty — *долг*

on duty — *дежу́рный*

I've been called to be on duty at the barracks tomorrow. На за́втра я был назна́чен дежу́рным по каза́рме.

dye — *кра́ска; кра́сить*

dyed-in-the-wool — *по́лный; зако́нченный*

Gregory is a dyed-in-the-wool democrat. *Григо́рий зако́нченный демокра́т.*

E

each — *каждый*

each and every; each and all — *все без исключе́ния; все до одного́*

The boss emphasized that each and everyone has to participate in the departmental meeting. *Нача́льник подчеркну́л, что все без исключе́ния должны́ принима́ть уча́стие на собра́нии.*

each other; one another — *друг дру́га*

We all noticed that Eve and Peter fell in love with one another. *Мы все заме́тили, что Е́ва и Пётр полюби́ли друг дру́га.*

ear — *ухо*

be all ears — *обратиться (or превратиться) в слух; навострить слух*

The old miser was all ears when he heard that we were talking about money. *Когда старый скопидом услышал наш разговор о деньгах, он превратился в слух.*

wet behind the ears — *нос не доро́с*

At age sixteen Arkady is very good with computers, but when it comes to girls he is still wet behind the ears. *В шестнадцатилéтнем вóзрасте Аркáдий отлúчно справля́ется с компью́тером, но что касáется дéвушек, у негó нос не дорóс.*

earnest — *серьёзный*

in dead earnest — *совершéнно серьёзно*

First we thought that Peter was joking but then we realized that he spoke in dead earnest. *Сначáла мы дýмали, что Пётр шутúт, но потóм мы пóняли, что он говорúл совершéнно серьёзно.*

easy — *лёгкий*

easy does it! — *тúше éдешь — дáльше бýдешь*

"Easy does it!" — said Alex when he started to assemble his new computer program. *"Тúше éдешь — дáльше бýдешь" — сказáл Алексáндр, когдá он стал составля́ть нóвую прогрáмму для компью́тера.*

easygoing — *добродýшный; благодýшный*

My neighbor is a pleasant, easygoing man. *Мой сосéд слáвный, благодýшный человéк.*

eat — *есть; кýшать*

eat crow — *прийтú с повúнной (головóй)*

When it turned out that I was right, my neighbor had to eat crow. *Когдá вы́яснилось, что я прав, мой сосéд пришёл с повúнной головóй.*

eat one's cake and have it, too — *одноврéменно противопołóжные дéйствия не выполня́ются*

Natasha can't make up her mind whether to accept the leading role in a play or to have a child. You can't eat your cake and have it too. *Натáша не мóжет решúть, что дéлать: приня́ть глáвную роль в пьéсе, или имéть ребёнка. Одноврéменно противополóжные дéйствия не выполня́ются.*

eat one's fill — *есть (or наесться) от пу́за*
Nikolay has always been moderate with food and drink, but at his daughter's wedding he ate his fill. *Никола́й всегда́ был уме́ренный в пи́ще и питье́, но на сва́дьбе до́чери он нае́лся от пу́за.*

eat one's heart out — *грызть себя́*
Natasha was eating her heart out at every trifle, which resulted in a nervous breakdown. *Ната́ша гры́зла себя́ из-за пустяко́в, и э́то вы́лилось в не́рвное расстро́йство.*

eat (or swallow) one's word — *брать свои́ слова́ обра́тно*
Ann promised once to help me out if I had financial difficulties, but when it really came to it, she ate her words. *Одна́жды А́нна обеща́ла помога́ть мне в фина́нсовых тру́дностях, но когда́ я попроси́ла взаймы́, она взяла́ свои́ слова́ обра́тно.*

eat one out of house and home — *объеда́ть кого́-нибудь*
After three weeks we had the feeling that our guests were eating us out of house and home. *Спустя́ три неде́ли нам показа́лось, что на́ши го́сти объеда́ют нас.*

what's eating you? — *кака́я му́ха кого́-нибудь укуси́ла?*
"What's eating you?" — Nina asked her son after he hadn't spoken a single word for two days. *"Кака́я му́ха тебя́ укуси́ла?" — спроси́ла Ни́на у сы́на, когда́ он в тече́ние двух дне́й не произнёс ни сло́ва.*

echo — *вто́рить*
echo someone's words — *SEE: parrot someone's words*

egg — *яйцó*

bad egg — *непутёвый человéк*

That bad egg is behind bars at last. *Наконéц тот непутёвый человéк попáл за решётку.*

egg on — *подстрекáть*

The public egged the boxers on to continue fighting. *Зрúтели подстрекáли боксёров продолжáть бой.*

---

elbow — *лóкоть*

elbow grease — *напряжéние; усúлие; упóрный труд*

"My boy, you'll have to use more elbow grease to get a grade of A" — said the teacher to Michael. *"Мой друг, ты дóлжен бóлее упóрно трудúться, чтóбы получúть пятёрку" — сказáл преподавáтель Михаúлу.*

need elbow grease — *придётся попотéть*

You need a lot of elbow grease to become a good mason. *Чтóбы стать хорóшим кáменщиком, придётся хорошó попотéть.*

rub elbows — *SEE: rub shoulders*

---

element — *элемéнт*

be in one's element — *быть в своéй стихúи*

Yesterday at the party Andrey felt in his element — he cheered up everyone with his jokes. *Вчера́ на вечери́нке Андре́й чу́вствовал себя́ в свое́й стихи́и — он развесели́л всех свои́ми шу́тками.*

end — *коне́ц*

from end to end; from one end to the other — *из кра́я в кра́й; от кра́я (и) до кра́я*

In order to write a guide-book, I traveled the country from one end to the other. *Что́бы написа́ть путеводи́тель, я изъе́здил страну́ из кра́я в кра́й.*

in the end — *в коне́чном ито́ге*

In the end Nikolay and Olga got married. *В коне́чном ито́ге Никола́й и О́льга пожени́лись.*

loose ends — *дета́ли*

We basically agreed that just a few loose ends remained to be cleared up. *Мы в основно́м договори́лись, но оста́лось ещё вы́яснить не́сколько дета́лей.*

there is no end to — *ни конца́ ни кра́я (or краю́) нет*

There is no end to Lena's complaints. *Жа́лобам Ле́ны ни конца́ ни кра́я нет.*

to the bitter end — *до после́дней возмо́жности; до са́мого конца́*

Nice people never desert a friend in need. They stay to the bitter end. *Хоро́шие лю́ди никогда́ не покида́ют дру́га в беде́. Они́ иду́т с ним до само́го конца́.*

enough — *доста́точно*

enough and to spare — *хва́тит с изли́шком*

Why cook more? This'll be enough and to spare. *Заче́м ещё готови́ть? Э́того хва́тит с изли́шком.*

equal — *одина́ковый*

equal to — *по си́лам*

Igor was offered a job that he didn't accept because he didn't feel equal to it. *Йгорю предложи́ли рабо́ту, но он отказа́лся, потому́ что она́ ему́ не по си́лам.*

escape — *побе́г*

narrow escape — *SEE: close call*

even — *гла́дкий*

even so — *всё-таки́*

"Even so, I will not agree with you" — said Igor to Sasha. *«И всё-таки́ я с тобо́й не согла́сен» — сказа́л Йгорь Са́ше.*

even though — *хотя́*

I have to admit that the young poet is very talented, even though I don't like his style. *Хотя́ я его́ стиль не люблю́, я до́лжен призна́ть, что молодо́й поэ́т о́чень тала́нтлив.*

get even — *расквита́ться с кем-нибу́дь*

For a long time Sasha kept looking for an opportunity to get even with Andrey. *Са́ша до́лго иска́л по́вод, что́бы расквита́ться с Андре́ем.*

event — *собы́тие*

in any event — *во вся́ком слу́чае*

In any event, I'll see you tomorrow. *Во вся́ком слу́чае мы встре́тимся за́втра.*

ever — *когда́-нибу́дь*

ever since — *с тех пор как*

Ever since they met, Lena and Peter were never apart from each other. *С тех пор как Ле́на и Пётр встре́тились, они́ бо́льше не расстава́лись.*

hardly ever — *почти́ никогда́*

Pavel hardly ever drinks vodka. *Па́вел почти́ никогда́ не пьёт во́дку.*

every — *ка́ждый*

every last (person) — *все до еди́ного (челове́ка)*

The burning house was left by every last person. *Жи́тели все до еди́ного оста́вили горя́щий дом.*

every now and then; every once in a while; every now and again — *нет-нет да и; нет и нет да и*

Every once in a while a letter from Nina arrives unexpectedly. *Пи́сьмо от Ни́ны нет и нет, да и неожи́данно придёт.*

every so often — *когда́-когда́; когда́-никогда́; по времена́м; иногда́*

We played chess together every once in a while. *Когда́-никогда́ мы игра́ли в ша́хматы.*

everybody — *каждый; всякий*

to everybody and his dog; to every Tom, Dick and Harry — *кому́ попа́ло; напра́во-нале́во; напра́во и нале́во*

Mary tells everybody and his dog about her new boyfriend. *Мари́я расска́зывает о своём но́вом любо́внике ко́му попа́ло.*

everything — *всё*

everything is fine, business as usual — *дела́ иду́т, конто́ра пи́шет*

"How are things?" — asked Nina. "Everything is fine, business as usual," Natasha answered. *"Как дела́?" — спроси́ла Ни́на. "Дела́ иду́т, конто́ра пи́шет" — отве́тила Ната́ша.*

excess — *изли́шек*

to excess — *сли́шком мно́го*

Boris eats and drinks to excess, this is what makes him so fat. *Бори́с сли́шком мно́го ест и пьёт, от того́ он по́лный.*

explode — *взрыва́ть*

explode with anger — *ло́пнуть от гне́ва*

If Nina can't speak her mind, she'll explode with anger. *Ни́на ло́пнет от гне́ва, е́сли не вы́скажется.*

eye — *глаз*

an eye for an eye (and a tooth for a tooth) — *óко за óко (зуб за зуб)*

The Old Testament condoned an eye for an eye and a tooth for a tooth. *Стáрый Завéт гласúт, как прáвило, око за око, зуб за зуб.*

be all eyes — *смотрéть во все глазá*

The children were all eyes in the puppet theater. *Спектáкль дéти смотрéли во все глазá в кýкольном теáтре.*

before (or in front of) one's eyes — *на глаза; на глазах*

The bank robbers jumped in a car and drove off in front of everyone's eyes. *Грабúтели бáнка вскочúли в автомобúль и уéхали на глазáх у всех.*

eagle eye — *зóркий глаз*

Grandma's eyesight isn't good anymore but she was an eagle eye as a young girl. *У бáбушки зрéние уже плохóе, но в мóлодости у неё был зóркий глаз.*

eyes in the back of one's head — *всё вúдеть (or подмечáть)*

Don't even try to cheat during your exam — the teacher has eyes in the back of his head! *Не пытáйся обмáнывать на экзáмене, преподавáтель всё вúдит.*

in the twinkling of an eye — *в óдно мгновéние; в мгновéние óка*

The lion grabbed the zebra in the twinkling of an eye. *Лев схватил зебру в одно мгновение.*

feast one's eyes — *любовáться*

Standing on the top of the mountain we feast our eyes on the sunset. *Стóя на вершúне горы́ мы любовáлись захóдом сóлнца.*

keep an eye on; keep (or have) one's eye on — *следúть за; присмáтривать за*

We asked the baby sitter to keep an eye on our daughter while we went to the movies. *Мы попросúли приходя́щую ня́ню присмотрéть за нáшей дéвочкой, покá мы бы́ли в кинó.*

out of the corner of one's eye — *(ви́деть) кра́ешком (or кра́ем) гла́за*
Although the investigator was reading the paper, he saw everything out of the corner of his eye. *Хотя́ сле́дователь чита́л газе́ту, но он всё ви́дел кра́ешком гла́за.*

private eye — *ча́стный сы́щик*
When Boris began to suspect that his wife was cheating on him, he hired a privat eye to follow her around. *Когда́ Бори́с на́чал подозрева́ть, что жена́ изменя́ет ему́, он на́нял ча́стного сы́щика, что́бы тот следи́л за ка́ждым ша́гом её.*

scales fell from one's eyes — *как бы (or то́чно) пелена́ с глаз упа́ла*
The scales fell from my eyes when I learned about Lisa's shady past. *Когда́ я узна́л о тёмном про́шлом Ли́зы, у меня́ то́чно пелена́ с глаз упа́ла.*

turn a blind eye — *гляде́ть (or смотре́ть) сквозь па́льцы*
Nikita turned a blind eye to his wife's infidelity. *Ники́та смотре́л сквозь па́льцы на неве́рность жены́.*

---

eyesore — *уро́дство*
be an eyesore — *оскорбля́ть взор (or зре́ние)*
Garbage in the streets is an eyesore. *Му́сор на у́лице оскорбля́ет взор.*

F

face — *стоять лицом*
at face value — *принимать за чистую монету*
Don't kid Eve! She takes everything at face value. *Не дразни́ Е́ву! Она́ принима́ет всё за чи́стую моне́ту.*

face lift — *1. подтя́жка лица́ 2. обновле́ние; восстановле́ние; реконстру́кция*

1. In order to look much younger, the old actress decided to have a face lift. *Ста́рая актри́са реши́ла сде́лать подтя́жку лица́, что́бы вы́глядеть намно́го моло́же.*
2. The new owners of our apartment complex decided to give our building a face lift. *Но́вые хозя́ева на́шего многокварти́рного до́ма реши́ли восстанови́ть зда́ние.*

face the music — *расхлёбывать ка́шу*

"You offended the boss, now you face the music!" — said Mary to Peter. *"Ты оби́дел нача́льника, тепе́рь ты и расхлёбывай ка́шу!" — сказа́ла Мари́я Петру́.*

face to face — *лицо́м к лицу́; лоб в лоб*

When I entered the hotel, I found myself face to face with the famous actress. *Когда́ я вошёл в гости́ницу, я встре́тился лицо́м к лицу́ с изве́стной актри́сой.*

let's face it! — *на́до гляде́ть пра́вде в глаза́!; бу́дем открове́нны; ска́жем пря́мо!*

Why look for excuses? You embezzled money, let's face it! *Заче́м ещё опра́вдываться? Ска́жем пря́мо: вы растра́тили де́ньги.*

lose face — *потеря́ть прести́ж*

Nikolay lost face when his lies about his education became known. *Когда́ Никола́я уличи́ли во лжи об образова́нии, он потеря́л сво́й прести́ж.*

pull a long face — *наду́ться как мышь на крупу́*

When the spoiled little Nina didn't get a new toy, she pulled a long face. *Когда́ избало́ванная Ни́ночка не получи́ла но́вую игру́шку, она́ наду́лась как мышь на крупу́.*

save face — *спасти́ свою́ репута́цию*

"Does it hurt?" — the doctor asked the soldier. "Not a bit!" — the wounded man answered in order to save face. *"Это бо́льно?" — спроси́л врач солда́та. Что́бы спасти́ репута́цию, ра́неный отве́тил: "Совсе́м нет."*

show one's face — *показа́ться на глаза́*

Ever since we caught Lisa lying, she didn't dare show her face. *С тех пор как мы разоблачи́ли Ли́зу во лжи, она́ не сме́ет показа́ться нам на глаза́.*

---

fact — *факт*

in fact — *1. в самом деле 2. SEE: as a matter of fact*

1. Did you, in fact, become director of a shoe factory? *Ты в са́мом де́ле стал дире́ктором о́бувной фа́брики?*

---

fair — *краси́вый*

fair and square — *откры́тый; че́стный*

Lev won the tennis match against Michael fair and square. *Лев че́стным ме́тодом вы́играл те́ннисный матч про́тив Миха́йла.*

fair play — *че́стный посту́пок*

In business relationships fair play is of paramount importance. *Че́стный посту́пок име́ет огро́мное значе́ние в деловы́х отноше́ниях.*

fair sex — *прекра́сный пол*

My grandfather taught me to be polite to members of the fair sex. *Дéдушка научи́л меня́ быть вéжливым к прекрáсному пóлу.*

fall — *пáдать*

fall (or go or drop) by the wayside — *выбывáть из стрóя*

The marathon runner fell by the wayside before reaching the goal. *Марафóнец вы́был из стрóя пéред сáмым фи́нишем.*

fall for — *попáсться на ýдочку*

Igor's promises sounded so convincing that Nina fell for them. *Обещáния И́горя звучáли так убеди́тельно, что Ни́на попáлась на ýдочку.*

fall ill — *заболéть*

Boris will surely fall ill if he continues to smoke two packs of cigarettes a day. *Бори́с несомнéнно заболéет, éсли бýдет продолжáть кури́ть по две пáчки сигарéт в день.*

falling out — *ссóра; размóлвка*

There has been a bad falling out between labor and management at our plant. *На нáшем завóде был большóй спор мéжду рабóчими и дирéкцией.*

fall into the clutches of one — *попáсть в кóгти*

Nikolay needed money badly and fell into the clutches of a usurer. *Николáй óчень нуждáлся в деньгáх и попáл в кóгти ростовщикá.*

fall to pieces — *развали́ться*

The old house on our street corner is in such a condition that it's ready to fall to pieces. *Стáрый дом на углý нáшей ýлицы нахóдится в такóм состоя́нии, что он скóро развáлится.*

fan — *вéер*

fan the breeze — *SEE: wag one's chin*

far — *далекó*

as far as — *до*

We walked together as far as the lake. *Мы шли вмéсте до сáмого óзера.*

better by far — *не в примéр лýчше; несравни́мо лýчше*
Fresh meat is better by far than meat that's been previously frozen. *Свéжее мя́со несравни́мо лýчше заморóженного.*

by far — *несравнéнно*
The famous writer's first book is by far better than his later writing. *Пéрвая кни́га извéстного писáтеля несравнéнно лýчше, чем егó послéднее произведéние.*

far and wide — *вдоль и поперёк*
We traveled all over America far and wide. *Мы изъéздили Амéрику вдоль и поперёк.*

far be it from me — *я вóвсе не хочý*
Far be it from me to interfere with your affairs. *Я вóвсе не хочý вмéшиваться в вáши делá.*

far-fetched — *притя́нутый за вóлосы (or ýши); с натя́жкой*
It's a far-fetched argument to say that every poor person becomes a criminal. *Мнéние, что кáждый бéдный человéк стáнет престýпником, явля́ется аргумéнтом, притя́нутым за вóлосы.*

far from being... — *далекó не*
Lisa is far from being quite as beautiful as she thinks. *Ли́за далекó не такáя краси́вая, как óна дýмает о себé.*

far into the night — *до пóздней нóчи*
We were talking far into the night. *Мы разговáривали до пóздней нóчи.*

far more — *горáздо*
The new series of cars are far more developed than the old ones. *Нóвая сéрия автомоби́лей горáздо бóлее усовершéнствована, чем стáрая.*

from far off — *издалекá*
Lena arrived at our place from far off. *Лéна приéхала к нам издалекá.*

so far; thus far — *до сих пор*

The weather has been cold so far. *Пого́да и до сих пор холо́дная.*

so far, so good — *пока́ всё хорошо́*

So far, so good. I hope we'll have good luck in the future as well. *Пока́ всё хорошо́. Я наде́юсь, что нам повезёт и в бу́дущем.*

---

fashion — *мо́да*

after a fashion — *немно́го*

"Do you go in for sports?" — "Yes, I play ping-pong after a fashion." *«Вы занима́етесь спо́ртом?» — «Да, я немно́го игра́ю в насто́льный те́ннис.»*

---

fat — *жир*

chew the fat — *SEE: shoot the breeze*

fat of the land — *купа́ться в ро́скоши*

Ever since Nina and her husband won the lottery, they have been living off the fat of the land. *С тех пор как Ни́на с му́жем вы́играли по лотере́е, о́ни купа́ются в ро́скоши.*

---

feather — *перо́*

feather in one's cap — *кто́-ни́будь мо́жет го́рдиться*

It was a feather in Ivan's cap to win a gold medal in swimming. *Ива́н мог горди́ться золото́й ме́далью, кото́рую вы́играл в соревнова́ниях по пла́ванию.*

---

feed — *корми́ть*

be fed up; be fed to the gills; be fed to the teeth — *сыт(ый) по го́рло; надоеда́ть*

Olga is all fed up with Peter's promises. *О́льга уже́ сыта́ по го́рло обеща́ниями Петра́.*

---

feeling — *чу́вство*

hard feeling — оби́да

I told you my opinion, but I hope there are no hard feelings. *Я вы́сказал моё мне́ние, но наде́юсь, никако́й оби́ды нет.*

fence — *забо́р*

mend fences — *укрепля́ть свой пози́ции*

Prior to the elections the President traveled all over the country to mend fences. *Пе́ред вы́борами президе́нт е́здил по стране́, что́бы укрепи́ть свой пози́ции.*

sit on the fence — *держа́ться нейтра́льной (or выжида́тельной) пози́ции; сиде́ть ме́жду двух сту́льев*

Ivan doesn't know whether to vote Republican or Democratic — so he sits on the fence. *Ива́н не зна́ет, за кого́ голосова́ть: за республика́нцев, или за демокра́тов, поэ́тому он де́ржится в нейтра́льном положе́нии.* Vera was sitting on the fence not knowing whether to marry Nikolay or study medicine. *Ве́ра сиде́ла ме́жду двух сту́льев, не зна́я, что де́лать: вы́йти за́муж за Никола́я или начина́ть изуча́ть медици́ну.*

ferret — *охо́титься*

ferret (or sniff or smell) out — *разню́хивать; выи́скивать*

Natalie tried to hide her pregnancy, but Nina ferreted out her secret. *Ната́лия стара́лась скрыть бере́менность, но Ни́на разню́хала её секре́т.*

few — *немно́гие; немно́го; ма́ло*

few and far between — *ре́дкие*

Really well-paying jobs are few and far between nowadays. *В настоя́щее вре́мя рабо́та с высокоопла́чиваемой зарпла́той явля́ется ре́дкостью.*

fifty — *пятьдеся́т*

fifty-fifty — *пятьдеся́т проце́нтов; одина́ково; по́ровну; наравне́*

"What are the odds that the operation will be a success?" — the patient asked. "No better than fifty-fifty" — the doctor answered candidly. *“Какúе шáнсы на успéх оперáции?” — спросúл больнóй врачá. “Не бóльше, чем пятьдесят процéнтов” — откровéнно отвéтил врач.*

finder — *нашéдший*

finders keepers; finders keepers, losers weepers — *нашёл — знáчит моё*

I don’t have to give back the pen; it’s finders keepers. *Я не дóлжен вернýть рýчку: нашёл — знáчит моё.*

finger — *пáлец*

get one’s fingers burned — *впýтаться в неприятности*

Lena keeps interfering with other people, this is why she gets her fingers burned. *Лéна постоянно вмéшивается в чужúе делá, и потомý впýтывается в неприятности.*

have a finger in the pie — *кáпля моегó (твоегó....) мёду есть; быть замéшанным в чём-нибудь; приложúть рýку к чéму-нúбудь*

When our firm was commissioned to build the new school, everybody knew that I had a finger in the pie. *Когдá нáшей фúрме предложúли контрáкт пострóйки нóвой шкóлы, все знáли, что в э́том éсть кáпля моегó мёду.*

have greasy fingers — *залезáть в кармáн*

We knew that our comptroller had no greasy fingers, so we trusted him. *Нам бы́ло úзвестно, что наш бухгáлтер не влéзит в чужóй кармáн, и мы ему довéрили.*

not to stir (or lift) a finger — *пáлец о пáлец не удáрить; пáльцем не шевельнýть; пáльца не разогнýть*

Natasha didn’t lift a finger to help her sick mother with the household chores. *Натáша пáлец о пáлец не удáрила, чтóбы помóчь больнóй мáтери по дóму.*

one’s fingers are all thumbs — *у кóго-нибýдь рýки — крюки*

My fourteen-year old adolescent son is at a clumsy age — his fingers are all thumbs. *Мой четырнадцатилéтний сын в нелóвком вóзрасте: у негó ещё руки — крюки.*

slip through one's fingers — *упусти́ть*

Igor let the opportunity of purchasing a car on sale slip through his fingers. *И́горь упусти́л все возмо́жности купи́ть автомоби́ль на распрода́же.*

sticky fingers — *на́ руку не чист(ый)*

"Don't leave money on your desk!" — Masha warned her new colleague — "the cleaning woman has sticky fingers." *"Не оставля́й де́ньги на пи́сьменном столе́, на́ша убо́рщица на́ руку не чиста́" — предупреди́ла Ма́ша но́вую колле́гу.*

---

firebug — *поджига́тель*

The police caught the firebug, who turned out to be a sixteen-year-old boy. *Мили́ция пойма́ла поджига́теля, кото́рым оказа́лся шестнадцатиле́тний ма́льчик.*

---

first — *пе́рвый*

at first — *на пе́рвых пора́х; в на́чале*

Masha couldn't speak English at first, but in a year's time she became quite fluent. *Внача́ле Ма́ша не говори́ла по-англи́йски, но в тече́ние го́да она́ свобо́дно обща́лась.*

first and foremost; first of all — *в пе́рвую оче́редь; пре́жде всего́*

When I arrived in New York, I first and foremost needed an apartment. *Когда́ я прие́хала в Нью-Йо́рк, в пе́рвую о́чередь мне нужна́ была́ кварти́ра.*

first come, first served — *в поря́дке жи́вой о́череди; кто пе́рвым пришёл, того́ пе́рвым и обслу́жат*

There're only a few tickets left, so it's first come, first served. *Так как биле́тов оста́лось ма́ло, то кто пе́рвым придёт, того́ пе́рвым и обслу́жат.*

first of all; in the first place — *пе́рвым де́лом (or до́лгом)*

First of all you have to find a job and then you can get your own apartment. *Пе́рвым де́лом ты до́лжен найти́ рабо́ту, а пото́м мо́жешь иска́ть себе́ кварти́ру.*

fish — *ры́ба*

a cold fish — *холо́дный челове́к*

I can't say I frequent Nikita's company — he's a cold fish. *Нельзя́ сказа́ть, что я ча́сто провожу́ вре́мя с Ники́той — он холо́дный челове́к.*

a queer fish; an odd fish — *чуда́к; стра́нный тип*

Our daughter's fiance is an odd fish. *Жени́х на́шей до́чери стра́нный тип.*

neither fish, (flesh) nor fowl — *ни па́ва, ни воро́на; ни ры́ба, ни мя́со; ни два ни полтора́*

This dress is neither fish nor fowl — its color and cut don't work for me. *Э́то пла́тье ни два ни полтора́; его цвет и фасо́н меня́ не удовлетворя́ют.*

---

fish — *лови́ть (or у́дить) ры́бу*

fish for compliments — *напра́шиваться на комплиме́нты*

Complaining about her hair color, Masha was fishing for compliments. *Жа́луясь на цвет свои́х воло́с, Ма́ша напра́шивалась на комплиме́нты.*

fish in troubled waters — *в му́тной воде́ ры́бу лови́ть*

Dishonest folks like to fish in troubled waters. *Нече́стные лю́ди охо́тно ло́вят ры́бу в му́тной во́де.*

---

fit — *здоро́вый; в хоро́шей фо́рме*

as fit as a fiddle — *в до́бром здра́вии; здоро́в как бык*

Nikolay is never sick — he is always fit as a fiddle. *Никола́й никогда́ не боле́ет, он здоро́в как бык.*

---

fit — *при́ступ; припа́док*

by fits and starts (or jerks) — *уры́вками*

The renowned painter had worked on the battle scene by fits and starts. *Изве́стный худо́жник уры́вками писа́л карти́ну о би́тве.*

in a fit of temper — *SEE: in the heat of the moment*

---

flatfoot — *мильто́н*

"What is George's profession?" — "He is a flatfoot." *"Кака́я у Гео́ргия профе́ссия?" "Он мильто́н."*

flea market — *толку́чка*

There is a flea market at the corner of our street. *За угло́м на́шей у́лицы нахо́дится толку́чка.*

flesh — *плоть*

in the flesh — *SEE: in person*

one's (own) flesh and blood — *кость от ко́сти и плоть от пло́ти; кровь от кро́ви*

"How can she be an embezzler," the judge exclaimed, when his daughter got arrested. "After all, she is my flesh and blood!" *Когда́ дочь судьи́ арестова́ли, он вскри́кнул: "Как о́на мо́жет быть растра́тчицей, ведь о́на кость от ко́сти и плоть от пло́ти."*

fly — *лета́ть*

fly-by-night — *ненадёжный челове́к*

Olga's boyfriend turned out to be a fly-by-night who only wanted her money. *Молодо́й челове́к О́льги оказа́лся ненадёжным челове́ком, кото́рый хоте́л то́лько её де́ньги.*

fly off the handle — *сорва́ться; взорва́ться*

The noise of her neighbor's children made Irene fly off the handle. *Шум дете́й сосе́да взорва́л Ири́ну.*

on the fly — *на ходу́*

Nikita was late and caught the bus on the fly. *Ники́та опозда́л и вскочи́л в авто́бус на ходу́.*

---

foggy — *тума́нный*

not to have the foggiest (notion) — *SEE: have no clue about something*

---

follow — *сле́довать*

follow in one's footsteps (or tracks) — *пойти́ по стопа́м*

Eve followed in her mother's footsteps and became an actress. *Е́ва пошла́ по стопа́м ма́тери и ста́ла актри́сой.*

follow one's nose — *идти́ куда́ глаза́ глядя́т*

Since we didn't knowing the city, we were just following our noses. *Не зная́ го́род, мы шли куда́ глаза́ глядя́т.*

follow one's own path — *идти́ (or сле́довать) свое́й доро́гой*

Sasha didn't care what people said about him, he just followed his own path. *Са́ше бы́ло всё равно́, что о нём лю́ди говори́ли, он шёл свое́й доро́гой.*

---

food — *пи́ща; пита́ние*

food for thought — *пи́ща для размышле́ния*

There is much food for thought in the novels of Dostoevsky. *В рома́нах Достое́вского мно́го пи́щи для размышле́ния.*

---

fool — *дура́к; одура́чивать*

fool (or monkey or horse) around (or about) — *валя́ть дурака́*

The boys were fooling around the whole day in the park. *Весь день ма́льчики валя́ли дурака́ в па́рке.*

in a fool's paradise — *в вы́думанном ми́ре; вне вре́мени и простра́нства*

Ivan lived in a fool's paradise. *Ивáн жил слóвно вне врéмени и пространства.*

foot — *ногá*

footloose and fancy-free — *вóльный казáк*

Mike is a confirmed bachelor—footloose and fancy-free. *Мúша убеждённый холостя́к — он вóльный казáк.*

get cold feet — *испугáться*

Peter wanted to propose to Irene, but at the last minute he got cold feet. *Пётр хотéл сдéлать предложéние Ирúне, но в послéдний миг испугáлся женúтьбы.*

itchy feet — *чемодáнное настроéние*

I usually get itchy feet a week before my trip abroad. *Обы́чно за недéлю до отъéзда за гранúцу у меня́ уже чемодáнное настроéние.*

put back on one's feet — *постáвить на нóги*

A month at a spa put Lena back on her feet again. *Мéсяц пребывáния на курóрте постáвил Лéну снóва на нóги.*

put one's feet up — *отдыхáть*

After a whole week's hard work, on Sunday we could at long last put up our feet. *После тяжёлой рабóты в течéние недéли, наконéц в воскресéнье мы моглú отдохнýть.*

put one's foot in it or **put one's foot in one's mouth** — *сесть в лýжу*

Ivan put his foot in his mouth with his negative remarks on modern art—it turned out that his host was a painter. *Ивáн отрицáтельными выскáзываниями о совремéнном искýсстве сел в лýжу, потомý что хозя́ин дóма был худóжником.*

forest — *лес*

can't see the forest for the trees — *SEE: can't see the wood(s) for the trees*

forget — *забыва́ть*

long forgotten — *бы́льём поросло́*

Steven remembered a long forgotten story. *Степа́н вспо́мнил исто́рию, кото́рая бы́льём поросла́.*

fox — *лиса́*

sly (old) fox — *гусь ла́пчатый*

Sasha is good friends both with the police and the Mafia — there's a sly old fox! *Са́ша дру́жит и с мили́цией и с ма́фией — вот гу́сь лапчатый!*

frame — *осто́в; скеле́т*

be in a bad frame of mind — *SEE: be in low spirits*

be in a good frame of mind — *SEE: be in good spirits*

free — *свобо́дный*

free and easy — 1. *непринуждённый* 2. *распу́щенный*

Most people were pleased about the free and easy manner of the famous actor. *Большинство́ люде́й бы́ли дово́льны непринуждённым мане́рам изве́стного актёра.* 2. It is rumored that the boss' wife is free and easy with her sexual favors. *Хо́дят слу́хи, что жёна нача́льника распу́щена.*

free-for-all — *сва́лка*

The hockey match suddenly turned into a free-for-all. *Во вре́мя хокке́йного ма́тча неожи́данно произошла́ о́бщая сва́лка.*

freeze — *замораживать; морозить*

be frozen to the marrow — *промёрзнуть до костей*

I got frozen to the marrow when I was caught in a snow storm on my way home. *По доро́ге домо́й я попа́л в пургу́ и промёрз до косте́й.*

freeze on the spot — *как (or сло́вно or то́чно) вко́панный; засты́ть на ме́сте*

When Pavel saw the bear in the woods, he froze on the spot. *Когда Па́вел встре́тил медве́дя в ле́су, он стал как вко́панный.*

freeze to death with fear — *цепенéть от стрáха*

Nikolay froze to death with fear when he saw the UFO. *Николáй оцепенéл от стрáха, когдá он замéтил НЛО.*

fry — *малькú*

small fry — *мéлкая сóшка; мелюзгá*

My boss believes that he is somebody, but actually he's only small fry. *Мой начáльник считáет себя́ вáжным человéком, но в действúтельности он мелюзгá.*

fuddy

fuddy-duddy — *с устарéвшими взгля́дами (or привы́чками)*

The children don't like Uncle Ivan—he's a fuddy-duddy. *Дéти не лю́бят дя́дю Ивáна — у негó устарéвшие привы́чки.*

full — *пóлный*

full-bodied — *крéпкий*

Peter usually drinks a full-bodied red wine with his dinner. *Пётр обы́чно пьёт к у́жину крéпкое крáсное винó.*

full-fledged — *вполнé оперúвшийся*

Steven had to study four years in order to become a full-fledged accountant. *Степáну пришлóсь учúться четы́ре гóда, чтóбы стать вполнé оперúвшимся бухгáлтером.*

fun — *шу́тка; забáва*

(just) for the fun of it — *из спортúвного интерéса; прóсто рáди удовóльствия; из любвú к искýсству*

The old mathematician started to paint pictures just for the fun of it. *Из спортúвного интерéса стáрый математúк стал писáть картúны.* Although nobody liked Mary's cookies, she kept baking them just for the fun of it. *Хотя́ никтó не лю́бил печéнья Марúи, óна продолжáла егó печь из любвú к искýсству.*

G

game — *игрá*

game isn't worth the candle — *игра не стоит свеч*

Why buy inexpensive, low quality goods? The game isn't worth the gamble. *Зачём покупáть дешёвые и низкокáчественные товáры? Игрá не стóит свеч.*

game (or party) is over; game is up — *кóнчен бал; кáрта (or стáвка) бúта*

"The game is over," — the people said, when the thief got arrested. *"Кóнчен бал" — сказáли лю́ди, когдá арестовáли вóра.* When the accountant's manipulations became known, his game was up. *Когдá раскры́ли манипуля́ции счетовóда, егó кáрта былá бúта.*

(it's) a different ball game — *декорáции переменúлись*

With the new President it's a whole different ball game. *С нóвым президéнтом и декорáции переменúлись.*

what's the game? — *что за этим крóется?*

Nikita talked a lot and it wasn't clear to me what his game was. *Никúта говорúл мнóго, а мне не бы́ло я́сно, что за э́тим крóется.*

---

gang — *бригáда; бáнда*

gang up on (or against) one — *ополчúться прóтив (or на)*

"Why are you guys ganging up on me?" — Nikita asked when the five strongest boys in the class squeezed him to the wall. *"Почему́ вы ополчúлись на меня́?" — спросúл Никúта, когдá пять крéпких парнéй прижáли егó к стенé.*

---

gas — *газ; бензúн*

gas up — *заправиться горю́чим*

We stopped at the filling station to gas up. *Мы остановúлись у бензоколóнки, чтóбы заправиться.*

---

gee whiz! — *вот так шту́ка! вот здо́рово!*

"Gee whiz! What a lovely new car!" — Peter exclaimed when he saw Ivan's new Mercedes. *"Вот так шту́ка!" — воскли́кнул Пётр, уви́дев но́вый Мерседе́с Ива́на.*

generation — *генера́ция*

generation gap — *пробле́ма отцо́в и дете́й*

Vera and her parents have different views on life—here's a typical case of the generation gap. *Взгля́ды Ве́ры и роди́телей о жи́зни не совпада́ют. У них типи́чная пробле́ма отцо́в и дете́й.*

get — *получа́ть*

get along (quite) well — *в ладу́ (or лада́х) с кем*

I get along quite well with my boss. *С нача́льником я в лада́х.*

get away with — *сойти́ кому́-нибу́дь с рук*

The burglar was sure he would get away with his break-in. *Взло́мщик был уве́рен, что кра́жа ему сойдёт с рук.*

getaway car — *воровско́й автомоби́ль*

During the bank robbery the getaway car was waiting at the next corner. *Во вре́мя ограбле́ния ба́нка воровско́й автомоби́ль стоя́л за углом сосе́дней у́лицы.*

get back at — *отплати́ть*

Nikita insulted Igor at the meeting, but the next day Igor got back at him. *Во время собра́ния Ники́та оскорби́л И́горя, а на сле́дуюший день И́горь отплати́л ему тем же.*

get by — *устро́иться*

I'll get by all right, if I just have a place to sleep. *Я ка́к-нибу́дь устро́юсь, е́сли то́лько бу́дет где спать.*

get called down — *попа́сть кому́-нибу́дь за что-нибу́дь*

Sasha got called down for walking into the room with muddy shoes. *Са́ша вошёл в ко́мнату в гря́зных ту́флях и ему́ попа́ло за э́то.*

get dressed down — *SEE: get called down*

get down to brass tacks — *разбира́ться что к чему́*

"Let's get down to brass tacks" — the boss said to the new employee. *"Дава́йте, разберёмся, что к чему́" — сказа́л нача́льник но́вому рабо́тнику.*

get down to work — *засе́сть за рабо́ту*

"Let's get down to work!" — Natalie proposed after they had a little chat. *"Дава́й craft ся́дем за рабо́ту" — предлага́ла Ната́лия по́сле болтовни́.*

get dumped — *получа́ть отста́вку*

Nikita got dumped by Nina when it turned out that he was married and had two children. *Ники́та получи́л отста́вку у Ни́ны, когда́ вы́яснилось, что у него́ жена́ и дво́е дете́й.*

get going — *нала́дить*

Our new boss surely will be able to get the work going. *Наш но́вый нача́льник наверняка́ смо́жет нала́дить рабо́ту.*

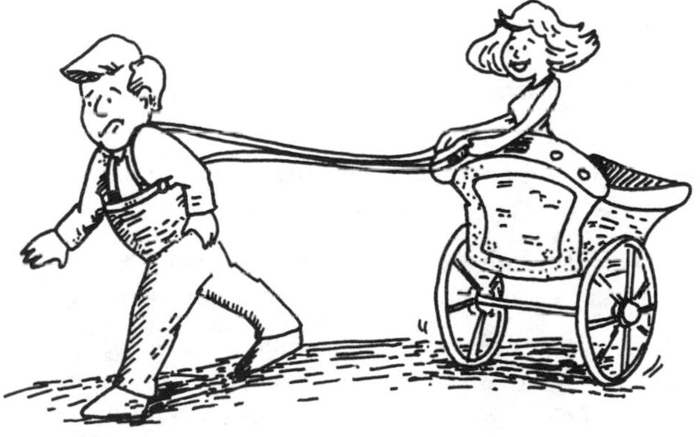

get hitched — *вступи́ть в брак; жени́ться*

We all thought they would break up, but they got hitched instead. *Мы все ду́мали, что они́ расста́нутся, а на са́мом де́ле они́ пожени́лись.*

get hold of — *схвати́ть; улови́ть*

Ivan couldn't get hold of the fish as it was already slipping back into the water. *Ива́н не успе́л схвати́ть ры́бу как она́ ускользну́ла в во́ду.* Based on Vera's story the judge was unable to get hold of the truth. *Судья́ не мог улови́ть пра́вду с объясне́ния Ве́ры.*

get hold of oneself — *SEE: pull yourself together*

get into a mess (or fix or pickle or stink) — *попа́сть как кур во щи; сади́ться на мель*

Not knowing what Anna told her parents about me, I got into a fix when I called on them. *Не зна́я, что А́нна сказа́ла свои́м роди́телям обо мне, но я попа́л как кур во щи, когда́ я навести́л их.*

get into one's head — *вбить себе́ в го́лову*

Mary got it into her head that she had to become an actress. *Мари́я вби́ла себе́ в го́лову, что ей необходи́мо стать актри́сой.*

get lost! — *кати́сь колбасо́й!*

"Get lost!" — Boris shouted at Peter, when he got fed up with his slanderous remarks. *"Кати́сь колбасо́й!" — закрича́л Бори́с, когда́ клеветни́ческие замеча́ния Петра́ надое́ли ему́.*

get married (said about women only) — *вы́йти за́муж*

Olga married a physician. *О́льга вы́шла за́муж за врача́.*

get married (said about men only) — *жени́ться*

Peter got married a year ago. *Пётр жени́лся год тому́ наза́д.*

get off (or escape) scot-free — *вы́йти сухи́м из воды́*

Steven was able to escape from any situation scot-free. *В любо́й ситуа́ции Степа́н уме́л вы́йти сухи́м из воды́.*

get off lucky (or cheap) — *отде́латься дёшево (or легко́)*

I was in an accident yesterday, but I got off lucky. *Вчера́ я попа́л в ава́рию, но дёшево отде́лался.*

get one into a fix — *без ножа́ ре́зать (or заре́зать)*

Irene got her husband into a fix when she took all their savings and left with her lover. *Ири́на без ножа́ заре́зала му́жа, когда́ она́ забра́ла все сбереже́ния и уе́хала с любо́вником.*

get on in years — *старе́ть; быть в во́зрасте*
Barbara is getting on in age — she seldom leaves the house by herself. *Ва́рвара уже в во́зрасте и ре́дко выхо́дит из до́ма одна́.*

get on well — *SEE: get along well*

get oneself into a mess — *влипа́ть*
With his lies Peter constantly got himself into a mess. *Пётр постоя́нно влипа́л свое́й ло́жью.*

get one's; get what's coming to one — *на калачи́ доста́ться*
Boris got what was coming to him for his pranks. *За прока́зы Бори́су на калачи́ доста́лось.*

get out of the red — *вы́йти из долго́в*
We did our best, yet couldn't get out of the red. *Мы де́лали всё возмо́жное, но вы́йти из долго́в не могли́.*

get over — *прийти́ в себя́ (or опо́мниться) от чего́-нибу́дь*
Although a week is gone since we met Boris, we still couldn't get over his rudeness. *Хотя́ неде́ля прошла́ с тех пор, как мы встре́тились с Бори́сом, но до сих пор не мо́жем забы́ть его́ гру́бость.*

get-up-and-go; get-up-and-get — *эне́ргия*
Michael has a lot of get-up-and-go; this is why he's so successful. *У Михаи́ла мно́го эне́ргии, поэ́тому у него́ во всём успе́х.*

get up on the wrong side of the bed — *вста́ть с ле́вой ноги́*
Eva must have gotten up on the wrong side of the bed; she's been acting nervous all day. *Е́ва не́рвничает весь день, наве́рно о́на вста́ла с ле́вой ноги́.*

not to get away with — *да́ром не пройдёт*
She won't get away with an explanation like that! *Тако́е объясне́ние ей да́ром не пройдёт!*

---

give — *дава́ть*
give away — *вы́дать*

"Don't give away my secret!" — Eve warned Nina. *"Не выдава́й мой секре́т!" — предупреди́ла Е́ва Ни́ну.*

give birth to — *произвести́ на свет*

Pushkin gave birth to many a wonderful poem. *Пу́шкин произвёл на свет мно́го чуде́сных стихотворе́ний.*

give one enough rope (and he will hang himself) — *да́йте ему́ во́лю и он сам себя́ погу́бит*

"This influential politician is making big promises, but will he be able to keep them?" —Peter asked. "Give him enough rope and he'll hang himself" — Alesha replied. *"Э́тот влия́тельный поли́тик мно́го обеща́ет, но сде́ржит ли своё сло́во?" — спроси́л Пётр. "Дай ему во́лю, и он сам себя́ погу́бит" — отве́тил Алёша.*

give free (or full) rein to one's tongue — *SEE: let it all hang out*

give one hell — *SEE: make it hot for one*

give one's all — *жи́зни свое́й не жале́ть*

During the war the soldiers gave their all in the defense of their country. *Во вре́мя войны́ солда́ты, защища́я свою́ ро́дину, жи́зни свое́й не жале́ли.*

give one's due — *на́до отда́ть кому́-нибу́дь до́лжное*

Although Igor's team lost the game, one has to give them their due — they tried very hard. *Хотя́ кома́нда И́горя проигра́ла матч, на́до ей отда́ть до́лжное — она́ о́чень стара́лась.*

give one the cold shoulder — *ока́зывать холо́дный приём; встреча́ть кого́-нибу́дь хо́лодно; обда́ть хо́лодом*

Lena got fed up with Nikita's courtship, so she gave him the cold shoulder. *Ле́не уже́ надое́ло уха́живание Ники́ты, поэ́тому она́ оказа́ла ему́ холо́дный приём.*

give one the creeps — *моро́з по ко́же (or спине́) дерёт (or пробега́ет)*

Seeing the bear in the woods gave Nina the creeps. *При ви́де медве́дя у Ни́ны от стра́ха моро́з по ко́же пробежа́л.*

not to give a damn (or hoot) — *наплева́ть*

We are all suffering from the boss, but he doesn't give a damn. *Мы все страдáем от начáльника, а ему на э́то наплевáть.* Ivan doesn't give a damn what the competition thinks of him. *Ивáну наплевáть, что о нём дýмают конкурéнты.*

go — *идти́*

go ahead! — *1. продолжáй(те) 2. дéйствуй(те) 3. пожáлуйста!*

1. Go ahead, eat! I'll wait. *Продолжáйте кýшать! Я подождý.* 2. Once you decide to look for a job, just go ahead! *Если ты реши́л найти́ себé рабóту, то дéйствуй!* 3. Go ahead and tell him the truth! *Пожáлуйста, скажи́те емý прáвду!*

go bananas (or nuts) — *белены́ объéлся; обалдéть*

You talk nonsense; you must have gone bananas. *Ты такóе говори́шь, слóвно белены́ объéлся.*

go-between — *посрéдник*

My boss acted as a go-between in the negotiations between the management and the employees. *Во врéмя переговóров мой начáльник был посрéдником мéжду дирéкцией и слýжащими.*

go bust — *пойти́ крест-нá-крест*

When Michael's wife learned that he had a girlfriend, their marriage went bust. *Когдá женá Михаи́ла узнáла, что у негó есть подрýга, то брак пошёл крест-нá-крест.*

go down in history — *войти́ в истóрию*

Gorbachev went down in history as the President whose policies led to the dissolution of the Soviet Union. *Горбачёв вошёл в истóрию, как президéнт, поли́тика котóрого вела́ к распáду Совéтского Сою́за.*

go Dutch — *плати́ть пополáм; плати́ть за себя́*

"Let me take you to dinner" — Oleg said to Olga. "All right, but I insist that we go Dutch" — Olga answered. *"Позвóльте вас пригласи́ть на ýжин" — сказáл Олéг Óльге. "Хорошó, но я настáиваю на том, что кáждый бýдет платúть за себя́" — отвéтила Óльга.*

go into effect — *вступáть в сúлу*

The Declaration of Independence went into effect on the fourth of July, 1776. *Закóн о незавúсимости вошёл в сúлу четвёртого ию́ля 1776 гóда.*

go in for — *занимáться*

Do you go in for sports? *Вы занимáетесь спóртом?*

go into (all kinds of) detail — *вдавáться в детáли (úли подрóбности)*

In her story Anna kept going into all kinds of detail. *В своём расскáзе Áнна всё врéмя вдавáлась в детáли.*

go through a lot — *хлебнýть гóря*

Igor went through a lot during the time of war. *Во врéмя войны́ Úгорь хлебнýл гóря.*

go to extremes — *не знать мéры*

When she is in love, Olga always goes to extremes. *Óльга никогдá не знáет мéры в любвú.*

go too far — *вы́йти из границ; перегибáть пáлку; позвóлить себé лúшнее*

We went too far in our quarrelling. *Наш спор вы́шел из гранúц прилúчия.*

go up in smoke — *сойтú на нет; кóнчиться ничéм*

After the arrival of her previous lover, Mary and Steven's friendship went up in smoke. *Пóсле приéзда бы́вшего любóвника, дрýжба мéжду Марúей и Степáном сошлá на нет.*

go wrong — *испóртиться*

Evidently something went wrong with the television, because there's no picture. *Очевúдно, в телевúзоре чтó-то испóртилось, потомý что нет изображéния.*

here we go again! — *вéчная (or обы́чная) истóрия*

I lost my keys — here we go again! — *Я потеря́л ключи́ — э́то ве́чная исто́рия.*

in one go — *SEE: in one fell swoop*

it goes without saying — *и не говори́(те)!*

It goes without saying that I'll help you with everything. *Я тебе́ во всем помогу́. — И не говори́!*

let oneself go — *разойти́сь*

"If you let yourself go like that, Mr. Maximov" — the doctor said, "You'll never get well!" *"Что вы разошли́сь, господи́н Макси́мов, так вы никогда́ не вы́здоровеете" — сказа́л до́ктор.*

God — *бог*

God bless you! — *с бо́гом*

"God bless you!" — the mother said as she bade farewell to her son joining the army. *"С бо́гом!" — сказа́ла мать, провожа́я сы́на в а́рмию.*

God forbid — *бо́же сохрани́!; не дай бог!; не дай Го́споди!*

God forbid that I should experience such a sorrow! *Не дай бог испыта́ть мне тако́е го́ре!*

God only knows — *одному́ бо́гу изве́стно*

God only knows what's happening behind this closed door. *Одному́ бо́гу изве́стно, что за э́той закры́той две́рью де́лается.*

good God! — *SEE: Heavens!*

honest to God; may God strike me dead; may I be struck dead — *убей меня́ бог*

May God strike me dead if I said such a thing! *Убей меня́ бог, е́сли я это сказа́л.*

so help me God! — *Госпо́дь свиде́тель*

I'm telling the truth, so help me God! *Я вам скажу́ всю пра́вду, Госпо́дь свиде́тель.*

trust in God and keep the gunpowder dry — *на бо́га наде́йся, а сам не плоша́й*

I always follow the principle trust in God and keep the gunpowder dry. *Я всегда́ руково́дствуюсь пра́вилом: на бога́ наде́йся, а сам не плоша́й.*

good — *хоро́ший*

be no good at all — *быть ни́же вся́кой кри́тики; не выде́рживать (никако́й) кри́тики*

Michael and Olga's relationship is no good at all. *Отноше́ние Миха́йла и О́льги ни́же вся́кой кри́тики.*

for good — *навсегда́*

Olga had no idea that her boyfriend would leave for good when he said goodbye. *Когда́ моло́дой челове́к проща́лся О́льгой, она́ не зна́ла, что он уе́дет навсегда́.*

good for nothing — *никуда́ не го́дный; как (or что) от козла́ молока́*

Nikolay is a good engineer, but as a husband he's good for nothing. *Никола́й хоро́ший инжене́р, но му́жем он оказа́лся никуда́ не го́дным.*

good-for-nothing — *негодя́й; никчёмный; никуды́шный*

Our neighbor is such a good-for-nothing that nobody will hire him. *Наш сосе́д тако́й никуды́шный челове́к, что его́ никто́ на рабо́ту не берёт.*

it's not good at all — *SEE: it won't do*

no good will come of it — *не приведёт к добру́*

No good ever comes of lying. *Ложь не приведёт к добру́.*

goodness — *доброта́*

goodness gracious! — *Бо́же мой!*

Goodness gracious! What do you think of me? *Боже́ мой! Что вы обо мне ду́маете!*

goose — *гусь*

one's goose is cooked — *пе́сенка (or пе́сня) спе́та*

When the pickpocket was finally arrested, he knew that his goose was cooked. *Когда́ карма́нного вора́ наконе́ц взя́ли под аре́ст, он по́нял, что его́ пе́сенка спе́та.*

---

grain — *зерно́*

go against one's grain — *раздража́ть*

Loud pop music goes against Lena's grain. *Гро́мкая поп-му́зыка раздража́ет Ле́ну.*

not a grain of truth — *ни ка́пли и́стины*

There's not a grain of truth in Lisa's story. *В расска́зе Ли́зы нет ни ка́пли и́стины.*

---

grape — *виногра́д*

the grapes are sour — *зелён виногра́д*

Since he is poor, he spoke contemptuously about money, but we felt that it was a case of "sour grapes." *Бу́дучи бе́дным, он пренебрежи́тельно говори́л о деньга́х, но мы чу́вствовали, что "зелен виноград."*

---

grasp — *хватка*

beyond one's grasp — *выше понимания*

"Math is beyond my grasp" — Vera sighed when she couldn't do her homework. *"Матема́тика вы́ше моего́ понима́ния" — вздохну́ла Ве́ра, когда́ она́ не суме́ла вы́полнить дома́шнее зада́ние.*

---

grass — *трава́*

grass is always greener on the other side of the fence (or hill) — *там хорошо́, где нас нет*

Pavel is always changing his job because the grass looks always greener on the other side of the fence. *Па́вел постоя́нно меня́ет рабо́ту, ду́мая, что там хорошо́, где нас нет.*

---

grease — *сма́зывать*

grease one's palm — *подма́зывать колёса; "подма́зать" кого́-ли́бо*

In order to get the job, Pavel greased the contractor's palm. *Что́бы получи́ть рабо́ту, Па́вел подма́зал колёса подря́дчику.*

Greek — *гре́ческий*

it's (all) Greek to me — *кита́йская гра́мота*

Books on advanced mathematics are all Greek to me. *Кни́ги о вы́сшей матема́тике для меня́ кита́йская гра́мота.*

---

green — *зелёный*

be green with envy — *ло́пнуть от за́висти*

Boris was green with envy when he saw my new yacht. *Когда́ Бори́с уви́дел мою́ но́вую я́хту, он чуть не ло́пнул от за́висти.*

---

grip — *кре́пко держа́ть*

lose one's grip — *не владе́ть собо́й*

Since Barbara started to take drugs, she's been losing her grip on herself. *С тех пор как Варва́ра начала́ принима́ть нарко́тики, она переста́ла владе́ть собо́й.*

---

ground — *земля́; грунт*

cover the ground — *изучи́ть вопро́с*

Boris studied very diligently and covered the ground thoroughly. *Бори́с занима́лся о́чень приле́жно и изучи́л вопро́с основа́тельно.*

run into the ground — *би́тый-переби́тый*

Stop it! This subject has been run into the ground. *Переста́нь! Эта те́ма у́же би́тая-переби́тая.*

---

gulp — *большо́й глото́к*

in one gulp; in a single gulp — *SEE: in one fell swoop*

gum — *рези́на*

beat one's gums — *SEE: wag one's chin*

gum up — *испо́ртить*

Natasha gummed up her dish-washer. *Ната́ша испо́ртила посудомо́ечную маши́ну.*

---

gun — *пу́шка*

big gun — *SEE: big wheel*

stick to one's guns — *стоя́ть на своём*

We tried to convince Igor, but he stuck to his guns. *Мы стара́лись убеди́ть И́горя, но он стоя́л на своём.*

---

gut — *кишка́*

man with no guts — *бесхара́ктерный челове́к*

It's well known that Nikita is a man with no guts. *Всем изве́стно, что Ники́та бесхара́ктерный челове́к.*

not to have the guts — *кишка́ тонка́*

I was sure that Sasha didn't have the guts to contradict his boss. *Я был уве́рен, что Са́ша не противоре́чит нача́льнику — у него́ кишка́ тонка́.*

---

guy — *ма́лый*

regular guy (or fellow) — *руба́ха-па́рень; до́брый (or сла́вный) ма́лый*

My colleague is a nice, regular guy; you can always count on him. *Мой колле́га до́брый ма́лый, на него́ мо́жно положи́ться.*

tough guy — *желе́зный ма́лый*

It isn't easy to negotiate with Steven — he is a tough guy. *Тру́дно вести́ перегово́ры со Степа́ном, он желе́зный ма́лый.*

H

habit — *привы́чка*

be in the habit — *привы́кнуть*

Pavel is in the habit of sleeping late on his days off. *По выходны́м дням Па́вел привы́к встава́ть по́здно.*

---

hair — *во́лос; волосо́к*

hang by a hair — *держа́ться (or висе́ть) на волоске́*

During the siege, my life hung by a thread. *Во вре́мя оса́ды моя жизнь висе́ла на волоске́.*

one's hair stands on end — *во́лосы ста́ли ды́бом*

When I saw the burning house, my hair stood on end. *Когда́ я уви́дел горя́щий дом, у меня́ во́лосы ста́ли ды́бом.*

---

hale — *кре́пкий*

hale and hearty — *кре́пкий и бо́дрый*

Grandma is already ninety, but she is as hale and hearty as they come. *Ба́бушке у́же девяно́сто лет, но она кре́пкая и бо́драя.*

---

half — *полови́на*

better half — *дража́йшая полови́на*

"Meet my better half!" — Ivan introduced his wife to his new friends. *"Познако́мьтесь с мое́й дража́йшей полови́ной!" — предста́вил Ива́н свою́ жену́ но́вым друзья́м.*

go halves — *плати́ть попола́м*

"Let's go halves" — Nikita said in the restaurant. *"Дава́йте плати́ть попола́м" — сказа́л Ники́та в рестора́не.*

half an hour — *полчаса́*

Nikita will be in back in half an hour. *Ники́та вернётся че́рез полчаса́.*

half asleep — *в полусне́*

Natasha was lying on the bed half asleep. *Ната́ша лежа́ла на крова́ти в полусне́.*

half-baked — *непроду́манный; недорабо́танный*

Half-baked ideas don't help us to get out of our financial difficulties. *Недорабо́танные иде́и не даду́т нам возмо́жность преодоле́ть фина́нсовые тру́дности.*

half-hearted — *без энтузиа́зма; нереши́тельный*

You'll never succeed if you go into business half-heartedly. *Ты не добъёшься успе́ха, е́сли ты би́знесом занима́ешься без энтузиа́зма.*

half the battle — *зало́г успе́ха*

To admit your faults and be ready to change them is half the battle of self-improvement. *Призна́ть свои́ оши́бки и своевре́менно испра́вить их — явля́ется зало́гом успе́ха на пути́ самосоверше́нствования.*

in half — *попола́м*

I cut the apple in half. *Я разре́зал я́блоко попола́м.*

hand — *рука́; передавать*

close at hand — *на носу́; приближа́ется вре́мя*

Olga's exam is close at hand, but she is all preoccupied with love. *У О́льги на носу́ экза́мены, а она́ занима́ется лю́бовью.*

firsthand — *из пéрвых рук*

Lisa got this information firsthand. *Лúза знáет э́то из пéрвых рук.*

get out of hand — *распускáться*

"Don't let the children get out of hand!" — Mother warned me. *"Не давáй дéтям распускáться!" — предупредúла меня́ мать.*

hand down — *переходúть из поколéния в поколéние*

I gave to my children a hand-written book, which has been handed down in our family for a hundred years. *Я передáл своúм дéтям рукопúсную кнúгу, котóрая ужé сто лет перехóдит из поколéния в поколéние в нáшей семьé.*

hand in — *пóдать*

Sasha handed in his resignation today. *Сегóдня Сáша подáл заявлéние об отстáвке.*

handmade — *ручня́я рабóта*

This furniture is handmade. *Э́та мéбель ру́чной рабóты.*

hand-me-down — *с чужóго плечá*

All the girls praised Lena's evening dress, and nobody suspected that it was just a hand-me-down. *Все девушки хвалили вечéрнее плáтье Лéны, и никтó не поду́мал, что онó бы́ло с чужóго плечá.*

hands off — *ру́ки прочь!*

Hands off the belongings of others! *Ру́ки прочь от чужóго иму́щества!*

hands-off — *невмешáтельство*

A hands-off policy sometimes leads to serious consequences. *Иногдá полúтика невмешáтельства приводúт к тяжёлым послéдствиям.*

hand-to-mouth — *впрóголодь*

During the war people had to lead a hand-to-mouth existence. *Во врéмя войны́ лю́ди вы́нуждены бы́ли жить впрóголодь.*

have one's hands full — *имéть рабóты по гóрло*

Nikita certainly has his hands full with this job. *С э́тим у Ники́ты рабо́ты по го́рло.*

know one like the palm (or back) of one's hand — *знать как свой пять па́льцев*

Since the old man spent his life in the same place, he knew the small town like the back of his hand. *Стари́к прожи́л всю жизнь на одно́м ме́сте и знал городо́к как свой пять па́льцев.*

lend a hand — *помо́чь*

Would you lend me a hand in moving the piano? *Ты мо́жешь помо́чь мне передви́нуть фортепья́но?*

old hand — *SEE: wise old bird*

on hand — *по́д рукой*

Natasha is never on hand when we need her. *Ната́ши никогда́ нет под руко́й, когда́ она́ нам нужна́.*

on the other hand — *с друго́й стороны́*

As you say, Lena is a beautiful woman, but on the other hand she tends to be pretty sloppy. *Я с ва́ми согла́сен, что Ле́на краси́вая же́нщина, но, с друго́й стороны́, она́ о́чень неопря́тная.*

show one's hand — *раскры́ть ка́рты*

George didn't show his hand even to his own lawyer. *Гео́ргий да́же своему́ адвока́ту не раскры́л ка́рты.*

---

hang — *вешать*

hang around — *околачиваться*

Nikita always hangs around night clubs. *Никита вечно околачивается в ночных клубах.*

hang by a thread (or hair) — *висеть на волоске*

My life hung by a thread when my parachute refused to open on time. *Моя́ жизнь висе́ла на волоске́, когда́ мо́й парашю́т не сра́зу раскры́лся.*

hang on to — *держа́ться*

Little Nina was afraid of the doctor and hung on to her mother's skirt as tight as she could. *Ни́ночка боя́лась до́ктора и держа́лась изо все́х сил за ю́бку ма́тери.*

hang up on one — *пове́сить (телефо́нную) тру́бку*

When Lena offended me I hung up on her. *Когда́ Ле́на оскорби́ла меня́, я прекрати́л разгово́р и пове́сил тру́бку.*

happen — *случа́ться*

whatever happens happens — *SEE: come what may*

happy — *счастли́вый*

happy-go-lucky — *беззабо́тный; беспе́чный*

Uncle Ivan is a happy-go-lucky person. *Дя́дя Ива́н беззабо́тный челове́к.*

hard — *твёрдый; тру́дный*

hard-and-fast — *стро́го определённый; стро́гий*

Our school has a hard-and-fast rule against smoking. *В на́шей шко́ле существу́ет стро́гое пра́вило, запреща́ющее кури́ть.*

hard as nails — *1. закалённый 2. жесто́кий*

Alex joined a sport club and he became hard as nails. *Алекса́ндр стал закалённым благодаря́ тому́, что посеща́л спорти́вный клуб.* 2. Ivan doesn't give his children any money to live on — he's hard as nails. *Ива́н жесто́кий челове́к: он ни копе́йки не даст свои́м де́тям на жизнь.*

hard to come by — *на доро́ге не валя́ется*

Really good friends, such as Max and Raisa, are hard to come by. *Таки́е хоро́шие друзья́, как Макс и Раи́са, на доро́ге не валя́ются.*

hard up — *прихо́дится ту́го*

Arkady is always hard up after Christmas. *После Рождества Аркадию всегда прихо́дится ту́го.*

try one's hardest — *вся́чески стара́ться*

Oleg tried his hardest to do the job right but failed. *Олéг всячески старáлся сдéлать рабóту как слéдует, но не смог.*

harmony — *гармóния*

be in harmony — *совпадáть*

Lisa's plans for the future are in harmony with mine. *Плáны Лúзы на бýдущее вполнé совпадáют с моúми.*

have *имéть*

had better — *лýчше бы*

I had better leave before the storm gets here. *Мне лýчше бы уйтú, покá не разрядúлась бýря.*

have it coming — *сам на чтó-нибýдь нарвáлся*

I feel sorry for Nina because of her unusually severe punishment, but she certainly had it coming to her. *Мне жаль Нúну, но онá самá нарвáлась на необыкновéнно стрóгие наказáния.*

have it in for — *дýться*

Ivan has it in for Nikolay because he blurted out that Ivan broke the window. *Ивáн дýется на Николáя, потомý что он разболтáл, что Ивáн разбúл окнó.*

have it out — *объяснúться*

"It's better to have it out with the boss now than later" — Oleg suggested. *"Лýчше объяснúться с начáльником срáзу, не отклáдывая" — совéтовал Олéг.*

have one too many — *находúться под грáдусом; быть под мýхой; хлебнýть лúшнего*

Nikita often has one too many in the evening. *По вечерáм Никúта чáсто находúтся под грáдусом.*

have to; have got to — *нýжно; нáдо; должнó; прихóдиться*

It's nice to be with you, but I have got to go now. *Мне приятно с вáми, но я дóлжен покúнуть вас.*

head — *головá*

at the head — *во главé*

The workers of our factory were at the head of the demonstration. *Рабóчие нáшего завóда шли во главé демонстрáции.*

be head over hills in love — *любúть без пáмяти*

Nina and Gregory got married a year ago, but they are still head over hills in love with one another. *Нúна и Григóрий женúлись год томý назáд, но продолжáют любúть друг дрýга без пáмяти.*

empty-headed — *вéтер в головé*

Old people often say that young people are empty-headed. *Старикú чáсто говорят, что у молодых вéтер в головé.*

go to one's head — *вскружúть комý-нибýдь гóлову*

The success of her first movie has gone to the actress' head. *Успех пéрвого кинофúльма вскружúл гóлову начинáющей актрúсе.*

have a good head on one's shoulders — *SEE: have brains*

head above water — *удержáться на повéрхности*

When Oleg lost his job, he could hardly keep his head above water. *Когдá Óлега увóлили, он едвá удержáлся на повéрхности.*

head shrink — *психоаналúтик*

After her divorce Zina started to consult a head shrink. *После развóда Зúна началá ходúть к психоаналúтику.*

heap coals of fire on one's head — *воздавáть добрóм за зло*

Barbara stole Zina's ring, but Zina heaped coals of fire on her head by making it a gift to the thief. *Варвáра укрáла кольцó у Зúны, а Зúна воздалá добрóм за зло и подарúла кольцó ворóвке.*

keep one's head — *сохранúть присýтствие дýха*

In an emergency a pilot has to keep his head. *В крáйней необходúмости лётчик дóлжен сохранять присýтствие дýха.*

make head or tails of — *разобрáться*

The document was so garbled that it was impossible to make head or tails of it. *Докуме́нт был насто́лько искажён, что нельзя́ было в нём разобра́ться.*

old head on young shoulders — *му́дрый не по ле́там*

Boris' son is awfully clever when it comes to computers — he has an old head on young shoulders. *Сын Бори́са му́дрый не по лета́м в зна́нии компью́терной те́хники.*

out of one's head — *не в своём уме*

My neighbor is positively out of his head. *Мой сосе́д определённо не в своём уме.*

turn one's head — *вскружить голову*

Nina is so beautiful that she turned the head of every man in the office. *Ни́на насто́лько краси́вая, что вскружи́ла го́лову всем мужчи́нам в конто́ре.*

headache — *головна́я боль*

have a splitting headache — *голова́ трещи́т*

Boris often has a splitting headache. *У Бори́са голова́ ча́сто трещи́т.*

it's not my headache — *не моя́ забо́та*

It's not my headache how Sasha is going to pay off his debts. *Как Са́ша смо́жет оплати́ть свои́ долги́, это не моя́ забо́та.*

hear — *слы́шать*

hard of hearing — *кре́пкий (or туго́й) на́ ухо*

Sasha has been hard of hearing since birth, and later he became completely deaf. *С де́тства Са́ша был ту́гой на́ ухо, а пото́м совсе́м потеря́л слух.*

hear a pin drop — *слышно как муха пролетит*

There was such a silence in the room that you could hear a pin drop. *В ко́мнате была́ така́я тишина́, что бы́ло слы́шно как му́ха пролете́ла.*

heart — *сéрдце*

by heart — *наизýсть; по пáмяти; на пáмять*

Nikita knows many famous poems by heart. *Никúта знáет на пáмять мнóго извéстных стихóв.* Eve learned a part of a short story by heart. *Éва вы́учила часть расскáза наизýсть.*

heart is in the right place; have one's heart in the right place — *имéть (or у когó-нибýдь) благúе намерéния*

Andrey isn't very smart, but he's a decent fellow whose heart is in the right place. *Андрéй не óчень ýмный, но прилúчный пáрень с благúми намерéниями.*

heart-to-heart — *задушéвный*

Mary and Lisa had a heart-to heart talk during tea. *Марúя и Лúза провелú задушéвный разговóр за чáшечкой чáя.*

heavy heart — *кáмень на душé (or сéрдце)*

I've had a heavy heart ever since I saw a little boy shot in the street. *С тех пор как на ýлице застрелúли мáльчика на моúх глазáх, у меня́ кáмень на душé.*

in one's heart of hearts — *SEE: at the bottom of one's heart*

one's heart misses (or skips) a beat — *сéрдце замирáет*

My heart skipped a beat when I first saw the beauty of the landscape in Alaska. *Сéрдце у меня́ зáмерло, когдá я пéрвый раз увúдел красотý ландшáфтов Аля́ски.*

one's heart sinks; one's heart almost stops — *оборвáться внутрú*

When I heard about the murder, my heart almost stopped. *Когдá я услы́шал об убúйстве, у меня́ внутрú оборвáлось.*

wear (or pin) one's heart on one's sleeve — *душá нараспáшку*

It's easy to know what Lisa is thinking — she wears her heart on her sleeve. *Легкó поня́ть о чём дýмает Лúза, у неё душá нараспáшку.*

with all one's heart — *от глубины́ душú (or сéрдца)*

Lena gave us a whole bag of apples to go, as they say, with all her heart. *С собóй в дорóгу Лéна далá нам цéлый мешóк я́блок, как говори́тся, от глубины́ души́.*

with a sinking heart — *с замирáнием сéрдца*

Natasha went to her brother's funeral with a sinking heart. *Натáша пошлá на похорóны своегó брáта с замирáнием сéрдца.*

---

heat — *жара*

in the heat of the moment — *в запале; под запал*

Oleg got fired when he spilled out his sincere opinion about his boss in the heat of the moment. *В запале Óлег высказал своё искреннеё мнение о начальнике, за что был уволен.*

---

heave — *поднимáть*

heave up — *SEE: throw up*

---

heaven — *нéбо*

be in seventh heaven — *бы́ть на верху́ блажéнства*

Peter fell in love and was in seventh heaven. *Пётр влюби́лся и был на верху́ блажéнства.*

for Heaven's sake! — *рáди бóга!*

For Heaven's sake, don't be offended by what I said. *Рáди бóга, не обижáйтесь за мои́ словá!*

Heavens! — *бóже мóй!*

"Heavens! How you've grown during these past ten years!" — Lisa said to her nephew. *"Бóже мóй, как ты вы́рос за э́ти дéсять лет!" — сказáла Ли́за своéму племя́ннику.*

praise one to high heaven — *возноси́ть (or превозноси́ть) до небéс; подня́ть на щит*

Vera considered her son to be a real prodigy and praised him to high heaven. *Вéра считáла, что её сын настоя́щий вундерки́нд и превозноси́ла егó до небéс.*

heel — *пя́тка*

show a clean pair of heels — *у кого́-нибу́дь пя́тки засверка́ли; пока́зывать пя́тки*

When Ann's parents suddenly returned home, her boyfriend showed a clean pair of heels. *Когá роди́тели А́нны неожи́данно верну́лись домо́й, то у её дру́га то́лько пя́тки засверка́ли.*

---

hell — *ад*

have a hell of a time — *повесели́ться на всю кату́шку*

We had a hell of a time at Natasha's birthday party. *Мы повесели́лись на всю кату́шку в день рожде́ния Ната́ши.*

just for the hell of it — *SEE: just for the fun of it*

raise hell (or Cain) — *поднима́ть стра́шный шум*

Don't let the children raise hell just because their father is out of town. *Не позволя́й де́тям поднима́ть стра́шный шум то́лько потому́, что отца́ нет до́ма.*

---

help — *помога́ть*

help yourself! — *угоща́йтесь!; бери́те, пожа́луйста!; не заставля́йте себя́ проси́ть!*

"Please, help yourself!" — said the host to his guests. *"Угоща́йтесь, пожа́луйста!" — сказа́л за столо́м хозя́ин гостя́м.*

---

helter-skelter

helter-skelter — *1. на живу́ю ни́тку 2. врассыпну́ю*

1. We did the job helter-skelter, since the boss constantly urged us to finish it up. *Так как нача́льник постоя́нно торопи́л нас досро́чно зако́нчить рабо́ту, мы де́лали всё на живу́ю ни́тку.* 2. After the hurricane our furniture and other belongings landed helter-skelter in the street. *По́сле тайфу́на на́ша ме́бель и други́е ве́щи валя́лись врассыпну́ю на у́лице.*

---

hide — *кóжа; шкýра*

tan one's hide — *дать взбýчку*

"If you dare smoke again," Peter's father threatened his boy, "I'll tan your hide!" — *"Éсли ты снóва осмéлишься курúть, я дам тебé взбýчку!" — грозúлся отéц Петрá.*

---

hit — *удáр; толчóк; ударять; бить*

hit it off — *полáдить*

Olga and Peter hit it off together from the very beginning. *Óльга и Пётр полáдили с сáмого начáла.*

hit of the season — *гвоздь сезóна*

A love song was the hit of the season. *Пéсня о любвú былá гвоздём сезóна.*

hit on — *напасть*

How did you hit on this crazy idea? *Как ты напáл на э́ту сумасшéдшую мысль.*

hit one in the wallet (or pocket) — *бить (or удáрить) по кармáну*

My long stay at the hospital hit me in the wallet. *Моё дóлгое пребывáние в больнúце удáрило мéня по кармáну.*

hit-or-miss — *как попáло*

Nikolay packed his bag in a hit-or-miss fashion and left. *Николáй упаковáл свои вéщи как попáло и уéхал.*

hit the nail right on the head; hit the bull's eye; hit the mark — *попáсть не в бровь, а (прямо) в глаз*

With his question he hit the nail right on the head. *Своим вопрóсом он попáл не в бровь, а прямо в глаз.*

hit the road — *выступа́ть в похо́д*

We couldn't hit the road because of the bad weather. *Мы не могли́ вы́ступить в похо́д из-за нена́стной пого́ды.*

hit town — *прие́хать в го́род*

Please give me a call as soon as you hit town. *Пожа́луйста, позвони́ мне как то́лько прие́дешь в го́род.*

hitch — *привя́зывать*

hitch one's wagon to another's star — *привяза́ть себя́ к чьей-ли́бо колесни́це*

Vitaly hitched his star to the wagon of the leading party. *Вита́лий привяза́л себя́ к колесни́це веду́щей па́ртии.*

hitch one's wagon to a star — *дерза́ть; высоко́ ме́тить*

Steven hitched his wagon to a star and dreamed of becoming a senator. *Степа́н высоко́ мети́л и мечта́л стать сена́тором.*

hoist — *поднима́ть*

hoist with one's own petard — *попа́сть в со́бственную лову́шку*

Masha carried office gossip to the boss until she was hoisted by her own petard. *Маша рассказала сплетни о конторских делах, пока не попала в собственную ловушку.*

hold — *держать*

hold a grudge — *иметь зуб на*

Nina held a grudge against Peter for his broken promises. *Нина имела зуб на Петра за то, что он не выполнил обещания.*

hold back — *удержаться*

Nina held herself back from crying, even though she was offended. *Нина удержалась, чтобы не заплакать от обиды.*

hold good — *сохранять силу*

In the field of mechanical engineering Newton's theories will hold for a long time to come. *В области машиностроения теория Ньютона сохраняет силу на долгое будущее.*

hold on — *подождать*

Hold on! I'll be back in a minute. *Подожди! Я вернусь сию минуту.*

hold one's tongue — *молчать*

"Hold your tongue and don't give away our secret!" — Misha said to Boris. *"Молчи, никому не рассказывай нашу тайну!" — сказал Миша Борису.*

holding the bag (or socks) — *при пиковом интересе*

Mary and Steven were engaged, but Mary married another guy and Steven was left holding his socks. *Мария и Степáн были помолвлены, но Мария вышла замуж за другого и Степáн остался при пиковом интересе.*

hold up — *1. ограбить 2. держаться*

1. Nikolay was held up by a gangster last night when he returned home from the discotheque. *Вчера ночью бандит ограбил Николая, когдá он возвращался из дискотеки.* 2. Oleg held up well even during the most difficult times of his illness. *Олег держáлся молодцóм дáже в сáмый тяжёлый периóд болéзни.*

---

hook — *крючóк*

be on tenter hooks — *ждать не дождáться*

The mother is on tenter hooks expecting her daughter. *Мать ждёт дочь не дождётся.*

by hook or crook — *всéми прáвдами и непрáвдами*

Nikolay is a careerist. He strives to achieve his goals by hook or crook. *Николáй карьерúст. Он всéми прáвдами и непрáвдами старáется достúчь своéй цéли.*

---

hook — *поймáть*

be hooked on — *пристрастúться к*

Oleg is hooked on drugs. *Олéг пристрастúлся к наркóтикам.*

by hook or by crook — *не мытьём, так кáтаньем; всéми прáвдами и непрáвдами*

In order to satisfy his self-importance, Peter strived by hook or by crook to become director of the company. *Чтóбы удовлетворúть самоутверждéние, Пётр стремúлся всéми прáвдами и непрáвдами стать дирéктором кооператúва.*

---

hope — *надéжда; надéяться*

hope against hope — *надéяться несмотря́ ни на что*

Nina was hoping against hope that Nikita would come back to her. *Несмотря́ ни на что, Нúна надéялась, что Никúта вернётся.*

---

horse — *лóшадь*

dark horse — *тёмная лошáдка*

Sometimes a dark horse gets a high office. *Иногдá тёмная лошáдка попадáет на высóкий пост.*

horse around — *SEE: fool around*

horse of a different (or another) color — *другóй (or инóй) коленкóр (or табáк); мýзыка не та; другáя мýзыка*

"Well, that's a horse of a different color," — said Michael, when he learned that Boris wasn't Eva's boyfriend but her brother. *"Тогдá э́то дрýгой коленкóр" — сказáл Михаи́л, когдá узнáл, что Бори́с не друг Éвы, а брат.*

---

house — *дом*

house-to-house — *дом за дóмом*

The police made a house-to-house search. *Мили́ция обыскáла дом за дóмом.*

keep house — *занимáться хозя́йством*

Nina isn't used to keeping house. *Ни́на не привы́кла занимáться хозя́йством.*

---

how — *как; каки́м óбразом?*

how come? — *кáк это?*

"How come you always have money?" *Кáк это получáется, что у тебя́ всегдá есть дéньги?*

---

humor — *нрав; душéвный склад*

be in an ill humor — *SEE: be in low spirits*

be in good humor — *SEE: be in high spirits*

be in no humor for — *нет настроéния ...*

Today I'm in no humor for argument. *Сегóдня у меня́ нет настроéния спóрить.*

---

hurry — *спеши́ть*

be in a hurry — *спеши́ть*

Masha is always in a hurry. *Ма́ша всегда́ спеши́т.*

husband — *муж*

be a hen-pecked husband — *быть под башмако́м у жены́*

Ivan left his wife because he no longer wanted to be a hen-pecked husband. *Ива́н бо́льше не хоте́л быть под башмако́м у жены́ и оста́вил её.*

hush — *тишина́*

hush-hush — *засекре́ченный; та́йный; секре́тный; ши́то-кры́то*

The merger at our firm was kept all hush-hush. *Объедине́ние в на́шем учрежде́нии проходи́ло секре́тно.*

I

i — *бу́ква и*

dot the "i's" and cross the "t's" — *ста́вить то́чки над "и"*

We couldn't finish the work according to specifications until we dotted the "i's" and crossed the "t's." *Мы не могли́ зако́нчить рабо́ту по специфика́ции, пока́ не поста́вили то́чки над "и".*

ice — *лёд*

skate on thin ice — *сади́ться в лу́жу; игра́ть с огнём*

When Peter took his mathematics exam without studying, he was skating on thin ice. *Когда́ Пётр без подгото́вки сдава́л экза́мен по матема́тике, то он игра́л с огнём.*

idea — *иде́я*

not to have the faintest (or slightest) idea — *знать не зна́ю*

I haven't the faintest idea how to solve my financial problems. *Как реши́ть мои́ фина́нсовые пробле́мы, я знать не зна́ю.*

idiot — *дура́к*

idiot box — *те́лик*

"Stop staring at that idiot box, it's time to do your homework!" — Mother warned the children. *"Переста́ньте смотре́ть те́лик, пора́ дома́шнее зада́ние де́лать!" — предупреди́ла мать дете́й.*

ill — *больно́й*

ill at ease — *не по себе́*

Natasha felt ill at ease in the company of her in-laws. *Ната́ше бы́ло не по себе́ в о́бществе свато́в.*

in — *в*

in-depth — *углублённый*

The astronauts conducted an in-depth investigation on the lunar surface. *Космона́вты вели́ углублённое иссле́дование пове́рхности луны́.*

ins and outs — *все то́нкости; все ходы́ и вы́ходы*

Michael has been working as a lawyer for thirty years — surely he knows all the ins and outs of his trade. *У Миха́йла тридцатиле́тний стаж адвока́та. Он уже зна́ет все то́нкости свое́й профе́ссии.*

inside — *внутри́*

inside out — *1. наизна́нку — SEE also: the wrong way 2. вдоль и поперёк*

1. Didn't you really notice that you put on the pullover inside out? *Ра́зве ты не заме́тил, что наде́л пуло́вер наизна́нку?* 2. I know the city inside out. *Я зна́ю го́род вдоль и поперёк.*

---

iron — *гла́дить*

have too many irons in the fire —*бра́ться за сли́шком мно́го дел одновреме́нно*

If you have too many irons in the fire, there's a risk that nothing will work out. *Е́сли вы берётесь за сли́шком мно́го дел одновреме́нно, риску́ете успе́хом.*

iron out — *договори́ться; сгла́живать*

Natasha and Nikita decided to iron out their differences over a cup of coffee. *Ната́ша и Ники́та реши́ли договори́ться о свое́й размо́лвке за ча́шкой ко́фе.*

---

itch — *чеса́ться*

be itching to — *жажда́ть*

Boris is itching to go on a hunt with his African friends. *Бори́с жа́ждет поскоре́й уе́хать со свои́ми африка́нскими друзья́ми на охо́ту.*

J

Jack — *мужско́е и́мя*

before one can say Jack Robinson — *в два счёта; в мгнове́ние о́ка; момента́льно*

The pickpocket was gone with my purse before I could say Jack Robinson. *Карма́нник исчёз с мои́м кошелько́м в мгнове́ние о́ка.*

jack of all trades — *ма́стер на все ру́ки*

My husband fixes everything in the house — he is a jack of all trades. *Мой муж ремонти́рует всё в доме — он ма́стер на все ру́ки.*

jack of all trades and master of none — *за всё бра́ться и ничего́ не уме́ть*

Alexander believes that he can fix everything professionally, but in fact he is a jack of all trades and master of none. *Алекса́ндр ду́мает, что он уме́ет ремонти́ровать всё профессиона́льно, но в действи́тельности он берётся за всё, а то́лком ничего́ не уме́ет.*

jack up — *повыша́ть; подня́ть*

Before Christmas prices are usually jacked up. *Накану́не Рождества́ це́ны обы́чно повыша́ются.*

---

jam — *варе́нье*

traffic jam — *(дорожная) пробка*

On the road to the wedding we got into a huge traffic jam and everyone was very worried about us. *По доро́ге на сва́дьбу мы попа́ли в большу́ю доро́жную про́бку и все в ожида́нии нас волнова́лись.*

---

jaw — *че́люсть*

jawbreaker — *труднопроизноси́мое сло́во*

Old Indian names are often jawbreakers. *Ста́рые инди́йские имена́ ча́сто явля́ются труднопроизноси́мыми слова́ми.*

---

jazz — *джаз*

jazz up — *оживля́ть*

The show was quite boring until a pop star jazzed it up with his cheerful songs. *Представле́ние было о́чень ску́чное, пока́ поп-звезда́ не оживи́ла его́ весёлыми пе́снями.*

---

jet — *струя́*

jet-set — *1. узки́й круг бога́тых путеше́ственников 2. междунаро́дная эли́та*

1. Ann and Peter are wealthy jet-setters — they fly to Europe whenever they want. *А́нна и Пётр явля́ются чле́нами у́зкого кру́га бога́тых путеше́ственников — они́ мо́гут ле́тать в Евро́пу, когда́ им захо́чется.* 2. Hollywood actors tend to be members of the jet-set. *Голливу́дские арти́сты ча́сто быва́ют чле́нами междунаро́дной эли́ты.*

jiffy — *миг*

in a jiffy — *в два счёта*

What Nikolay cannot do in an hour, his friend Sasha finishes in a jiffy. *То, что Никола́й не мо́жет вы́полнить за час рабо́ты, его́ друг Са́ша де́лает в два счёта.*

job — *рабо́та*

cushy job — *тёплое (or тёпленькое) месте́чко*

Mary has a cushy job — she gets well paid for not doing very much. *У Мари́и тёплое месте́чко — о́на зараба́тывает мно́го, а де́лает ма́ло.*

John — *Иоа́нн*

John Doe — *неизве́стная осо́ба; неизве́стное лицо́*

A John Doe was wanted by the police for bank robbery. *Неизве́стое лицо́ бы́ло разы́скано мили́цией за ограбле́ние ба́нка.*

John Hancock (or John Henry) — *чья-нибу́дь по́дпись; подписа́ть*

Put your John Hancock at the bottom of the contract. *Подпиши́ контра́кт внизу́ листа́.*

Johnny-come-lately — *новичо́к; прише́лец*

Peter is a Johnny-come-lately, yet he was elected as the spokesman for our firm. *Пётр — прише́лец, но его́ уже́ избра́ли представи́телем на́шей фи́рмы.*

joke — *шу́тка*

be no joke — *не карто́шка*

"Marriage is no joke," — my father said when I told him about my engagement. *"Брак не карто́шка" — сказа́л оте́ц, когда́ я рассказа́л о свое́й помо́лвке.*

crack a joke — *отпуска́ть (or сы́пать) остро́ты; отпуска́ть шу́тки*

We spent the evening with our old friends cracking jokes. *Мы провели́ ве́чер со ста́рыми друзья́ми, отпуска́я остро́ты друг дру́гу.*

---

judge — *суди́ть*

judge by one's own standard — *SEE: measure another's corn by one's own standard; measure by one's own yardstick*

---

judgment — *приговор*

in my judgment — *по моему мнению*

In my judgment Peter will be a good husband for our daughter. *По моему́ мне́нию, Пётр бу́дет хоро́ший муж для на́шей до́чери.*

---

jump — *пры́гать*

jump at — *ухвати́ться (обе́ими рука́ми)*

Nina jumped at Nikita's offer to travel with him around the world. *Ни́на ухвати́лась обе́ими рука́ми за предложе́ние Ники́ты соверши́ть кругосве́тное путеше́ствие.*

jump on (or all over) — *ре́зко осади́ть; набро́ситься на кого́-нибу́дь*

Pavel and Vera constantly jumped on each other in the presence of their friends, so nobody was surprised when they wound up getting a divorce. *Па́вел и Ве́ра постоя́нно набра́сывались друг на дру́га в прису́тствии свои́х друзе́й, поэ́тому никто́ не удиви́лся, когда́ они разошли́сь.*

jump to conclusions — *де́лать поспе́шные заключе́ния*

It's bad to jump to conclusions without sufficent evidence. *Нехорошó дéлать поспéшные заключéния без достáточных доказáтельств.*

junk — *хлам; утúль*

junked up — *быть под воздéйствием наркóтика (or героúна)*

You can't talk to Peter now — he's all junked up. *Сейчáс нельзя́ говорúть с Петрóм — он нахóдится под воздéйствием героúна.*

just — *как раз*

be just the person — *SEE: be (right) up one's alley*

just about — *почтú*

Just about every hour the snowfall started all over again. *Почтú чéрез кáждый час снегопáд повторя́лся.*

just as much — *стóлько же*

Andrey knows just as much about repairing computers as I know about repairing bicycles. *В дéле ремóнта компьютеров Андрéй знáет стóлько же, скóлько я в ремóнте велосипéдов.*

just in case — *SEE: be on the safe side*

just in time; at just the right time — *в (сáмую) пóру; как раз в пóру*

Masha arrived just in time for the family dinner. *Мáша приéхала в пóру семéйного обéда.*

just so — *именнó так; тóчно так*

Please leave the letters on the table arranged just the way they are now. *Прошу́ остáвить пúсьма на столé, тóчно так, как они сейчáс нахóдятся.*

just (for) this once — *(хотя́ бы) на э́том раз; тóлько в э́тот один-едúнственный раз*

"Just this once, don't disgrace me in front of your parents," — Nina asked her husband. *'Хотя́ бы на э́тот раз не опозо́рь меня́ пе́ред твои́ми роди́телями" — проси́ла Ни́на му́жа.*

K

kangaroo — *кенгуру́*

kangaroo court — *незако́нное суде́бное разбира́тельство*

A kangaroo court sentenced the Mafia boss to death. *Незако́нное суде́бное разбира́тельство принесло́ смерте́льный пригово́р предводи́телю ма́фии.*

keg — *бочо́нок*

sit on a powder keg — *жить как на вулка́не*

After Tito's death the people of Yugoslavia were sitting on a powder keg. *По́сле сме́рти Ти́то наро́ды Югосла́вии жи́ли как на вулка́не.*

keel — *киль*

keel over — *1. опроки́дываться 2. па́дать в о́бморок*

1. We all fell into the water when a huge wave made our boat keel over. *Когда́ на́ша ло́дка опроки́нулась из-за огро́мной волны́, мы все оказа́лись в воде́.* 2. An old lady keeled over in the department store when the air conditioning broke down. *В универма́ге ста́рая да́ма упа́ла в о́бморок из-за того́, что кондиционе́р не рабо́тал.*

on an even keel — *стаби́льный; усто́йчивый*

The new director is running our company on an even keel. *Но́вый дире́ктор стаби́льно управля́ет на́шим това́риществом.*

---

keep — *держа́ть*

keep body and soul together — *своди́ть концы́ с конца́ми*

The old man could hardly keep body and soul together on his small pension. *Прожива́я на ма́ленькой пе́нсии, стари́к едва́ своди́л концы́ с конца́ми.*

keep house — *(внебра́чно) сожи́тельствовать*

Lisa and Aleksey are keeping house without any plans to marry. *Ли́за и Алексе́й сожи́тельствуют без пла́на на бра́чный сою́з.*

keep in mind — *име́ть в виду́*

If you want to buy a gold ring, keep in mind that we have no money. *Е́сли захо́чется купи́ть золото́е кольцо́, име́й в виду́, что у нас нет де́нег.*

keep on — *продолжа́ть*

"Never give up, keep on trying!" — Father taught Ivan. *"Никогда́ не броса́й, а продолжа́й свои́ попы́тки!" — учи́л оте́ц Ива́на.*

keep one in the dark — *держа́ть в неве́дении*

The company director kept us in the dark about our salary cuts. *Дире́ктор това́рищества держа́л нас в неве́дении о сниже́нии зарпла́ты.*

keep one's mouth shut — *держа́ть язы́к за зуба́ми; держа́ть рот на замке́*

Many witnesses to violent crimes believe that they have to keep their mouths shut if they want to stay alive. *Мно́го свиде́телей ужа́сных преступле́ний счита́ют, что ну́жно держа́ть язы́к за зуба́ми, что́бы не лиши́ться жи́зни.*

keep one's shirt on — *не не́рвничать; успока́иваться*

"Keep your shirt on!" — Boris said to Vera, when she got terribly mad at him. *"Успо́койся!" — проси́л Бори́с Ве́ру, когда́ она́ ужа́сно рассерди́лась на него́.*

keep to the beaten track — *идти́ по прото́ренной доро́жке*

Careful people usually keep to the beaten track. *Осторо́жные лю́ди обы́чно иду́т по прото́ренной доро́жке.*

keep up — *1. продолжа́ть 2. не отстава́ть*

1. Keёp up the good work. *О́чень хорошо́, продолжа́йте в том же ду́хе.* 2. Pavel never had any trouble keeping up with the others at school. *Учёба в шко́ле дава́лось Па́влу легко́, он никогда́ не отстава́л от други́х.*

keep up one's spirits — *не па́дать ду́хом*

Even when she lost her job, Natasha managed to keep up her spirits. *Ната́ше не упа́ла ду́хом да́же тогда́, когда́ её уво́лили с рабо́ты.*

keep up with the Joneses — *быть не ху́же други́х*

Lisa dressed according to the latest fashion just to keep up with the Joneses. *Что́бы не быть ху́же други́х, Ли́за одева́лась по после́днему кри́ку мо́ды.*

keep watch — *дежу́рить*

Mother kept watch over the bed of her sick daughter. *Мать дежу́рила у посте́ли больно́й до́чери.*

---

kettle — *котело́к*

that's a nice kettle of fish! — *вот тебе́ ба́бушка и Ю́рьев день!; вот так но́мер!; хоро́шенькое де́ло!*

When our boat ran aground, we exclaimed: "That's a nice kettle of fish!" *Когда́ на́ша ло́дка се́ла на мель, мы сказа́ли: "Вот тебе́ ба́бушка и Юрье́в день!"*

key — *ключ*

in a low key — *сде́ржанно*

"Do you really love Boris?" — Barbara asked Olga. "I find him somewhat appealing" — Olga answered in a low key. *"Ты о́чень лю́бишь Бори́са?" — спроси́ла Варва́ра О́льгу. "Я счита́ю его́ привлека́тельным" — отве́тила О́льга сде́ржанно.*

kick — *ударя́ть ного́й*

kickback — *магары́ч*

The newly appointed contractors paid large sums of money as kickback to the mayor's office. *Неда́вно наня́тые подря́дчики уплати́ли мно́го де́нег householder конто́ре мэ́ра в ка́честве магарыча́.*

kick the bucket — *отбро́сить копы́та (or коньки́); сыгра́ть в я́щик*

The old smuggler kicked the bucket at last. *Наконе́ц ста́рый контрабанди́ст отбро́сил копы́та.*

kick up a fuss (or row or dust) — *устра́ивать сканда́л*

When Lena found out that her unmarried daughter was pregnant, she kicked up a tremendous fuss. *Ле́на устро́ила большо́й сканда́л, когда́ узна́ла, что её незаму́жняя дочь бере́менна.*

kid — *надува́ть; дразни́ть*

no kidding!; you're kidding! — *иди ты!*

You say you won the lottery? You are kidding! *Ты говори́шь, что вы́играл в лотере́ю? Иди ты!*

who are you kidding? — *кого́ вы хоти́те обману́ть?*

You say you're related to the Romanov's? Who are you kidding? *Кого́ ты хо́чешь обману́ть? Ты говори́шь, что ты из семьи́ Рома́новых.*

---

kill — *убива́ть*

kill two birds with one stone — *уби́ть двух за́йцев*

By resolving this question I killed two birds with one stone. *С реше́ним э́того вопро́са я уби́л двух за́йцев.*

---

kind — *род*

in kind — *той же моне́той*

Don't get rude with him, he can pay you back in kind. *Смотри́, не будь с ним груб, а то он мо́жет оплати́ть тебе́ той же моне́той.*

kind of — *как-то*

When Sasha told us about his failures in life, we felt kind of sorry for him. *Когда́ Са́ша говори́л о свои́х неуда́чах в жи́зни, нам бы́ло как-то жаль его́.*

---

kiss — *целова́ть*

kiss something good-bye — *пиши́ пропа́ло; ищи́ свищи́!*

The thieves have run off — you can kiss your wallet good-bye! *Воры́ убежа́ли, твой кошелёк — ищи́ свищи́!*

---

knock — *ударя́ть; постуча́ться*

knock about (or around) — *поéздить (or поброди́ть) по свéту*

Nikita decided to knock around a year after finishing high school. *По́сле оконча́ния сре́дней шко́лы, Ники́та реши́л поéздить по свéту.*

knock down — *сба́вить*

"Come on, knock down the price a couple of dollars!" — the buyer said to the salesman. *"Дава́йте, сба́вьте до́ллар, друго́й!" — сказа́л покупа́тель продавцу́.*

knockdown furniture — *разбо́рная ме́бель*

Sasha bought knockdown furniture in order to save money. *Чтóбы сэконóмить дéньги, Сáша купи́л разбóрную мéбель.*

knock it off — *перестáть*

"Come on you guys, knock it off!" — the teacher yelled at the quarreling boys. *"Ребя́та, перестáньте спóрить!" — кричáл учи́тель на спóрящих ученикóв.*

knock off — *1. ограбить 2. избивáть*

1. While we were on vacation, our house was knocked off. *Покá мы бы́ли в óтпуске, наш дом огрáбили.* 2. The gangsters knocked off Ivan for nothing. *Банди́ты изби́ли Ивáна ни за что.*

knockout — *красáвица*

Vasilisa is a regular knockout. *Васили́са настоя́щая красáвица.*

not to knock out of one (with a sledgehammer) — *кли́ном (or гвоздём or дуби́ной) не вы́шибешь*

Whenever Nina wants something, you can't knock it out of her head. *Éсли Ни́на чтó-то хóчет, то э́то из неё и гвоздём не вы́шибешь.*

---

know — *знать*

as is (generally) known; as everyone knows; as we (all) know — *как извéстно*

Colombus discovered America, as we all know. *Как извéстно, Колóмбус откры́л Амéрику.*

before you know it — *SEE: any minute now*

know a thing or two — *не лаптём щи хлебáть*

Don't tell me what to do; I too, know a thing or two. *Ты мне не говори́, что дéлать, я тóже не лаптём щи хлебáю.*

know inside out — *SEE: know like the palm (or back) of one's hand*

know which side one's bread is buttered on — *знать (or усма́тривать) свою́ вы́году*

Andrey kept flattering the boss as he knew well which side his bread was buttered on. *Андре́й всегда́ льстил нача́льнику — он усма́тривал свою́ вы́году.*

not to know the first thing about — *SEE: not to have a clue about*

who knows? you never know; one never knows — *как знать*

One never knows — one day you may wake up lucky, learning that you just won the lottery. *Как знать, мо́жет одна́жды просну́вшись ты ста́нешь счастли́вым, вы́играв на лотере́йный биле́т.*

---

kowtow — *(де́лать) ни́зкий покло́н*

kowtow to someone — *ходи́ть (or стоя́ть) на за́дних ла́пках*

It was common knowledge at the firm that Boris was kowtowing to his superiors. *Фи́рме бы́ло изве́стно, что Бори́с ходи́л на за́дних ла́пках пе́ред нача́льством.*

L

labor — *рабо́та*

labor of love — *люби́мое де́ло; бескоры́стный труд*

Organizing an evening for the veterans a labor of love on the part of Natasha. *Организова́ть ве́чер для ветера́нов был бескоры́стный труд для Ната́ши.*

---

lady — *да́ма*

ladies' man — *волоки́та; да́мский уго́дник*

Peter is quite a ladies' man — he is sporty and good looking. *Пётр — да́мский уго́дник. Он атлети́чески сложён и облада́ет прия́тной вне́шностью.*

lady friend — *1. подру́га 2. любо́вница*

1. Mother left for her home town to meet an old lady friend of hers. *Мать уе́хала в родно́й го́род, что́бы встре́титься со ста́рой подру́гой.* 2. Uncle Oleg would use perfume only when he was off to see his lady friend. *Дя́дя Оле́г по́льзовался одеколо́ном то́лько пе́ред свида́нием с любо́вницей.*

lady-killer — *покори́тель серде́ц*

Pavel is seventy now, but people say he used to be a lady-killer in earlier days. *Па́влу уже́ се́мьдесят лет, но говоря́т, что в мо́лодости он был покори́телем же́нских серде́ц.*

---

land — *земля́; страна́*

land on (or all over) — *SEE: jump on (or all over)*

lay of the land — *положе́ние веще́й*

After six weeks at his new job Pavel came to know the lay of the land at the firm. *Спустя́ ше́сть неде́ль на но́вой рабо́те, Па́вел уже́ хорошо́ разбира́лся о положе́нии веще́й фи́рмы.*

to the land of no return — *SEE: to the back of beyond*

---

lash — *реме́нь; хлеста́ть*

lash out — *разрази́ться бра́нью*

Whenever he spoke up at a meeting, Boris lashed out at the leadership. *Во вре́мя выступле́ния на собра́ниях Бори́с всегда́ разража́лся бра́нью в а́дрес руково́дства.*

last — *после́дний*

last but not least — *и, наконе́ц, но отню́дь не в после́днюю о́чередь (or в после́дний раз)*

"And last but not least we wish you all the best in life" — Ivan finished his toast, turning towards the person celebrating. *"И, наконе́ц, но отню́дь не в после́дний раз, мы желае́м вам всего́ до́брого в ва́шей жи́зни" — зако́нчил сво́й тост Ива́н, обраща́ясь к юбиля́ру.*

laugh — *смея́ться*

laugh in one's face — *смея́ться в глаза́*

Instead of answering, Nikita impudently laughed in my face. *Вме́сто отве́та Ники́та наха́льно смея́лся мне в глаза́.*

laugh off — *своди́ть что́-нибу́дь на шу́тку*

You can't laugh off a ticket for speeding. *Не́льзя своди́ть на шу́тку штра́ф за превыше́ние ско́рости.*

laugh up one's sleeve; laugh in one's sleeve; laugh in one's beard — *смея́ться в кула́к (or бо́роду)*

Dad bawled out the kids but he himself laughed in his sleeve. *Оте́ц грози́л де́тям, а сам смея́лся в бо́роду.*

laughter — *смех*

canned laughter — *смех с за́писи*

Television comedies recorded without live audience frequently use canned laughter. *Для созда́ния телевизио́нных коме́дий применя́ют звуковы́е за́писи сме́ха.*

lay — *лежа́ть; класть*

lay bare — *раскрыва́ть*

It was extremely embarrassing when Alex laid himself bare in front of strangers. *Нам было неприя́тно, когда́ Алексе́й раскры́л свою́ ду́шу пе́ред чужи́ми людьми́.*

lay it on (thick); lay it on with a trowel — *не жале́я кра́сок*

Uncle Ivan laid it on thick when he talked about his heroic exploits during the war. *Дя́дя Ива́н рассказа́л о свои́х по́двигах во вре́мя войны́, не жале́я кра́сок.*

lay off — *1. увольня́ть (со слу́жбы) 2. отста́нь(те)!; бро́сь(те)!*

1. When our business didn't get orders for new products, a number of the work force had to be laid off. *Когда́ на́ше предприя́тие не получи́ло зака́з на но́вое изде́лие, пришло́сь уво́лить часть рабо́чих.* 2. Lay off! You are disturbing my concentration. *Отста́нь! Ты меша́ешь мне сосредото́читься.*

layoff — *сокраще́ние ка́дров*

Due to financial difficulties the firm announced a layoff. *Из-за фина́нсовых тру́дностей фи́рма вы́нуждена пойти́ на сокраще́ние ка́дров.*

layout — *планиро́вка; план; чертёж*

The layout of my friends' summer cottage is entirely unusual. *Планиро́вка да́чи мои́х знако́мых совсе́м необыкнове́нная.*

laid up — *быть больны́м; прико́ван к посте́ли*

Olga was laid up for a month with a broken knee. *О́льга была́ прико́вана к посте́ли из-за перело́ма коле́на.*

lay waste — *опустоши́ть*

The hurricane destroyed a whole series of localities. *Тайфу́н опустоши́л це́лый ряд селе́ний.*

lead — *води́ть*

lead one down the garden path — *води́ть за́ нос*

Steven loved Eve, but she took advantage of the situation and led him down the garden path. *Степа́н люби́л Е́ву, а она́ воспо́льзовалась ситуа́цией и води́ла его́ за́ нос.*

lead the way — *идти́ во главе́*

We always hired guides on our African safaris to lead the way. *Для охо́ты в А́фрике мы всегда́ нанима́ли тузе́мцев, что́бы они шли во главе́.*

leaf — *лист*

turn over a new leaf — *нача́ть но́вую жизнь*

After her divorce from Ivan, Masha decided to turn over a new leaf. *По́сле разво́да с Ива́ном Ма́ша реши́ла нача́ть но́вую жизнь.*

lean — *наклоня́ться*

lean over backward — *SEE: bend over backward*

leap — *прыжок*

by leaps and bounds — *не по дням, а по часа́м*

After the first successful movie, the fame of the young actress increased by leaps and bounds. *По́сле уда́чного фи́льма сла́ва молодо́й актри́сы росла́ не по дням, а по часа́м.*

learn — *учи́ться*

learn the hard way — *испыта́ть на своём (со́бственном) горбу́; испыта́ть на свое́й (со́бственной) спине́; нау́ченный го́рьким о́пытом*

Having been fired from his previous job, Nikita learned the hard way not to contradict his boss. *Уво́ленный с предыду́щей рабо́ты, нау́ченный го́рьким о́пытом, Ники́та бо́льше не противоре́чил нача́льнику.*

least — *наиме́ньший*

not in the least — *ни на во́лос; ничу́ть; ни́сколько*

The famous actress hasn't changed in the least in all these many years. *Знамени́тая актри́са с года́ми ни́сколько не измени́лась.*

leave — *уходи́ть; оста́вить*

leave alone — *оставить в поко́е*

Please let me alone for a while. *Пожа́луйста, оста́вьте меня́ на не́которое вре́мя в поко́е!*

leave one out in the cold — *оста́вить за борто́м*

I'm afraid that she'll leave me out in the cold. *Я бою́сь, что она́ меня́ оста́вит за борто́м.*

leave out — *пропусти́ть*

When you read this book, leave the first page out! *При чте́нии э́той кни́ги пропусти́ пе́рвую страни́цу!*

---

let — *позволя́ть; разреша́ть*

let bygones be bygones — *кто ста́рое помя́нет, тому́ глаз вон*

Nikita and Sasha haven't spoken to each other for two years. "Come on, let's make up!" — Nikita said to his friend . "and let bygones be bygones!" *Ники́та с Са́шей уже два го́да не разгова́ривают. "Дава́й, поми́римся!" — сказа́л Ники́та дру́гу. "Кто ста́рое помянёт, тому́ глаз вон."*

let down — *подвести́*

Sasha was let down badly by his wife in the company of his friends. *В кругу́ друзе́й О́льга о́чень подве́ла му́жа.*

letdown — *разочарова́ние*

It was a major letdown for Sasha when Masha refused to marry him. *Отка́з О́льги вы́йти за́муж для Са́ши бы́ло больши́м разочарова́нием.*

let it all hang out — *дать во́лю языку́*

Nina kept silent for a long time, but then she let it all hang out. *Ни́на до́лго молча́ла, а пото́м дала́ во́лю своему́ языку́.*

let know — *сообща́ть; дава́ть кому́-нибу́дь знать*

Please let us know the time of your arrival. *Пожа́луйста, сообщи́те нам вре́мя ва́шего прие́зда!*

let one have it! — *покажи́ кому́-нибу́дь; дай кому́-нибу́дь хороше́нько!*

When Sasha lied to his father for the third time, the old man really let him have it. *Когда́ Са́ша тре́тий раз солга́л отцу́, он зада́л ему хороше́нько.*

let one's hair down; let down one's hair — *разоткровéнничаться*

Queen Elizabeth can very seldom afford to let her hair down. *Княгúня Елизавéта óчень рéдко мóжет себé позвóлить разоткровéнничаться.*

let's call it a day — *на сегóдня хвáтит*

At midnight the boss said: "Let's call it a day!" *В пóлночь начáльник сказáл: "На сегóдня хвáтит."*

let's chance it! — *рискнём!*

Come on, let's buy some shares — let's chance it! *Давáй, кýпим áкции; рискнём!*

lie — *лежáть*

lie down on the job — *рабóтать спустя́ рукавá*

If you lie down on the job, you'll lose it. *Еслú ты бýдешь рабóтать спустя́ рукавá, ты лишúшься рабóты.*

life — *жизнь*

in the prime of one's life — *во цветé лет*

Esenin became famous for his poems in the prime of his life. *Во цвéте лет Есéнин стал извéстен своúми стихáми.*

live a charmed life — *ктó-нибýдь как бы неуязвúм*

Many German officers tried to kill Hitler, but he seemed to live a charmed life. *Мнóго немéцких офицéров старáлись убить Гúтлера, но он оказáлся как бы неуязвúм.*

light — *свет*

bring to light — *обнарýжить*

The group of investigators brought to light many new facts about the Mafia's machinations. *Грýппа слéдователей обнарýжила мнóго нóвых фáктов о махинáциях мáфии.*

come to light — *вы́йти нарýжу*

After the collapse of Communism, many a secret of the party gradually came to light. *Пóсле распáда коммунúзма мнóго секрéтов пáртии постепéнно вы́шли нарýжу.*

dash light — *ла́мпочка освеще́ния прибо́рной доски́*

Ivan stopped the car and turned on the dash light to look for the map. *Ива́н останови́л маши́ну, и включи́л ла́мпочку прибо́рной доски́, что́бы найти́ ка́рту.*

see the light — *поня́ть*

The physicist didn't understand the theory of space-time, but when he read Einstein's works, he finally saw the light. *Фи́зику не была́ ясна́ тео́рия вре́мени и простра́нства, но когда́ он прочита́л труд Эйнште́йна, он всё по́нял.*

---

like — *подо́бное*

like a hole in the head — *как мёртвому припа́рки*

Lisa is up to ears in work — she needs guests like a hole in the head. *Ли́за по уши в рабо́те, а го́сти ей нужны́, как мёртвому припа́рки.*

like two peas in a pod — *как две ка́пли воды́*

The twins, Eva and Agnes, are like two peas in a pod. *Двойня́шки, Е́ва и Агне́са, похо́жи как две ка́пли воды́.*

---

like — *люби́ть*

like it or not — *во́лей-нево́лей*

Like it or not, he had to get down to work. *Во́лей-нево́лей ему пришло́сь взя́ться за рабо́ту.*

---

likely — *возмо́жно*

most likely — *по всей вероя́тности*

Sasha's and Vera's marriage will most likely be happy and long lasting. *Брак Са́ши и Ве́ры бу́дет по всей вероя́тности про́чный и счастли́вый.*

---

limit — *преде́л*

that's the limit! — *да́льше (е́хать) не́куда!*

When Nikolay began to sass his brother he gave him a slap in the face and yelled, "That's the limit!" *Когда́ Никола́й на́чал грубить, брат залепил ему пощёчину и закричал: "Дальше ехать некуда!"*

line — *линия*

drop a line — *черкнуть пару слов*

Drop us a line as soon as you've arrived, so we don't worry. *Черкни нам пару слов после приезда, чтобы мы не волновались.*

in the line of duty — *при исполнении служебных обязанностей*

The policeman was shot in the line of duty. *Милиционера застрелили при исполнении служебных обязанностей.*

keep in line — *держать в узде*

The new boss is trying very hard to keep the employees in line. *Новый начальник очень старается держать подчинённых в узде.*

lip — *губа*

button (or zip) one's lip — *SEE: keep one's mouth shut*

lip service — *придерживаться чего-нибудь (or признавать что-нибудь) только на словах*

Although elections were held, it was common knowledge that Communism paid only lip service to democracy. *Хотя выборы были проведены, всем было ясно, что социализм признает демократиую только на словах.*

my lips are sealed — *у меня запечатаны уста*

Don't worry about what you told me — my lips are sealed. *Не беспокойся, всё, что ты мне расскажешь, останется между нами; у меня запечатаны уста.*

little — *маленький; мало; немного*

little by little — *SEE: bit by bit*

live — *жить*

live and let live — *сам живи и другим не мешай*

The chief idea of capitalism is: "Live and let live." *Гла́вная иде́я капитали́зма: "Сам живи́ и други́м не меша́й!* "

live beyond one's means — *жить не по средства́м*

My aunty lives beyond her means. *Моя тётя живёт не по средства́м.*

live high on the hog — *жизнь на широ́кую но́гу; не жизнь, а ма́сленица*

After the check arrived, we started to live high on the hog. *По́сле получе́ния че́ка у нас начала́сь не жизнь, а ма́сленица.*

live in clover; live off the fat of the land — *ката́ться, как сыр в ма́сле*

After inheriting a huge fortune from his millionaire uncle, Pavel has been living in clover. *Получи́в большо́е насле́дство от дя́ди-миллионе́ра, Па́вел ката́ется, как сыр в ма́сле.*

live on Easy Street — *жить припева́ючи*

Igor got a good job and started to live on Easy Street. *И́горь получи́л хоро́шую рабо́ту и на́чал жить припева́ючи.*

live the life of Riley — *жить ба́рином; жить припева́ючи*

Since he married a rich woman, Boris lives the life of Riley. *Жени́вшись на бога́той, Бори́с живёт ба́рином.*

live up to — *оправда́ть*

Grisha didn't live up to his parents' expectations. *Свои́ми достиже́ниями Гри́ша не оправда́л ожида́ния роди́телей.*

---

load — *груз*

load off one's mind — *гора́ с плеч (свали́лась)*

Passing the exam was a load off my mind. *Я сдал экза́мен, и гора́ с плеч.*

load on one's mind — *гора́ на душе́ (or се́рдце) лежи́т*

The unfinished work is a load on my mind. *У меня́ гора́ лежи́т на душе́, пока́ не зако́нчу рабо́ту.*

---

lock — *замо́к*

lock, stock, and barrel — *со все́ми потроха́ми*

When we decided to move to New York, we sold our house, lot, and everything on it lock, stock, and barrel. *Когда́ мы реши́ли переéхать в Нью-Йо́рк, мы прода́ли наш дом, уча́сток и все находя́щееся в нём со всеми потроха́ми.*

---

log — *бревно́*

sleep like a log — *спать без за́дних ног*

George slept like a log after working all day long at the construction site. *Гео́ргий спал без за́дних ног потому́, что он весь день рабо́тал на строи́тельстве.*

---

loggerhead — *болва́н*

be at loggerheads — *быть на ножа́х; чёрная ко́шка пробежа́ла (or проскочи́ла); быть в ссо́ре (or не в лада́х) друг с дру́гом*

Barbara and her brother are at loggerheads because of the house they inherited. *Из-за до́ма, полу́ченного в насле́дство, ме́жду Варва́рой и бра́том пробежа́ла чёрная ко́шка.*

---

long — *дли́нный; до́лгий*

at long last! — *SEE: (it's) about time!*

before long — *в ско́ром вре́мени*

Things will change before long. *В ско́ром вре́мени всё изме́нится.*

so long! — *пока́!*

I told him "so long!" and left. *Я ему сказал "пока́!" и ушёл*

---

look — *смотре́ть*

look after — *присма́тривать за*

My mother looks after my children when I'm working. *Пока́ я рабо́таю, моя́ мать присма́тривает за детьми́.*

look daggers at — *смотре́ть зло́бно (or зло́стью)*

After the divorce Lena looked daggers at her ex-husband. *После́ разво́да Ле́на посмотре́ла зло́бно на своего́ бы́вшего му́жа.*

look down on (or upon) — *презира́ть; смотре́ть свысока́ на кого́-нибу́дь*

Masha looked down on her classsmates because she was better dressed than they were. В *своём кла́ссе Ма́ша смотре́ла свысока́ на подру́г, потому́ что она́ одева́лась лу́чше.*

look for trouble — *SEE: ask for trouble*

look forward to — *ждать с нетерпе́нием*

I look forward to the landing of a UFO. *Я с нетерпе́нием жду приземле́ния НЛО.*

look into — *рассма́тривать; иссле́довать; смотре́ть в что́-нибу́дь*

Because of a lack of time the committee was unable to look into all of the applications for an engineering job that has fallen vacant. *Из-за недоста́тка вре́мени коми́ссия не могла́ рассмотре́ть все предложе́ния на вака́нсию инжене́ра.*

look on the bright side — *смотре́ть оптимисти́чески*

It's better to look on the bright side of life than to fret. *Лу́чше смотре́ть оптимисти́чески на жизнь, чем не́рвничать.*

look to — *SEE: see to*

look up — *1. загляну́ть к; навеща́ть 2. улучша́ться; идти́ на попра́вку*

1. I'll look you up sometime. *Я загляну́ когда́-нибу́дь к тебе́.* 2. Our life is looking up. *На́ша жизнь улучша́ется.*

look up to — *уважа́ть*

I can't help looking up to the President. *Я не могу́ не уважа́ть президе́нта.*

---

louse — *вошь*

louse up — *испога́нить; испо́ртить*

Nikolay loused up our entire vacation with his crazy behavior. *Своим дурным поведением Николай испоганил нам весь отпуск.*

love — *любовь*

for the (sheer) love of it — *SEE: (just) for the fun of it*

lose — *терять*

lose heart — *падать духом*

Lisa lost heart when she learned that she had cancer. *Лиза пала духом, когда она узнала, что больна раком.*

lose one's heart — *полюбить*

Ivan lost his heart to Natasha. *Иван полюбил Наташу всем сердцем.*

lose one's marbles — *SEE: have a screw loose*

lose one's temper — *терять власть над собой*

I lost my temper when Lisa offended me. *Когда Лиза обижала меня, я терял власть над собой.*

low — *низкий*

low-key — *сдержанный; приглушённый; тихий*

The reception of the ambassador from the hostile country was a low-key affair. *Приём послá враждéбной страны́ был сдéржанным.*

luck — *счáстье*

as (bad) luck would have it — *(как) на грех*

We had to call the police, but as bad luck would have it, the phone died on us. *Нам нýжно бы́ло вы́звать мили́цию, а телефóн, как на грех, не рабóтал.*

M

mad — *сумасшéдший*

be mad about — *быть в востóрге; быть без умá от когó-либо*

Olga is mad about Ivan. *Óльга без умá от Ивáна.*

go mad or be driven mad by — *с умá сойти́*

My son bangs at thc piano so loud that I'm going mad. *Мой сын так ударя́ет по клáвишам роя́ля, что я с умá схожý.*

make — *дéлать*

make a clean sweep — *забрáть (or вы́мести) всё под метёлку*

The burglers made a clean sweep of the entire store at night. *Нóчью грабúтели очи́стили мáгазин под метёлку.*

make a long story short — *корóче говоря́*

To make a long story short, they came to the States and opened a restaurant. *Корóче говоря́, они́ приéхали в США и откры́ли ресторáн.*

make believe — *SEE: act as if*

make-believe — *бутафóрный*

The spacecraft in the science fiction movie was make-believe. *В наýчно-фантасти́ческом фи́льме косми́ческий корáбль был бутафóрным.*

make ends meet — *сводить концы с концами*

Having lost his job, Paul barely could make ends meet. *Потеряв работу, Павел едва сводил концы с концами.*

make for — *идти к ; в направлении*

"Let's make for that airraid shelter!" The people cried when the bombs started falling. *"Пойдемтё-ка в тот бункер" — люди кричали, когда бомбы уже сыпались на их головы.*

make it hot for one — *давать (or задавать) жару (or перцу); показать кузькину мать; будет (or достанется) кому-нибудь на орехи (or калачи)*

My boss is unable to restrain himself — he makes it hot for everybody. *Мой начальник не сдержан и всегда задаёт всем жару.* "If you lure away my customers," — the casino owner said in a threatening voice — "I'll make things hot for you." *"Если ты будешь переманывать моих клиентов" — сказал хозяин казино угрожающим тоном — "то я покажу тебе кузькину мать!"*

make mincemeat (out) of — *рубить (or изрубить) в капусту*

I'll make mincemeat out of you if you cause me any more trouble! *Если ты причинишь мне ещё больше хлопот, я изрублю тебя в капусту.*

make off — *скрыться*

The thieves made off with our entire collection of jewelry. *Воры скрылись, захватив с собой всю нашу коллекцию драгоценностей.*

make one's bed and lie in it — *сам кашу заварил, сам и расхлёбывай*

"Don't complain to me that your wife is bossy; you made your bed, now you lie in it," — said the father to Nicholas. *"Не жалуйся мне, что твоя жена как командир — сам кашу заварил, сам и расхлёбывай!" — сказал отец Николаю.*

make one's way in life — *выбиться на дорогу*

Igor made his way in life with hard work. *Игорь выбился на дорогу тяжким трудом.*

make over — *1. передáть 2. передéлать*

1. Pavel's parents made the house over in his name. *Родúтели Пáвла передáли емý дом в сóбственность.* 2. Grandma is having her old fur coat made over. *Бáбушка сдалá передéлать свою́ стáрую шýбу.*

make-up — *грим*

Lena put on such heavy make-up today that one can hardly recognize her. *Лéна сегóдня наложúла себé такóй грим — её трýдно узнáть.*

make up for — *заглáдить*

"I'll excuse you everything if you'll make up for your mistakes" — Vera said to Sasha. *"Я тебé всё прощý, éсли ты заглáдишь свою́ ошúбку" — сказáла Вéра Сáше.*

make up out of one's head — *выдýмывать*

Is it true that you were kidnapped by aliens or did you just make it up out of your head? *Э́то прáвда, что вас похúтили инопланетя́не, úли вы всё вы́думали?*

one made it — *выходúть (or выбивáться) в лю́ди*

Ivan's become the president of a huge international company — he has surely made it. *Ивáн уже вы́бился в лю́ди, он стал главóй большóго междунарóдного предприя́тия.*

---

man — *мужчúна; человéк*

every man is the architect of his own future — *кáждый человéк кузнéц своегó счáстья*

Father often told us children that every man is the architect of his own future. *Отéц чáсто говорúл дéтям, что кáждый человéк кузнéц своегó счáстья.*

man in the street — *срéдний (or обыкновéнный) человéк*

The reporter asked the man in the street about the President's new policy. *Репортёр задавáл вопрóсы обы́чным лю́дям о нóвой полúтике президéнта.*

man of one's word — *господúн своегó слóва (or своемý слóву)*

I believe Boris — he's a man of his word. *Я ве́рю Бори́су — он господи́н своего́ сло́ва.*

to a man — *SEE: every last (person)*

mark — *знак; пятно́*

hit the mark — *SEE: hit the nail on the head*

overstep the mark — *SEE: go too far*

market — *ры́нок; база́р*

on the black market — *из-под полы́*

During Communism many western products were only available on the black market. *Во вре́мя социали́зма мно́го за́падных изде́лий продава́лись то́лько из-под полы́.*

master — *хозя́ин*

be one's own master — *SEE: be one's own boss*

matter — *де́ло*

a matter of course — *са́мо собо́й разуме́ется*

It's a matter of course that a mother will help her son whenever he needs it. *Само собой разуме́ется, что мать гото́ва помога́ть сы́ну, когда́ ему ну́жно.*

as a matter of fact — *1. по пра́вде сказа́ть 2. со́бственно говоря́*

1. As a matter of fact, I didn't enjoy yesterday's party. *По пра́вде сказа́ть, вчера́шняя вечери́нка мне не понра́вилась.* 2. Ivan's demands make me nervous, as a matter of fact. *Со́бственно говоря́, тре́бования Ива́на раздража́ют меня́.*

be a matter of course — *быть в поря́дке веще́й*

It's a matter of course that I'll help you if you need anything; just give me a call! *Э́то в поря́дке веще́й, ты не стесня́йся, е́сли ну́жна по́мощь, позвони́ мне!*

for that matter — *е́сли уж на то пошло́*

For that matter, Peter is not only an inventor, he is also a poet and a millionaire. *Éсли уж на то пошлó, Пётр не тóлько изобретáтель, но и поэ́т и миллионéр.*

in the matter of — *в отношéнии; относúтельно; что касáется*

"In the matter of selling the house, I agree with your decision" — Lena said to her husband. *"Относúтельно продáжи дóма, я с твоúм решéнием соглáсна" — сказáла Лéна мýжу.*

it doesn't matter — *этó невáжно*

It doesn't matter that Nikolay is not very handsome — he has both brains and money. *Э́то невáжно, что Николáй не óчень красúвый, но он с головóй и с деньгáми.*

it doesn't matter at all — *не игрáет никакóй рóли; не имéет значéние*

It doesn't matter at all what Igor says — his children don't obey him anyway. *То, что Ú́горь говорúт, не имéет никакóго значéния — его дéти всё равнó не слýшаются.*

it doesn't matter to someone — *э́то не имеéт для когó-то значéния*

It doesn't matter to Masha that Pavel is poor, she wants to marry him anyway. *Мáша во всякóм слýчае хóчет вы́йти зáмуж за Пáвла, для неё не имеéт значéния, что он бéдный.*

let matters take their course — *как бог на дýшу полóжит*

Lena lives letting matters take their course. *Лéна живёт как ей бог на дýшу полóжит.*

no matter what — *скóлько бы; (хоть) кровь из нóсу (or из нóсу or из нóса); хоть лóпни*

Gregory wants that yacht no matter what it costs. *Григóрий хóчет купúть эту я́хту, скóлько бы онá ни стóила.* Once I said I would come, I will, no matter what. *Éсли я обещáл приéхать, то бýду, хоть кровь из нóса.*

no matter what you (may) do — *как ни вертúсь*

No matter what you may do, life won't change. *Как ни вертúсь, а жúзнь не измéнится.*

the fact of the matter is... — *дéло в том, что*

The fact of the matter is that although Nikolay was accused, he is really innocent. *Дéло в том, что Николáя обвинúли, хотя́ он невинóвен.*

there is nothing the matter (with me) — *(у меня́) всё в поря́дке*

"Why are you taking me to the doctor?" — Nikita asked his mother. "There is nothing the matter with me!" *"Почемý ты меня́ ведёшь к дóктору?" — спросúл Никúта у мáтери. "Ведь у меня́ всё в поря́дке."*

what's the matter? — *в чём дéло?*

What's the matter? Why aren't you working? *В чём дéло? Почемý вы не рабóтаете?*

what does it matter? — *что за бедá?*

I lost a button, but what does it matter? *Я потеря́л пугóвицу. Ну, что за бедá?*

---

mean — *серединá*

beyond one's means — *не по кармáну; не по срéдствам*

"A journey around the world is beyond my means" — said Alex. *"Путешéствие вокрýг свéта мне не по кармáну" — сказал Алексáндр.*

by all means — *конéчно; непремéнно; пожáлуйста*

"Can I have another cup of tea?" — "By all means!" *"Мóжно ещё чáшечку чая?" — "Пожáлуйста!"*

by means of — *посрéдством; с пóмощью*

Ivan gets his promotion at the firm by means of family connections. *Ивáн получáет повышéние по дóлжности в фúрме с пóмощью своúх семéйных свя́зей.*

by no means — *SEE: not under any circumstances*

of means — *со срéдствами*

Eve had enough of poverty and married an old man of means. *Éве надоéло нúщенствовать и вы́шла зáмуж за старикá со срéдствами.*

measure — *мéрить; измеря́ть*

measure another's corn by one's own bushel; measure by one's own yardstick — *мéрить на свой арши́н; мéрить своéй мéркой*

Why do you measure others by your own yardstick? *Почему́ ты всех мéришь на свой арши́н?*

measure up — *оправда́ть ожида́ния*

Our son hasn't measured up to our expectations. *Наш сын не оправда́л на́ших ожида́ний.*

meet — *встреча́ть*

meet one halfway — *идти́ (or пойти́) навстре́чу*

When the used car dealer saw that we were serious, he was willing to meet us halfway on our offer. *Когда́ продаве́ц изно́шенных автомоби́лей по́нял, что мы серьёзные покупа́тели, он гото́в был пойти́ нам навстре́чу.*

mention — *упомяну́ть*

don't mention it! — *не́ за что!*

When Nina thanked him for his kindness, Michael answered: "Don't mention it!" *Когда́ Ни́на поблагодари́ла его за любе́зность, Михаи́л отве́тил: "Не́ за что!"*

not to mention — *не то́лько что; не говоря́ (уже́ or уж) о чём-нибудь*

Not to mention her beauty, she's also very talented. *Не говоря́ о её красоте́, она́ о́чень тала́нтлива.*

mess — *беспоря́док*

mess up — *перепу́тывать; дава́ть ма́ху*

Peter messed up his friendship with Arkady. *Пётр дал ма́ху в дру́жбе с Арка́дием.*

middle — *середи́на*

in the middle of nowhere — *у чёрта на кули́чках*

Sergey was in the middle of nowhere when his car suddenly ran out of gas. *Сергéй был у чёрта на кули́чках, когдá бензи́н в его автомоби́ле вдруг кóнчился.*

mile — *ми́ля*

beat by a mile — *давáть дéсять (or сто) очкóв вперёд*

Lisa beat the competing beauty contestants by a mile. *Ли́за далá дéсять очкóв вперёд конкури́рующим учáстницам по красотé.*

miss by a mile — *SEE: way off the mark*

mind — *ум; рáзум*

bear in mind — *запóмнить*

Bear in mind that it's a bad thing to spend more than what you make. *Ты должнá пóмнить, что нельзя́ трáтить бóльше, чем зарабáтываешь.*

bring to mind — *напóминать*

Arriving in my hometown brought my childhood to mind. *Приéзд в роднóй гóрод напóмнил мне дéтство.*

change one's mind — *передýмать*

Nikolay wanted to buy an inexpensive car, but at the last moment he changed his mind and bought a Mercedes instead. *Николáй хотéл купи́ть дешёвый автомоби́ль, но в послéдний момéнт он передýмал и купи́л Мерседéс.*

give a piece of one's mind — *всё вы́ложить кóму-ли́бо, что кто-то дýмает*

Having listened to Peter's excuses, Irina gave him a piece of her mind. *Вы́слушав оправдáния Петрá, Ири́на вы́ложила всё, что о нём дýмала.*

if you don't mind... — *с вáшего разрешéния; éсли вас не затрудни́т*

If you don't mind, I'll light up. *С вáшего разрешéния я закурю́.*

load off one's mind — *кáмень с души́ (или сéрдца) свáлится*

Having learned that my mother's illness wasn't serious was a big load off my mind. *Узна́в, что боле́знь ма́тери несерьёзна, у ме́ня ка́мень с души́ свали́лся.*

make up one's mind — *реша́ть*

I made up my mind to stay in Chicago for another week. *Я реши́л оста́ться ещё на одну́ неде́лю в Чика́го.*

mind your own business! — *не вме́шивайтесь не в своё де́ло! не ле́зьте в чужи́е дела́!*

I suggest you mind your own business. *Я вам советую не лезть в чужие дела.*

narrow-minded — *ограни́ченный*

It's not worth it to discuss politics with a narrow-minded person. *С ограни́ченным челове́ком нет смы́сла говори́ть о поли́тике.*

never mind — *не обраща́йте внима́ние; не беспоко́йтесь*

Never mind Nikolay — he doesn't know what he's talking about. *Не обра́щайте внима́ние на Никола́я — он не зна́ет, о чём он говори́т.*

one's mind is made up — *твёрдо реша́ть*

My mind is made up to stop smoking. *Я твёрдо реши́л бро́сить кури́ть.*

pass through one's mind — *SEE: cross one's mind*

read one's mind — *разгада́ть чьи-ни́будь мы́сли; влеза́ть в кого́-ли́бо*

How could I figure out what you think — I can't read your mind. *Как мне зна́ть, о чём ты ду́маешь — я не могу́ разгада́ть твои́ мы́сли.* How can we know if Natasha is telling the truth — as they say, you can't read someone else's mind. *Как зна́ть, говори́т ли Ната́ша пра́вду — как говори́тся, в неё не вле́зешь.*

set one's mind at ease (or rest) — *успоко́ить кого́-ли́бо*

When he saw Lena's agitation, Arkady set her mind at rest. *Замéтив волнéние Лéны, Аркáдий успокóил её.*

shut one's mind to — *откáзываться дýмать о чём-нибудь; игнорúровать*

Rich people often shut their minds to the poverty of others. *Богáтые лю́ди чáсто откáзываются дýмать о бéдности другúх.*

to my mind — *на мой взгля́д; мне кáжется (or я считáю), что*

To my mind the high-rises in Chicago are very interesting. *На мой взгля́д, высóкие дома в Чикáго óчень красúвые.*

weigh heavily on one's mind — *лежáть на сéрдце (or душé)*

The loss of his job weighs heavily on Ivan's mind. *Потéря рабóты тяжёлым кáмнем лежúт на сéрдце у Ивáна.*

---

minute — *минута*

any minute now; at any minute; at any moment — *тогó и глядú; тогó и ждú; с минýты на минýту*

The storm can hit any minute now. *Тепéрь, тогó и глядú, начнётся бýря.* Any minute now we're expecting Eve to arrive. *Мы ждём Éву с минýты на минýту.*

(this) very minute — *сию́ минýту (or секýнду)*

"No arguments! You've got to start learning this very minute!" — Mother said. *"Без никакúх! Ты дóлжен заня́ться учёбой сию́ минýту!" — сказáла мáма.*

to the minute — *минýта в минýту*

Despite the traffic jam Ivan arrived at work to the minute. *Несмотря́ на прóбки на дорóге, Ивáн добрáлся на рабóту минýта в минýту.*

---

miss — *пропускáть*

miss out on — *пропустúть*

You missed out on the most interesting part of the movie. *Ты пропусти́л са́мую интере́сную часть фи́льма.*

miss the boat (or bus) — *упусти́ть слу́чай*

We missed the boat when we did not buy preference shares. *Мы упусти́ли слу́чай купи́ть привилегиро́ванные а́кции.*

miss the point — *не понима́ть су́ти де́ла*

It was written all over her face that she missed the point. *По её выраже́нию лица́ бы́ло я́сно, что она не поняла́ суть де́ла.*

mix — *смеша́ть*

mix up — *пу́тать*

Even the twins' parents get their names mixed up. *Да́же роди́тели двойня́шек пу́тают их имена́.*

money — *де́ньги*

easy money — *легко́ на́житые де́ньги*

Easy money is spent just as fast. *Легко́ на́житые де́ньги та́кже легко́ ухо́дят.*

have money to burn — *де́нег ку́ры не клюю́т*

My uncle owns two banks — he has money to burn. *У моего́ дя́ди два ба́нка — у него́ де́нег ку́ры не клюю́т.*

not for all the money in the world — *ни за каки́е де́ньги*

I wouldn't sell the house that my parents built for all the money in the world. *Ни за какие деньги я не продам дом, построенный моими родителями.*

ready money — *свобóдные дéньги*

I've got no ready money at all. *У меня́ вообщé нет свобóдных дéнег.*

roll in money — *SEE: have money to burn*

monkey — *обезья́на*

monkey around (or about) — *SEE: fool around (or about)*

mood — *настроéние*

be in a bad mood — *SEE: be in low spirits*

be in a good mood — *SEE: be in high spirits*

be in one of one's mood — *быть опя́ть не в дýхе*

Nina is in one of her moods today. *Нúна сегóдня опя́ть не в дýхе.*

man of moods — *человéк настроéния*

It's very unpleasant to have a man of moods as boss. *Óчень неприя́тно, когдá начáльник человéк настроéния.*

not to be in the mood for — *быть не располóжен к*

Today I'm not in the mood for singing. *Сегóдня я не располóжен к пéнию.*

moon — *лунá*

once in a blue moon — *раз в год по обещáнию*

Vera visits her sick aunt every once in a blue moon. *Раз в год по обещáнию Вéра навещáет свою́ больнýю тётю.*

more — *бóльше*

no more than — *всегó нáвсего*

My shopping today came to no more than $20. *Мои покýпки сегóдня стóили всегó-нáвсего двáдцать дóлларов.*

mount — *поднимáться*

mount one's (favorite) hobbyhorse — *садиться на своегó (люби́мого) конькá; оседлáть своегó (люби́мого) конькá*

Grandpa mounted his favorite hobbyhorse and started to talk about his exploits during the war. *Дéдушка, оседлáв своегó люби́мого конькá, нáчал расскáзывать о своих пóдвигах во врéмя войны́.*

---

mountain — *горá*

make a mountain out of a molehill — *дéлать из мýхи слонá*

"Don't make a mountain out of a molehill!" — Zina said to her younger brother when he fell and started to cry. *"Не дéлай из мýхи слонá!" — сказáла Зи́на млáдшему брáту, когдá он упáл и заплáкал.*

---

mouth — *рот*

make one's mouth water — *раздрáжать аппети́т; язы́к проглóтишь*

The sight of the cake always makes my mouth water. *Вид печéнья всегдá раздражáет мой аппети́т.*

---

mud — *гря́зь*

mud in your eye! — *бýдем здорóвы!*

"Mud in your eye" — said Peter and he raised his glass. *"Бýдем здорóвы!" — сказáл Пётр и подня́л фужéр.*

sling (or fling) mud at one — *обливáть помóями*

It was unpleasant to everyone present when the ex-lovers started to sling mud at each other. *Всéм присýтствующим бы́ло неприя́тно, когдá бы́вшие любóвники нáчали обливáть друг дрýга помóями.*

---

mum — *тише*

mum's the word! — *ни гу-гу!; молчóк!; ни слóва!*

About what you said, I promise mum's the word. *О расскáзанном я никомý ни гу-гу!*

music — *му́зыка*

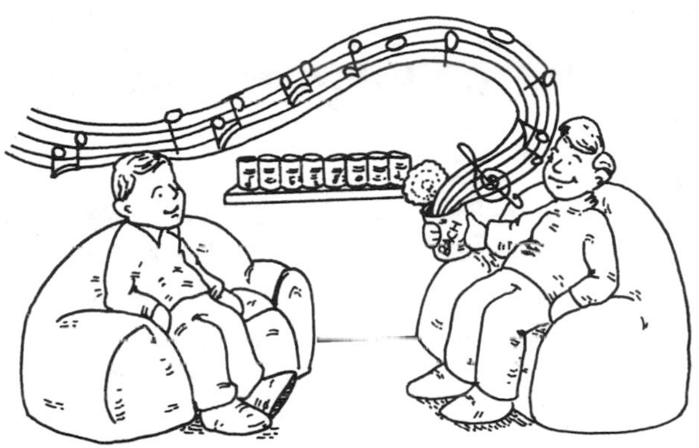

canned music — *му́зыка в за́писи*

Numerous television shows are accompanied by canned music. *Мно́го телевизио́нных представле́ний сопровожда́ются му́зыкой в за́писи.*

music to one's ears — *как бу́дто ма́слом по се́рдцу*

When the public demanded an encore, it was like music to the pianist's ears. *Когда́ слу́шатели тре́бовали сыгра́ть на бис, это бы́ло для пиани́ста, как бу́дто ма́слом по се́рдцу.*

N

nail — *но́готь; гвоздь*

hit the nail on the head — *попада́ть в (са́мую) то́чку*

Pavel hit the nail right on the head with his argument. *Свои́м аргуме́нтом Па́вел попа́л в са́мую то́чку.*

name — *имя; фами́лия; называ́ть*

go by (or under) the name of — *быть изве́стным под и́менем*

He goes by the name of Romanov. *Он изве́стен под име́нем Рома́новых.*

make a name for oneself — *сде́лал (or созда́л or соста́вил) себе́ и́мя*

The young director made a name for himself with his movie about space travel. *Молодо́й режиссёр созда́л себе́ и́мя кинофи́льмом о полёте в ко́смос.*

name day — *имени́ны*

Agnes' name day is January 21, the feast of St. Agnes. *Имени́ны Агне́сы 21-го января́, в день пра́здника свято́й Агне́сы.*

name dropper — *хва́статься свои́ми знако́мствами*

Since Grisha moved to Washington, he became a regular name dropper of high-ranking officials. *С тех пор как Гри́ша перее́хал в Вашингто́н, он хва́стается знако́мством с высокопоста́вленными чино́вниками.*

not to have a penny (or a red cent) to one's name — *быть (or сесть) на мели́; нет ни гроша́ за душо́й*

After our firm went bankrupt, we didn't have a penny to our name. *Когда́ на́ша фи́рма обанкро́тилась, мы се́ли на мель.* Nikolay doesn't have a cent to his name. *У Никола́я нет ни гроша́ за душо́й.*

you name it, we have got it — *чего́ у нас то́лько нет!*

"Do you carry shark's fin?" — "Sure! You name it, we've got it." *"Продаю́тся-ли у вас плавни́ки аку́лы?" — "Коне́чно. Чего́ у нас то́лько нет!"*

---

nature — *приро́да*

become second nature — *войти́ в плоть и кровь*

It became Vera's second nature to have a cup of coffee after dinner. *У Ве́ры привы́чка вы́пить ча́шечку ко́фе по́сле обе́да вошла́ в плоть и кровь.*

---

neck — *ше́я*

get it in the neck — *получи́ть нагоня́й*

Sasha may get it in the neck from his father for spoiling the TV set. *Са́ша мо́жет получи́ть нагоня́й от отца́ за то, что он испо́ртил телеви́зор.*

neck and neck — *головá в гóлову; ноздря́ в ноздрю́*

The two bike racers got to the finish-line neck and neck. *Два велосипеди́ста подходи́ли к фи́нишу головá в гóлову.*

neck of the woods — *окрéстность; окру́га; сосéдство*

In our neck of the woods there are many great cattle farms. *В нáшей окрéстности мнóго замечáтельных скотовóдческих ферм.*

neck or nothing — *пан или пропáл*

"Neck or nothing" — thought Misha and went to take the math exam for the second time. *"Пан или пропáл" — подýмал Ми́ша и пошёл вторóй раз сдавáть математику.*

neither ... nor — *ни...ни*

neither one thing nor the other; neither here nor there; neither this nor that — *ни то ни сё*

This is the kind of deal that is neither this nor that. *Это такáя сдéлка, что ни то ни сё.*

nest — *гнездó*

feather one's nest — *наби́ть мошнý; греть рýки*

The last embezzlement gave Peter the chance to feather his nest, after which he got sentenced to jail. *Послéдняя растрáта Петрá далá возмóжность хорошó наби́ть мошнý деньгáми, но в концé концóв он попáл за решётку.*

next — *слéдующий; бли́жайший*

next to nothing — *1. SEE: for a song 2. с мизи́нец; на мизи́нец*

2. Nikolay's profit is next to nothing, so he doesn't have anything to cover his expenses. *При́быль би́знеса Николáя с мизи́нец, а расхóды нéчем плати́ть.*

next to no time — *SEE: a short while*

night — *ночь*

in the dead of night — *глубóкой нóчью*

The enemy attacked the town in the dead of night. *Враг напа́л на го́род глубо́кой но́чью.*

nip — *щипа́ть*

nip in the bud — *в ко́рне присе́чь*

Almost every individual initiative was nipped in the bud during Socialism in the former Soviet Union. *При социали́зме в пре́жнем Сове́тском Сою́зе почти́ ка́ждая ли́чная инициати́ва пресека́лась в ко́рне.*

none — *никто́*

none other than — *никто́ ино́й, как*

None other than a talented poet can write a poem like this. *Тако́е стихотворе́ние мо́жет написа́ть никто́ и́ной, как тала́нтливый поэ́т.*

nose — *нос*

keep one's nose clean — *не высо́вываться; держа́ться пода́льше от чего́-ни́будь*

After numerous failures Sasha decided to keep his nose clean. *По́сле многокра́тных неуда́ч Са́ша реши́л бо́льше не высо́вываться.*

keep (or have or hold) one's nose to the grindstone — *рабо́тать не поклада́я рук; не дава́ть себе́ переды́шки*

In order to be able to send the book to press on time, we had to keep our noses to the grindstone all week long. *Для того́, что́бы во́время сдать кни́гу в реда́кцию, нам пришло́сь це́лую неде́лю рабо́тать не поклада́я рук.*

keep someone else's nose to the grindstone — *не дава́ть кому́-нибу́дь ни о́тдыху ни сро́ку*

The new boss kept our noses to the grindstone until the committee received the building. *Но́вый нача́льник не дава́л нам ни о́тдыху ни сро́ку до сда́чи до́ма приёмной коми́ссии.*

look down one's nose at — *смотре́ть свысока́ на кого́-ни́будь*

The director's wife looked down her nose at the tenants in our building. *Жена́ дире́ктора смотре́ла на всех жильцо́в до́ма свысока́.*

nose out — *ню́хом чу́ять*

The journalist who writes the scandal stories has to nose out everything. *Журнали́ст сканда́льной хро́ники до́лжен ню́хом чу́ять приключе́ния.*

stick one's nose in — *ты́кать нос*

There's no need to stick your nose in my problems. *Зачём ты ты́чешь нос в мои пробле́мы?*

turn up one's nose at — *вороти́ть нос от чего́-ни́будь*

Arkady turns up his nose at hamburgers all the time — he wants to have a home-cooked meal. *Арка́дий воро́тит нос ка́ждый раз от ха́мбургеров, он хо́чет настоя́щий обе́д.*

nothing — *ничто́; ме́лочь*

almost nothing; next to nothing — *всего́ ничего́*

Nina understood next to nothing of my whole story. *Из моего́ расска́за Ни́на поняла́ всего́ ничего́.*

nothing less than — *про́сто-на́просто*

Igor's stories were nothing less than lies. *Расска́зы И́горя бы́ли про́сто-на́просто сплошно́й ло́жью.*

nothing more than — *то́лько и всего́*

Nikita knew nothing more about me than that I was a student. *О моéй жúзни Никúта тóлько и всегó знал, что я учýсь.*

nothing ventured, nothing gained — *попы́тка не пы́тка*

"Should I buy stock in the new company?" — Boris asked. "Nothing ventured, nothing gained" — Peter answered. *"Приобрестú мне áкции нóвого товáрищества?" — спросил Борис. "Попы́тка не пы́тка" — отвéтил Пётр.*

there goes nothing! — *вот тебé и на!*

"There goes nothing!" — Pavel said when his new venture failed. *"Вот тебé и на!" — сказáл Пáвел, когдá егó нóвое предприя́тие разорúлось.*

now — *теперь*

(every) now and then — *врéмя от врéмени*

Every now and then Olga would write me a letter. *Врéмя от врéмени Óльга писáла мне пúсьма.*

up till now — *до сего врéмени*

I sent a letter along time ago, but no answer up till now. *Я давнó отпрáвил письмó, но до сегó врéмени нет отвéта.*

nowhere — *нигдé*

out of nowhere — *SEE: out of the clear blue sky*

nuke — *готóвить в СВх-пéчке*

nuke a tater — *печь картóшку в СВх-пéчке*

If we want to eat baked potatoes fast, we have to nuke a tater. *Éсли мы хотúм бы́стро печёную картóшку, нам слéдует печь её в пéчке СВх.*

number — *числó; цúфра*

number one (or Number One) — *собствéнная персóна*

Igor was well known for always looking after number one. *Úгорь был извéстен забóтой тóлько о сóбственной персóне.*

one's number is up — *SEE: one's goose is cooked*

nurture — *питáть*

nurture (or nourish) a snake in one's bosom — *отогрéть (or пригрéть) змею́ на груди́*

When Paul started to accuse his boss, the boss recognized that he had been nurturing a snake in his busom. *Когдá Пáвел снóва нáчал обвиня́ть своегó начáльника, послéдний пóнял, что пригрéл змею́ на груди́.*

---

nut — *орéх*

be nuts — *у когó-нибудь не все дóма*

A lonely woman who is nuts has moved into our building. *В наш дом посели́лась одинóкая жéнщина, у котóрой не все дóма.*

be nuts about — *помéшан на*

Igor is completely nuts about Olga. *И́горь совершéнно помéшан на О́льге.* Nikita is nuts about sports cars. *Ники́та помéшан на спорти́вных автомоби́лях.*

hard nut to crack — *орéх (or орéшек) не по зубáм*

Mathematics turned out to be a hard nut to crack for Zina. *Для Зи́ны математика оказáлась не по зубáм.*

nuts and bolts — *конкрéтные детáли*

You can't learn all the nuts and bolts of a profession at school, only in practice. *Не все конкрéтные детáли профéссии мóжно изучи́ть в шкóле, они́ приобретáются с прáктикой.*

off one's nut — *ктó-нибудь спя́тил*

When I met a man in July in a winter coat, I understood he was off his nut. *Когдá я встрéтил человéка в зи́мнем пальтó в ию́ле, я подýмал, что он спя́тил.*

---

nutshell — *орéховая скорлупá*

in a nutshell — *в двух словáх; в корóтких словáх; крáтко и чётко*

Nikita explained to us the decision of the committee in a nutshell. *Ники́та крáтко и чётко объясня́л нам решéние комитéта.*

O

odd — *нечётный; с ли́шним*

be at odds with — *не в ладу́ (or в лада́х) с кем-чем*

I have the impression that you're at odds with the new boss. *Мне ка́жется, что вы не в лада́х с но́вым нача́льником.*

oddball — *оригина́л; чуда́к*

Aleksey is an oddball — he put four locks and three burglar alarms on the entrance door to his apartment. *Алексе́й большо́й чуда́к — он установи́л на входно́й двери́ четы́ре замка́ и три сигнализа́ции.*

---

off — *со; с*

be off in a flash (or jiffy) — *(и) был тако́в*

Pavel dropped in for a minute and was off in a flash. *Па́вел то́лько что был здесь, и вдруг был тако́в.*

be off one's rocker (or trolley) — *SEE: go bananas*

off and on; on and off — *вре́мя от вре́мени; от слу́чая к слу́чаю; с переры́вами; от ра́за к ра́зу; то де́лать что-то, то броса́ть*

Nikolay would call his ex-wife off and on. *Вре́мя от вре́мени Никола́й звони́т бы́вшей жене́.* Sasha has been studying German off and on all year. *В тече́ние го́да Са́ша то изуча́л неме́цкий язы́к, то броса́л.*

offbeat — *необы́чный; нетрадицио́нный*

Fifty years ago linguistics was an offbeat field, but it's very popular today. *Пятьдеся́т лет тому́ наза́д языкове́дение явля́лось необы́чной о́бластью нау́ки, но тепе́рь оно́ о́чень популя́рно.*

off center — *ассиметри́чный; смещённый от це́нтра*

The off-center placement of a picture is often more interesting than the traditional way. *Ассиметри́чная экспози́ция карти́н иногда́ ка́жется бо́лее интере́сной, чем обы́чная.*

old — *ста́рый*

old as the hills — *старо́ как мир*

This song is old as the hills. *Эта пе́сня стара́ как мир.*

once — *(оди́н) раз*

once and for all — *раз (и) навсегда́*

Grisha quit smoking once and for all. *Гри́ша бро́сил кури́ть раз и навсегда́.*

once bitten, twice shy — *обжёгшись на молоке́, бу́дешь ду́ть и на во́ду; пу́ганая воро́на куста́ боится*

Peter is afraid to get married for the second time — once bitten twice shy. *Пётр боится втори́чно жени́ться — обжёгся на молоке́, ду́ет и на воду́.*

once in a blue moon — *в кой ве́ки*

Every once in a blue moon our friend would visit us. *Наш друг в кой ве́ки нас навеща́л.*

once in a while — *вре́мя от вре́мени; и́зредка*

Could you agree with me just once in a while? *Могли́ бы вы быть хоть и́зредка согла́сны со мно́й?*

once-over — *бегло просматривать*

Lisa usually gives her letter a once-over before signing it. *Пе́ред тем как подписа́ть письмо́, Ли́за обы́чно бе́гло просма́тривает его.*

once upon a time — *жил-был*

"Once upon a time there was a king and a queen" — so start many fairy tales. *"Жи́ли-бы́ли коро́ль и короле́ва" — так начина́ются ска́зки.*

one — *оди́н*

one at a time — *по одино́чке (or одному́); не все ра́зом; по о́череди; не все сра́зу*

Please don't answer my questions all at once; I will ask you one at a time. *Пожа́луйста, не все сра́зу отвеча́йте на мой вопро́с, я бу́ду спра́шивать вас по о́череди.*

one of a kind — *уника́льный; у́никум*

Pavarotti is a one-of-a-kind tenor in our times. *Паваро́тти явля́ется уника́льным те́нором на́шего вре́мени.*

one of these days — *на дня́х; ско́ро*

I've had no chance to see the pyramids in Egypt, but I hope that I'll be able to make a trip to Egypt soon. *Я не име́л возмо́жности посмотре́ть еги́петские пирами́ды, но я наде́юсь ско́ро посети́ть Еги́пет.*

one too many — *вы́пить ли́шнего*

When Lev got home, we could see right away that he had one too many. *Когда́ Лев верну́лся домо́й, мы сра́зу заме́тили, что он вы́пил ли́шнего.*

one to one — *SEE: face to face*

one-upmanship — *уме́ние взять верх над проти́вником*

In this chess opening not even the knowledge of a grand master can afford one one-upmanship. *В этом ша́хматном дебю́те да́же уме́ние гросме́йстера не даёт возмо́жность взять верх над проти́вником.*

---

only — *то́лько*

only a few days — *SEE: a short while*

---

opinion — *мне́ние*

in one's opinion — *в чьих глаза́х*

Mozart's music is the most beautiful in my opinion. *В мои́х глаза́х му́зыка Мо́царта красиве́е всего́.*

---

order — *порядок*

out of order — *не в поря́дке; испо́ртить*

The elevator is once again out of order in our house. *В на́шем до́ме лифт сно́ва испо́рчен.*

pecking order — *неофициа́льная иера́рхия*

Members of the President's cabinet developed a pecking order among themselves. *Члéны кабинéта президéнта развивáли неофициáльную иерáрхию мéжду собóй.*

---

out — *за*

out-and-out — *нáсквозь*

Sasha is an out-and-out humanitarian. *Сáша нáсквозь гуманитáрный человéк.*

out in the open — *1. под откры́тым нéбом 2. раскрывáться*

1. We slept out in the open when the earthquakc destroyed our house. *Когдá землетрясéние разрýшило наш дом, мы спáли под откры́тым нéбом.* 2. After the collapse of Communism it came out in the open how Stalin treated his cabinet members. *Пóсле распáда коммуни́зма раскры́лось, как Сталин расправля́лся с члéнами своегó кабинéта.*

out of doors — *на вóльном (or откры́том or свéжем) вóздухе*

We spend our Sundays out of doors. *По воскресéньям мы провóдим врéмя на откры́том вóздухе.*

out of the frying pan into the fire — *из огня́ да в пóлымя*

Nikita went from under his mother's thumb to under the thumb of his wife — out of the frying pan into the fire. *Из-под башмакá мáтери Ники́та попáл под башмáк своéй жены́ — тóчно из огня да в пóлымя.*

out of thin air — *с потолкá*

How can one believe Paul when everything he says is taken out of thin air? *Рáзве мóжно вéрить Пáвлу, когдá он всё берёт с потолкá.*

out-patient — *амбулатóрный больнóй*

Nikita works as a doctor in the out-patient clinic at the hospital. *В больни́це Ники́та рабóтает врачóм в отделéнии для амбулатóрных больны́х.*

over — *над*

over and above — *вдоба́вок к че́му-ни́будь; в добавле́нии к че́му-ни́будь*

overdue — *просро́ченный; запазда́лый*

I didn't realize that my phone bill was overdue. *Я не заме́тил, что срок опла́ты счёта за телефо́н просро́чен.*

overhead — *накладны́е расхо́ды*

"We have to move to a cheaper place — our overhead is too high" — the shop owner complained. *"На́ши накладны́е расхо́ды о́чень больши́е, нам придётся перее́хать на боле́е дешёвое ме́сто" — жа́ловался хозя́ин магази́на.*

overnight — *1. на ночь 2. внеза́пно*

1. During the day we covered a great distance and for overnight we took a room in the nearest inn. *За день мы прое́хали большо́е расстоя́ние, а на ночь реши́ли зае́хать в ближа́йщую гости́ницу.* 2. The young actress became famous overnight thanks to the motion picture of a famous director. *Молодо́й актри́се внеза́пно пришла́ сла́ва в фи́льме изве́стного режиссёра.*

over there — *(вон) там*

"Do you know where my keys are?" — "Over there." *"Ты не зна́ешь, где мои ключи́?" — "Вон там, на комо́де".*

see over! (or: see the reverse side) — *см. на оборо́те! (см. — смотри́)*

At the bottom of the questionnaire was written: see over! *Внизу́ анке́ты бы́ло напи́сано: см. на оборо́те!*

P

p — *бу́ква п*

mind one's p's and q's — *быть внима́тельным (or осторо́жным); соблюда́ть прили́чие*

We must mind our p's and q's when building a computer tower. *Мы должны́ быть о́чень внима́тельны, что́бы не допусти́ть оши́бку при сбо́рке бло́ка компью́тера.*

pack — *упако́вывать*

pack of lies — *сплошна́я ложь*

"What do you think of the story Barbara told us yesterday?" — "It's just a pack of lies." *"Что ты ду́маешь о расска́занном вчера́ Варва́рой?" — "Это всё сплошна́я ложь."*

packed to the rafters; jam-packed — *иго́лку (or иго́лки) не́где (or не́куда) воткну́ть*

There were so many people at the pop concert that it was jam-packed. *На поп-конце́рте бы́ло сто́лько люде́й, что иго́лку не́где бы́ло воткну́ть.*

pain — *боль*

pain in the neck (or ass) — *де́йствовать на не́рвы; наказа́ние ко́му-ни́будь с ке́м- ни́будь; ужа́сная зану́да*

Don't move close to the airport! The noise of the jets is a pain in the neck. *Не поселя́йся бли́зко к аэропо́рту! Там шум реакти́вных самолётов де́йствует на не́рвы.* Stop that hysterics! You are a pain in the neck! *Переста́нь устра́ивать исте́рику! Наказа́ние мне с то́бой!*

palm — *пальма*

palm off — *подсовывать*

The salesman palmed off the wrong disc on me. *Продаве́ц мне подсу́нул не ту пласти́нку.*

pan — *кастрю́ля*

pan out — *уда́ться*

Edison's efforts to invent an electric bulb didn't pan out right away. *Попы́тки Эдисона изобрести́ электри́ческую ла́мпочку не сра́зу уда́лись.*

paradise — *рай*

in a fool's paradise — *в блажённом неве́дении; вне вре́мени и простра́нства; в ми́ре иллю́зий*

Ivan lived all his life in a fool's paradise. *Ива́н прожи́л всю свою́ жизнь вне вре́мени и простра́нства.*

---

parrot — *повторя́ть как попуга́й*

parrot someone's words — *говори́ть (or петь) с чужо́го го́лоса*

Listening to Ivan I realized that he was parroting someone's words. *Слу́шая Ива́на, я по́нял, что он говори́т с чужо́го го́лоса.*

---

party — *па́ртия; компа́ния; вечери́нка*

party is over — *SEE: game is over*

---

pass — *проходи́ть ми́мо*

pass away —*сконча́ться*

Lisa's mother passed away almost three years ago. *Ли́зина мать сконча́лась почти́ три го́да тому́ наза́д.*

pass off — *1. вы́дать за что́-ни́будь; подсо́вывать 2. вы́дать себя́ за что́-ни́будь 3. прекраща́ться; проходи́ть*

1. The owner of the gallery tried to pass off an imitation for the original. *Хозя́ин карти́нной галере́и стара́лся вы́дать подде́лку за по́длинник.* 2. Nina resembled the famous actress very much and she was often passed off for her. *Ни́на была́ о́чень похо́жа на изве́стную актри́су и ча́сто выдава́ла себя́ за неё.* 3. My headache only passed off by night. *Моя́ головна́я боль проходи́ла то́лько к ве́черу.*

pass on — *1. передава́ть 2. умира́ть*

1. As Sasha grew up, he passed on his clothes to his younger brother. *По ме́ре то́го как Са́ша рос, его оде́жду передава́ли мла́дшему бра́ту.* 2. Natasha's father passed on at the age of eighty. *Оте́ц Ната́ши у́мер в во́зрасте восьми́десяти лет.*

---

past — *прóшлое*

from the remote past — *из глубины́ векóв*

This legend has been handed down to us from the remote past. *Это предáние дошлó до нас из глубины́ векóв.*

pay — *плати́ть*

pay on the spot; pay cash up front — *дéньги на бóчку*

After having signed the contract Nikolay demanded: "Pay on the spot." *Пóсле заключéния контрáкта Николáй потрéбовал: "Деньги́ на бóчку".*

pay through one's nose — *купи́ть втри́дорога*

Since I was inexperienced with cars, I paid through the nose for an old used one. *Так как у меня́ не было óпыта с автомоби́лями, я купи́л старую, уже бы́вшую в употреблéнии маши́ну втри́дорога.*

pay up! — *гони́ монéту!*

You've owed me $200 for a long time. Pay up! *Ты мне уже давнó дóлжен 200 дóлларов. Гони́ монéту!*

peace — *мир*

give no peace — *ни óтдыху, ни срóку не давáть*

My boss doesn't give me peace with his demands. *Мой начáльник не даёт мне ни óтдыху, ни срóку своими трéбованиями.*

peanut — *землянóй óрех*

peanuts — *гроши́*

Most immigrants have to start working for peanuts. *Большинствó иммигрáнтов рабóтает вначáле за гроши́.*

pearl — *жемчу́жина*

cast one's pearls before swine — *ме́тать би́сер пе́ред свинья́ми*

Talking to Boris about the arts is casting one's pearls before swine. *Объясня́ть Бори́су об иску́сстве, сло́вно ме́тать би́сер пе́ред свинья́ми.*

---

pen — *перо́*

pen pal — *друг по перепи́ске*

Oleg's pen pal writes him letters about life in Italy. *Прия́тель Оле́га по перепи́ске пи́шет ему́ о жи́зни в Ита́лии.*

---

penny — *пе́нни; цент*

a penny for your thoughts — *о чём вы заду́мались?*

All evening long you have been daydreaming. A penny for your thoughts! *Ты весь ве́чер смо́тришь мечта́тельными глаза́ми. О чём ты заду́мался?*

not a penny to one's name — *SEE: not a red cent to one's name*

not a penny to spare; every penny is spoken for — *де́нег в обре́з*

After having built a house, we don't have a penny to spare. *По́сле того́, что постро́или дом, у нас де́нег оста́лось в обре́з.*

penny wise and pound foolish — *крохобо́р в мелоча́х и расточи́телен в кру́пном*

My neighbor's fence is rotting because he won't spend money on paint — he's penny wise and pound foolish. *У сосе́да разруша́ется забо́р, потому́ что он не хо́чет тра́тить де́ньги на покра́ску — он крохобо́р в мелоча́х и расточи́телен в кру́пном.*

pretty penny — *кру́глая (or кру́гленькая) су́мма*

Our two-story summer cottage on the lake cost us a pretty penny. *На́ша двухэта́жная да́ча у о́зера обошла́сь нам в кру́гленькую су́мму.*

---

people — *наро́д*

people who live in glass houses should not throw stones — *в чужо́м глазу́ уви́дит сори́нку, а в своём бревна́ не замеча́ет*

Oleg is an impossible person — it is very hard to work with him. He criticizes everyone, although people who live in glass houses should not throw stones. *Олег невозмо́жный челове́к, с ним о́чень тру́дно рабо́тать. Он всех критику́ет — в чужо́м глазу́ он сори́нку уви́дит, а в своём бревна́ не замеча́ет.*

---

perish — *погиба́ть*

perish the thought! — *SEE: it goes without saying*

---

person — *челове́к*

in person; in the flesh — *ли́чно; со́бственной персо́ной*

Please hand over this letter to Natalie in person. *Пожа́луйста, переда́йте это письмо́ ли́чно Ната́лии.* The famous writer appeared at the conference in person. *На заседа́ние яви́лся изве́стный писа́тель со́бственной персо́ной.*

---

peter

peter out — *исся́кать*

After the closing of the factory, traffic in the small town petered out. *По́сле закры́тия фа́брики движе́ние тра́нспорта в городке́ исся́кло.*

pick — *щипа́ть*

pickpocket — *карма́нный вор*

A pickpocket stole my purse in the department store yesterday. *Вчера́ карма́нный вор укра́л мой кошелёк в универма́ге.*

pick to pieces — *разнести́ в пух и прах; разбира́ть по ко́сточкам*

Olga picked her colleague's argument to pieces. *О́льга разнесла́ аргумента́цию воего́ колле́ги в пух и прах.* The old women's sharp gossip picked their neighbors to pieces. *Злы́е языки́ стару́шек разбира́ли сосе́дей по ко́сточкам.*

pick-me-up — *тонизи́рующее сре́дство*

Eve often took caffeine pills for a pick-me-up. *Е́ва ча́сто принима́ла кофеин в пилю́лях как тонизи́рующее сре́дство.*

pick on — *вы́брать*

The boss picked for Pavel the most difficult job. *Нача́льник вы́брал Па́влу са́мую тяжёлую рабо́ту.*

pick up — *1. поднима́ть 2. приобрета́ть 3. набира́ть ско́рость 4. забира́ть кого́-нибудь; бра́ть; подбира́ть 5. подцепи́ть кого́-нибудь 6. поправля́ться 7. заде́рживать поли́цией 8. оживля́ться; улучша́ться 9. возобновля́ть*

1. Ivan picked up an apple from under the tree. *Ива́н подня́л я́блоко под де́ревом.* 2. Spending a term in Moscow, Ann picked up the local accent. *Проучи́вшись семе́стр в Москве́ А́нна приобрела́ ме́стный акце́нт.* 3. The car picked up speed down the slope. *Маши́на набира́ла ско́рость под укло́н.* 4. I pick up my children from school after shopping. *Я забира́ю мои́х дете́й из шко́лы, по́сле того́, что я сде́лаю поку́пки.* I don't pick up strangers from the roadside. *Я не беру́ незнако́мых на доро́ге в автомоби́ль.* 5. Ivan picked up Nina on the street. *Ива́н подцепи́л Ни́ну на у́лице.* 6. Olga picked up

gradually after a long illness. *Óльга постепéнно поправля́лась пóсле дли́тельной болéзни.* 7. The burglar was picked up by the police on the street corner. *Взлóмшик был задéржан поли́цией на углý ýлицы.* 8. After a poor season, sales are picking up at our company. *Послé застóя, продáжа оживля́ется в нáшем товáриществе.* 9. They picked up the negotiation where they had left off yesterday. *Они́ возобнови́ли переговóры с тогó же мéста, на котóром прервáли вчерá.*

pickle — *маринáд*

in a pickle — *SEE: in dire straits; tight spot*

pie — *пирóг*

pie in the sky — *пирóг на том свéте; пусты́е надéжды*

My plans to become a millionaire turned out to be pie in the sky. *Мои́ плáны чтóбы стать миллионéром оказáлись пирогóм на том свéте.*

piece — *кусóк*

piece of cake — *пáра пустякóв, лéгче лёгкого; лéгче пáреной рéпы*

Mathematics is for Oleg a piece of cake. *Математика для Олéга — это пáра пустякóв.*

pig — *свинья́*

piggy-back — *на спинé; на закóрках*

My little son likes to be carried around piggy-back. *Мóй сынóчек лю́бит катáться на спинé.*

piggy bank — *копи́лка*

Our children put the change in a piggy bank and were surprised at the end of the year how much money they had. *Нáши дéти брóсали мéлкие дéньги в копи́лку и óчень удиви́лись, скóлько дéнег собрáлось к концý гóда.*

pigheaded — *тупóй*

You'd understand what I'm trying to say if you weren't always so pigheaded. *Е́сли бы ты не был тако́й тупо́й, ты по́нял бы, что я тебе́ хочу́ сказа́ть.*

pig in a poke — *кот в мешке́*

Buying a used car sight unseen is like buying a pig in a poke. *Купи́ть поно́шенный автомоби́ль за глаза́, всё равно́, что купи́ть кота́ в мешке́.*

---

pin — *була́вка; шпи́лька*

be on pins and needles — *сиде́ть на иго́лках*

When the meeting got dragged out, we were sitting on pins and needles. *Когда́ собра́ние затя́гивалось, мы уже сиде́ли как на иго́лках.*

hear a pin drop — *слы́шно как му́ха пролети́т*

"Who here has never sinned?" — the priest asked and the silence was so thick that you could hear a pin drop. *"Кто из вас никогда́ не греши́л?" — спроси́л свяще́нник и стоя́ла така́я тишина́, что слы́шно бы́ло как му́ха пролети́т.*

pin one's heart on one's sleeve — *SEE: wear one's heart on one's sleeve*

---

pipe — *труба́*

pipe dream — *SEE: pie in the sky*

---

pit — *яма*

like a bottomless pit — *бездо́нная бо́чка*

It's hard to satisfy Andrey's appetite — he's like a bottomless pit. *Андре́я тру́дно насы́тить, он как бездо́нная бо́чка.*

---

place — *ме́сто*

be out of place — *нет ме́ста*

It's out of place to smoke in public places. *Нет ме́ста для куре́ния в обще́ственных места́х.*

put one in one's place — *обла́мывать (or слома́ть or сбить) рога́*

Igor's arrogance is already unbearable; it's time to put him in his place. *Высокомéрие И́горя стáло невыносúмо; порá обломáть ему рогá.*

plain — *я́сный*

as plain as the nose on your face; as clear as two times two is four; (as) plain as day — *как двáжды два (четы́ре)*

It was plain as day that Igor was innocent. *Невинóвность И́горя былá яснá как двáжды два четы́ре.*

platter — *блю́до*

on a silver platter — *на блю́дечке с голубóй каёмочкой*

I envy people who get everything handed to them on a silver platter. *Я завúдую лю́дям, котóрым судьбá всё принóсит на блю́дечке с голубóй каёмочкой.*

play — *игрáть*

foul play — *нечúстое дéло*

When the girl hadn't returned home from school for three days, the police suspected foul play. *Когдá дéвочка в течéние трёх дней не возвращáлась со шкóлы домóй, милúция заподóзрила, что это нечúстое дéло.*

play a trick on — *сыгрáть шу́тку с*

My boss played a mean trick on me. *Мой начáльник сыгрáл со мной злу́ю шу́тку.*

play games with one — *морóчить гóлову*

Wherever we meet, Nikita keeps playing games with me. *При кáждой встрéче Никúта мне морóчит гóлову.*

play hooky — *прогуливать (уроки)*

No wonder that Nikita flunked — he played hooky too often. *Не удивúтельно, что Никúта провалúлся на экзáмене — он óчень чáсто прогу́ливал лéкции.*

play into one's hands — *лить воду́ на чью-лúбо мéльницу*

You're playing into the competition's hands with your words. *Ты своúми словáми льёшь вóду на мéльницу конкурéнта.*

play one's game — *игрáть комý-нúбудь нá руку*

Nikolay decided to play the Mafia's game once he arrived in New York from Moscow. *Пóсле приéзда из Москвы́ в Нью-Йорк Николáй решúл игрáть мáфии нá руку.*

please — *нрáвиться*

you can't please everyone — *на всех не угодúшь*

No matter how hard you may try, you can't please everyone. *Как ни старáйся, на всех не угодúшь.*

pocket — *кармáн*

air pocket — *вóздýшная я́ма*

When the plane fell into an air pocket, the passengers had a sensation of weightlessness. *Когдá самолёт попáл в воздýшную я́му, пассажúры почýвствовали себя́ в состоя́нии невесóмости.*

line one's pocket — *SEE: feather one's nest*

point — *острие; точка*

beside the point (or question) — *суть (or дéло) не в чём-лúбо; не отнóсится к дéлу*

That's beside the point. *Не в этом суть.* Your remark is interesting enough but it's beside the point. *Вашé замечáние довóльно интерéсное, но онó не отнóсится к дéлу.*

come (or get) to the point — *дойти до глáвного; дойти до сýти дéла*

After a short introduction the speaker came to the point. *Пóсле корóткого введéния орáтор дошёл до сýти дéла.*

make a point — *постáвить себé за прáвило*

Eve made a point of never smoking a single cigarette ever again. *Ева постáвила себé за прáвило никогдá бóльше не курúть ни однóй сигарéты.*

point out — *указáть на чтó-нúбудь; подчёркивать*

The lecturer pointed out the difficulties of the problem. *Доклáдчик указáл на слóжности вопрóса.*

to the bursting point — *до отка́за*

During the concert of the famous pop-star the room was filled with people to the bursting point. *На конце́рте изве́стной поп-звезды́ зал был наби́т наро́дом до отка́за.*

to the point — *к де́лу*

Ivan's comments are always to the point. *Замеча́ния Ива́на всегда́ к де́лу.*

poke — *ты́кать*

poke one's nose into everything — *SEE: butt into everything*

pop — *тре́скаться*

pop (or bop) up all over — *расти́ как грибы́ (по́сле дождя́)*

Chinese restaurants are popping up all over town. *Кита́йские рестора́ны в го́роде расту́т как грибы́.*

pot — *кастрю́ля*

go to pot — *идти́ насма́рку*

Pavel's life went to pot when during the war his factory was razed to the ground. *Во вре́мя во́йны фа́брику Па́вла сравня́ли с землёй, и рабо́та всей жи́зни пошла́ насма́рку.* The whole work can go to pot if you just push one wrong button on your computer. *Вся рабо́та мо́жет пойти́ насма́рку, е́сли одну́ кно́пку на компью́тере нажа́ть непра́вильно.*

pot call the kettle black — *чья бы коро́ва мыча́ла...*

Natasha criticizes her neighbors for petty larceny when in fact she herself was in jail for armed robbery — a case of "the pot calling the kettle black..." *Ната́ша критику́ет свои́х сосе́дей за ме́лкую кра́жу, когда́ она́ сама́ сиде́ла в тюрьме́ за вооружённое ограбле́ние. Вот, чья бы коро́ва мыча́ла...*

potato — *карто́фель*

potatoes baked (or boiled) in their jackets — *карто́фель (or карто́шка) в мунди́ре*

They served potatoes baked in their jackets. *К столу́ пода́ли карто́шку в мунди́ре.*

pour — *нали́ть*

pour out — *1. повали́ть 2. излива́ть*

1. After the soccer game the crowd was pouring out of the stadium. *По́сле футбо́льного ма́тча толпа́ повали́ла со стадио́на.* 2. Natasha arrived at Lena's with eyes swollen from crying and poured out her grief. *Ната́ша пришла́ к Ле́не с запла́канными глаза́ми, что́бы изли́ть своё го́ре.*

practice — *упражня́ться*

not to practice what one preaches — *говори́ть бело́, а де́лать черно́*

Dishonest people don't practice what they preach. *Нече́стные лю́ди говоря́т бело́, а де́лают черно́.*

praise — *похвала́*

sing one's praises — *восхваля́ть кого́-ни́будь; петь хвалу́ кому́-ни́будь; петь дифира́мбы кому́-ни́будь*

After he got a higher post, Igor no longer sang the praises of the director. *По́сле повыше́ния в до́лжности И́горь переста́л петь дифира́мбы дире́ктору.*

principle — *при́нцип; нача́ло*

in principle — *по иде́е*

Andrew is right in principle, but in reality everything looks quite different. *По иде́е Андре́й прав, но в действи́тельности всё вы́глядит совсе́м по-друго́му.*

private — *ча́стный; ли́чный*

in one's private capacity — *как ча́стное лицо́*

The President called on me in his private capacity. *Президе́нт навести́л меня́ как ча́стное лицо́.*

in private — *1. с гла́зу на глаз 2. в узком кругу́; в ча́стной жи́зни*

1. I want to talk to Boris in private. *Я хочу́ с Бори́сом поговори́ть с гла́зу на глаз.* 2. The colonel is quite a different person in private. *Полко́вник совсе́м друго́й челове́к в ча́стной жи́зни.*

---

pro — *профессиона́л*

old pro — *тёртый кала́ч*

It's impossible to fool Nikita — he's an old pro. *Невозмо́жно обману́ть Ники́ту, он тёртый кала́ч.*

---

promise — *обеща́ть*

promise the moon (and the stars) — *обеща́ть (or сули́ть) золоты́е го́ры*

Before the wedding Peter promised Masha the moon. *Пе́ред сва́дьбой Пётр обеща́л Ма́ше золоты́е го́ры.*

---

psych — *психологи́ческая автоподгото́вка*

psyched up — *настрое́нный*

All the students were psyched up by the prospect of a foreign trip after the exams. *Все студе́нты бы́ли настро́ены проспе́ктом для пое́здки за грани́цу по́сле экза́менов.*

---

pull — *тя́нуть*

pull oneself together — *зажима́ть себя́ в кула́к*

"Pull yourself together!" — Boris said to his son after a bicycle incident, "a broken leg is not the end of the world!" *"Зажми́ себя́ в кула́к!" — сказа́л Бори́с сы́ну по́сле его́ ава́рии на велосипе́де — "перело́м ноги́, это ещё не коне́ц све́та."*

pull one's leg — *разы́грывать кого́-ни́будь*

Olga believed that Nikolay won a huge sum on the lottery, but soon she realized that he was pulling her leg. *О́льга пове́рила, что Никола́й вы́играл кру́пную су́мму на лотере́йный биле́т, но ско́ро поняла́, что он её разы́грывал.*

pull strings (or wires) — *нажима́ть на все кно́пки (or педа́ли)*

Irina had to pull strings to get a job for her recently arrived brother. *Ири́на нажима́ла на все педа́ли, что́бы устро́ить на рабо́ту своего́ неда́вно прие́хавшего бра́та.*

pull the wool over one's eyes — *втира́ть очки́*

Nikita pulled the wool over his boss' eyes with his constant flattering. *Со свое́й постоя́нной ле́стью Ники́та втира́л очки́ нача́льнику.*

purse — *кошелёк*

fat purse — *больша́я (or то́лстая or туга́я) мошна́*

Zina loved to live in luxury, so she decided to leave her poor lover and to marry an older fat purse. *Зи́на люби́ла жить роско́шно, по̀этому реши́ла оста́вить бе́дного любо́вника и вы́йти за́муж за ста́рую туѓую мошну́.*

fill one's purse — *SEE: feather one's nest*

put — *класть*

put all one's eggs in one basket — *поста́вить всё на одну́ ка́рту*

It's silly to put all one's eggs in one basket and buy shares in just one company. *Неу́мное де́ло поста́вить всё на одну́ ка́рту и купи́ть а́кции то́лько одного́ това́рищества.*

put a question point blank — *поста́вить вопро́с ребро́м*

In order to find out the truth, I put the question point-blank. *Что́бы узна́ть пра́вду, я поста́вил вопро́с ребро́м.*

put down — *взять на каранда́ш*

The secretary put down my data. *Секрета́рша взяла́ на каранда́ш мои́ да́нные.*

put it on thick — *SEE: lay it on (thick)*

put it plainly — *по́просту говоря́*

To put it plainly, Arkady acted foolishly. *По́просту говоря́, Арка́дий соверши́л глу́пость.*

put on airs — *задра́ть нос*

Lisa put on airs when a millionaire started to court her. *Ли́за задра́ла нос, когда́ миллионе́р на́чал уха́живать за ней.*

putting (or to put) it mildly — *мя́гко выража́ться*

Peter's intentions towards Nina were not honorable, to put it mildly. *Намере́ние Петра́ к Ни́не, мя́гко выража́ясь, бы́ло нече́стное.*

put on an act — *игра́ть (or разы́грывать) коме́дию*
I believed Nina until I found out that she was merely putting on an act for me. *Я ве́рил Ни́не, но вы́яснилось, что она то́лько игра́ла коме́дию пре́до мно́й.*

put one's hand in someone else's purse (or pocket) — *залеза́ть (or влезть) в карма́н*
I trust my bookkeeper because I know that he wouldn't put his hand into the purse of the firm. *Я доверя́ю моему́ бухга́лтеру, потому́ что зна́ю, он в карма́н фи́рмы не вле́зет.*

put on the back burner — *отодви́нуть на за́дний план*
While Nikolay worked on a new project, he had to put the collection of his short stories on the back burner. *Пока́ Никола́й рабо́тал над но́вым прое́ктом, он вы́нужден был отодви́нуть на за́дний план рабо́ту над собра́нием свои́х расска́зов.*

put the cart before the horse — *де́лать (or начина́ть) не с того́ конца́*
To eat the dessert first, then the soup means to put the cart before the horse. *Ку́шать в нача́ле десе́рт, а пото́м суп, зна́чит начина́ть не с того́ конца́.*

put up a brave (or good) front — *де́лать хоро́шую ми́ну при плохо́й игре́*

Nina put up a brave front before her brain surgery, although her hands were trembling with fear. *Хотя́ у Ни́ны дрожа́ли ру́ки от стра́ха, она де́лала хоро́шую ми́ну при плохо́й игре́ пе́ред опера́цией на головно́м мо́зге.*

Q

Q.T. (quiet) — *тишина*

on the Q.T.; on the quiet — *тайно; тайком*

Masha and Sergey decided to get married on the Q.T. to keep their parents from interfering. *Ма́ша и Серге́й реши́ли обвенча́ться та́йно, что́бы роди́тели не помеша́ли.*

quick — *бы́стрый*

be quick on the uptake — *лови́ть (or хвата́ть) на лету́ (or с лёта)*

Olga is quick on the uptake; she understood my hint right away. *Мой наме́к О́льга лови́ла на лету́.*

quite — *вполне́; соверше́нно*

quite a few — *це́лый ряд*

Quite a few people keep working on the secret of long life, but so far without success. *Це́лый ряд люде́й бью́тся над пробле́мой долголе́тия челове́ка, но до сих пор безуспе́шно.*

quite the thing — *при́нято*

Among polite people it is quite the thing to thank one's host in written form after a dinner party. *По́сле вечери́нки сре́ди ве́жливых люде́й при́нято поблагодари́ть хозя́ев в пи́сьменной фо́рме.*

R

rack — *мучить*

rack one's brains — *ломать себе голову*

All day long Nikolay was racking his brains, but was unable to get out of the jam. *Николай весь день ломал себе голову, но выхода из тупика не нашёл.*

---

rage — *ярость; гнев*

be beside oneself with rage — *не помнить себя от гнева*

Olga pushed Sergey to the point where he was beside himself with rage. *Ольга довела Сергея до того, что он не помнил себя от гнева.*

fly into a rage — *приходить в бешенство*

Ivan flew into a rage when he caught sight of his wife's lover. *Увидев любовника жены, Иван пришёл в бешенство.*

---

rain — *дождь идёт*

rain cats and dogs; rain buckets (or pitchforks) — *льёт как из ведра*

During a summer storm it rains cats and dogs. *Во время летней грозы дождь льёт как из ведра.*

rain or shine — *какáя бы ни былá погóда; в любýю погóду*

I'll go for my daily walk rain or shine. *Я совершáю своЮ ежеднéвную прогýлку в любýю погóду.*

rare — *рéдкий*

rare steak — *кровáвый бифштéкс*

Igor likes his steak rare. *Йгорь лЮбит кровáвый бифштéкс.*

rat — *крыíса*

smell a rat — *здесь чтó-то нечúсто*

As soon as Vera mentioned it, we smelled a rat. *Как тóлько Вéра об э́том упомянýла, мы почýвствовали, что здесь чтó-то нечúсто.*

raze — *разрушáть*

raze to the ground — *кáмня на кáмне не остáвить; разрушáть до основáния*

The bombardments razed the city to the ground. *Бомбёжки гóрода кáмня на кáмне не остáвили.*

reach — *достáть*

beyond one's reach — *недостýпный*

At the present time a condominium is beyond my reach. *В настоя́щее врéмя чáстная квартúра мне недостýпна.*

within easy reach — *поблúже; легкó добрáться до чегó-нúбудь*

You'll see the cupola of the cathedral when we get within easy reach of town. *Когдá мы подъéдем поблúже к гóроду, ты увúдишь кýпол собóра.*

reason — *рáзум*

bring one to reason — *образýмить*

Andrew was stubborn in the beginning, but I brought him to reason later. *Вначáле Андрéй упóрствовал, но потóм мне удалóсь его образýмить.*

listen to reason — *образýмиться*

"I know that our opinions differ, but I beg you, please listen to reason" — Nikita asked Sasha. *"Я знáю, что нáши мнéния расхóдятся, но прошý тебя́, образýмься!" — просúл Никúта Сáшу.*

reason out — *продýмать*

OK, we'll reason out how to purchase a new office building. *Лáдно, мы продýмаем, как приобрестú нóвое администратúвное здáние.*

record — *отчёт*

keep a record — *запúсывать*

For tax purposes our company keeps a careful record of all expenses and income. *Для отчёта по налóгам нáша компáния тóчно запúсывает все дохóды и расхóды.*

on record — *зарегистрúрованный*

Yesterday's snowstorm was the worst on record. *Вчерáшняя пургá былá сáмой сúльной из всех рáнее зарегистри-´рованных.*

red — *крáсный*

get red (or get red in the face; blush) — *покрáснеть*

Lena got red when she heard Nikita's rough talk. *Лéна покраснéла, когдá онá услы́шала грýбую речь Никúты.*

redcap — *носúльщик*

Our neighbor works as a redcap at Chicago International Airport. *Наш сóсед рабóтает носúльщиком в междунарóдном аэропортý гóрода Чикáго.*

red-handed — *быть пóйман на мéсте преступлéния*

The bandits were preparing to rob the bank on our street but they got caught red-handed. *Бандúты пытáлись огрáбить банк на нáшей ýлице, но бы́ли пóйманы на мéсте преступлéния.*

reference — *указáние*

make references — *упоминáть*

At the time of our discussion Nikolay made references to needing my help during his impending move to another apartment. *Во врéмя разговóра Николáй упомянýл о нуждé в моéй пóмощи при переéзде на другýю квартúру.*

---

regard — *считáть; привéт*

regarding — *относúтельно*

We'll have to negotiate regarding the last point of our contract. *Относúтельно послéднего пýнкта контрáкта нам ещё придётся вестú переговóры.*

with (or in) regard to — *в отвéт*

With regard to your letter of July second we inform you that the books you ordered were shipped today. *В отвéт на вáше письмó от вторóго иóля сообщáем, что закáзанные вáми кнúги вы́сланы сегóдня.*

---

repair — *ремóнт; починúть*

in bad repair — *в неисправности*

If all of our computers are in bad repair, we have to spend a fortune to replace them. *Éсли все компьютеры в неисправности, нам придётся потрáтить кýчу дéнег на приобретéние нóвых.*

---

resort — *дáча*

last resort — *послéдняя кáрта*

Our wealthy aunt is our last resort every time when we have financial difficulties. *Нáша богáтая тётя являéтся послéдней кáртой кáждый раз, когдá возникáют финáнсовые трýдности.*

---

rhyme — *рúфма*

neither rhyme nor reason — *ни склáду, ни лáду*

There's no rhyme or reason to Pavel's stories. *В расска́зах Па́вла ни скла́ду, ни ла́ду.*

without rhyme or reason — *ни с того́, ни с сего́; без никако́го смы́сла*

The little boy started to cry without rhyme or reason. *Ни с того́, ни с сего́ мальчи́шка запла́кал.*

---

rich — *бога́тый*

strike it rich — *разбогате́ть сра́зу*

Peter struck it rich when oil was discovered in his backyard. *Когда́ на приуса́дебном уча́стке Петра́ была́ на́йдена не́фть, он сра́зу разбогате́л.*

---

riddance — *избавле́ние*

good riddance! — *ска́тертью доро́га*

If you don't like it here, why don't you leave? Good riddance! *Е́сли тебе́ здесь не нра́вится, мо́жешь уходи́ть — ска́тертью тебе́ доро́га!*

---

ride — *е́хать*

give one a ride — *подвезти́*

Lena gave Vera a ride all the way to the airport. *Ле́на подвезла́ Ве́ру до са́мого аэропо́рта.*

ride past — *прое́хать*

Masha and Natasha carelessly rode past their station — they were so deeply engrossed in conversation. *Углублённые в разгово́р, Ма́ша и Ната́ша не заме́тили, как прое́хали свою́ ста́нцию.*

---

right — *пра́вильно*

right away — *сейча́с же; сра́зу (же); неме́дленно*

Let's start working right away, or we won't finish the job by the deadline. *Начнём сейча́с же, ина́че мы не успе́ем во́время сдать рабо́ту.*

right on! — *правильно!; верно!*

"We have to decrease public aid for those able to work" — Pavel said. "Right on!" — Oleg answered. *"Надо сократить расходы на социальную помощь трудоспособным" — сказал Павел. "Правильно!" — ответил Олег.*

right there — *1. вон там 2. сию минуту*

1. The disc you are looking for is right there on the table. *Пластинка, которую ты ищешь, вон там лежит на столе.* 2. "I'll be right at your Mom's bedside" the nurse said to Oleg. *" Я буду сию минуту у кровати вашей матери" — сказала медсестра Олегу.*

serve one right — *поделом кому-нибудь*

The burglar was sentenced to two years in jail for robbing my neighbor. "It serves him right" — the other neighbors remarked. *За хищение имущества моего соседа преступник получил два года тюремного заключения. "И поделом ему!" — сказали другие соседи.*

---

ring — *звонить*

give a ring; ring up — *позвонить*

I'll ring you (up) sometime next week. *Я позвоню вам как-нибудь на будущей неделе.*

ring out — *раздаться*

A sharp cry rang out in the middle of the night. *Резкий крик раздался в ночной темноте.*

---

riot — *мятеж*

read the riot act — *делать выговор*

The teacher read the riot act to my son for being late to school. *Преподаватель сделал выговор моему сыну за опоздание в школу.*

---

rip — *разорвать*

rip off — *обдирать*

His ex-wife tried to rip off Nikolay after their divorce. *Бы́вшая жена́ Никола́я пыта́лась обдира́ть его́ по́сле разво́да.*

rip-off — *обдира́ловка*

The stores in the center of town have such high prices that it's a veritable rip-off. *В це́нтре го́рода це́ны в магази́нах насто́лько высо́кие, что э́то уже обдира́ловка.*

---

rise — *встава́ть; поднима́ться*

give rise to — *причини́ть*

The gossip about the boss and his secretary has led to many an unnecessary problem in the office. *Спле́тни о свя́зи секрета́рши с нача́льником причини́ли мно́го нену́жных пробле́м в конто́ре.*

rise to the occasion — *быть на высоте́ (положе́ния)*

The doctor always rose to the occasion during an emergency operation. *Врач всегда́ был на высоте́ положе́ния, когда́ ну́жно бы́ло сде́лать сро́чную опера́цию.*

---

risk — *риск*

calculated risk — *обду́манный риск*

Sending troops to the rebel island was a calculated risk. *Посла́ть войска́ на мяте́жный о́стров бы́ло обду́манным ри́ском.*

---

rob — *красть*

rob Peter to pay Paul — *Три́шкин кафта́н*

I owed Masha $5, so I borrowed from Boris. I robbed Peter to pay Paul. *Я до́лжен был Ма́ше пять до́лларов, поэ́тому я взял взаймы́ у Бори́са — сло́вно Три́шкин кафта́н.*

---

rock — *ка́мень; скала́; зашата́ться*

between a rock and a hard place — *SEE: between the devil and the deep blue sea*

on the rocks — *со льдом*

Please give me a whiskey on the rocks. *Пожа́луйста да́йте мне ви́ски со льдом.*

rock to sleep — *убаю́кать*

Grandma rocked the baby to sleep. *Ба́бушка убаю́кала ребёнка.*

roll — *кати́ть*

roll over — *поверну́ться*

Nikita snored terribly loudly until he rolled over on his back. *Ники́та ужа́сно храпе́л, пока́ он не поверну́лся на спи́ну.*

room — *ко́мната; ме́сто*

no room to spit — *плю́нуть не́где (or не́куда)*

There were so many people in the stadium that there was no room to spit. *На стадио́не бы́ло сто́лько наро́ду, что плю́нуть бы́ло не́куда.*

room and board — *по́лный пансио́н; кварти́ра и стол*

Do you know what they charge for room and board? *Вы не зна́ете ско́лько сто́ит здесь по́лный пансио́н?*

rope — *верёвка; кана́т*

know the ropes — *знать все ходы́ и вы́ходы; быть в ку́рсе де́ла*

Masha had been working for ten years in the same office, so she knew all the ropes. *Ма́ша рабо́тала де́сять лет в одно́й конто́ре и хорошо́ зна́ла все ходы́ и вы́ходы.*

rope into — *запряга́ть*

At the beginning of their marriage Masha did the dishes, but later Sasha got roped into doing the job. *В нача́ле бра́ка Ма́ша сама́ мы́ла посу́ду, но пото́м она запрягла́ Са́шу в эту рабо́ту.*

root — *укореня́ться*

as if rooted in the ground — *SEE: freeze on the spot*

root out — *вы́жечь калёным желе́зом*

There seems to be no way of rooting out the Mafia even to the present time. *Ка́жется, что ма́фию на сего́дняшний день нельзя́ вы́жечь калёным желе́зом.*

rooted to the ground — *как вко́панный*

When Masha heard about her father's death, she stood there rooted to the ground. *Когда́ Ма́ша узна́ла о сме́рти отца́, она́ засты́ла как вко́панная.*

take root — *пуска́ть ко́рни*

We arrived in America barely five years ago, but we have already taken root here. *Мы то́лько пять лет тому́ наза́д прие́хали в США, но мы уже успе́ли пусти́ть ко́рни.*

rough — *бу́рный*

rough and ready — *1. на ско́рую ру́ку; 2. черново́й; 3. ре́зкий*

1. Since Masha didn't have much time, she prepared a rough and ready meal. *Так как у Ма́ши не́ было мно́го вре́мени, она́ пригото́вила обе́д на ско́рую ру́ку.* 2. In order to write a novel one must have at least a rough and ready plan. *Для того́, что́бы написа́ть рома́н, ну́жно име́ть хотя́ бы черно́вой план.* 3. Our new neighbor is a big man with rough and ready manners. *Наш но́вый сосе́д кру́пный мужчи́на с ре́зкими мане́рами.*

rough-and-tumble — *дра́ка*

There was a big rough-and-tumble on the street. *Вчера́ за угло́м на́шего до́ма произошла́ кру́пная дра́ка.*

round — *кру́глый*

roundabout — *вокру́г да о́коло*

Sasha has a bad habit; he does everything in such a roundabout way. *У Са́ши плоха́я привы́чка: он ве́чно хо́дит во́круг да о́коло.*

round off — *1. округля́ть 2. заверша́ть*

1. The teacher allowed us to round off the numbers. *Преподава́тель позво́лил нам округля́ть чи́сла.* 2. I succeeded in completing my work, which was the collecting of signatures. *Мне удало́сь успе́шно заверши́ть рабо́ту по сбо́ру по́дписей.*

round trip — *пое́здка туда́ и обра́тно*

I want to fly to New York. You wouldn't know how much a round-trip ticket costs? *Я хочу́ улете́ть в Нью-Йо́рк. Вы не зна́ете, ско́лько сто́ит пое́здка ту́да и обра́тно?*

round up — *1. сгоня́ть; согна́ть 2. собира́ть*

1. The cattle were rounded up to brand the calves. *Скот уже согна́ли, что́бы клейми́ть теля́т.* 2. Nikokay collected many signatures for his petition. *Никола́й собира́л мно́го по́дписей для пети́ции.*

rub — *натира́ние; тере́ть*

rub it in — *сы́пать соль на ра́ну; пили́ть*

Nikolay got his tooth knocked out. "You look funny" — Pavel said to him. "I know, but don't rub it in." *Никола́ю вы́били зуб. "Ты так смешно́ вы́глядишь" — сказа́л ему Па́вел. "Я зна́ю, но не сыпь мне соль на ра́ну!" — отве́тил Никола́й.* "I know I'm wrong, but don't rub it in" — Nikita said to Natasha. *"Не пили́ ме́ня, я зна́ю, что я не прав" — сказа́л Ники́та Ната́ше.*

rub off — *1. со́йти; стира́ться 2. передава́ться*

1. The fur on the dog's neck was rubbed off by the leash. *Шерсть на шée у собáки уже стёрлась от поводкá.* 2. Lena's sadness rubbed off on those around her. *Грусть Лéны передаётся всем, кто её окружáет.*

rub out — *пришúть*

The gangsters rubbed out two policemen before they were caught. *Бандúты пришúли двух милиционéров, покá их поймáли.*

there's the rub — *вот в чём загвóздка*

We need a new car, but we have no money — there's the rub! *Нам нýжен нóвый автомобúль, но дéнег нет — вот в чём загвóздка.*

---

run — *бег; пробéг*

be on the run — *быть в бегах*

Nikita escaped from jail and was on the run for a long time. *Никúта убежáл из тюрьмы́, и дóлгое врéмя был в бегáх.*

in the long run — *в конéчном счёте*

If you work that hard, you are bound to be successful in the long run. *Éсли так мнóго рабóтаете, то, в конéчном счёте, вы добьётесь успéха.*

run across (into) — *встрéтить*

I ran into my old Latin teacher at the theater last night. *Вчерá в теáтре я неожúданно встрéтил моегó стáрого преподавáтеля латúнского языкá.*

run (or take) a risk — *рисковáть*

If you try to tell the boss your opinion you'll run the risk of losing your job. *Éсли вы попытáетесь вы́разить своё мнéние начáльнику, то рискýете потерять рабóту.*

run (or chase) around — *вращáться*

Nikita has always been trying to run around with businessmen. *Никúта всегдá пытáлся вращáться в кругý бизнесмéнов.*

run around in circles — *совершенно сбить с толку*

Pavel had Vera running around in circles with his promises. *Пáвел со своúми обещáниями совершéнно сбил с тóлку Вéру.*

run down — *1. остановиться 2. переехать 3. очернить; поносить*

1. The battery ran down and so my watch stopped. *Батарéйка уже сéла, и мои часы́ остановились.* 2. A dog was run down by the bus at the crossing. *Автóбус переéхал собáку на перекрёстке.* 3. Nikolay ran his ex-wife down to all their friends. *Николáй старáлся очернить свою́ бы́вшую женý в глазáх всех друзéй.*

run-down — *1. в плохóм состоя́нии 2. измýченный*

1. The house is in run-down condition, but the owner is not anxious to spend any money on repairs. *Дом находился в плохóм состоя́нии, но хозя́ин не собирáется трáтить дéньги на ремóнт.* 2. After her husband's death, Nina was very run-down. *Пóсле смéрти мýжа Нина вы́глядела ужáсно измýченной.*

run dry — *вы́сохнуть*

If it doesn't rain for a long time, the brooks may well run dry. *Éсли дóлгое врéмя не бýдет дождя́, то рéки мóгут вы́сохнуть.*

run for one's life — *SEE: take to one's heels*

run into the ground — *би́тый-переби́тый*

Stop it! This subject has been run into the ground. *Перестáнь! Эта тéма уже би́тая-переби́тая.*

run one out — *изгнáть*

General Kutuzov ran Napoleon's French army out of Russia. *Генерáл Кутýзов изгнáл францýзскую áрмию Наполеóна из России.*

run over — *1. повторить 2. задави́ть*

1. It wouldn't hurt you to run over your grammar. *Тебé не мешáло бы повторить граммáтику.* 2. With such driving you can easily run over a pedestrian. *Такóй ездóй ты мóжешь задави́ть прохóжего.*

run short of — *почти́ не остáться*

At the end of our trip we almost had no money left. *В концé нáшего путешéствия у нас почти́ не остáлось дéнег.*

run that by me again! — *повтори́(те), пожáлуйста, ещё раз (я не расслы́шал)*

"Run that by me again," — Vera cried into the receiver. "This telephone connection is very bad." *"Повтори́те, пожáлуйста, ещё раз, я не расслы́шала; телефóнная связь óчень плóхо рабóтает" — кричáла Вéра в трýбку.*

run to extremes — *вдавáться (or впадáть) в крáйности*

Whatever style of clothing Mary chooses, she always runs to extremes. *Какóй бы стиль одéжды Мари́я ни вы́брала, óна всегдá вдаётся в крáйности.*

run up — *1. задолжáть 2. поднять*

1. Many a Socialist country ran up a huge bill with international banks before 1989. *Мнóго социалисти́ческих стран задолжáли у интернационáльных бáнков пéред 1989-м гóдом.* 2. When the country got its independence, they ran the national flag up the flagpole on the square in front of Parliament. *Когдá странá стáла незави́симой, подня́ли национáльный флаг на плóщади пéред парлáментом.*

run up against — *наткнýться на чтó-ни́будь*

When the President wanted to raise taxes, he ran up against a lot of opposition. *Когдá президéнт хотéл подня́ть налóги, он наткнýлся на серьёзное сопротивлéние.*

S

sack — *мешóк*

get the sack — *быть уvóленным; получáть расчёт*

I got the sack last week. *Я получи́л расчёт на прóшлой недéле.*

give somebody the sack — *увольня́ть*

The boss gave John the sack when he appeared drunk at work. *Ива́на уво́лили, когда́ он появи́лся пья́ным на рабо́ту.*

hit the sack — *отправля́ться на боково́ю*

It's late already — time to hit the sack. *Уже по́здно. Пора́ на боково́ю.*

---

safe — *безопа́сный*

safe and sound — *жив-здоро́в; жив и здоро́в*

We emerged from the bus accident safe and sound. *Мы оста́лись жи́вы и здоро́вы по́сле автомоби́льной катастро́фы.*

---

sail — *па́рус*

sail into — *1. набра́сываться на кого́-ни́будь 2. обру́шиваться на кого́-ни́будь*

1. Grisha grabbed a stick and sailed into the dog. *Гри́ша схвати́л па́лку и набро́сился на соба́ку.* 2. Igor sailed into Masha for forgetting to write a check for the rent. *И́горь обру́шился на Ма́шу за то, что она забы́ла вы́писать чек на квартпла́ту.*

---

salt — *соль*

take with a grain (or pinch) of salt — *относи́ться скепти́чески к чему́-ни́будь*

We took Uncle Peter's stories of the war with a grain of salt. *Мы относи́лись скепти́чески к расска́зам дя́ди Петра́ о войне́.*

---

saving — *эконо́мия*

at a saving — *вы́годно*

We bought our summer cottage at a great saving. *Мы очень вы́годно купи́ли на́шу да́чу.*

---

say — *говори́ть*

I'll say! — *SEE: it goes without saying*

say a mouthful — *выходи́ть из себя́*

Nikolay had the good habit of never saying a mouthful in the company of others, no matter how angry he was. *У Никола́я было хоро́шее ка́чество: как бы он ни зли́лся, но он не выходи́л из себя́ на лю́дях.*

say nothing of — *SEE: not to mention*

says you! — *так я тебе́ и пове́рил!*

"I did not take your bicycle!" — "Says you. And who got the front wheel all squashed in?" *"Я тво́й велосипе́д не брал." — "Так я тебе́ и пове́рил. А кто сде́лал восьмёрку на пере́днем колесе́?"*

so to say — *так сказа́ть*

This is really not my affair but I am, so to say, responsible for Nina's good reputation. *Это дело не моё, но я, так сказа́ть, в отве́те за честь Ни́ны.*

you don't say! — *SEE: no kidding!*

---

saying — *поговорка*

as the saying goes — *как говори́тся*

Peter is ready to go through fire and water for Natasha, as the saying goes. *ЗаНата́шу Пётр гото́в бро́ситься, как говори́тся, в ого́нь и в во́ду.*

scale — *чешу́йка; соскобли́ть чешую́*

scale down — *сни́зить*

After the holidays all the prices were scaled down at the department store. *В универма́ге по́сле пра́здников все це́ны бы́ли сни́жены.*

scales fell from one's eyes — *заве́са упа́ла с глаз; пелена́ спа́ла с глаз*

Upon learning the truth, the scales fell from our eyes. *Когда́ мы узна́ли пра́вду, заве́са упа́ла с на́ших глаз.*

scare — *пуга́ть*

get the scare — *перепуга́ться*

Lisa got quite a scare when they said that her mother was in the hospital. *Ли́за здо́рово перепуга́лась, когда́ ей сказа́ли, что мать в больни́це.*

scare out of one's wits; scare stiff; scare the daylights out of one — *не́бо в овчи́нку показа́лось*

I was scared out of my wits when the lightning struck a tree in front of me. *Когда́ мо́лния уда́рила стоящеé пере́до мно́й де́рево, мне не́бо в овчи́нку показа́лось.*

scene — *вид*

behind the scenes — *за кули́сами*

The points of the contract between the firms were discussed behind the scenes. *Пу́нкты контра́кта ме́жду фи́рмами обсуждены́ за кули́сами.*

score — *зару́бка*

even the score — *неве́стке в отме́стку*

Eve seduced Nina's boyfriend and the angry Nina, to even the score, did the same. *Е́ва соблазни́ла любо́вника Ни́ны, а серди́тая Ни́на неве́стке в отме́стку отве́тила тем же.*

scot — *шотла́ндец*

go scot-free — *остава́ться безнака́занным* or *невреди́мым*

The professional burglar went scot-free. *Профессиона́льный вор оста́лся безнака́занным.*

scratch — *цара́пина; цара́пать*

start from scratch — *начина́ть с нача́ла* (or *с нуля́*)

Nikolay found enough strength to start his work from scratch disregarding the loss of time. *Никола́й находи́л си́лы начина́ть рабо́ту с нача́ла, несмотря́ на большу́ю поте́рю вре́мени.*

scratch my back and I'll scratch yours — *куку́шка хвали́т петуха́ за то, что хва́лит он куку́шку; рука́ ру́ку мо́ет; ты — мне, я — тебе́.*

Professional criminals seldom get arrested because they share their criminal profits with the head of the police department — a case of "scratch my back and I'll scratch yours." *Профессиона́льный престу́пник ре́дко попада́ет в тюрьму́, потому́ что вы́ручку от грабежа́ де́лит с нача́льством мили́ции — рука́ ру́ку мо́ет.*

up to scratch — *на высоте́*

Pavel's work hasn't been up to scratch lately. *После́днее вре́мя рабо́та Па́вла не на высоте́.*

scream — *вопить*

scream one's head off — *SEE: shout at the top of one's voice*

screw — *винт*

have a screw loose — *ви́нтика* (or *ви́нтиков*) *не хвата́ет* (*в голове́*)

The way he talked made me realize that he had a screw loose. *По его расска́зу я по́нял, что у него ви́нтиков не хвата́ет.*

screw up — *ко́мкать*

Olga had the wonderful talent of screwing up any job beyond recognition. *О́льга облада́ла удиви́тельной спосо́бностью ско́мкать любу́ю рабо́ту до неузнава́емости.*

screw-up — *оши́бка; заблужде́ние*

There were some really crude screw-ups in Gregory's scientific work. *В нау́чных труда́х Григо́рия бы́ли допу́щены грубе́йшие оши́бки.*

---

sea — *мо́ре*

be all at sea — *ничего́ не понима́ть (or смы́слить); быть растре́рянным*

From his look it became clear that he was all at sea. *По его взгля́ду ста́ло я́сно, что он растре́рян.*

go to sea — *стать моряко́м*

Oleg went to sea at the age of eighteen. *Оле́г стал моряко́м в восемнадцатиле́тнем во́зрасте.*

---

search — *иска́ть*

search me! — *поня́тия не име́ю! я почём зна́ю!*

"How could this accident have happened in the boiler room?" — "Search me!" — the inspector answered. *"Как могла́ произойти́ ава́рия в коте́льной?" — " Я поня́тия не име́ю!" — отве́тил инспе́ктор.*

search one's heart (or soul) — *загляну́ть себе́ в ду́шу*

The lecturer didn't want to search his heart in order to agree with his student. *Преподава́тель не хоте́л загляну́ть себе́ в ду́шу, что́бы оправда́ть студе́нта.*

---

see — *ви́деть*

as I see it — *по-мо́ему; на мой взгляд*

As I see it, Ivan and Natasha are not to blame for their divorce. *По-мо́ему, Ива́н и Ната́ша не винова́ты в разво́де.*

(do) you see? — *(вы) понимáете?*
You see, if I accept your invitation to come to your party, I'll miss my plane. *Вы понимáете, я не успéю к самолёту, éсли примý вáше приглашéние на вечерúнку.*

I see how it is — *мне понЯтно, как обстоЯт делá*
"I see how it is," — said Oleg after having heard my explanation. *"Мне уже понЯтно как обстоЯт делá" — сказáл Олéг пóсле услы́шанного объяснéния.*

it remains to be seen — *SEE: there's no telling (just) yet*

one has seen all sorts of things — *SEE: one has been around*

one has seen a thing or two! — *вúдали однý такýю!*
Don't think you'll always succeed — we've seen a thing or two! *Не дýмай, что тебé всё удáстся. Видáли однý такýю!*

see double — *в глазáх двои́тся*
I thought I saw double when I saw the twins. *Увúдев двойнЯшек, я подýмал, что у менЯ в глазáх двои́тся.*

see for yourself — *убедúтесь сáми*
If you don't believe me, go and see for yourself. *Éсли ты мне не вéришь, пойдú и убедúсь сам.*

seeing is believing — *покá не увúжу, не повéрю*
"I finished the translation" — George said to Mary. "Show it to me" — she replied — "seeing is believing." *"Я закóнчил перевóд" — сказáл Геóргий Марúи. "Покажú! Пóка не увúжу, не повéрю" — отвéтила онá.*

seeing that — *ввидý тогó, что; поскóльку...; так как*
Seeing that Oleg was right, I had to apologize. *Так как Óлег был прав, мне пришлóсь извинúться.*

see one off — *провожáть*
Will anyone see you off at the airport? *Проводúт ли вас ктó-нúбудь в аэропóрт?*

see stars — *úскры из глаз посы́плятся*
Pavel saw stars from the blow. *От удáра úскры из глаз посы́пались у Пáвла.*

see to — *позабо́титься*

"I'll see to it that all the guests are happy at your wedding" — Masha promised her sister. *"Я позабо́чусь, что́бы на твое́й сва́дьбе все го́сти бы́ли дово́льны" — обеща́ла Ма́ша сестре́.*

see through — *ви́деть, что кро́ется за чём-ни́бугь*

Although Oleg tried very hard to hide his real intentions, I saw through his politeness. *Хотя́ Оле́г о́чень стара́лся скрыть свои́ намере́ния, но я ви́дел, что кро́ется за его ве́жливостью.*

we shall see! — *SEE: there is no telling (just) yet*

---

sell — *продава́ть*

sell like hot cakes — *продава́ться нарасхва́т*

The latest fashion in sneakers sells like hot cakes among young people. *После́дний крик красо́вок продаётся нарасхва́т среди́ молоды́х люде́й.*

sell one short — *отзыва́ться о ко́м-ни́будь пренебре-жи́тельно*

Alyosha had the bad character trait of selling his relatives short. *У Алёши была́ скве́рная черта́ отзыва́ться о ро́дственниках пренебрежи́тельно.*

sell out — *1. распрода́ть 2. прода́ться врагу́; преда́ть*

1. The store at the lake sold out its whole stock of bathing suits during the summer. *За ле́то ла́вочка у о́зера распрода́ла весь запа́с купа́льников.* 2. To sell out to the enemy in time of war amounts to high treason. *Продава́ться врагу́ во вре́мя войны́ счита́ется изме́ной ро́дине.*

sell short — *торгова́ть в убы́ток*

Nikita was unable to sell short because he received his wares on credit. *Ники́та не мог торгова́ть в убы́ток, так как това́ры он получи́л в креди́т.*

send — *послáть*

send up — *приговори́ть к тюрьмé*

The thief was sent up for three years. *Ворá приговори́ли к трём годáм тюрьмы́.*

serve — *служи́ть*

it serves one right! — *тудá и дорóга!; так вам и нáдо!; это вам поделóм!*

Because of his greed Ivan lost everything. It serves him right! *Из-за своéй жáдности Ивáн потеря́л всё. Тýда емý и дорóга!*

service — *обслýживание*

be of service — *пригоди́ться*

Will these instruments be of service to you? *Пригодя́тся тебé э́ти инструмéнты?*

set — *класть; стáвить*

set about — *заня́ться чём-нибудь; приступи́ть к чемý-нибудь; принимáться за что́-нибудь*

After breakfast Mother set about the household work. *Пóсле зáвтрака мать принимáлась за рабóту по дóму.*

set aside — *отложи́ть*

Many shops set aside goods for their customers. *Мнóгие магази́ны отлóжат товáры для свои́х покупáтелей.*

set at liberty — *выпускáть на вóлю (or свобóду)*

After having spent two years in jail, the pickpocket was set free. *Просидéв два гóда в тюрьмé, ворá-кармáнника вы́пустили на свобóду.*

setback — *неудáча; затруднéние*

We suffered a major setback when my wife lost her job. *Большóе затруднéние создáлось в дóме пóсле увольнéния жены́ с рабóты.*

set down — *приписáть*

Nina set down her lack of success to her poor health. *Ни́на припи́сывала свои́ неудáчи из-за плохóго здорóвья.*

set forth — *изложи́ть*

Igor set forth his standpoint very clearly. *И́горь я́сно изложи́л свою́ пози́цию.*

set off — *1. оттеня́ть 2. вы́пустить*

1. Black decoration on the red dress sets off the colors of Olga's dress in a classical way. *Чёрная отде́лка кра́сного пла́тья класси́чески оттеня́ет цвета́ на пла́тье О́льги.* 2. We set off a rocket on July 4 as a symbol of our independence. *4-го ию́ля мы запусти́ли раке́ту в знак дня Незави́симости.*

set oneself up — *ко́рчить из себя́*

In the course of history many a prophet set himself up as the savior of mankind. *В тече́ние исто́рии мно́го проро́ков ко́рчили из себя́ спаси́телей челове́чества.*

set one's heart on — *настро́иться*

Nikita set his heart on moving to Chicago. *Ники́та настро́ился переéхать в Чика́го.*

set up — *обзавести́сь*

The city set up a hospital for the war veterans. *Го́род обзавёлся больни́цей для ветера́нов войны́.*

---

settle — *посели́ться*

settle (oneself) — *усе́сться*

Igor settled himself cozily on the couch. *И́горь ую́тно усе́лся на дива́не.*

---

shack — *лачу́га*

shack up with — *сожи́тельствовать с ке́м-ли́бо*

Did you know that Arkady and Lisa aren't married? They just decided to shack up for a while. *Ты знал, что Арка́дий и Ли́за не жена́ты? Они реши́ли то́лько сожи́тельствовать друг с дру́гом на не́которое вре́мя.*

---

shake — *трясти́; дрожа́ть*

be all shook (or shaken) up — *дрожа́ть кру́пной дро́жью*

Every time Nikolay sees an accident, he gets all shaken up. *Ка́ждый раз, когда́ Никола́й ви́дит ава́рию, он начина́ет дрожа́ть кру́пной дро́жью.*

shake a leg — *1. пляса́ть 2. торопа́пливаться*

1. Ivan joyfully shook a leg at his daughter's wedding. *Ива́н ра́достно пляса́л на сва́дьбе до́чери.* 2. Come on, guys, let's shake a leg! The train doesn't wait. *Дава́йте, ребя́та, торопа́пливаться! По́езд не бу́дет ждать нас.*

shake off — *стряхну́ть*

Toward the end of her vacation Nina managed to shake off her fatigue. *Под коне́ц о́тпуска Ни́на стряхну́ла с себя́ уста́лость.*

shell — *ра́ковина*

shell out — *раскоше́ливаться*

Peter had to shell out a lot of money for his new car. *Петру́ пришло́сь раскоше́ливаться на но́вый автомоби́ль.*

shine — *свети́ть*

shine up to — *рассыпа́ться (or верте́ться) ме́лким бе́сом (or би́сером)*

He kept shining up to the director in order to get a salary increase. *Что́бы ему повы́сили зарпла́ту, он рассыпа́лся ме́лким бе́сом пе́ред дире́ктором.*

shoe — *ту́фля*

be in one's shoes — *быть в чьей-нибу́дь ко́же; быть на чьём-нибу́дь ме́сте*

In order to understand George's point of view, one has to be in his shoes. *Что́бы поня́ть то́чку зре́ния Ю́рия, на́до побыва́ть в его ко́же.*

live on a shoe-string — *ко́е-как перебива́ться*

During his university years Boris had to live on a shoe-string. *В студе́нческие го́ды Бори́су пришло́сь ко́е-как перебива́ться.*

put oneself into someone else's shoes — *ста́вить се́бя на ме́сто кого́-ни́будь*

Don't chide me but try to put yourself in my place. *Не брани́ меня́, а постара́йся поста́вить себя́ на моё ме́сто.*

run on a shoe-string — *рабо́тать с минима́льным (or ма́лым) капита́лом*

We founded our firm not too long ago and for the time being it is running but on a shoe-string. *Мы неда́вно основа́ли фи́рму и пока́ она́ рабо́тает с минима́льным капита́лом.*

that's where the shoe pinches — *вот в чем загво́здка*

We wanted to exchange our apartment for another in a better district, but we just can't afford it — that's where the shoe pinches. *Мы хоте́ли поменя́ть кварти́ру в лу́чшем райо́не, но она́ нам не по средства́м — вот в чём загво́здка.*

---

shoot — *стреля́ть*

shoot the breeze (or bull) — *SEE: wag one's chin*

shoot one's wad — *1. тра́тить все де́ньги 2. чья́-ни́будь игра́ сы́грана*

1. We shot our wad for the vacation and now we can't even buy a pair of shoes. *Мы истра́тили все де́ньги на о́тпуск, и сейча́с у нас нет де́нег да́же на па́ру ту́фель.* 2. Don't you tell me anything anymore — you have shot your wad. *Ты мне бо́льше ничего́ не говори́ — твоя́ игра́ сы́грана.*

shoot up — *бы́стро расти́*

Tall buildings keep shooting up in our town as of late. *За после́днее вре́мя высо́кие дома́ бы́стро расту́т в на́шем го́роде.*

---

shop — *магази́н*

closed shop — *предприя́тие, нанима́ющее то́лько чле́нов профсою́за*

Numerous firms in the USA are closed shops. *Мно́го фирм США явля́ются предприя́тиями, кото́рые принима́ют на рабо́ту то́лько чле́нов профсою́за.*

talk shop — *говори́ть о свое́й рабо́те*

Boris doesn't care about the others — always and everywhere he just talks shop. *Бори́с не счита́ется с други́ми, а всегда́ и всю́ду говори́т то́лько о свое́й рабо́те.*

short — *коро́ткий*

a short while — *без году́ неде́ля*

He only arrived in the States a short while ago, but he can speak English already. *Без году́ неде́ля в Аме́рике, а уже говори́т по-англи́йски.*

cut short — *прерва́ть*

Lisa had to cut her vacation short because of her father's sudden death. *Ли́зе пришло́сь прерва́ть о́тпуск из-за внеза́пной сме́рти отца́.*

in short — *коро́че (or ко́ротко) говоря́*

"This plan is unworkable — in short, I disagree with you" — Lev said to his boss. *"Коро́че говоря́, этот план не выполни́м — коро́че говоря́, я не согла́сен с ва́ми" — сказа́л Лев своему́ нача́льнику.*

shot — *дробь*

big shot — *SEE: big wheel*

shoulder — *плечо́*

shoulder one's way — *проби́ться*

It's hard to shoulder one's way through the crowds during a demonstration. *Во вре́мя демонстра́ции тру́дно проби́ться сквозь толпу́ люде́й.*

shoulder to shoulder — *голова́ в го́лову*

The soldiers were marching shoulder to shoulder. *Солда́ты шли голо́ва в го́лову.*

straight from the shoulder — *пря́мо, без обиняко́в*

I spoke with Nikita straight from the shoulder about my chagrin. *О свое́й оби́де я пря́мо сказа́л Ники́те, без обиняко́в.*

shout — *кричáть*

shout at the top of one's voice (or lungs) — *кричáть во всю глóтку (or ивáновскую); крúком кричáть; кричáть благúм мáтом*

In his anger Oleg was shouting at the top of his voice. *От гнéва Олéг кричáл во всю глóтку.*

shout from the housetops (or rooftops) — *звонúть во все колоколá*

Irina shouted the news about her marriage from the rooftops. *Ирúна звонúла во все колоколá о своём замýжестве.*

shout one's head off — *SEE: at the top of one's voice*

show — *покáз; вы́ставка; покáзывать*

no-show — *носа не покáзывать*

Mary booked a room at the hotel, but then she was a no-show. *Марúя тóлько заказáла нóмер в гостúнице, и бóльше нóса не покáзывала.*

show off — *щеголя́ть; блеснýть чём-нúбудь*

Foma was fond of showing off his knowledge in the company of his colleagues. *Фомá любúл блеснýть своúми знáниями в óбществе сотрýдников.*

show-off — *хвастунúшка*

My little son is a real show-off. *Мой сынóчек такóй хвастунúшка.*

show one's (true) colors — *показáть своё úстинное лицó*

After the wedding Nikolay showed his true colors. *Пóсле свáдьбы Николáй показáл своё úстинное лицó.*

show one's hand — *откры́ть (or раскры́ть) свои кáрты*

Only after the elections did the new President show his hand. *Тóлько пóсле вы́боров нóвый президéнт раскры́л свои кáрты.*

show one's teeth — *показывать (свой) когти*
The first week in office, our director already showed his teeth. *Наш директор показал свой когти уже в первую неделю работы.*

show to good advantage — *выигрывать*
The new color of the walls shows to good advantage in the light of day. *Новая покраска стен очень выигрывает при дневном освещении.*

show up — *1. явиться 2. выделяться 3. разоблачить*
1. We agreed that we would meet but Natasha failed to show up. *Мы договорились о свидании, но Наташа не явилась.* 2. The color of the picture shows up well against the dark background. *Цвет картины хорошо выделяется на тёмном фоне.* 3. Pavel showed up with his girl friend in the company of their friends. *В кругу друзей Павел разоблачил свою подругу.*

steal the show — *переключать всё внимание на себя*
With her interesting stories Masha stole the show from the hostess. *Своими интересными рассказами Маша переключала всё внимание с хозяйки на себя.*

shred — *клочо́к*

not a shred of truth — *SEE: not a grain of truth*

shut — *закрыва́ть*

be shut up — *сиде́ть взаперти́*

"For this prank of yours you'll be shut up all month" — the father said sternly. *"За э́тот посту́пок ты бу́дешь сиде́ть взаперти́ до конца́ ме́сяца" — стро́го сказа́л оте́ц.*

shut up! — *заткни́сь!; заткни́ гло́тку!*

"Shut up!" — Boris shouted at Steven angrily. *"Заткни́сь!" — кри́кнул Бори́с серди́то Степа́ну.*

shut up — *1. замолча́ть 2. запере́ть*

1. "If you would only shut up!" — I thought to myself listening to the boring report. *"Хоть бы ты скоре́й замолча́л!" — ду́мал я про себя́, слу́шая ску́чный докла́д.* 2. On our way to our vacation we suddenly remembered that we forgot to close the garage door. *По доро́ге в о́тпуск мы вдруг вспо́мнили, что забы́ли запере́ть гара́ж.*

sick — *больно́й*

sick and tired — *надоеда́ть (до сме́рти)*

"I'm sick and tired of your mother's constant complaints" — Lev said to his wife. *"Мне надое́ли постоя́нные жа́лобы твое́й ма́тери" — сказа́л Лев жене́.*

side — *бок*

be on the safe side — *на вся́кий слу́чай*

Let's take an umbrella with us, just to be on the safe side. *Дава́й, возьмём зо́нтик, на вся́кий слу́чай.*

side by side — *бок о́ бок*

All our lives we've been working side by side. *Мы всю жизнь прорабо́тали бок о́ бок.*

side with — *принима́ть сто́рону*

Nina's mother usually sided with her daughter in arguments with her husband. *Мать Ни́ны обы́чно принима́ла сто́рону до́чери в спо́рах с му́жем.*

take sides — *стать на чью-ни́будь сто́рону*

It's difficult to take sides in one's own family's quarrels. *Тру́дно стать на чью-ни́будь сто́рону в семе́йных спо́рах.*

---

sight — *зре́ние*

at first sight — *на пе́рвый взгля́д; с пе́рвого взгля́да*

At first sight I thought the car was new, but then I saw that it was actually used. *С пе́рвого взгля́да каза́лось, что маши́на но́вая, но пото́м вы́яснилось, что она изно́шена.*

be in sight — *бли́зиться*

We can hardly believe that the end of our work on the book is in sight. *Нам даже не ве́рится, что бли́зится коне́ц рабо́ты над кни́гой.*

catch sight of — *замети́ть*

Ivan accidentally caught sight of Lisa in the line in front of the cashier. *Ива́н случа́йно заме́тил Ли́зу в о́череди в ка́ссу.*

know by sight — *знать в лицо́*

My neighbor and I haven't gotten acquainted yet — I only know him by sight. *Я с сосе́дом ещё не знако́м, я его зна́ю то́лько в лицо́.*

out of sight, out of mind — *с глаз долой — из сердца вон*

Since Sasha left for another town, I know nothing about him. As they say: "Out of sight, out of mind." *С тех пор как Са́ша уе́хал в друго́й го́род, я ничего́ о нём не знаю; как говори́тся, с глаз доло́й — из се́рдца вон.*

sight unseen — *за глаза́*

Ordering it over the phone, Vera bought a coat sight unseen, but then she wasn't satisfied with its quality. *Заказа́в по телефо́ну, Ве́ра купи́ла пальто́ за глаза́, но оста́лась недово́льна его ка́чеством.*

sign — *вы́веска; знак; подпи́сывать*

sign away (or over) — *перепи́сать*

Aleksey signed his house over to his wife, and when they divorced he was sure sorry for it. *Алексе́й переписа́л сво́й дом на жену́, а когда́ они́ разошли́сь, о́чень жале́л об э́том.*

sign off — *прекраща́ть*

TV channels sign off early in the evening in Indonesia. *В Индоне́зии телевизио́нные ста́нции ра́но прекраща́ют вечёрнюю програ́мму.*

sign up — *1. подписа́ться 2. поступи́ть доброво́льцем*

1. Barbara signed up for many magazines, but then she had no time to read. *Варва́ра подписа́лась на мно́го журна́лов, но у неё не хвата́ло вре́мени чита́ть.* 2. Igor signed up for a two-year enlistment. *И́горь поступи́л доброво́льцем на два го́да.*

---

simmer — *кипяти́ть*

simmer down — *успока́иваться*

Boris got mad, but soon simmered down. *Бори́с вы́шел из себя́, но ско́ро успоко́ился.*

---

simple — *просто́й*

quite simply; simply put — *SEE: put it plainly*

---

sink — *потону́ть*

sink in — *не пройти́ да́ром; твёрдо запо́мнить*

The father's threat sank in all right — Pavel stopped taking drugs. *Угро́зы отца́ не прошли́ да́ром: Па́вел переста́л принима́ть нарко́тики.*

sink into despair — *SEE: lose heart*

---

sit — *сиде́ть*

sit back — *безде́йствовать; отдохну́ть*

Sit back for a minute — you're quite tired at this point. *Отдохни́ минý́точку, ты уже о́чень уста́л.*

sit in on — *прису́тствовать*

Nina sat in gladly on her husband's classes; he was a linguistics professor. *Ни́на охо́тно прису́тствовала на ле́кциях своего́ му́жа, профе́ссора по языкове́дению.*

sit on a powder keg (or time bomb) — *жить как на вулка́не*

Caught between enemies, we live as if sitting on a powder keg. *Среди́ враго́в мы живём как на вулка́не.*

sitting on the top of the world — *SEE: be on the top of the world*

sit out — *досиде́ть до конца́; вы́сидеть*

The departmental meeting got dragged out very long — it was really difficult to sit it out to the end. *Заседа́ние на ка́федре затяну́лось и бы́ло тру́дно досиде́ть до конца́.*

sit tight — *подожда́ть (споко́йно)*

"When will my book be printed?" — the author was asking the press. "Sit tight," the printer answered, "we are working on a very urgent order." *"Когда́ моя кни́га бу́дет напеча́тана?" — спроси́л а́втор в типогра́фии. "Вам придётся подожда́ть, сейча́с мы выполня́ем сро́чный зака́з."*

sit up — *1. сади́ться; приподня́ться 2. просиде́ть*

1. After his serious illness the patient started to sit up. *По́сле тяжёлой боле́зни больно́й уже на́чал приподнима́ться.* 2. I hadn't seen my friend for a long time, and so when he visited me we sat up all night talking on the balcony. *Мы с дру́гом до́лго не виде́лись, а когда́ он прие́хал ко мне, мы всю ночь просиде́ли на балко́не и бесе́довали.*

---

six — *шесть*

at sixes and sevens — *вверх дном*

When his wife went to visit her mother, everything in Oleg's house was at sixes and sevens. *В до́ме Оле́га всё бы́ло вверх дном по́сле отъе́зда жены́ к ма́тери.*

six of one and half-a-dozen of the other — *оди́н друго́го сто́ит; э́то одно́ и то же, что в лоб, что по лбу*

"Should I wear my dark blue or my black outfit to the concert?" — Masha asked her husband. "Six of one and half-a-dozen of the other" — her husband answered. *"Чёрное или си́нее пла́тье оде́ть на конце́рт?" — спроси́ла Ма́ша му́жа. "Это одно́ и то же, что в лоб, что по лбу" — отве́тил он.*

size — *разме́р*

size up — *сообрази́ть*

Long explanations were unnecessary — Masha sized up the situation at a glance. *До́лгие объясне́ния не нужны́ — Ма́ша сра́зу сообрази́ла, в чём тут де́ло.*

skeleton — *скеле́т*

skeleton in the closet — *семе́йная та́йна*

The skeleton in our family closet was Uncle Ivan. No one mentioned him because he drank too much. *На́шей семе́йной та́йной был дя́дя Ива́н. Никто́ не говори́л о нём, потому́ что он пья́нствовал.*

skid — *буксова́ние*

skid row — *райо́н алкаше́й и бродя́г*

They say that once upon a time Kuznetzov used to be rich, but he gambled and drank so much that he wound up on skid row. *Говоря́т, что Кузнецо́в когда́-то был бога́т, но сли́шком мно́го игра́л в аза́ртные и́гры и пил, а тепе́рь живёт в райо́не алкаше́й и бродя́г.*

skin — *ко́жа*

by the skin of one's teeth — *чу́дом*

I made the airplane by the skin of my teeth. *Я чу́дом поспе́л на самолёт.*

it's no skin off my nose — *а мне-то что?*

Go to Vera's party if you wish. It's no skin off my nose. *Е́сли хо́чешь, иди на вечери́нку к Ве́ре. А мне-то что?*

skin and bones — *ко́жа да ко́сти*

The puppy is healthy now, but when we found him he was just skin and bones. *Тепе́рь щено́к здоро́в, но когда́ мы его нашли́, он был одна́ ко́жа да ко́сти.*

skin-deep — *пове́рхностный*

Natasha's friendship with her husband's ex-wife is only skin-deep. *Дружба́ Ната́ши с бы́вшей жено́й му́жа, то́лько пове́рхностная.*

sky — *не́бо*

out of the clear blue sky — *соверше́нно неожи́данно; ни с того́, ни с сего́*

Igor quit his job out of the clear blue sky. *И́горь ни с того́, ни с сего́ поки́нул рабо́ту.*

slack — *слабина́*

slack off — *осла́бить*

We slacked off toward the end of the day. *К концу́ дня мы осла́били темп рабо́ты.*

slap — *щипа́ть*

slap together — *SEE: throw together*

sleep — *спать*

sleep off — *проспа́ться (после попо́йки)*

Arkady hasn't yet slept off the effect of alcohol. *Аркáдий ещё не проспáлся от воздéйствия алкогóля.*

slide — *катúться*

let slide — *относúться спустя́ рукавá*

Nikita lets his work slide too much. *Никúта относúтся к рабóте спустя́ руковá.*

slip — *обвáл; ошúбка*

slip-up — *прóмах; ошúбка; недосмóтр*

"Excuse me! It was a slip-up... I suddenly remembered that you don't care for straight side-burns" — the barber said. *"Я извиня́юсь! Э́то моя́ ошúбка; пóмню, вы не лю́бите прямы́е вискú" — оправдывался парикмáхер.*

slip up — *просчитáться*

The grocery salesgirl slipped up and gave Olga the wrong change. *Продавщúца овощнóго магазúна просчитáлась и далá О́льге непрáвильно сдáчу.*

slow — *мéдленный*

slow-down — *замéдление*

I didn't notice the sudden slow-down of the car in front of me and almost ran into it. *Я не замéтил внезáпное замедлéние впередú идýщего автомобúля и чуть не врéзался негó.*

slow down (or up) — *замедля́ть (ход); сбáвить темп*

Slow down! School ahead! *Замедля́йте скóрость! Шкóла!*

sly — *хитрый*

on the sly — *SEE: on the Q.T.*

smash — *разбúть*

smash hit — *боевúк; шля́гер; мóдная пéсенка*

The young composer's song was the season's smash hit. *Пéсня молодóго композúтора былá шля́гер сезóна.*

smell — *чýять*

smell out — *SEE: ferret out*

---

smoke — *дым; кури́ть*

smoke out — *разоблачáть*

It took the detective a week and a half to smoke out the criminal. *Для тогó, чтóбы разоблачи́ть престýпника, слéдователю потрéбовалось полторы́ недéли.*

---

snap — *щелчóк; щёлкать*

snap up — *расхвáтывать*

When cheap computers went on sale, the shoppers snapped up the bargain in a day. *Когдá на распродáже появи́лись дешёвые компью́теры, покупáтели их расхватáли за óдин день.*

---

sneak — *крáсться*

sneak in free — *SEE: crash the gate*

---

sneeze — *чихáть*

sneeze at — *не шýтка; на землé не валя́ются*

Is a thousand dollars for a bike anything to sneeze at? *Ты́сяча дóлларов за велосипéд — это не шýтка.*

---

sniff — *фы́ркать*

sniff out — *SEE: ferret out*

---

snow — *снег*

snow in — *занести́ снéгом*

Our relatives in the North got snowed in for a whole week. *Нáши рóдственники на сéвере бы́ли занесены́ снéгом в течéние цéлой недéли.*

snow under — *засы́пать; завали́ть*

We were snowed under with invitations for the holidays. *Нас засы́пали приглашéниями на прáздник.*

---

so — *так*

and so on — *и тому́ подо́бное; и так да́льше*

For the new cookie recipe I need some cheese, milk, eggs, and so on. *Мне ну́жен сыр, молоко́, я́йца и тому́ подо́бное для но́вого реце́пта пирога́.*

so far — *пока́ что*

So far I'm fine. *Пока́ что я чу́вствую себя́ хорошо́.*

so far so good — *пока́ всё хорошо́*

So far so good. We hope it will continue the same way. *Пока́ всё хорошо́; наде́емся, что так бу́дет и да́льше.*

so long — *ну пока́*

So long! I'll be seeing you! *Ну пока́! До ско́рого!*

soak — *мочи́ть*

soak in — *SEE: sink in*

soak oneself in — *с голово́й уйти в что́-нибудь*

Masha soaked herself in Chinese medieval history. *Ма́ша с голово́й ушла́ в средневеко́вую исто́рию Кита́я.*

sob — *всхлип*

sob story — *душещипа́тельная исто́рия; жа́лкие слова́*

The begger told us a long sob story before he asked for money. *Нищи́й рассказа́л нам дли́нную душещипа́тельную исто́рию пе́ред тем, что попроси́ть де́ньги.*

somehow — *ка́к-нибудь*

somehow or other — *как-то так*

Somehow or other Nikolay always seems to make mistakes. *Как-то так выхо́дит, что Никола́й всегда́ де́лает оши́бки.*

soil — *па́чкать*

soil one's hands — *SEE: dirty one's hands*

song — *пе́сня*

for a song — *за бесце́нок; за гроши́; деше́вле па́реной ре́пы*

Lisa bought winter clothes in the summer for a song. *Зи́мнее пла́тье ле́том Ли́за купи́ла за бесце́нок.*

soon — *ско́ро*

none too soon! — *SEE: (it's) about time!*

no sooner... — *не успе́л...*

No sooner had he gotten out of the hospital than he had another heart attack. *Не успе́л он вы́писаться из больни́цы, как у него́ сно́ва был серде́чный при́ступ.*

soup — *суп*

in the soup — *в пи́ковом положе́нии*

Pavel really got into the soup when he had to pay the bills of his mistress. *Па́вел оказа́лся в пи́ковом положе́нии, когда́ ему́ пришло́сь плати́ть по счета́м любо́вницы.*

speak — *говори́ть*

generally speaking — *вообще́ говоря́*

Well, generally speaking, Chicago is a relatively peaceful city. *Вообще́ говоря́, Чика́го совсе́м споко́йный го́род.*

it speaks for itself — *э́то говори́т само́ за себя́; коммента́рии изли́шни*

The facts speak for themselves. *Фа́кты говоря́т са́ми за себя́.*

not to speak of — *SEE: not to mention*

speak out (or up) — *выска́зываться открове́нно (or начистоту́)*

Oleg wasn't afraid to speak out in the presence of the boss. *Оле́г не побоя́лся открове́нно вы́сказаться в прису́тствии нача́льника.*

speed — *быстрота́; ско́рость*

at full speed — *на по́лном газу́; во весь дух*

The bus was running at full speed. *Авто́бус шёл на по́лном газу́.*

speed up — *ускоря́ть*

The work speeded up after a short break. *Темп рабо́ты ускорился по́сле небольшо́й переды́шки.*

spirit — *душа́; дух*

be in high spirits — *быть в ду́хе; быть в хоро́шем настрое́нии*

Peter was in high spirits when he got a salary raise. *Когда́ Пётр получи́л приба́вку, он был в хоро́шем настрое́нии.*

be in low spirits — *быть не в ду́хе; быть в плохо́м настрое́нии; быть не в настрое́нии*

Peter was in low spirits when his fiancee broke off their engagement. *Пётр был не в духе́, когда́ его неве́ста расто́ргла их помо́лвку.*

spit — *слюна́*

spit and image; spitting image — *то́чная ко́пия кого́-то; вы́литый кто́-то*

Andrey is the spitting image of his father. *Андре́й — это то́чная ко́пия своего́ отца́.*

spite — *приноси́ть вред*

for spite — *назло́*

Nina just did that for spite. *Ни́на это сде́лала про́сто назло.*

in spite of — *1. хоть и 2. несмотря́ на*

1. Nikita isn't spoiled, in spite of the fact that he has a lot of money. *Ники́та, хоть и бога́т, но не изба́лован.* 2. The trip is on in spite of the rain. *Экску́рсия состои́тся несмотря́ на дождь.*

split — *разделить*

split hairs — *спорить о мелочах*

It was amazing why Masha and Pavel split hairs. *Бы́ло удиви́тельно, почему́ Ма́ша и Па́вел спо́рили о мелоча́х.*

split one's sides — *ло́пнуть*

We nearly split our sides laughing at Igor's jokes. *От шу́ток И́горя мы чуть не ло́пнули со сме́ху.*

split up — *расходи́ться*

Barbara and Arkady split up after two years of unhappy marriage. *Варва́ра и Арка́дий разошли́сь спустя́ два го́да по́сле неуда́чного бра́ка.*

sponge — *гу́бка*

throw in the sponge; throw up the sponge — *SEE: throw in the towel*

spot — *пятно́*

on the spot — *сра́зу*

Olga made such an impression on the director that he hired her on the spot. *О́льга произвела́ тако́е впечатле́ние на дире́тора, что он её сра́зу при́нял на рабо́ту.*

right on the spot — *как раз там*

We were right on the spot when the road accident happened. *Мы как раз были там, когда произошла́ доро́жно-тра́нспортная ава́рия.*

stamp — *то́пот; штампова́ть*

stamp out — *уничто́жать; истребля́ть; подавля́ть; потуши́ть*

In the last few years, we have nearly succeeded in stamping out the agent of polio. *В после́дние не́сколько лет нам почти́ удало́сь уничто́жить возбуди́теля полиомиели́та.*

stand — *встава́ть*

stand by — *сдержа́ть*

Years of experience have proved that Boris stands by his word and so we can count on him. *О́пыт мно́гих лет доказа́л, что Бори́с сде́ржит сло́во и мы всегда́ мо́жем на него́ рассчи́тывать.*

stand for — *заменя́ться*

Code bars stand for numbers lately in order to facilitate shopping. *В настоя́щее вре́мя для ускоре́ния подсчёта поку́пок це́ны заменя́ются ко́дом.*

stand out — *торча́ть*
Sasha's ears stand out off his head. *У Са́ши у́ши торча́т.*

stand out like a sore thumb — *SEE: stick out like a sore thumb*

stand (or stick) up for — *подде́рживать; постоя́ть за; выступа́ть в защи́ту; заступа́ться за; отста́ивать*
Nina always stands up for women's rights. *Ни́на всегда выступа́ет в защи́ту же́нского равнопра́вия.*

---

standard — *станда́рт; станда́ртный*
by American standards — *по америка́нским крите́риям*
The countries of the Third World are very poor by American standards. *По америка́нским крите́риям стра́ны тре́тьего ми́ра о́чень бедны́.*

standard English — *литерату́рный (or нормати́вный) англи́йский язы́к*
I study standard English, not the local dialect. *Я учу́сь литерату́рному англи́йскому языку́, а не ме́стному диале́кту.*

---

star — *звезда́*
the Stars and Stripes — *госуда́рственный флаг США.*
During the swearing-in ceremony for US citizenship, the room is decorated with the Stars and Stripes. *Во вре́мя приня́тия прися́ги на гражда́нство, помеще́ние укра́щено госуда́рственным фла́гом США.*

---

start — *вздра́гивание; начина́ть*
give one a start — *испуга́ть*
Olga gave me a bad start when she suddenly appeared with a bulldog. *О́льга о́чень испуга́ла меня́ свои́м внеза́пным появле́нием с бульдо́гом.*

start from scratch (or square one or the very beginning) — *начина́ть с а́зов (or на́чала or нуля́)*

The flood ruined our house and we had to start over from scratch. *Наводне́ние разру́шило наш дом, и нам пришло́сь начина́ть с азо́в.*

start with; for starters — *на пе́рвое вре́мя*

A thousand dollars will cover expenses for starters. *На пе́рвое вре́мя нам хва́тит ты́сячи до́лларов на жизнь.*

---

starve — *мори́ть*

starve one to death — *мори́ть го́лодом*

The prisoners of war were starved to death. *Пле́нных мори́ли го́лодом.*

starve to death — *умира́ть от го́лода (or с го́лоду)*

We'll starve to death if we don't have lunch pretty soon. *Е́сли обе́да ско́ро не бу́дет, мы умрём от го́лода.*

---

stay — *остана́вливаться*

stay put! — *ни с ме́ста!*

"Stay put! I'll pick you up" — said the mother when she noticed that her little son was on the window-sill. *"Ни с ме́ста! Я подойду́ за тобо́й" — сказа́ла мать, уви́дев ребе́нка на подоко́ннике.*

---

step — *шага́ть*

take steps — *приня́ть ме́ры*

We'll have to take effective steps in the anti-smoking campaign. *Нам придётся при́нять эффекти́вные ме́ры в борьбе́ с куре́нием.*

step in — *вме́шаться*

Arkady stepped in at the height of the scandal and thereby he forestalled great inconvenience and embarrassment. *В са́мый разга́р сканда́ла вмеша́лся Арка́дий, чем предупреди́л кру́пные неприя́тности.*

step on it — *дать га́зу*

I got into my car and stepped on it. *Я сел в маши́ну и дал га́зу.*

stick — *втыкать; наклеивать*

stick one's nose into everything — *SEE: butt into everything*

stick out like a sore thumb — *быть как белая ворона*

With his odd habits Sergey stuck out like a sore thumb. *Со своими необыкновенными свойствами Сергей был как белая ворона.*

stick to something tooth and nail — *держаться зубами*

Mike stuck to his position tooth and nail. *Михаил зубами держался за свою позицию.*

stick up for — *SEE: stand up for*

stiff — *жесткий; негибкий*

stiff as a poker — *SEE: straight as a ramrod*

stop — *останавливать*

stop short (or dead) — *остановиться как вкопанный*

We stopped short when the bear emerged from behind the bush. *Когда медведь показался из-за куста, мы остановились как вкопанные.*

story — *сказка; рассказ*

it's a different story — *музыка не та; музыка другая*

Ivan used to be a lady killer, but ever since he grew old it has been a different story. *В былые времена Иван считался покорителем дамских сердец, но теперь музыка не та.*

the story goes — *говорят, что*

Masha and Andrey, as the story goes, got married in jail. *Говорят, что Маша с Андреем расписались в заключении.*

stretch — *вытягивание; протяжение*

in one stretch — *не вставая*

Nikita worked from morning till night in one stretch. *Никúта рабóтал с утрá до вéчера не вставáя.*

strike — *ударя́ть*

strike up a friendship — *войтú в дрýжбу*

Igor spared no effort to strike up a friendship with his boss. *Йгорь старáлся всéми путя́ми войтú в дрýжбу с начáльником.*

stripe — *полосá; полóска*

of every stripe and color — *всех (or любы́х or рáзных) мастéй*

People of every stripe and color took part in the anti-war demonstration. *Лю́ди всех мастéй учáствовали в демонстрáции прóтив войны́.*

straw — *солóма*

the last straw — *послéдняя кáпля*

Igor's refusal in my great need was the last straw in our friendship. *Откáз Йгоря помóчь мне в бедé яви́лся послéдней кáплей нáшей дрýжбы.*

strut — *ходи́ть с вáжным ви́дом*

strut about; strut like a peacock — *ходи́ть гóголем*

Nikolay felt very proud of himself and strutted like a peacock. *Николáй был гóрдым и ходи́л гóголем.*

stubborn — *упря́мый*

be stubborn as a mule — *как бáран упирáтся*

Expect nothing of Nikita — he is stubborn as a mule. *От Никúты ничегó не жди — он упрётся, как барáн.*

stuff — *наби́ть*

stuff oneself — *объедáться*

Lena has a bellyache — she has stuffed herself with chocolate. *У Лéны желýдок боли́т — онá объéлась шоколáдом.*

substance — *сущность*

in substance — *по существу*

Everybody agreed with me in substance — only Pavel contradicted me. *Когда по существу все были согласны со мной, возразил только Павел.*

---

suit — *костюм*

birthday suit — *костюм Адама (or Евы)*

The police arrested the drunkard when he paraded through the main street in his birthday suit. *Милиция арестовала пьяницу, когда он маршировал по улице в костюме Евы.*

---

sure — *уверенный; убеждённый*

for sure — *несомненно; непременно; точно; наверняка*

Dostoevsky was a genius for sure! *Достоевский был несомненно гений.*

that's for sure! — *SEE: it goes without saying*

well, I'm sure! — *вот те раз! ну и ну!*

No one has built a house on Mars yet — well, I'm sure! *Ещё никто не построил дом на Марсе — вот те раз!*

---

surprise — *удивление*

take one by surprise — *застать врасплох*

Lena's wish to marry me took me by surprise. *Желание Лизы заключить брачный союз застало меня врасплох.*

---

swallow — *проглатывать*

swallow one's word — *SEE: eat one's word*

---

sweat — *пот*

by the sweat of one's brow — *своим (собственным) горбом*

All her life, Nina earned her living by the sweat of her brow. *Нина всю жизнь зарабатывала деньги своим горбом.*

---

swing — *разма́х*

get into the swing — *аппети́т прихо́дит во вре́мя е́ды*

Boris was reluctant to start working, but then he got into the swing of it. *Бори́с неохо́тно на́чал де́ло, но аппети́т прихо́дит во вре́мя е́ды.*

in full swing — *в по́лном разга́ре*

The party was in full swing when Masha's parents arrived unexpectedly. *Вечери́нка была́ в по́лном разга́ре, когда́ роди́тели Ма́ши неожи́данно верну́лись.*

swoop — *при́ступ*

in (or at) one fell swoop — *не переводя́ дыха́ния; с налёта; с налёту*

Since Eve was very thirsty, she drank down the glass of water in one fell swoop. *Испы́тывая большу́ю жа́жду, Е́ва вы́пила стака́н воды́ не переводя́ дыха́ния.* Steven answered all the questions in one fell swoop during the math exam. *Степа́н мог отвеча́ть на вопро́сы экзамина́тора с налёта.*

system — *систе́ма*

get something out of one's system — *очища́ться от чего́-ни́будь*

Having told the truth about the death of her husband, Nina managed to get it out of her system. *Рассказа́в пра́вду о сме́рти му́жа, Ни́на очи́стилась от угрызе́ния со́вести.*

T

T — *буква "Т"*

to a T — *как в апте́ке; то́чка в то́чку*

Lena measures the ingredients for the pie right to a T. *Ингредие́нты на торт у Лё́ны рассчи́тываются как в апте́ке.*

table — *стол*

set the table — *накры́ть стол*

Before the arrival of the guests, Masha and her mother set the table. *Пе́ред приє́здом госте́й Ма́ша с ма́мой накры́ли стол.*

tail — *хвост*

tail between one's legs — *с ви́дом поби́той соба́ки*

When Igor emerged from the director's office with his tail between his legs, it was clear to us that he got fired. *Когда́ И́горь вы́шел из кабине́та дире́ктора с ви́дом поби́той соба́ки, нам бы́ло я́сно, что он уво́лен.*

tail end — *са́мый коне́ц*

We got stuck in a traffic jam and so only caught the tail end of the concert. *Мы попа́ли в доро́жную про́бку и потому́ прие́хали к са́мому концу́ конце́рта.*

take — *брать; принима́ть*

it takes one to know one — *SEE: birds of a feather flock together*

take a dig at — *броса́ть ка́мень (or ка́мешек) в огоро́д*

"If you keep taking digs at me like that" — Vera said to Mary — "our friendship won't last long." *"На́ша дру́жба бу́дет недолгове́чна" — сказа́ла Ве́ра Мари́и — "е́сли ты постоя́нно броса́ешь ка́мень в мой огоро́д."*

take advantage of — *воспо́льзоваться*

Sergey took advantage of my offer and became my business partner. *Серге́й воспо́льзовался мои́м предложе́нием и стал мои́м партнёром фи́рмы.*

take after — *быть похо́жим на кого́-ни́будь*

My wife takes after her mother. *Моя́ жена́ похо́жа на свою́ мать.*

take at face value — *принимать за чи́стую моне́ту*

Lena is very naive — she takes everything at face value. *Ле́на о́чень наи́вна: она́ всё принима́ет за чи́стую моне́ту.*

take care! — *счастли́во остава́ться!*

"Take care!" — Mary said and hugged me when she left. *"Счастли́во остава́ться!" — сказа́ла Мари́я и попроща́лась, обнима́я меня́.*

take for — *приня́ть за*

Our medic is frequently taken for a real physician. *На́шего фе́льдшера ча́сто принима́ют за врача́.*

take for a ride — *ве́шать (or наве́шивать) лапшу́ на у́ши*

First I believed his promises but then I realized that I was merely being taken for a ride. *Снача́ла я ве́рил его́ обеща́ниям, но пото́м заме́тил, что он то́лько ве́шает мне лапшу́ на у́ши.*

take heart — *не па́дайте ду́хом!*

Take heart! After all, you can have a second try at the exam. *Не па́дай ду́хом! Ведь ты мо́жешь пересда́ть экза́мен.*

take into account (or consideration) — *принима́ть во внима́ние*

When pronouncing the sentence, the judge took into consideration the criminal's difficult childhood. *При вынесе́нии пригово́ра судья́ при́нял во внима́ние тру́дное де́тство престу́пника.*

take it easy! — *не волну́йтесь!; потихо́ньку!; осторо́жно!*

Take it easy! Your boyfriend will come back to you for sure. *Не волну́йся! Тво́й молодо́й челове́к вернётся к тебе́ наверняка́.*

take it from me! — *пове́рьте мне!; я вам говорю́*

You will have to pay for cheating on your wife — take it from me! *Пове́рьте мне, вы должны́ бу́дете заплати́ть за изме́ну жене́!*

take it out on — *сва́ливать на*

Olga's older brother takes all his frustrations out on her. *Ста́рший брат О́льги все неуда́чи сва́ливает на неё.*

take it (that) — *ви́дно*

I take it you are in trouble? *У тебя́, ви́дно, непри́ятности?*

take liberties — *позволи́ть себе ли́шнее*
The boss in the office takes liberties with the female employees. *Дире́ктор на́шей конто́ры позволя́ет себе́ ли́шнее с сослужи́вицами.*

takeoff — *1. взлёт 2. паро́дия; подража́ние*
1. The Aeroflot takeoff was a lot rougher than that of Delta. *Взлёт самолёта Аэрофло́та был намно́го неплавне́е, чем у компа́нии Де́льта.* 2. Arkady did a splendid takeoff of the President's southern accent. *Подража́ние ю́жного акце́нта президе́нта блестя́ще получа́лось у Арка́дия.*

take office — *вступа́ть в до́лжность*
Our new comptroller will take office in a week. *Наш но́вый контролёр вступа́ет в до́лжность че́рез неде́лю.*

take one to the cleaners — *обдира́ть (or обира́ть) как липку*
After their divorce Barbara took Gregory to the cleaners. *По́сле разво́да Варва́ра ободра́ла Григо́рия как ли́пку.*

take place — *произойти́*
Where did the accident take place? *Где произошёл этот несча́стный слу́чай?*

take root (or send down roots) — *врасти́ (or прирасти) корня́ми*

Our family took root in New York. *Нáша семья́ прирослá корня́ми к Нью-Йóрку.*

take to one's heels — *дай бог нóги*

Nikolay heard shooting and took to his heels. We didn't see him anymore. *Николáй услы́шал стрельбý — и дай бог ногú! Бóльше мы егó не вúдели.*

take something up with one — *обсудúть с кéм-нúбудь*

The completion of the contract has to be taken up with the company attorney. *Заключéние контрáкта слéдует обсудúть с адвокáтом фúрмы.*

take your time — *не торопитесь!*

Take your time! The plane takes off in only two hours. *Не торопúтесь! Самолёт вылетáет тóлько чéрез два часá.*

---

talk — *разговóр; бесéда*

heart-to-heart talk — *задушéвная бесéда*

The friends were having a heart-to-heart talk. *Друзья́ велú задушéвную бесéду.*

pep talk — *"накáчка"*

Masha was afraid of the exam, but after the teacher's pep talk she regained her confidence. *Мáша боя́лась экзáмена, но пóсле "накáчки" преподавáтеля óна обрелá уверéнность.*

small talk — *свéтская болтовня́*

The party was very boring — everyone was just into small talk. *Вечерúнка прошлá óчень скýчно, так как все бы́ли зáняты свéтской болтовнёй.*

talk of the town — *на устáх у всех*

Last year in Chicago the famous Monet exhibition was the talk of the town. *В прóшлом годý у всéх на устáх былá извéстная вы́ставка худóжника Монé.*

---

talk — *разговáривать*

talk behind one's back — *говорúть за глазá*

Nina liked to talk behind her friend's back, as dishonorable people usually do. *Ни́на охо́тно говори́ла за глаза́ о свои́х друзья́х, как это дела́ют нече́стные лю́ди.*

talk big — *хва́стать; бахва́литься; ва́жничать*

Sergey talks big; don't believe what he says. *Серге́й хва́стает; не ве́рьте тому́, что он говори́т.*

talk nonsense — *моло́ть (or поро́ть) вздор*

Stop talking nonsense! *Переста́нь поро́ть вздор!*

talk one into — *уговорить*

I'll try to talk Nikita into coming with us to the concert. *Я постара́юсь уговори́ть Ники́ту пойти́ с на́ми на конце́рт.*

task — *зада́ча*

take to task — *пробира́ть за что́-ни́будь*

Arkady took his wife to task for her wastefulness. *Арка́дий пробира́л свою́ жену́ за расточи́тельство.*

taste — *вкус*

give a taste of one's own medicine — *опла́тить тем же (or той же моне́той)*

Nina gave her husband a taste of his own medicine when she cheated on him. *Ни́на оплати́ла той же моне́той за изме́ну мужа́.*

in poor taste — *беста́ктный*

Pavel's negative remarks about women in front of my wife were in poor taste. *Отрица́тельное сужде́ние Па́вла о же́нщинах в прису́тствии мое́й жены́ бы́ло беста́ктным.*

leave a bad taste in one's mouth — *оставля́ть неприя́тный оса́док*

Our guests' boasting about their success left a bad taste in our mouths. *Хвастовство́ госте́й о свои́х успе́хах оста́вило у нас неприя́тный оса́док.*

tea — *чай*

not for all the tea in China — *ни за ка́кие бла́га (в ми́ре); ни за каки́е коври́жки*

I won't marry him for all the tea in China. *Ни за каки́е бла́га я за него́ за́муж не вы́йду.*

not one's cup (or dish) of tea — *не в чьём-нибу́дь вку́се; не по кому́-нибу́дь*

Lisa is trying to understand young folks, but pop music just isn't her cup of tea. *Ли́за стара́ется поня́ть молодёжь, но поп-му́зыка не в её вку́се.*

---

team — *кома́нда*

team up — *объедини́ться*

We'll make more money if we team up with successful American businessmen. *Мы бу́дем зараба́тывать бо́льше де́нег, е́сли мы объедини́мся с успе́шными америка́нскими бизнес-ме́нами.*

---

tell — *говори́ть*

tell apart — *различа́ть*

It's hard to tell the twins Agnes and Eva apart. *Тру́дно различа́ть двойня́шек, Агне́су и Е́ву.*

tell off — *кида́ть в лицо́; отчи́тывать*

When Peter once again forgot the meeting, the boss told him off in front of his colleagues. *Когда́ Пётр сно́ва забы́л о собра́нии, нача́льник отчита́л его пе́ред сотру́дниками.*

tell on — *выдава́ть кого́-ни́будь*

"Don't tell on me!" — Misha asked his older brother when he was found smoking. *"Не выдава́й меня́!" — проси́л Ми́ша ста́ршего бра́та, когда́ тот узна́л, что Ми́ша ку́рит.*

there is no telling (just) yet — *ба́бушка на́двое гада́ла*

There is no telling just yet whether Olga will still have children. *Бу́дут ли у О́льги ещё де́ти, ба́бушка на́двое гада́ла.*

who can tell; how can you (or one) tell — *SEE: who knows*

you are telling me! — *без вас зна́ю; кому́ вы расска́зываете?*
"The infection can cause the cold shivers" — Masha was explaining. "You are telling me?!" the doctor replied smiling. *"Инфе́кция мо́жет вы́звать озно́б" — объясня́ла Ма́ша. "Кому вы расска́зываете?" — заме́тил врач улыба́ясь.*

---

temper — *хара́ктер*

lose one's temper — *разозли́ться; выходи́ть из себя́*
Peter could lose his temper over all kinds of trivia. *Пётр мог вы́йти из себя́ из-за вся́ких пустяко́в.*

---

tempest — *бу́ря*

tempest in a teapot — *бу́ря в ста́кане воды́*
The quarrel among the old ladies at church is only a tempest in a teapot. *Спор стару́шек в це́ркви — это бу́ря в стака́не воды́.*

---

tender — *не́жный*

tender one's resignation — *пода́ть в отста́вку*
Oleg tendered his resignation because of his serious and incurable illness. *Оле́г пода́л в отста́вку из-за тяжёлой, неизлечи́мой боле́зни.*

---

term — *пери́од; отноше́ния*

be on bad terms with — *SEE: be at odds with*

be on first name terms — *говори́ть на ты*
My neighbor and I are on first name terms. *Мы с сосе́дом говори́м на ты.*

be on good terms with — *SEE: get along well*

bring to terms — *пойти́ на мирову́ю*
We brought our competition to terms in order to settle out of court. *Мы заста́вили конкуре́нтов пойти́ на мирову́ю, что́бы не довести́ де́ло до суда́.*

come to terms — *прийти́ к соглаше́нию*

The competing firms tried for a whole year to come to terms, but they didn't succeed. *Конкури́рующие фи́рмы в тече́ние го́да пыта́лись прийти́ к соглаше́нию, но их уси́лия не увенча́лись успе́хом.*

that — *тот*

and that's that; that's all there is to it — *вот и всё*

Lena didn't like life in Kiev, so she left for the States — that's all there is to it. *В Ки́еве Ле́не не нра́вилось, и она́ уе́хала в Аме́рику. Вот и всё.*

so that — *(так) что́бы*

Leave the house earlier so that you can still make the post office before school starts. *Вы́йди немно́жко ра́ньше из до́му так, что́бы ты успе́л зайти́ на по́чту пе́ред шко́лой.*

that is — *то есть*

He worked late every evening, that is, up to 10 P.M. *Ка́ждый ве́чер он рабо́тал до́лго, то есть до десяти́ часо́в ве́чера.*

that much — *так мно́го; сто́лько*

"I don't want that much bread" — Sasha said at lunch. *"Я не хочу́ сто́лько хле́ба" — сказа́л Са́ша за обе́дом.*

that's it — *вот и всё*

They got a divorce and that was it. *Они разошли́сь, вот и всё.*

that's that — *SEE: it's all over*

there — *там*

there is no place like home — *в гостя́х хорошо́, а до́ма лу́чше*

"There is no place like home," — I thought when I arrived back from my vacation. *"В гостя́х хорошо́, а до́ма лу́чше" поду́мал я, когда́ верну́лся из о́тпуска.*

thin — *то́нкий*

thin as a stick (or toothpick) — *худо́й, как ще́пка (or доска́)*

In her old age Olga became thin as a toothpick. *В ста́рости О́льга ста́ла худа́я, как ще́пка.*

thing — *вещь; предмéт*

as things go — *при ны́нешнем положéнии дел*

As things go, it's better if we don't invest in any shares now. *При ны́нешнем положéнии дел нам лу́чше не вкла́дывать дéньги в а́кции.*

for one thing — *прéжде всегó*

For one thing, Nikolay hasn't got enough experience in this field. *Прéжде всегó, у Никола́я нет доста́точного óпыта в э́той óбласти.*

it comes to the same thing — *это свóдится к тому́ же са́мому*

It comes to the same thing whether you come to my place or I go to yours to finish the job. *Ты придёшь ко мне, или я приду́ к тебé, чтóбы закóнчить рабóту — это свóдится к тому́ же са́мому.*

of all things — *вот тебé и на*

Well, of all things, why did you come here so early? *Вот тебé и на! Вы зачéм пришли́ так ра́но?*

not to have a thing to one's name — *ни кола́ ни двора́*

After the earthquake we didn't have a thing left to our name. *Пóсле землетрясéния у нас не оста́лось ни кола́ ни двора́.*

poor thing — *бедня́жка*

Olga's parents were killed in a car accident — the poor thing was orphaned at age six. *Олéчкины роди́тели поги́бли в автокатастрóфе. Бедня́жка ста́ла сиротóй в шестилéтнем вóзрасте.*

tell a thing or two — *я мог бы вам рассказа́ть кóе-что*

"What do you know about Peter's past?" — "Well, I could say a thing or two about him..." *"Что вы зна́ете о прóшлом Петра́?" — "Я мог бы вам рассказа́ть кóе-что ..."*

think — *ду́мать*

don't even think of — *не взду́май(те)*

Don't even think of wearing my fur coat! *Не взду́май одéть мою́ шу́бу!*

think for oneself — *своя́ голова́ на плеча́х*

"Don't lecture me, I am able to think for myself," — Ivan said to his parents. *"Не учи́те меня́, у меня́ своя́ голова́ на плеча́х" — сказа́л Ива́н роди́телям.*

think over — *поду́мать; обду́мать*

I won't rush you with the answer — first think it over. *Я не тороплю́ вас с отве́том, пре́жде обду́майте хороше́нько.*

think twice — *хорошо́ обду́мать*

Think twice before buying a house that needs major overhaul. *Ну́жно хорошо́ обду́мать пре́жде, чем купи́ть дом, тре́бующий капита́льного ремо́нта.*

without thinking twice — *не до́лго ду́мая*

Without thinking twice about it, Mary married a man with five children. *Не до́лго ду́мая, Мари́я вы́шла за́муж за челове́ка с пятью́ детьми́.*

think up — *вы́думать*

Each evening Masha thought up new games for her children. *Ка́ждый ве́чер Ма́ша выду́мывала но́вые и́гры для свои́х дете́й.*

---

this — *это*

this far — *так далеко́*

Returning is out of the question now that we've come this far. *О возвра́те не мо́жет быть и ре́чи, мы уже так далеко́ зае́хали.*

this much — *сто́лько; так мно́го*

I can't eat this much sweets. *Я не могу съе́сть сто́лько сла́достей.*

---

thorn — *колю́чка; шип*

a thorn in one's flesh — *как бельмо́ на глазу́*

When it comes to sports, he always has to lead and that's a thorn in my flesh. *В спо́рте он всегда́ ли́дер, а мне это как бельмо́ на глазу́.*

thought — *мысль*

give thought — *поду́мать*

You'll have to give some thought to your son's future. *Тебе́ сле́дует поду́мать о бу́дущем твоего́ сы́на.*

on second thought — *поду́мав; поразмы́слив*

Ivan was against the founding of a new company, but on second thought he changed his mind. *Ива́н был про́тив созда́ния но́вого това́рищества, но, поду́мав, измени́л своё мне́ние.*

---

thread — *ни́тка*

a thread of light — *у́зкая поло́ска све́та*

There wasn't even a thread of light in the jail of the medieval castle. *В тюрьме́ средневеко́вого за́мка да́же у́зкой поло́ски све́та не́ было.*

take up the thread of — *продолжа́ть что́-ни́будь*

Our guest had a sip of his tea and then took up the thread of his story. *Наш гость отпи́л не́сколько глотко́в ча́я и пото́м продолжа́л сво́й расска́з.*

---

throat — *го́рло*

cut one's own throat — *вы руби́те сук, на кото́ром сиди́те*

Don't talk about our difficulties in front of the competition — if you do so you're cutting your own throat. *Не расска́зывайте о на́ших тру́дностях конкуре́нтам; э́тим вы ру́бите сук, на кото́ром сиди́те.*

jump down one's throat — *набро́ситься на кого́-ни́будь*

Every time I open my mouth, my boss jumps down my throat. *Ка́ждый раз, как я начина́ю говори́ть, нача́льник набра́сывается на меня́.*

shove (or ram) down one's throat — *навяза́ть свои́ иде́и*

During the negotiations Boris constantly tried to shove his ideas down our throat. *Во вре́мя догово́ра Бори́с постоя́нно пыта́лся навяза́ть нам свои́ иде́и.*

stick in one's throat — *застря́ть в го́рле*

I wanted to answer the insult, but the words stuck in my throat. *Я хотéл отвéчать на обúду, но словá оправдáния застря́ли у меня́ в гóрле.*

through — *чéрез*

get through — *прочéсть*

Although the book is very long I want to get through it in two days. *Хотя́ кнúга тóлстая, но я хочу́ прочéсть её за два дня.*

through and through — *(очень) основáтельно*

Lev is very experienced; he knows his work through and through. *У Львá большóй óпыт и он основáтельно знáет своё дéло.*

throw — *бросáть*

stone's throw from here — *отсю́да рукóй подáть*

"Is the Statue of Liberty far from here?" — the tourist asked in New York. "No, it's only a stone's throw from here" — the tour guide replied. *"Отсю́да далекó Стату́я Свобóды?" — спросúла турúстка в Нью-Йóрке. "Да нет! Отсю́да рукóй подáть" — отвéтил гид.*

throw a tantrum — *впадáть в истéрику; закáтывать истéрику; устрáивать истéрики*

In order to draw attention to herself, little Nina threw a tantrum. *Чтóбы обратúть на себя́ внимáние, Нúночка закатúла истéрику.*

throw away — *1. вы́бросить 2. упустúть*

1. The secretary threw out an important letter by mistake. *Секретáрь по ошúбке вы́бросила вáжное письмó.* 2. "Don't throw away this opportunity" — Grandmother said to Lida — "It may never repeat itself and you will remain a spinster." *"Не упустú э́ту возмóжность, мóжет быть онá не повторúтся и ты остáнешься стáрой дéвой" — сказáла бáбушка Лúде.*

throw down the gauntlet — *бросúть перчáтку*

The candidate for the presidency threw down the gauntlet. *Кандидáт на президéнтский пост брóсил перчáтку.*

throw for a loss — *поста́вить в тупи́к*
Andrew's arguments threw me for a loss. *Аргуме́нты Андре́я поста́вили меня́ в тупи́к.*

throw in one's lot with — *свя́зывать свою́ су́дьбу с ке́м-нибу́дь*
Peter decided to throw in his lot with the Democrats. *Пётр реши́л связа́ть свою́ судьбу́ с демокра́тами.*

throw light on — *пролива́ть свет на что́-ни́будь*
Einstein's theory threw light on the structure of the universe. *Тео́рия Эйнште́йна пролила́ свет на структу́ру ко́смоса.*

throw off — *отде́латься от; изба́виться от*
In spite of three days of medication I wasn't able to throw off my flu. *Лече́ние в тече́ние трёх дне́й не помогло́ отде́латься от просту́ды.*

throw oneself at one — *ве́шаться к кому́-нибу́дь на ше́ю*
When the little boy saw his mother, he ran and threw himself at her. *Уви́дев мать, мальчи́шка побежа́л к ней и пови́с у неё на ше́е.*

throw out — *1. вы́гнать 2. отбро́сить*
1. The bartender threw the drunk out into the street. *Буфе́тчик вы́гнал пья́ницу на у́лицу.* 2. Nikolay's resolution was thrown out at the general meeting. *Предложе́ние Никола́я бы́ло отбро́шено на о́бщем собра́нии.*

throw (or slap) together — *на́спех соста́влен (or со́здан)*
The latest book about the scandal in the royal family was hastily thrown together. *После́дняя кни́га о сканда́ле короле́вской семьи́ на́спех со́здана.*

throw (or heave) up — *1. рвать 2. подбра́сывать; вски́дывать*
1. The sick child kept throwing up all day. *Весь день больно́го ребёнка рвало́.* 2. When Masha saw that a speeding car was about to hit a group of kids, she threw up her hands in horror. *Когда́ Ма́ша уви́дела, что автомоби́ль с большо́й*

скóростью приближáется к грýппе детéй, онá вскúнула рýки от ýжаса.

thumb — *большóй пáлец (рукú)*

be under someone's thumb — *быть под башмакóм у когó-лúбо*

He's a powerful man; he keeps everyone under his thumb. *Он влáстный человéк, и все у негó под башмакóм.*

keep under one's thumb — *держáть в кулакé*

With his money the millionaire kept his family under his thumb. *Своúми деньгáми миллионéр держáл свою́ семью́ в кулакé.*

thumb a ride — *"голосовáть"*

Students often thumb a ride in the summertime. *Лéтом студéнты чáсто "голосýют" на дорóге.*

thumb one's nose at — *показáть нос*

When Natasha was offered a ride to town, she thumbed her nose at her friend who was left standing on the road. *Когдá Натáшу пригласúли подвезтú в гóрод, онá показáла нос стоя́щей на дорóге подрýге.*

twiddle one's thumbs — *бить баклýши; считáть ворóн*

Ivan has nothing to do — he twiddles his thumbs all day. *От скýки Ивáн весь день бьет баклýши.* Boris has nothing to do; he twiddles his thumbs all day. *От бездéлья Борúс весь день считáет ворóн.*

thunder — *гром*

steal one's thunder — *перехватúть чью-нúбудь слáву*

Nikita stole Gregory's thunder when he presented his new book to the press before the reception. *Никúта сумéл на день рáньше дать интервью́ прéссе, чем перехватúл слáву áвтора нóвой книги.*

ticket — *билéт*

one-way ticket — *билéт в один конéц*

I only bought a one-way ticket, since I got a ride home from my friend. *Я купи́л биле́т то́лько в оди́н коне́ц, так как верну́лся на автомоби́ле дру́га.*

round-trip ticket; return ticket — *биле́т ту́да и обра́тно*

Before I went on vacation, I bought a round-trip ticket. *Пе́ред отъе́здом в о́тпуск я купи́л биле́т туда́ и обра́тно.*

tide — *морско́й прили́в*

swim against the tide — *пере́ть про́тив рожна́*

It's better to live a quiet life than swim against the tide. *Лу́чше жить споко́йно, чем пере́ть про́тив рожна́.*

tie — *га́лстук; свя́зывать*

be tied down — *застря́ть*

We'll probably be tied down all summer with the construction of our summer cottage and won't be able to go on a vacation. *Мы наве́рно застря́нем на всё лето́ по стро́йтельству да́чного до́мика и не смо́жем уе́хать в о́тпуск.*

be tied up — *быть за́нятым*

Will you be tied up tomorrow? *Вы за́няты за́втра?*

tie the score — *сыгра́ть вничью́*

I was counting on tieing the score in this chess game, but it didn't happen. *Я просчита́лся, что смогу́ сыгра́ть эту па́ртию вничью́ — надё́жда не оправда́лась.*

tie-up — *доро́жная про́бка*

There was a huge traffic tie-up on the highway yesterday. *Вчера́ была́ больша́я доро́жная про́бка на автостра́де.*

tighten — *сжима́ть*

tighten one's belt — *класть зу́бы на по́лку; подтя́гивать живо́т*

After having bought a house, we had to tighten our belts for years. *По́сле поку́пки но́вого до́ма нам пришло́сь подтя́гивать живо́т на го́ды.*

time — *вре́мя*

at times — *по вре́менам; иногда́*

At times Grandpa becomes nostalgic for the old farm where he was born. *Иногда́ у де́душки появля́ется ностальги́я по ста́рой фе́рме, где он роди́лся.*

be short of time; have no time for — *вре́мени в обре́з*

I've got no time for that kind of work. *У меня́ време́ни в обре́з для тако́й рабо́ты.*

fast time — *SEE: daylight saving time*

for the time being — *на вре́мя; до поры́ до вре́мени*

For the time being we'll stay in this town, then we'll decide later what to do. *На вре́мя мы оста́немся в э́том го́роде, а пото́м поду́маем, что де́лать да́льше.*

from time to time — *SEE: (every) now and then*

have a good time! — *повесели́тесь, как сле́дует*

"Have a good time, kids!" — Mother said as we left the house for the circus. *"Повесели́тесь, как сле́дует" — сказа́ла мать, когда́ мы отпра́вились в цирк.*

have no time for one — *нечего́ де́лать с ке́м-ни́будь*

I have no time for Nikolay now. *Тепе́рь мне не́чего де́лать с Никола́ем.*

have the time of one's life — *отли́чно провести́ вре́мя*

Eve and Peter had the time of their lives in Paris on their honeymoon. *Медо́вый ме́сяц Е́ва и Пётр отли́чно провели́ в Пари́же.*

in good time — *1. к сро́ку 2. во́время*

1. Igor will finish his work in good time. *И́горь зако́нчит рабо́ту к сро́ку.* 2. Don't you worry, I'll be back in good time. *Не беспоко́йся, я верну́сь во́время.*

in no time — *(одни́м) ми́гом; живы́м мане́ром*

Just wait a few minutes — I'll be at your place in no time. *Подожди́ немно́жко, я одни́м ми́гом прие́ду к тебе́.*

in no time (at all) — *моментально; в два счёта*
With the computer, questions are solved in no time. *На компьютере задачи решаются в два счёта.*

in time — *со временем*
I'm sure that in time I'll be able to learn English. *Я уверен, что со временем я овладею английским языком.*

in time to — *поспеть*
I hope we'll be in time to catch the plane. *Надеюсь, что мы поспеем к самолёту.*

in time with — *в такт*
Oleg had the habit of drumming on his chair in time with the music. *Привычка у Олега была барабанить по стулу в такт музыки.*

(it's) about time! — *давно пора; давно бы так!*
"I did what you wanted." — " It's about time!" *"Твою просьбу я выполнил." — "Давно бы так!"*

(it's) high time! — *SEE: (it's) about time*

make up time — *отрабатывать*
We'll have to make up our time next week. *Нам придётся отрабатывать в следующую неделю.*

mark time — *топтаться на месте; застревать*
On account of financial difficulties at our company, the project is marking time. *У нашего товарищества работа застряла из-за финансовых трудностей.*

on time — *1. вовремя 2. в рассрочку*
1. Will the plane be landing on time? *Приземлится ли самолёт вовремя?* 2. We bought a fridge on time yesterday. *Вчера мы приобрели холодильник в рассрочку.*

time after time — *SEE: again and again*

time and time again — *много раз*
Time and time again Mary would call on us. *Мария много раз навещала нас.*

time is on one's side — *врéмя рабóтает на*

Don't you worry, time is on our side. *Не беспокóйся, врéмя рабóтает на нас.*

time is ripe — *наступи́ло врéмя*

Time is ripe to make some changes in our lives. *Наступи́ло врéмя для перемéн в нáшей жи́зни.*

times — *временá*

Times have been tough after the war. *Тяжёлые временá бы́ли пóсле войны́.*

time will tell — *врéмя покáжет*

We founded a new company. Time will tell whether we acted wisely or not. *Мы основáли фи́рму. Прáвильно мы поступи́ли или нет — врéмя покáжет.*

---

tip — *кóнчик; верхýшка*

be on the tip of one's tongue — *вéртеться в головé*

Her family name is on the tip of my tongue. *Её фами́лия вéртится у меня́ в головé.*

---

to — *до; к*

to and fro — *взад и вперёд*

We kept walking to and fro under the trees. *Мы ходи́ли по аллéе взад и вперёд.*

---

toe — *пáлец (ноги́)*

toe the line (or mark) — *ходи́ть по стрýнке*

Nikolay's father is strict with him and he has to toe the mark. *У Николáя óчень стрóгий отéц, и емý прихóдится ходи́ть по стрýнке.*

Tom — *мужскóе и́мя*

Tom, Dick, and Harry — *кáждый; кáждый встрéчный и поперéчный; пéрвый встрéчный*

Lena told Tom, Dick, and Harry about her problems. *Ле́на расска́зывала о свои́х пробле́мах ка́ждому встре́чному и попере́чному.*

tongue — *язы́к*

on the tip of one's tongue — *на языке́*

Wait a moment; I'll remember her name in a minute, it's on the tip of my tongue. *Погоди́, я вспо́мню, её и́мя у меня́ на языке́.*

slip of the tongue — *огово́рка*

Try to forget what I said yesterday — it was only a slip of the tongue. *Постара́йтесь забы́ть то, что я наговори́ла вчера́ — счита́йте, что это была́ огово́рка.*

tone — *звук*

tone down — *смягчи́ть*

When Nikifor was in female company, he tried to tone down his manner of speech. *Когда́ Ники́фор находи́лся в о́бществе же́нщин, он стара́лся смягчи́ть свою́ речь.*

toot — *гуде́ть*

toot one's own horn — *SEE: blow one's own horn*

top — *верху́шка*

at top speed — *во весь опо́р*

We drove at top speed in order to catch our plane. *Мы мча́лись во весь опо́р, что́бы поспе́ть к самолёту.*

be on top of the world — *земли́ под собо́й не слы́шать (or чу́ять)*

Peter was on top of the world when he learned that his team won. *Узна́в о побе́де своей кома́нды, Пётр земли́ под собо́й не чу́ял.*

touch — *трога́ть*

touch to the quick; touch a nerve — *хвата́ть за́ душу; наступи́ть на (больну́ю or люби́мую) мозо́ль*

Oleg tried to avoid politics so as not to touch his boss to the quick. *Олéг старáлся не возбуждáть политúческие вопрóсы, чтóбы не наступúть на больнýю мозóль начáльника.*

touch — *прикосновéние; трóгать*

lose touch — *потерять всязь*

Pavel, who had moved to the States a long time ago, lost touch with his friends at home. *Пáвел ужé давнó переéхал в США и совершéнно потерял связь с друзьями на рóдине.*

touch up — *подпрáвить*

The car is almost completely finished, all we need to do is touch it up a bit. *Автомобúль почтú отремонтúрован, нам придётся тóлько коé-где подпрáвить.*

track — *путь*

keep track of — *слéдить*

The story was so complicated that it was difficult to keep track of the details. *Истóрия былá настóлько слóжная, что трýдно бы́ло следúть за подрóбностями.*

trade — *ремеслó; торговáть*

trade in — *сдать в счёт покýпки*

We traded in our old TV for a new one. *Мы сдáли стáрый телевúзор в счёт покýпки нóвого.*

trap — *капкáн*

fall into one's own trap — *самомý себé яму рыть*

Nina fell into her own trap when she told the boss about her colleagues' smallest mistakes. *Нúна сáма сéбе яму ры́ла, когдá доносúла начáльнику малéйшие ошúбки коллéг.*

treadmill — *топтáться; однообрáзная рабóта*

be like a squirrel (or hamster) on a treadmill — *вертéться (or кружúться) как бéлка в колесé*

My neighbor is busy all day with the kids — she's like a hamster on a treadmill. *Моя́ сосе́дка весь день с детьми́ ве́ртится, как бе́лка в колесе́.*

---

tree — *де́рево*

bark up the wrong tree — *(обраща́ться) не по а́дресу*

With your remark you are barking up the wrong tree. *Ва́ше замеча́ние напра́влено не по а́дресу.*

---

trifle — *пустя́к; ме́лочь*

for a mere trifle — *SEE: for a song*

---

trouble — *меша́ть*

sorry to trouble you — *прости́(те) за беспоко́йство*

I'm sorry to trouble you, could you please tell me what time it is? *Прости́те за беспоко́йство, вы не зна́ете, кото́рый час?*

trouble comes to him who seeks it — *не́ было у ба́бы хлопо́т, купи́ла порося́т*

Ivan bought an old car that needed repair all the time — trouble comes to him who seeks it. *Ива́н купи́л ста́рый автомоби́ль, кото́рый пришло́сь ча́сто сдава́ть в ремо́нт. Вот не́ было у ба́бы хлопо́т, купи́ла порося́т.*

---

truth — *пра́вда*

bare truth — *чи́стая пра́вда*

Everyone kept repeating their own version, so we never found out the bare truth about the firing of our director. *Ка́ждый говори́л что-то своё, и мы никогда́ не могли́ узна́ть чи́стую пра́вду об увольне́нии дире́ктора.*

to tell the truth — *по пра́вде говоря́ (or сказа́ть); пра́вду говоря́ (or сказа́ть)*

To tell the truth, I disagree with your opinion. *По пра́вде говоря́, я с ва́ми не согла́сен.*

---

tune — *мело́дия; моти́в*

change one's tune — *запе́ть ина́че (or на друго́й лад or по-друго́му)*

As soon as the new boss arrived, Sasha changed his tune. *Как то́лько прие́хал но́вый нача́льник, Са́ша тут же запе́л по-друго́му .*

in tune with — *в лада́х чему́ or с кем-чем*

I'm trying to be in tune with my neighbors in the new building. *В но́вом до́ме я стара́юсь быть в лада́х с сосе́дями.*

sing (or whistle) a different tune; sing a new tune — *SEE: change one's tune*

---

turkey — *индю́к*

talk turkey — *разгова́ривать без обиняко́в*

"Let's talk turkey" — Ivan suggested to his friend when they divided their respective duties. *"Дава́й поговори́м без обиняко́в" — предла́гал Ива́н дру́гу во вре́мя распределе́ния до́лжностей.*

---

turn — *повора́чивать; направля́ть; поворо́т*

at every turn — *на ка́ждом шагу́*

There is a Chinese restaurant in our city at every turn. *В на́шем го́роде на ка́ждом шагу́ кита́йский рестора́н.*

turn a blind eye — *закры́ть глаза́ на*

The director turned a blind eye to his secretary's shortcomings. *Дире́ктор закры́л глаза́ на недоста́тки секрета́рши.*

turn a deaf ear — *пропусти́ть ми́мо уше́й; а Ва́ська слу́шает да ест*

I ask him to help me, but he turns a deaf ear. *Я прошу́ его́ помо́чь мне, а Ва́ська слу́шает да ест.*

turn gray — *седе́ть*

Pavel's hair is turning gray. *У Па́вла во́лосы седе́ют.*

turn into reality — *воплоща́ть (or претворя́ть) в жизнь*

I hope I'll succeed in turning my dreams into reality. *Я надéюсь, мне удáстся воплотúть свои мéчты в жизнь.*

turn one around one's little finger — *SEE: twist one around one's little finger*

turn one's back on — *покидáть*

Masha decided to turn her back on her homeland and emigrated to the States. *Мáша решúла покúнуть рóдину и эмигрúровать в США.*

turn out (entirely) different — *вы́йти (совсéм) не так*

We made detailed plans, but things turned out entirely different. *Мы состáвили подрóбные плáны, но всё вы́шло совсéм не так.*

turn over a new leaf — *зажúть по-нóвому; зажúть нóвой жúзнью; испрáвиться*

George decided to turn over a new leaf and gave up smoking. *Геóргий решúл зажúть по-нóвому и брóсил курúть.*

turn upside down — *переворáчивать вверх дном*

The house was turned upside down. *В дóме всё переверну́ли вверх дном.*

where (or wherever) you turn... — *кудá ни кúнешь взгляд(ом)*

In Paris, no matter where you turn, the buildings are pretty. *В Парúже ку́да ни кúнешь взгля́дом, красúвая архитекту́ра.*

twist — *вить*

twist one around one's little finger; wrap one around one's finger — *вить верёвки*

The husband loved his wife very much, but she kept twisting him around her little finger. *Муж любúл свою́ женý, а онá из негó верёвки вúла.*

U

U.F.O. (unidentified flying object) — *НЛО (неопознанный летающий объект)*

Nowadays many people claim having seen a UFO. *В настоя́щее вре́мя мно́го люде́й утвержда́ют,что они уже ви́дели НЛО.*

under — *под*

under lock and key — *за семью́ замка́ми*

The old manuscripts are kept under lock and key. *Ста́рые ру́кописи храня́тся за семью́ замка́ми.*

unfair — *непоря́дочный; несправедли́вый*

it'd be unfair to say *грех сказать*

It'd be unfair to say that Vera isn't a successful person. *Грех сказа́ть, что Ве́ра неуда́чный челове́к.*

up — *вверх*

be up to — *замышля́ть*

"What are you up to now?" — Mother asked her five-year-old son. *«Что э́то ты там замышля́ешь?» — спроси́ла мать своего́ пятиле́тнего сы́на.*

it's all up with — *всё ко́нчено с ке́м-нибудь*

It's all up with Nikita — Masha doesn't want to see him anymore. *С Никúтой всё кóнчено, Мáша не хóчет бóльше встречáться с ним.*

up and about — *на ногáх*

Nina was ill for a long time but now she is up and about. *Нúна дóлго болéла, но тепéрь онá ужé на ногáх.*

up-and-coming — *многообещáющий*

Peter was considered an up-and-coming poet in our circle of friends. *В нáших кругáх Пётр считáлся многообещáющим поэ́том.*

up and down — *взад и вперёд*

Andrey paced excitedly up and down in front of the delivery room, waiting for his first child to be born. *Взволнóванный Андрéй ходúл взад и вперёд в приёмной роддóма, ожидáя первенцá.*

up in the air — *под вопрóсом*

Our trip is still up in the air. *Нáше путешéствие ещё под вопрóсом.*

up-to-date on — *быть в кýрсе*

"Are you up-to-date on the matter of the sales?" — asked Ivan's boss. *"Касáясь продáжи, вы в кýрсе дéла?" — спросúл начáльник Ивáна.*

up to one — *вáша (or твоя́) вóля*

I suggested to Nina that she come with me to Europe, but seeing her hesitation, I said, "It's up to you." *Я предложúл Нúне поéхать со мнóй в Еврóпу, но замéтив её колебáния, я сказáл: вóля твоя́.*

ups and downs — *взлёты и падéния*

"I'm tired of the constant ups and downs in my finances" — complained Lena. *"Мне уже надоéли постоя́нные финáнсовые взлёты и падéния" — жáловалась Лéна.*

up to one's chin (or ears or neck) in work — *по гóрло в рабóте*

You can't talk to Natasha now, she's up to her neck in work. *С Натáшей сейчáс не говорúте, онá по гóрло в рабóте.*

upside — *ве́рхняя сторона́*

upside down — *вверх дном*

When his wife left on a trip, everything was upside down in Oleg's apartment. *Когда́ жена́ уе́хала, в кварти́ре Оле́га бы́ло всё вверх дном перевёрнуто.*

---

use — *воспо́льзоваться*

use up — *истра́тить*

Alla spent all of her money to settle her hospital bills. *А́лла истра́тила все де́ньги на погаше́ние больни́чного счёта.*

---

utmost — *преде́л возмо́жного*

do one's utmost — *нажима́ть на все педа́ли*

Oleg did his utmost in order to obtain a higher post in the office. *Олег нажима́л на все педа́ли, что́бы доби́ться повыше́ния в до́лжности.*

V

vain — *тщесла́вный*

in vain — *безуспе́шно; напра́сно*

Masha was waiting for her son in vain for the holidays. *Ма́ша напра́сно ждала́ сы́на на пра́здники.*

---

value — *оце́нивать*

of no value — *нестоя́щий*

Olga's jewelry is of no value at all — it's all imitation stuff. *Бижуте́рия О́льги оказа́лась нестоя́щей; это была́ то́лько имита́ция.*

---

vanish — *исчеза́ть*

vanishing cream — *дневно́й крем; крем под пу́дру*

Lena's skin was very dry — that's why she was using "vanishing cream." *У Лéны былá óчень сухáя кóжа, поэ́тому онá наклáдывала крем под пýдру.*

vanish (or disappear) into thin air — *исчезáть как ни бывáло; тóлько и ви́дели когó-то*

Nikolay was able to vanish into thin air with everyone looking on. *Николáй умéл исчезáть как ни бывáло, на видý у всех.*

vent — *изливáть*

vent one's spleen on — *вымещáть (or срывáть) зло*

When Arkady got home tired and hungry, he vented his spleen on his family. *Когдá Аркáдий возвращáлся домóй устáлый и голóдный, он зло вымещáл на семью́.*

verge — *край*

on the verge of — *на краю́; на грáни; чуть не*

Masha was on the verge of death during her heart surgery. *Мáша былá на грáни смéрти во врéмя оперáции ни сéрдце.*

view — *вид*

in full view — *как на блю́дечке (or блю́де)*

From a bird's eye perspective we had a full view of our village. *С высоты́ пти́чьего полёта дерéвня былá виднá, как на блю́дечке.*

in view of — *в видý*

In view of the complicated situation, Nina was unable to go on a vacation. *В видý сложи́вшихся обстоя́тельств Ни́на не моглá пойти́ в óтпуск.*

visit — *визи́т; посещéние*

flying visit — *мимолётный визи́т*

We hoped that Natalie would stay with us the whole evening, but she came only for a flying visit. *Мы надéялись, что Натáлья остáнется у нас весь вéчер, но она нанеслá тóлько мимолётный визи́т.*

voice — *го́лос*

at the top of one's voice (or lungs) — *во всё го́рло*

In order to be heard, Ivan was forced to yell at the top of his voice. *Для того́, что́бы его услы́шали, Ива́н до́лжен был крича́ть во всё го́рло.*

voiceprint — *"отпеча́ток го́лоса"; спектогра́мма го́лоса (or ре́чи)*

The police succeeded in identifying the murderer by using a voiceprint. *Мили́ция установи́ла ли́чность уби́йцы с помо́щью спектогра́ммы го́лоса.*

W

wade — *переходи́ть вброд*

wade in — *ринуться*

Oleg waded into the fight in order to separate the opponents. *Олег ринулся в рукопашную схватку, чтобы разборонить драчунов.*

wag — *маха́ть; кача́ть*

wag one's chin (or tongue) — *чеса́ть языки́; перемыва́ть ко́сточки; точи́ть ля́сы*

The men in the inn wagged their tongues all night. *Мужчи́ны в кабаке́ весь ве́чер чеса́ли языки́.*

wait — *подожда́ть*

lie in wait — *подстерéгать*

The fans of the favorite actress have been lying in wait for a long time at the theater's back entrance in order to receive her autograph. *Почита́тели тала́нта люби́мой актри́сы уже давно́ подстерега́ют её у чёрного вхо́да теа́тра, что́бы получи́ть авто́граф.*

wait and see — *погоди́те, ещё уви́дите*

You'll learn what I'm capable of, just wait and see! *Погоди́те, вы ещё уви́дите, на что я спосо́бен.*

wait up — *дожида́ться*

Waiting up for their son to come home from the airport, the parents didn't turn in for a very long time. *Дожида́ясь сы́на из аэропо́рта, роди́тели до́лго не ложи́лись спать.*

walk — *ходи́ть; ходьба́*

walk of life — *обще́ственное положе́ние*

People of all walks of life filled the stadium during the Olympic Games. *Во вре́мя олимпи́йских игр зри́тели разли́чного обще́ственного положе́ния запо́лнили стадио́н.*

walk on air — *смотреться женихом*

Ever since he won the lottery, Peter has been walking on air. *С тех пор как Пётр вы́играл по лотере́е, он смотри́тся женихо́м.*

walk out — *забасто́вка*

The workers of the car factory are threatening to walk out. *Рабо́чие автомоби́льного предприя́тия грозя́т забасто́вкой.*

walk out on one — *броса́ть кого́-ни́будь*

I heard that Arkady walked out on Masha. *Говоря́т, что Арка́дий бро́сил Ма́шу.*

wall — *стенá*

wallflower — *дéвушка, на котóрую никтó не обращáет внимáния*

None of his friends understood why Arkady married such a wallflower. *Никтó из друзéй не пóнял, почемý Аркáдий женúлся на дéвушке, на котóрую никтó не обращáл внимáния.*

warm — *теплó*

warm up — *упражняться*

The players always warm up before the game. *Игрокú всегдá упражняются пéред начáлом игры́.*

warm-up — *размúнка*

During the warm-up Nikolay lifted more weight than at other times. *Во врéмя размúнки Николáй поднял штáнгу бóльше своúх возмóжностей.*

wash — *мыть*

wash one's dirty linen in public — *выносúть сор из избы́*

Nikita is washing his dirty linen in public in order to cause his former girlfriend embarrassment. *Никúта выносит сор из избы́, чтóбы причинúть неприятности прéжней подрýге.*

waste — *тра́тить*

wasting no time — *SEE: without thinking twice*

water — *вода́*

be in deep water — *в беде́ (or го́ре); в опа́сном положе́нии*

"We're in deep water" — Ivan said to Peter — "the boss has learned that we embezzled the company funds." *"Тепе́рь мы в опа́сном положе́нии" — сказа́л Ива́н Пе́тру — "нача́льник узна́л, что мы присво́или капита́л това́рищества."*

hold water — *быть осно́ванным на чём-нибудь*

The arguments of my boss won't hold water. *До́воды моего́ нача́льника ни на чём не осно́ваны.*

keep one's head above water — *SEE: make ends meet*

like water off the (a) duck's back — *как с гу́ся вода́*

Whatever you tell Nikita, it's like water off the duck's back. *Ники́те что ни говори́, а с него как с гу́ся вода́.*

lots of water has gone under the bridge — *мно́го (or нема́ло или сто́лько) воды́ утекло́*

We spent our childhood together, but since then a lot of water has flowed under the bridge. *Де́тство мы провели́ вме́сте, но с тех пор нема́ло воды́ утекло́.*

still waters run deep — *в ти́хом о́муте че́рти во́дятся*

Olga appeared to be quite a naive girl when, in fact, she was quite an experienced woman — "still waters run deep," as the saying goes. *О́льга каза́лась всем о́чень на́ивной де́вушкой, но она была́ же́нщина с о́пытом. Как в погово́рке говори́тся: в ти́хом о́муте че́рти во́дятся.*

take the waters — *лечи́ться на во́ды*

Grandma often used to go to the spa to take the waters. *Ба́бушка ча́сто е́здила лечи́ться на воды́.*

water under the bridge; water over the dam — *невозвра́тное про́шлое*

"My happy days in Hawaii" — Arkady sighed with resignation — "well, that's water over the dam." *"Мой счастли́вые дни в*

Гава́и, это невозвра́тное прошлое" — гру́стно вздохну́л Арка́дий.

way — *доро́га; путь*

any way — *где (or куда) придётся*

Place the furniture any way you like — later I will rearrange it according to my own taste. *Пока́ вы мо́жете поста́вить ме́бель ку́да придётся, пото́м я расста́влю по-сво́ему.*

be in one's way — *стать (or стоя́ть) на доро́ге; стать поперёк доро́ги*

Sasha stands in the way of my career. *Са́ша стои́т на доро́ге моéй карье́ры.*

by the way — *ах, да; кста́ти; ме́жду про́чим; к сло́ву (сказа́ть)*

By the way, I almost forgot that Natasha sends her greetings. *Ах, да, чуть не забы́л, Ната́ша посыла́ет вам приве́т.*

can't have it both ways — *что́-нибудь одно́; ли́бо одно́, ли́бо друго́е*

Few people succeed in doing things both fast and well — you can't have it both ways. *Де́лать бы́стро и хорошо́ ре́дко кому́ удаётся; ча́ще быва́ет ли́бо одно́, ли́бо друго́е.*

fall by the wayside — *выбыва́ть из стро́я*

At the time of the ski races Peter fell by the wayside because he twisted his ankle. *Во вре́мя соревнова́ния по лы́жам Пётр вы́был из стро́я и́з-за того́, что подверну́л но́гу.*

feel one's way — *дви́гаться осмотри́тельно (or на о́щупь)*

Because of a short in the electric circuit it became totally dark and we had to feel our way out of the room. *По́сле замыка́ния сети́ наступи́ла темнота́, и мы дви́гались на о́щупь из ко́мнаты.*

have it your own way! — *будь по-ва́шему!*

After a long quarrel Nikolay said: "Have it your own way!" *По́сле продолжи́тельного спо́ра Никола́й сказа́л: "Будь по-ва́шему!"*

in a way — *в не́котором смы́сле*
Vera is right — in a way. *В не́котором смы́сле Ве́ра права́.*

in a roundabout way — *око́льным путём*
We found out about Nikita's getting arrested in a roundabout way. *Мы узна́ли об аре́сте Ники́ты око́льным путём.*

in no way — *ни́сколько; ни́чуть; ни́коим о́бразом*
In no way did Pavel's love for sports leave a bad mark on his academic records. *Увлече́ние Па́вла спо́ртом ни́сколько не отрази́лось на учёбе в шко́ле.*

in one's (own) way — *в своём ро́де*
This book is remarkable in its own way. *Э́та кни́га замеча́тельна в своём ро́де.*

in one's own way (or fashion) — *на сво́й лад (or мане́р)*
Barbara doesn't listen to anyone; she arranged everything her own way in the office. *Варва́ра никого́ не слу́шает; она́ установи́ла в конто́ре всё на сво́й лад.*

in this way — *таки́м о́бразом*
My aunt invited me as a guest — in this way I got to come to America. *Тётя пригласи́ла меня́ в го́сти и таки́м о́бразом я попа́л в Аме́рику.*

lead the way — *подава́ть приме́р*
Ivan led the way for the younger generation with his exemplary behavior. *Свои́м безупре́чным поведе́нием Ива́н подава́л положи́тельный приме́р подраста́ющему поколе́нию.*

look the other way — *смотре́ть сквозь па́льцы*
It is hard for a man of conscience to look the other way when he sees shabbily done work. *Тру́дно смотре́ть сквозь па́льцы на нека́чественную рабо́ту добросо́вестному челове́ку.*

make one's way in the world — *преуспе́ть в жи́зни; проби́ть себе́ доро́гу в жи́зни*
Oleg is talented and diligent — he will undoubtedly make his way in the world. *Оле́г тала́нтливый и приле́жный; он обяза́тельно пробьёт себе́ доро́гу в жи́зни.*

no two ways about it — *об э́том не мо́жет быть двух мне́ний; э́то несомне́нно*

Albert Einstein was a genius — no two ways about it. *Альбе́рт Эйнште́йн был ге́нием — э́то несомне́нно.*

no way! — *ничего́ подо́бного!*

"Could you actually sell dope to children?" — "No way! I would never do such a thing!" *"Ты бы мог продава́ть нарко́тики де́тям?" — "Ничего́ подо́бного! Я бы так не поступи́л."*

pave the way — *подгота́вливать по́чву*

The withholding of salaries paved the way for the strike and the disturbances. *Заде́ржка зарпла́ты подгото́вила по́чву к беспоря́дкам и забасто́вке.*

the longest way round is the shortest way home — *ти́ше е́дешь, да́льше бу́дешь*

"The longest way round is the shortest way home" is a saying that drivers who speed ought to heed. *"Ти́ше е́дешь, да́льше бу́дешь" — гласи́т погово́рка для лихаче́й.*

way above one's head — *не про кого́-ни́будь пи́сано*

Lena doesn't want to learn foreign languages — she says it's way above her head. *Ле́на не хо́чет изуча́ть иностра́нные языки́; она́ говори́т, что это не про неё пи́сано.*

way off — *далеко́ не*

Alyosha's achievements were way below his parents' expectations. *Успева́емость Алёши далеко́ не совпада́ла с наде́ждами роди́телей.*

way off the mark — *попа́сть па́льцем в не́бо*

"When did Napoleon attack Russia?" — the teacher asked. "In 1800 or in 1805," — the student answered. "That's way off the mark" — said the teacher. "It happened in 1812." *"Когда́ Наполео́н напа́л на Росси́ю?" — спроси́л преподава́тель. "В 1800-ом или 1805-ом году́" — отве́тил учени́к. "Ты попа́л па́льцем в не́бо! Э́то бы́ло в 1812-ом году́."*

way out — *выход*

After her divorce Natasha was bewildered and felt that she had no way out. *После развóда Натáша попáла в тупи́к, и ей казáлось, что вы́хода нет.*

wear — *носи́ть*

wear out — *быть изнурённым*

After such lengthy work he was worn out both physically and mentally. *Пóсле такóй дли́тельной рабóты он был морáльно и физи́чески изнурён.*

weather — *погóда*

be (or feel) under the weather — *невáжно себя́ чу́вствовать*

During the flu season many people feel under the weather. *Во врéмя эпидéмии гри́ппа мнóгие лю́ди нéважно себя́ чу́вствуют.*

weep — *плáкать*

weep one's eyes (or heart) out — *выплáкать все глазá; гóрько рыдáть*

The mother cried her eyes out while waiting for her son to return from the front. *Мать вы́плакала свои́ глазá, покá дождалáсь сы́на с фрóнта.*

weigh — *взвéсить*

weigh on (or upon) — *тяготить*

The future of his children weighs heavily on Pavel. *Ответственность Пáвла óчень тяготи́т бу́дущее свои́х детéй.*

well — *хорошó*

do well — *преуспевáть*

Everybody envied Igor, because he was doing so well in business. *Все зави́довали И́горю, потому́ что он преуспевáл в коммéрческих делáх.*

well begun is half done — *лиха́ беда́ нача́ло*

Oleg was worried about doing simultaneous interpretation, but soon enough he found that well begun is half done. *Оле́г о́чень боя́лся де́лать синхро́нные перево́ды, но оказа́лось, лиха́ беда́ нача́ло.*

well done — *1. молоде́ц!; здо́рово! 2. хорошо́ пожа́ренный*

1. "Well done! You really can ride a bicycle!" — the father praised his son. *"Молоде́ц! Ты уже хорошо́ е́здишь на велосипе́де" — похвали́л оте́ц сы́на.* 2. Masha likes her beefsteak well done. *Ма́ша лю́бит хорошо́ пожа́ренный бифште́кс.*

well off — *бога́тый; состоя́тельный; хорошо́ обеспе́ченный*

Judging by his house, Arkady was certainly well off. *Су́дя по его до́му, Арка́дий был несомне́нно бога́тым.*

well-thought-out — *проду́манный*

Nikolay's well-thought-out project was approved by his opponents. *Проду́манный прое́кт Никола́я был одо́брен оппоне́нтами.*

well-to-do — *SEE: well off*

---

what — *что; како́й*

and what not — *и вся́кая вся́чина*

The small store in our building sells supplies and what not. *В ла́вочке на́шего до́ма продаю́тся проду́кты и вся́кая вся́чина.*

so what! — *SEE: big deal!*

what about — *как насчёт*

What about breakfast? *Как насчёт за́втрака?*

what a question! — *что за вопро́с!*

"Do you want some ice cream?" — "What a question!" *"Хоти́те моро́женое?" — "Что за вопро́с!"*

what ... for? — *заче́м?*

What are you worrying for? *Заче́м вам волнова́ться?*

what if — *что, éсли*

What if we don't finish the work by the deadline? *Что, éсли мы не закóнчим рабóту в срок?*

what of it — *ну так что*

Igor didn't accept our invitation? So what of it! *Ну так что, что Йгорь не прúнял наше приглашéние.*

what will be will be — *SEE: come hell or high water*

what with — *из-за*

What with the fog and the snowstorm the plane was late in taking off. *Из-за тумáна и пургú самолёт взлетéл с опоздáнием.*

---

wheel — *колесó*

big wheel — *(большáя) шúшка; важнáя птúца; птúца высóкого (or вы́сшего) полёта*

Your uncle is a big wheel in Washington — why don't you ask him for help? *Твой дя́дя большáя шúшка в Вашингтóне — почемý ты не прóсишь его о пóмощи?*

fifth wheel — *сбóку припёка (or припёку)*

I was a fifth wheel in the company of a couple in love. *В компáнии влюблённой пáры я был сбóку припёку.*

oil the wheels — *подмáзывать когó-нúбудь*

Zina always tried to oil the wheels with her boss so as to avoid getting a lot of overtime work. *Зи́на всегда́ стара́лась подма́зывать свою́ нача́льницу, что́бы она́ ей не дава́ла сверхуро́чную рабо́ту.*

put a spoke in one's wheel — *вставля́ть кому́-ни́будь па́лки в колёса*

My neighbor always tried to put a spoke in the wheel of his colleagues. *Мой сосе́д всегда́ пыта́лся вставля́ть па́лки в колёса свои́м сотру́дникам.*

reinvent the wheel — *открыва́ть Аме́рику*

To discover printing today would be like reinventing the wheel. *Изобрета́ть печа́тание в на́шем ве́ке, э́то как открыва́ть Аме́рику за́ново.*

---

where — *где; куда́*

where from — *отку́да*

Where are you from? *Вы отку́да?*

wherever one may be — *где бы то ни было*

Wherever Mihail may have been he never parted with his guitar. *Где бы то ни́ было, Михаи́л никогда́ не расстава́лся со свое́й гита́рой.*

---

whet — *точи́ть; возбужда́ть*

whet one's appetite — *дразни́ть аппети́т*

The smell of pie is whetting my appetite. *За́пах пирога́ дра́знит мой аппети́т.*

---

white — *бе́лый*

go white — *побеле́ть*

Nina went white when she heard about her husband's car accident. *Ни́на побеле́ла, когда́ о́на узна́ла, что муж попа́л в автокатастро́фу.*

---

who — *кто*

whoever — *кто бы ни*

My wife goes by the rule to receive best she can whoever drops in as a guest. *У моéй жены́ прáвило: кто бы не пришёл в гóсти, она старáлась приня́ть как мóжно лу́чше.*

---

whole — *цéлый*

a whole lot — *1. мáсса 2. óчень*

"Why do you look so pale?" — Natasha asked her son. "I ate a whole lot of unripe cherries yesterday." — he answered. *"Почему́ ты такóй блéдный?" — спроси́ла Натáша сы́на. "Вчерá я съел мáссу незрéлой черéшни" — он отвéтил.* 2. "Why are you so sad?" — Peter asked Vera. — "I miss my fiance a lot" — she answered with a sigh. *"Почему́ ты такáя гру́стная?" — спроси́л Пётр Вéру. "Я óчень скучáю за свои́м женихóм" — отвéтила онá вздыхáя.*

on the whole — *в (óбщей) мáссе; в óбщем*

On the whole, the items of today's sale are of low quality. *Сегóдня на продáже товáры в óбщей мáссе ни́зкого кáчества.*

---

why — *почему́*

whys and wherefores — *отчегó да почему́*

After Lena's drowning in the river, the detective asked her husband a lot of whys and wherefores. *Пóсле тóго, как утону́ла Лéна в рекé, слéдователь задавáл вопрóсы му́жу — отчегó да почему́.*

---

wig — *пари́к*

big wig — *SEE: big wheel*

---

wildcat — *ди́кая кóшка*

wildcat strike — *неофициáльная забастóвка*

The workers of our factory want to organize a wildcat strike, but the union is trying to prevent it. *Рабóчие нáшего завóда хотя́т организова́ть неофициа́льную забасто́вку, но профсою́з стара́лся предотврати́ть её.*

win — *выи́грывать*

win over — *угова́ривать*

The Democrats tried to win over Nikolay to their side by promising him a promotion. *Демокра́ты пыта́лись уговори́ть Никола́я перейти́ на их сто́рону, обеща́я повыше́ние в до́лжности.*

window — *окно́*

window dressing — *очковтира́тельство*

All promises to fulfill the plan ahead of time turned out to be nothing but window dressing. *Все завере́ния о досро́чном выполне́нии пла́на бы́ло ничто́ ино́е, как очковтира́тельство.*

wing — *крыло́*

take under one's wings — *брать под своё кры́лышко*

Natasha took every newcomer under her wing. *Ната́ша брала́ ка́ждого новичка́ под своё кры́лышко.*

wink — *мига́ть*

have (or take) forty winks — *вздремну́ть*

Grandpa sat in the armchair reading his newspaper and had himself forty winks unnoticed. *Де́душка сиде́л в кре́сле, чита́я газе́ту, и незаме́тно вздремну́л.*

wise — *му́дрый*

wisecrack — *острота́; шу́тка*

Oleg's wisecracking was completely out of place. *Острота́ Оле́га была́ совсе́м не к ме́сту.*

witch — *ве́дьма*

witch hunt — *охо́та за ве́дьмами*

The witch hunt wasn't successful this time. *На э́тот раз охо́та за ве́дьмами не увенча́лась успе́хом.*

without — *без*

without kith or kin — *без ро́ду, без пле́мени; без ро́ду и пле́мени*

Nina didn't know who her parents were and so she remained without kith or kin. *Ни́на не зна́ла свои́х роди́телей и так она оста́лась без ро́ду и пле́мени.*

wolf — *волк*

cry wolf — *поднима́ть ло́жную трево́гу*

Nina cried wolf when she was afraid that her tumor might be malignant. *Ни́на подняла́ ло́жную трево́гу, боя́сь, что о́пухоль злока́чественная.*

wolf in sheep's clothing — *волк в ове́чьей шку́ре*

It was gathered from Andrey's behavior that he was a wolf in sheep's clothing. *Су́дя по посту́пкам Андре́я, все дога́дались, что он волк в ове́чьей шку́ре.*

wonder — *чу́до*

no wonder that...; small wonder that...—*неудиви́тельно, что...*

Small wonder Arkady got a heart attack — he smokes four packs of cigarettes a day. *Неудиви́тельно, что у Арка́дия был серде́чный при́ступ, ведь он ка́ждый день выку́ривает по четы́ре па́чки сигаре́т.*

---

wood — *лес*

out of the woods —*всё позади́; все опа́сности преодолены́*

Although his operation went successfully, Pavel isn't out of the woods yet. *Хотя́ опера́ция Па́вла прошла́ благополу́чно, но не все опа́сности преодолены́.*

---

word — *сло́во*

by word of mouth — *из уст в уста́*

The news about the impending resignation of our company's president was spreading by word of mouth. *Изве́стия о предстоя́щей отста́вке дире́ктора на́шего това́рищества передава́лись из уст в уста́.*

in other words — *1. ина́че говоря 2. то есть*

1. In other words you don't want to work with me anymore? *Ина́че говоря́, вы не хоти́те бо́льше сотру́дничать со мной? 2. SEE: that is*

spare no words — *SEE: lay on thick*

stick to one's word — *держа́ть (своё) сло́во*

When Father promised something to the children, he would always stick to his word. *Когда́ оте́ц обеща́л что́-нибудь де́тям, он всегда́ держа́л сло́во.*

word for word — *сло́во в сло́во*

Please tell Olga word for word what you have heard here. *Пожа́луйста, переда́йте О́льге сло́во в сло́во всё, что вы здесь слы́шали.*

---

work — *рабóтать*

be out of work — *не у дел*

After the reorganization in our department, I was out of work. *Пóсле реорганизáции в нáшем отдéле я остáлся не у дел.*

it'll work out somehow — *áвось да небóсь (да кáк-нибýдь)*

When times are hard, we can only endure it thinking that something will work out. *Когдá врéмя тяжёлое, тóлько тем и живём, что авóсь да небóсь.*

work like a dog (or a horse) — *рабóтать как вол*

A father of eight has to work like a dog. *Отéц восьмерыx детéй дóлжен рабóтать как вол.*

---

world — *мир*

for all the world to hear — *во всеуслышание*

Arkady announced his promotion for all the world to hear. *Аркáдий во всеуслышание заявлял о своём повышéнии.*

for the world — *SEE: for all the tea in China*

not for the (whole) world — *ни за что на свéте*

I was asking her in vain — Nina wouldn't divulge her secret for the whole world. *Напрáсно я её просила, Нина не за что на свéте не выдаст свою тáйну.*

the world is one's oyster — *весь мир комý-нибýдь к услýгам*

Zina thought that the entire world would be her oyster if she were to fly in a spacecraft. *Зина дýмала, что весь мир бýдет к её услýгам, éсли онá совершит космический полёт.*

---

worm — *червь; червяк*

worm of remorse — *угрызéния сóвести*

Nina has a worm of remorse because she hasn't written to her mother for a long time. *У Нины угрызéния сóвести потомý, что óна дóлго не писáла мáме письма.*

worm oneself into someone else's confidence — *вкрáдываться в довéрие*

Nina tried to worm herself into her director's confidence with her slyness. *Ни́на своей ле́стью стара́лась вкра́сться в дове́рие дире́ктора.*

---

worry — *беспоко́ить; волнова́ть*

be worried sick — *душа́ не на ме́сте*

Olga has so many problems with her impending divorce that she is worried sick. *У О́льги сто́лько пробле́м с приближе́нием бракоразво́дного проце́сса, что душа́ не на ме́сте.*

---

worth — *це́нность*

not to be worth a red cent; not to be worth a damn (thing) — *гроша́ ло́манного (или ме́дного) не сто́ит; вы́еденного яйца́ не сто́ит*

A car that has been in an accident isn't worth a red cent. *Авари́йный автомоби́ль гроша́ ло́маного не сто́ит.*

---

write — *пи́сать*

write one off — *поста́вить крест на ком*

When her boyfriend left the country for two years, Mary wrote him off. *Когда́ её молодо́й челове́к уе́хал за грани́цу на два го́да, Мари́я поста́вила крест на нём.*

write-off — *списа́ли на слом*

Nikita bought a car that was actually a write-off. *Ники́та купи́л маши́ну, кото́рая на са́мом де́ле была́ спи́сана на слом.*

---

wrong — *неправильный*

wrong way — *задом наперёд*

Michael put his pullover on the wrong way. *Михаи́л на́дел пуло́вер за́дом наперёд.*

X

X — *бу́ква X*

X marks the spot — *кресто́м обозна́чено ме́сто*
On this map X marks the spot where the stolen money was found. *На э́той схе́ме кресто́м обозна́чено ме́сто, где на́шли похи́щенные де́ньги.*

X-rated film — *фильм катего́рии X (то́лько для взро́слых)*
Children were not allowed in the X-rated movie. *На просмо́тр фи́льма катего́рии X дете́й не впуска́ли.*

Y

yarn — *пря́жа; ни́тка*

spin a yarn out of thin air — *брать с потолка́*
Nobody believed Sergey's words, since it was common knowledge that he spins a yarn out of thin air. *Никто́ не ве́рил Серге́ю, потому́ что все зна́ли, что он всё берёт с потолка́.*

year — *год*

from year to year — *год от го́да; с го́да в год; год за го́дом*

Igor does the same kind of work year after year. *Год за го́дом И́горь занима́ется той же рабо́той.* The prices keep going up from year to year. *Из го́да в год це́ны повыша́ются.*

in one's declining years — *на зака́те дней*

Nina became feeble-minded in her declining years. *На зака́те свои́х дне́й Ни́на ста́ла слабоу́мной.*

show one's years — *годы сказываются*

Nina is beginning to show her years. *Го́ды начина́ют ска́зываться на вне́шности Ни́ны.*

---

yell — *крича́ть*

yell at the top of one's voice (or lungs) — *SEE: shout at the top of one's voice (or lungs)*

---

yes — *да*

yes-man — *подпева́ла*

Nobody took Nikolay seriously because everybody knew that he was a yes-man. *Никола́я никто́ не брал в расчёт, потому́ что все зна́ли, что он хоро́ший подпева́ла.*

---

your — *твой; ваш*

yours truly — *пре́данный Вам*

Olga wrote at the end of her letter "yours truly, Olga Arkadyevna." *В конце́ пи́сьма О́льга написа́ла: пре́данная Вам О́льга Арка́дьевна.*

Z

Z — *буква з*

catch some Zs — *вздремну́ть*

"I'll help you later" — Zina said. "First let me catch some Zs." *"Я тебе́ пото́м помогу́, дай мне снача́ла вздремну́ть" — сказа́ла Зи́на.*

not to catch any Zs — *сон (в го́лову) не идёт*

Vera couldn't catch any Zs because the baby kept crying all night long. *Из-за пла́чущего всю ночь ребёнка, Ве́ре сон в го́лову не шёл.*

---

zeal — *усе́рдие*

bureaucratic zeal — *администрати́вный восто́рг*

My boss forgot about the needs of the people in his bureaucratic zeal. *Мой нача́льник в администрати́вном восто́рге забы́л о потре́бностях люде́й.*

---

zero — *ноль*

big zero — *ноль без па́лочки; кру́глый ноль*

In fact Grisha is a big zero, although he thinks of himself quite differently. *На са́мом де́ле Гри́ша ноль без па́лочки, но он совсе́м друго́го мне́ния о себе́.*

zero hour — *час х*

Zero hour for the bombers to take off was midnight. *Час х для взлёта бомбардиро́вщиков была́ по́лночь.*

zip — *застёгивать*

zip one's lip — *SEE: keep one's mouth shut*

English Index

B

C

D

E

F

G

H

I

J

ENGLISH • RUSSIAN INDEX

K

L

M

N

O

P

Q

R

S

T

PART III: APPENDIXES

ЧАСТЬ III: ПРИЛОЖЕНИЕ

Russian Pronunciation Guide (Указáтель произношéния рýсского языкá)

Russian Alphabet	Approximate Pronunciation
А, а	like the phoneme /a/ in English *father*, but also as represented by the [o] spelling as in *Bob, got, college* and *pot*.
Б, б	like the phoneme /b/ in English; ***Bob, between, beat,*** etc. At the end of a word the Russian б /b/ is pronounced like a /p/, i.e., voicelessly.
В, в	like the English /v/ phoneme as in ***v****ictory,* ***v****alley,* ***V****incent*, etc. At the end of word a Russian в /v/ is pronounced like an /f/, i.e., voicelessly.
Г, г	like the English /g/ phoneme in the words ***g****oose,* ***g****ather,* ***g****o,* ***g****et*; never as in *ginger, jittery*, etc. At the end of a word the Russian г /g/ is pronounced like a /k/, i.e., voicelessly.
Д, д	like the English phoneme /d/ in the words ***do, did, dad, d****umb*; for further examples of "palatalized /dj/" similar to rapidly spoken English *did you* /dija/ see below. At the end of a word a Russian д /d/ is pronounced like a /t/, i.e., voicelessly.
Е, е	like the English /e/ phoneme in *l****e****t, g****e****t and s****e****t* preceeded by a /y/ as in *yes,* representable as a double-bodied sound /ye/. When /e/ or /ye/ is not stressed, Russians pronounce it as /i/ or /yi/; thus видите is not pronounced vjidjetje but as vjidjitji.
Ё, ё	Corresponds to the English /o/ phoneme preceeded by a /y/-glide. Always stressed, it occurs in names such as *Хрущев* and *Горбачев,* which are pronounced in Russian /khrushch**o**ff/ and /garbach**o**ff/, not /khrushchev/ and /gorbachev/.
Ж, ж	This corresponds to the English phoneme /z/ in the words *pleasure, leisure, measure, garage,* and the French loan word *soup de jour.*

Russian Alphabet	Approximate Pronunciation
З, з	like the English /z/ phoneme in the words **z***oo, zany, zebra, Suzie*, etc.
И, и	like the English [ee] spelling in *s**ee**m, m**ee**t, f**ee**l,* but without the typical English habit of adding a /y/-like off-glide. On the contrary, this Russian sounds BEGINS with a /y/-like glide.
Й, й	This corresponds to the English /y/ phoneme, as in *bo**y**, to**y**, co**y***, etc.
К, к	Corresponding to English /k/ as in **c**ool, ***C**alvin, **c**at, **K**im, loo**k*** and *s**k**ill,* the Russian /k/ is never aspirated or "puffed with an extra {h}" at the beginning of words as in English.
Л, л	A basic equivalent of English /l/, as in ***L**uke, **l**ook, **l**amb, b**l**ame, **l**itt**l**e,* etc.; this sound has as many different values as does its English cousin. When followed by the soft sign ь, it is pronounced as *l* + *y* in rapidly spoken *wi**ll** ya?* or *Wi**ll**iam.*
М, м	This corresponds to the English /m/ phoneme as in ***m**other, **m**inute, **m**ilk, **m**ouse,* etc., except that if followed by и, е, ю, or я it it pronounced like ***me**ow, **mu**te, **mu**le.*
Н, н	Basically like the English /n/ phoneme as in ***n**o, **N**ancy, **n**ight*, etc., except that if followed by the vowels и, е, ю, or я it is pronounced "palatalized," i.e., followed by a /y/ as in English *ca**ny**on, o**ni**on, opi**ni**on.*
О, о	There is no exact equivalent in American English, which is always a double-bodied "diphthongal" /ow/, rhyming with ***th**ough, so, go, woe.* The Russian /o/, when accented, sounds like /uo/ as in d**augh**ter, c**o**ffee, and b**ough**t. When a Russian /o/ is not accented, it turns into an /a/. In the word много, with two /o/s, the stress is on the first; thus Russians say /mn**o**ga/, more precisely [mn**uo**ga].

Russian Alphabet	Approximate Pronunciation
П, п	A close equivalent of the English /p/ phoneme, like /k/, this sound, too, is never aspirated word-initially as in English ***pill,*** but pronounced without the escaping air as in *s**p**ill*. When followed by the "soft vowels" и, е, ю, or я it is pronounced like *p* + *y* as in ***pu**ke, com**pu**ter.*
Р, р	Corresponding to English /r/, this is a strong apical trill (rolling) as in Scottish English or Spanish *pe**rr**o, ca**rr**o,* and never the "murmured" sound of American English *b**ir**d, B**ur**ton, m**ur**m**ur**.*
С, с	A close correspondent of the English /s/ phoneme as in ***s**it, **s**i**s**ter, **s**eem, **s**o,* etc., Russian с can be followed by the "soft vowels" и, е, ю, or я, in which case it resembles *s* + *y* in rapidly spoken English as in *mi**ss** **y**ou*, or the British pronunciation of *i**ssu**e*.
Т, т	The Russian т corresponds to the English /t/ phoneme with the following exceptions: it is never aspirated word-initially (similar to /k/ and /p/); imitate the /t/ of *s**t**ill* not of ***t**ill.* When followed by the "soft vowels" и, е, ю, and я, the Russian /t/ is palatalized, i.e, sounds like *t* + *y* in rapidly spoken English *hi**t** **y**ou, mee**t** **y**ou,* short of becoming the /c/ written [ch] of ***Ch**arlie.*
У, у	Corresponding to the English /u/ phoneme of *p**oo**l, f**oo**l, S**ue**, sh**oe**, wh**o**,* and *kn**ew**,* the Russian /u/ is "shorter" inasmuch as it is not followed by the /w/-glide typical of English. Russian /u/ never sounds like the English vowel in *b**u**ll, p**u**ll, l**oo**k, s**oo**t,* etc.
Ф, ф	Corresponds to the English /f/ phoneme as in ***F**red, **f**ood, **Ph**illip, **f**rom,* etc. When followed by the "soft vowels" и, е, ю, and я, Russian /f/ sounds like English *f* + *y* in ***feu**d, **few**, **fu**me.*
Х, х	There is no corresponding English sound; writing [kh] is but a rough approximation. Practice saying ***H**oward, **H**arry* and ***H**arriet* as if gargling; the sound should be between /k/ and /h/; technically known as a "velar fricative."

Russian Alphabet	Approximate Pronunciation
Ц, ц	There is no single English sound corresponding to this Russian phoneme. The closest we can get to it is by thinking of [ts] as in *ca**ts***. The word ***ts**e**ts**e* (a type of fly in Africa) is a good approximation. Very close to German /z/ as in ***Z**immer*, ***Z**iege*, *zwei;* Italian *zio, zucchini,* etc.
Ч, ч	Corresponds to the English /ch/ sound as in ***Ch**arlie, **ch**oose, **ch**icken.*
Ш, ш	Corresponds to the English /sh/ sound as in ***sh**e, **sh**oe, **Sh**eryll, wi**sh**, sugar, sure.*
Щ, щ	There being no English phoneme equivalent, one writes [shch], as if saying in rapid speech *fre**sh ch**icken, fre**sh ch**eese, ru**sh Ch**arlie.*
Ъ, ъ	Known as the "hard sign," this symbol has no sound value, but indicates that the consonant in front of it is not to be palatalized, i.e., must not be followed by the /y/.
Ы, ы	Corresponds roughly to the "dark /I/" sound of rapidly and casually spoken American English *milk*, the second vowel of *rented*, or the /I/ of a "deep southern accent."
Ь, ь	Known as the "soft sign," this symbol indicates that the consonant immediately in front of it has to be palatalized, i.e., "softened" by the /y/. Typical after /t/ and /d/, which then are pronounced like *t* + *y* as in colloquial *ge**t** **y**ou* and *d* + *y* as in British ***d**ue, **d**ew.*
Э, э	Known as the "hard [e]," this sound, quite similar to English /e/ in l**e**t's g**e**t s**e**t, is never preceeded by the /y/-glide. *Этажерка* is thus /etazherka/ "bookcase, shelves."
Ю, ю	Comparable to *y* + *u* in English, as in ***you*** or ***ewe***, except that the /u/ does not round off in a /w/-like off-glide. (See remarks on /u/ above.)
Я, я	The last letter of the Russian alphabet corresponds to *y* + *a* in English as in ***ya**rd, **Ya**rborough*, or German ***ja*** "yes." It is the only Russian letter that is a self-contained word, meaning "I."

Further Remarks

Whenever Russian /o/ is unaccented, it sounds like an [a]. When Russian /e/ is unaccented, it sounds like [i]. When an /a/ is unaccented, it becomes like the English "murmured vowel," the last sound of *sofa*. It is therefore essential that students should pay particular attention to the placement of stress in Russian. A stressed /o/ — quite unlike English — does not round off in /ow/, but rather it starts with an /u/-like sound. Russian /u/ is between English /U/ as in *bull, pull, full* and */uw/* as in *pool, fool, Luke*. Russian /i/ is between English *feel* and *fill,* closer in quality to the former and closer in duration to the latter.

Сокраще́ния, при́нятые в Росси́и
Abbreviations — Russian-English

Отсу́тствие сокраще́ний на ру́сском и́ли на англи́йском языке́ ука́зывает на их ра́зное примене́ние в да́нных языка́х.

Сокра-ще́ние	Значе́ние	Эквивале́нт, при́нятый в США	Сокраще́-ние, при́нятое в США
		А	
	Ассоциа́ция автомоби-ли́стов Аме́рики	American Automobile Association	AAA
АО	автоно́мная о́бласть	autonomous region	
АПН	Аге́нтство печа́ти «Но́вости»	Novosti Press Agency	APN
АТС	автомати́ческая телефо́нная ста́нция	automatic telephone exchange	
АЭС	а́томная электро́-станция	atomic power station	
а/я	абонеме́нтный я́щик	(Post Office) Box	P.O.Box
		Б	
б.	бы́вший	former, ex-, one-time	
БАМ	Байка́ло-Аму́рская магистра́ль	Baikal-Amur Railway	
Б. дом	Бе́лый дом	White House	
Би-Би-Си	Брита́нская те́ле- и радио-веща́тельная корпора́ция	British Broadcasting Corporation	BBC
БТР	бронетранс-портёр	armored personnel carrier	APC
б-р	бульва́р	boulevard	blvd.

Сокращéние	Значéние	Эквивалéнт, при́нятый в США	Сокращéние, при́нятое в США
бух.	бухгáлтер	bookkeeper; accountant	
		В	
В	востóк	east	E
в.	век	century	C
ВВС	воéнно-возду́шные си́лы	Air Force	AF
ВИЧ	ви́рус иммунодефици́та человéка	human immuno-deficiency virus	HIV
ВМК	внутримáточный контрацептив	intrauterine (contraceptive) device	IUD
ВМФ	воéнно-морскóй флот	Navy	
ВНП	вало́вой национáльный проду́кт	gross national product	GNP
ВОЗ	Всеми́рная Организáция Здравоохранéния	World Health Organization	WHO
Вт	ватт	watt	W
втуз	вы́сшее техни́ческое учéбное заведéние	college; university	
вуз	вы́сшее учéбное заведéние	college; university	
		Г	
г	грамм	gram	g; gr
г.	1. год 2. горá 3. гóрод 4. господи́н	1. year 2. mountain 3. city; town 4. Mister	(2) mt. (4) Mr.

Сокращéние	Значéние	Эквивалéнт, прúнятый в США	Сокращéние, прúнятое в США
га	гектáр	hectare	ha
ГАИ	госудáрственная автомобúльная инспéкция	state motor vehicle inspection	
ГАТТ	Генерáльное соглашéние о тарúфах и торгóвле	General Agreement on Tariffs and Trade	GATT
гг.	1. гóды 2. городá 3. господá	1. years 2. cities; towns 3. Messrs; Mr. and Mrs.	(3)Messrs; Mr. and Mrs.
г-жа	миз; госпожá	Miss; Mistress	Ms.
г-жа	госпожá	Mistress	Mrs.
г-н	господúн	Mr.; Master	Mr.
ГУМ	госудáрственный универсáльный магазúн	state department store	GUM
ГЭС	гидро-электростáнция	hydroelectric power station	
		Д	
д.	дом	house	
ДЗУ	долговрéменное запоминáющее устрóйство	read-only memory	ROM
ДНК	дезоксирибо-нуклеúновая кислотá	deoxyribonucleic acid	DNA
до н.э.	до нáшей э́ры	before Christ	B.C.
д-р	1. дóктор 2. дирéктор	1. doctor 2. director	(1) Dr.

Сокращéние	Значéние	Эквивалéнт, прúнятый в США	Сокращéние, прúнятое в США
		Е	
ЕАСТ	Европéйская Ассоциáция Свобóдной Торгóвли	European Free Trade Association	EFTA
ЕВС	Европéйская валю́тная систéма	European monetary system	EMS
ЕКЮ	услóвная дéнежная единúца стран Европéйского Сою́за	European Currency Unit	ECU
ЕП	Европарлáмент	European Parliament	EP
ЕС	Европéйский Сою́з (Евросою́з)	European Union	EU
ЕЭС	Европéйское экономúческое сообщество	European Economic Community	EEC
		Ж	
ж.	Жéнская (убóрная)	Ladies (lavatory)	
ж.д.	желéзная дорóга	railroad	RR
ЖКИ	жидкокристаллúческий индикáтор	liquid-crystal display	LCD
ЖЭК	жилúщноэксплуатациóнная контóра	housing office	

Сокраще́ние	Значе́ние	Эквивале́нт, при́нятый в США	Сокраще́ние, при́нятое в США
		З	
З	за́пад	west	W
ЗАГС	(отде́л) за́писи а́ктов гражда́нского состоя́ния	registry office	
ЗУПВ	запомина́ющее устро́йство с произво́льной вы́боркой	random-access memory	RAM
		И	
им.	и́мени	named after	
ИРА	Ирла́ндская республика́нская а́рмия	Irish Republican Army	IRA
и т.д.	и так да́лее	and so on; et cetera	etc.
		К	
°K	гра́дусов по Ке́львину	degrees Kelvin	K
к; кг	кило́	kilo(s); kilogram(s)	kg
кв.	кварти́ра	apartment	apt.
КГБ	Комите́т Госуда́рственной Безопа́сности	State Security Committee	KGB
КЛА	косми́ческий лета́тельный аппара́т	spacecraft; space vehicle	
км	киломе́тр	kilometer	km
КНДР	Коре́йская Наро́дно-Демократи́ческая Респу́блика	People's Democratic Republic of Korea	

Сокра-щéние	Значéние	Эквивалéнт, при́нятый в США	Сокращé-ние, при́нятое в США
K°	компáния	Company	Co.
КП	Коммунисти́-ческая пáртия	Communist Party	
КПСС	Коммунисти́чес-кая пáртия Совéтского Сою́за	Communist Party of the Soviet Union	CPSU
		Л	
л	литр	liter(s)	l
ЛСД	диэтиламид лизерги́новой кислоты́	lysergic acid diethylamide	LSD
л-т	лейтенáнт	lieutenant	Lt
		М	
М	1. метрó 2. Мужскáя (убóрная)	1. Subway; Underground 2. Gents; Gentlemen (lavatory)	
М.	Москвá	Moscow	
м	метр	meter(s)	m
м.	минýта	minute	min.
МБ	Междунарóдный Банк	World Bank	WB
Мб	мегабáйт	megabyte	Mb
м.б.	мóжет быть	maybe; perhaps	
МБР	межконтинен-тáльная баллисти́ческая ракéта	intercontinental ballistic missile	ICBM
МВД	Министéрство внýтренних дел	Ministry of Internal Affairs	
МВТ	Министéрство внéшней торгóвли	Ministry of Foreign Trade	

Сокращéние	Значéние	Эквивалéнт, прúнятый в США	Сокращé-ние, прúнятое в США
МВФ	Междунарóдный валютный фонд	International Monetary Fund	IMF
мг	миллигрáмм	milligram(s)	mg
м.г.	минýвшего гóда	last year	
МГУ	Москóвский госудáрственный университéт	Moscow State University	
МИГ; миг	Микоя́н и Гурéвич	MiG (aircraft)	MiG
МИД	Министéрство инострáнных дел	Ministry of Foreign Affairs	
МТС	машиннотрáкторная стáнция	machinery and tractor station	
МФА	междунарóдный фонетúческий алфавúт	International Phonetic Alphabet	IPA
МХАТ	Москóвский худóжественный академúческий теáтр	Moscow Arts Theater	
		Н	
наб.	нáбережная	embankment	
напр.	напримéр	for example	e.g.
НАТО	Организáция Сéверо-атлантúческого договóра	North Atlantic Treaty Organization	NATO
НИИ-	наýчно-исслéдовательский институ́т	research institute	
НЛО	неопóзнанный летáющий объéкт	unidentified flying object	UFO

Сокра-щéние	Значéние	Эквивалéнт, при́нятый в США	Сокращé-ние, при́нятое в США
НТР	нау́чно-техни́ческая револю́ция	scientific and techno-logical revolution	
н.э.	нáшей э́ры	Anno Domini	A.D.
		О	
о.; о-в	óстров	island; isle	I
ОВИР	отдéл виз и регистрáций	visa and registration department	
о-во	óбщество	Society; Company	Soc.; Co.
ООН	Организáция Объединённых Нáций	United Nations Organization	UN
ООП	Организáция освобождéния Палести́ны	Palestine Liberation Organization	PLO
ОПЕК	Организáция стран-экспортёров нéфти	Organization of Petroleum-Exporting Countries	OPEC
ОСВ	ограничéние стратеги́ческих вооружéний	Strategic Arms Limitation Talks	SALT
ОССВ	ограничéние и сокращéние стратеги́ческих вооружéний	Strategic Arms Reduction Talks	START
		П	
ПЗУ	постоя́нное запоминáющее устрóйство	read-only memory	ROM
ПК	персонáльный компью́тер	personal computer	PC
пл.	плóщадь	Square	Sq.

Сокращéние	Значéние	Эквивалéнт, при́нятый в США	Сокращéние, при́нятое в США
пр.	проспéкт; авеню́	Avenue	Av(e).
продмаг	продовóльственный магази́н	food store	
		Р	
р.	1. рекá 2. рубль	1. River 2. ruble(s)	(1)R (2) r.
ред.	редáктор	editor	Ed.
РТС	ремóнтно-техни́ческая стáнция	repairs and engineering station	
		С	
с	сéвер	north	N
св.	святой; Сан(кт)-	Saint	St.
СЕАТО	Организáция договóра Ю́го-Востóчной А́зии	Southeast Asia Treaty Organization	SEATO
с.г.; с/г	сегó гóда	of this year	
секр.	секретáрь	Secretary	secy.
СКВ	свобóдно конверти́руемая валю́та	hard currency; freely convertible currency	
см.	смотри́	see; refer to; (quod vide)	q.v.
см. на об.	смотри́ на оборóте	please turn over	
СПБ;СПб	Санкт-Петербýрг	St. Petersburg	
ср.	сравни́те	compare	cf.
ССР	Совéтская социалисти́ческая Респýблика	Soviet Socialist Republic	
СССР	Сою́з Совéтских Социалисти́ческих Респýблик	Union of Soviet Socialist Republics	USSR

Сокра-щéние	Значéние	Эквиваléнт, прйнятый в США	Сокращé-ние, прйнятое в США
ст. ложка	столóвая лóжка; (по столóвой лóжке)	tablespoon(ful)	tbs.
стр.	странúца; странúцы	page; pages	p.; pp.
США	Соединённые Штáты Амéрики	United States of America	USA
		Т	
т	тонна	ton(s)	t.
т.	1. товáрищ 2. том	1. Comrade 2. volume	(2) vol.
так наз.	так назывáемый	so-called	
ТАСС	Телегрáфное агéнтство Совéтского Союза	Telegraph Agency of the Soviet Union	TASS
т.е.	тó есть	that is	i.e.
тел.	телефóн	telephone	tel.
т. обр.	такúм óбразом	so that	
тоо.	товарúщество с ограни́ченной ответствен-ностью	limited liability company	Ltd.
тт.	1. товáрищи 2. томá	1. Comrades 2. volumes	(2)vols.
		У	
Т	«учéбная» (на машúне)	learner	L
ул.	ýлица	street	St.

Сокра-щéние	Значéние	Эквивалéнт, при́нятый в США	Сокращé-ние, при́нятое в США
		Ф	
°Ф	фаренгéйт	Fahrenheit	F
ФАО	Продовóльственная и сельскохозя́йственная организáция Объединённых Нáций	Food and Agriculture Organization of the United Nations	FAO
ФБР	Федерáльное бюрó расследований	Federal Bureau of Investigation	FBI
ФРГ	Федерати́вная Респу́блика Гермáнии	Federal Republic of Germany	FRG
		Ц	
Ц	Цéльсия	Celsius	C
ЦК	Центрáльный Комитéт	Central Committee	
ЦП	центрáльный процéссор	central processing unit	CPU
ЦРУ	Центрáльное развéдывательное управлéние	Central Intelligence Agency	CIA
ЦУМ	центрáльный универсáльный магази́н	Central Department Store	
		Ч	
ч.	час	hour; o'clock	hr.

Сокращéние	Значéние	Эквивалéнт, прúнятый в США	Сокращéние, прúнятое в США
		Ю	
ю	юг	south	S
ЮНЕСКО	Организáция Объединённых Нáций по вопрóсам образовáния, наýки и культýры	United Nations Educational, Scientific and Cultural Organization	UNESCO
ЮНИСЕФ	Дéтский фонд Организáции Объединённых Нáций	United Nations International Children's Emergency Fund	UNICEF

Abbreviations — English-Russian
Сокраще́ния, при́нятые в США

Russian or English equivalents are missing for some of these abbreviations; this reflects the fact that usage is not the same in the two languages.

Abbreviation	Meaning	Russian Equivalent	Russian Abbreviation
		A	
AAA	American Automobile Association	Ассоциа́ция автомобили́стов Аме́рики	
ABC	alphabet	алфави́т	
ACV	air-cushion vehicle	аппара́т на возду́шной поду́шке	
A.D.	Anno Domini	на́шей э́ры	н.э.
ad lib	ad libitum; at will	ско́лько уго́дно	
AIDS	acquired immune deficiency syndrome	синдро́м приобретённого иммýнного дефици́та	СПИД
a.m.	ante meridiem; before noon	у́тро; у́тром	
APC	armored personnel carrier	бронетранспортёр	БТР
APN	Novosti Press Agency	Аге́нтство печа́ти «Но́вости»	АПН
apt.	apartment	кварти́ра	кв.
a.s.a.p.	as soon as possible	как мо́жно скоре́е	
Av(e).	avenue	проспе́кт; авеню́	пр.
AWOL	absent without official leave	в самово́льной отлу́чке	
		B	
B.A.	Bachelor of Arts	бакала́вр гуманита́рных нау́к	
BBC	British Broadcasting Corporation	Брита́нская те́ле- и радиовеща́тельная корпора́ция	Би-Би-Си

Abbre-viation	Meaning	Russian Equivalent	Russian Abbrevi-ation
B.C.	before Christ	до на́шей э́ры	до н.э.
B.Ed.	Bachelor of Education	бакала́вр педагоги́ческих нау́к	
B.Litt.	Bachelor of Letters	бакала́вр литерату́ры	
bldg.	building	зда́ние	
blvd.	boulevard	бульва́р	б-р
Br.	British	брита́нский	
bros.	brothers	бра́тья	
B.S.	Bachelor of Science	бакала́вр (есте́ственных) нау́к	
		C	
C	Celsius	Це́льсия	Ц
C	century	век	в.
Can.	Canada	Кана́да	
CD	compact disc	компа́кт-диск	
cf.	compare	сравни́те	ср.
CIA	Central Intelligence Agency	центра́льное разве́дывательное управле́ние	ЦРУ
CID	Criminal Investigation Department	отде́л уголо́вного ро́зыска	
Co.	company	компа́ния	К° ; о-во
c/o	care of	по а́дресу	
COD	cash on delivery	упла́та при поста́вке	
Corp.	Corporation	корпора́ция	
CPSU	Communist Party of the Soviet Union	Коммунисти́ческая Па́ртия Сове́тского Сою́за	КПСС
CPU	central processing unit	центра́льный проце́ссор	ЦП
CSE	Certificate of Secondary Education	аттеста́т о сре́днем образова́нии	

Abbreviation	Meaning	Russian Equivalent	Russian Abbreviation
		D	
dc	direct current	постоя́нный ток	
dept.	department	отде́л	
dist.	district	райо́н; о́круг	
DJ	disc jockey	ди́ск-жоке́й	
D.Litt.	Doctor of Letters	до́ктор литерату́ры	
DNA	deoxyribonucleic acid	дезоксирибонуклеи́новая кислота́	ДНК
Dr.	1. doctor 2. drive	1.до́ктор 2.подъездна́я доро́га	(1) д-р
DTP	desktop publishing	насто́льная полигра́фия	
		E	
E	east	восто́к	В
ECU	European Currency Unit	усло́вная де́нежная едини́ца стран Европе́йского Сою́за	ЕКЮ
Ed.	editor	реда́ктор	ред.
EEC	European Economic Community	Европе́йское экономи́ческое соо́бщество	ЕЭС
EFTA	European Free Trade Association	Европе́йская ассоциа́ция свобо́дной торго́вли	
e.g.	for example *(exempli gratia)*	наприме́р	напр.
EMS	European Monetary System	Европе́йская валю́тная систе́ма	ЕВС
encl.	enclosure	приложе́ние	прил.
Eng.	England; English	А́нглия; англи́йский	
ESP	extrasensory perception	экстрасенсо́рика	
Esq.	Esquire	господи́н	г-н
EP	European Parliament	Европарла́мент	ЕП
EU	European Union	Европе́йский Сою́з (Евросою́з)	ЕС

Abbreviation	Meaning	Russian Equivalent	Russian Abbreviation
		F	
F	Fahrenheit	фаренге́йт	°Ф
FAO	Food and Agriculture Organization of the United Nations	Продово́льственная и сельскохозя́йственная организа́ция Объединённых На́ций	ФАО
FBI	Federal Bureau of Investigation	Федера́льное бюро́ рассле́дований	ФБР
fed.	federal	федерати́вный	
fem.	feminine	же́нский	
FRG	Federal Republic of Germany	Федерати́вная Респу́блика Герма́нии	ФРГ
		G	
g.	gram(s)	грамм	гм
GATT	General Agreement on Tariffs and Trade	Генера́льное соглаше́ние по тари́фам и торго́вле	ГАТТ
GNP	gross national product	валово́й национа́льный проду́кт	ВНП
	Gents; Gentlemen	мужска́я (убо́рная)	М
govt.	government	прави́тельство	
GP	General Practitioner	врач о́бщей пра́ктики	
GPO	General Post Office	главпочта́мт	
GUM	state department store	госуда́рственный универса́льный магази́н	ГУМ
Gr. Brit.	Great Britain	Великобрита́ния	
gro. wt.	gross weight	вес бру́тто	
		H	
H-bomb	hydrogen bomb	водоро́дная бо́мба	
HQ	headquarters	штаб-кварти́ра	
hr.	hour	час	ч.

Abbreviation	Meaning	Russian Equivalent	Russian Abbreviation
HIV	human immunodeficiency virus	ви́рус иммунодефици́та челове́ка	ВИЧ
		I	
id.	the same *(idem)*	то́т же	
ICBM	intercontinental ballistic missile	межконтинента́льная баллисти́ческая раке́та	МБР
ID	identity card	удостове́рение ли́чности	
i.e.	that is (*id est*)	то́ есть	т.е.
IMF	International Monetary Fund	Междунаро́дный валю́тный фонд	МВФ
IOU	I owe you	долгова́я распи́ска	
IPA	International Phonetic Alphabet	Междунаро́дный фонети́ческий алфави́т	
IQ	intelligence quotient	коэффицие́нт у́мственного разви́тия	
IRA	Irish Republican Army	Ирла́ндская респуб-лика́нская а́рмия	ИРА
ISBN	international standard book number	междунаро́дный станда́ртный кни́жный но́мер	
IUD	intrauterine device	внутрима́точный контрацепти́в	ВМК
		J	
JC	Jesus Christ	Ису́с Христо́с	
jr.	junior	мла́дший	
		K	
K	degrees Kelvin	гра́дусов по Ке́львину	°K
kg	kilogram	кило́	к; кг

Abbre-viation	Meaning	Russian Equivalent	Russian Abbrevi-ation
KGB	State Security Committee	Комите́т госуда́рственной безопа́сности	КГБ
km	kilometer	киломе́тр	км
KO	knockout	нока́ут	
		L	
L	learner	«уче́бная» (на маши́нс)	У
l	liter(s)	литр	л
LCD	liquid-crystal display	жи́дко-кристал-ли́ческий индика́тор	ЖКИ
Lt	lieutenant	лейтена́нт	л-т
LSD	lysergic acid diethylamide	диэтилами́д лизерги́новой кислоты́	ЛСД
Ltd.	limited liability company	това́рищество с ограни́ченной отве́тственностью	ТОО.
		M	
m	meter(s)	метр	м
MA	Master of Arts	ма́гистр гумани-та́рных нау́к	
Mb	megabyte(s)	мегаба́йт	Мб
MD	1. Doctor of Medicine 2. Managing Director	1. до́ктор медици́ны 2. дире́ктор-распоряди́тель	д-р
mg	milligram(s)	миллигра́м	мг
MiG	(aircraft) MiG	Микоя́н и Гуре́вич	МИГ; миг
min	minute	мину́та	м
MP	Member of Parliament	член парла́мента	
Mr.; Messrs.	Mister; Misters	господи́н; господа́	г-н; гг.
Mrs.	Mistress	госпожа́	г-жа

Abbre-viation	Meaning	Russian Equivalent	Russian Abbrevi-ation
MS	manuscript	ру́копись	
Ms.	Miss; Mistress	миз; госпожа́	г-жа
MS	Master of Science	маги́стр (есте́ственных) нау́к	
Mt.	Mount	гора́	г
		N	
N	North	се́вер	С
NASA	National Aeronautics and Space Administration	Национа́льное управле́ние по аэрона́втике и иссле́дованию косми́ческого простра́нства	НАСА
nat.; natl.	national	национа́льный	
NATO	North Atlantic Treaty Organization	Организа́ция Се́вероатланти́ческого догово́ра	НАТО
NT	New Testament	Но́вый заве́т	
n. wt.	net weight	чи́стый вес; вес не́тто	
		O	
0	null	ноль	0
OK	okay; all right	«до́бро»	
OPEC	Organization of Petroleum-Exporting Countries	Организа́ция стран-экспортёров не́фти	ОПЕК
OT	Old Testament	Ве́тхий заве́т	
oz	ounce	у́нция	
		P	
p.a.	per annum	в год	
PC	1. police constable 2. personal computer	полице́йский персона́льный компью́тер	ПК
p.d.q.	pretty damn quick	поживе́е; «как из пу́шки»	
PE	physical education	физкульту́ра	

Abbreviation	Meaning	Russian Equivalent	Russian Abbreviation
p.; pp.	page; pages	страни́ца; страни́цы	стр.
Ph.D.	Doctor of Philosophy	сте́пень кандида́та нау́к	
PLO	Palestine Liberation Organization	Организа́ция освобожде́ния Палести́ны	ООП
p.m.	post meridiem	пополу́дни	
PO	Post Office	по́чта	
POW	prisoner of war	военнопле́нный	
PR	public relations	взаимоотноше́ние с клиенту́рой	
Prof.	Professor	профе́ссор	
P.S.	postcript	припи́ска (к письму́); постскри́птум	
PTO	please turn over	смотри́ на оборо́те	см. на об.
publ.	publisher	изда́тель	изд.
		Q	
QED	which was to be demonstrated *(quod erat demonstrandum)*	что и тре́бовалось доказа́ть	
QT	to do something on the quiet	сде́лать по-ти́хому	
q.v.	see *(quod vide)*	смотри́; (та́м-то)	см.
		R	
RC	Roman Catholic	като́лик	
RAM	random-access memory	запомина́ющее устро́йство с произво́льной вы́боркой	ЗУПВ
Rd.	road	доро́га	
ref.	reference	сно́ска; ссы́лка	
Rep.	1. representative 2. Republican	1. представи́тель 2. член Республика́нской па́ртии	
Rev.	Reverend	его́ преподо́бие	

Abbreviation	Meaning	Russian Equivalent	Russian Abbreviation
ROM	read-only memory	долговре́менное запомина́ющее устро́йство	ДЗУ
RR	railroad	желе́зная доро́га	ж.д.
RSVP	please answer *(répondez s'il vous plaît)*	бу́дьте любе́зны отве́тить	
		S	
S	south	юг	
SA	South America	Ю́жная Аме́рика	ю
SALT	Strategic Arms Limitation Talks	перегово́ры по ограниче́нию стратеги́ческих вооруже́ний	ОСВ
SEATO	Southeast Asia Treaty Organization	Организа́ция догово́ра Ю́го-Восто́чной А́зии	СЕАТО
secy.	secretary	секрета́рь	секр.
Soc.	Society	о́бщество	о-во
SOS	save our souls	(ра́дио) сигна́л бе́дствия	
Sq.	Square	пло́щадь	пл.
St.	1. street; 2. Saint	1. ули́ца 2. свято́й; Сан(кт)-	1. ул.; 2. св.
START	Strategic Arms Reduction Talks	перегово́ры о сокраще́нии стратеги́ческих вооруже́ний	ОССВ
		T	
t	ton(s)	то́нна	т
TASS	Telegraph Agency of the Soviet Union	Телегра́фное аге́нтство Сове́тского Сою́за	ТАСС
tbs.	tablespoon(ful)	столо́вая ло́жка; (по столо́вой ло́жке)	ст. ложка

Abbre-viation	Meaning	Russian Equivalent	Russian Abbrevi-ation
tel.	telephone	телефóн	тел.
transp.	transport	трáнспорт	
TV	television	телеви́зор	
		U	
U.; Univ.	university	университéт	
UFO	unidentified flying object	неопóзнанный летáющий объéкт	НЛО
U.K.	United Kingdom	Соединённое Королéвство (Великобритáнии и Сéверной Ирлáндии)	
U.N.; UN	United Nations (Organization)	Организáция Объединённых Нáций	ООН
UNESCO	United Nations Educational, Scientific and Cultural Organization	Организáция Объединённых Нáций по вопрóсам образовáния, наýки и культýры	ЮНЕСКО
UNICEF	United Nations International Children's Emergency Fund	Дéтский фонд Организáции Объединённых Нáций	ЮНИСЕФ
USA	United States of America	Соединённые Штáты Амéрики	США
USA	United States Army	Арми́я Соединённых Штáтов Амéрики	
USSR	Union of Soviet Socialist Republics	Сою́з Совéтских Социалисти́ческих Респýблик	СССР
		V	
V	volt(s)	вольт	В
VCR	video cassette recorder	видеомагнитофóн	
VD	venereal disease	венери́ческая болéзнь	

Abbreviation	Meaning	Russian Equivalent	Russian Abbreviation
VDU	visual display unit	диспле́й	
VIP	very important person	высокопоста́вленное лицо́	
Ven.	Venerable	преподо́бный	
vol.	volume	том	т.
vols.	volumes	тома́	тт.
VP	Vice President	ви́це-президе́нт	
vs.	versus, against	про́тив	
		W	
W	watt	ватт	Вт
WB	World Bank	Междунаро́дный Банк	МБ
WC	water closet; toilet	убо́рная	
WHO	World Health Organization	Всеми́рная Организа́ция Здравоохране́ния	ВОЗ
wk.	week	неде́ля	
wt.	weight	вес	
		X	
Xmas	Christmas	Рождество́	
		Y	
yd.	yard	ярд	
YMCA	Young Men's Christian Association	Христиа́нский сою́з молоды́х люде́й	
yr.	year; years	год; го́ды	г.; гг.
YWCA	Young Women's Christian Association	Христиа́нский сою́з же́нской молодёжи	
		Z	
Z	Zone	зо́на	

Веса́ и ме́ры
Russian Weights and Measures

Ста́рые ру́сские веса́ и ме́ры нахо́дятся в ско́бках. The old Russian weights and measures are in parentheses.

Веса́ и ме́ры, при́нятые в Росси́и		Measures used in Russia	
	Веса́ (Weight)		
грамм	0,03 у́нции	gram	0.03 ounce
и́ли	15,43 гра́на	or	15.43 grains
килогра́мм	2,20 фу́нта	kilogram	2.20 pounds
то́нна	2204,60 фу́нта	ton	2204.60 pounds
(фунт)	0,90 фу́нта	(funt)	0.90 pound
(пуд)	36,07 фу́нта	(pood)	36.07 pounds
	Ме́ры длины́ (Length)		
киломе́тр	0,62 ми́ли	kilometer	0.62 mile
метр	39,37 дю́йма	meter	39.37 inches
сантиме́тр	0,39 дю́йма	centimeter	0.39 inch
миллиме́тр	0,03 дю́йма	millimeter	0.03 inch
(верста́)	0,66 ми́ли	(verst)	0.66 mile
(са́жень)	7,00 фу́тов	(sazhen)	7.00 feet
(фут)	1,00 фут	(foot)	1.00 foot
(арши́н)	28,00 дю́ймов	(arshin)	28.00 inches
(вершо́к)	1,75 дю́йма	(vershok)	1.75 inches
(дюйм)	1,00 дюйм	(inch)	1.00 inch
	Ме́ры ёмкости (Capacity)		
литр	1,05 ква́рты жи́дкости	liter	1.05 fluid quart
и́ли	0,26 галло́на	or	0.26 gallon
и́ли	33,81 у́нции жи́дкости	or	33.81 fluid ounces

Мéры объёма (Volume)

куби́ческий метр	35,31	куби́ческих фу́тов	cubic meter	35.31	cubic feet
и́ли	1,30	куби́ческих я́рдов	or	1.30	cubic yards
куби́ческий сантимéтр	0,06	куби́ческого дю́йма	cubic centimeter	0.06	cubic inch

Квадрáтные мéры (Area)

квадрáтный киломéтр	0,38	квадрáтной мили	square kilometer	0.38	square mile
гектáр	2,47	áкра	hectare	2.47	acres
квадрáтный метр	10,76	квадрáтных фу́тов	square meter	10.76	square feet
и́ли	1,19	квадрáтных я́рдов	or	1.19	square yards
квадрáтный сантимéтр	0,15	квадрáтного дю́йма	square centimeter	0.15	square inch
(десяти́на)	2,70	áкра	(desyatina)	2.70	acres

English Weights and Measures (Веса́ и ме́ры)

US Measures		Веса́ и ме́ры, при́нятые в США	

Weights (веса́)

grain	0.06 gram	гран	0,06 гра́мма
ounce	28.35 gram	у́нция	28,35 гра́мма
pound	0.45 kilogram	фунт	0,45 килогра́мма
ton	907.18 kilogram	то́нна	970,18 килогра́мма

Linear (ме́ры длины́)

mile	1.60 kilometer	ми́ля	1,60 киломе́тра
knot	1.85 kilometer/hour	у́зел	1,85 киломе́тра в час
yard	0.91 meter	ярд	0,91 ме́тра
foot	0.30 meter	фут	0,30 ме́тра
inch	2.54 centimeter	дюйм	2,54 сантиме́тра

Capacity (ме́ры ёмкости)

fluid quart	0.94 liter	ква́рта жи́дкости	0,94 ли́тра
dry quart	1.10 liters	ква́рта сыпу́чих тел	1,10 ли́тра
gallon	3.78 liters	галло́н	3,78 ли́тра
bushel	35.24 liters	бу́шель	35,24 ли́тра

Volume (ме́ры объёма)

cubic inch	16.38 cubic centimeters	куби́ческий дюйм	16,38 куби́ческих сантиме́тров
cubic foot	0.02 cubic meter	куби́ческий фут	0,02 куби́ческого ме́тра
cubic yard	0.76 cubic meter	куби́ческий ярд	0,76 куби́ческого ме́тра

Area (квадра́тные ме́ры)

acre	0.40	hectare	акр	0,40	гекта́ра
square mile	259.00	hectares	квадра́тная ми́ля	259,00	гекта́ров
square yard	0.83	square meter	квадра́тный ярд	0,83	ква́дратного ме́тра
square foot	929.03	square centimeters	квадра́тный фут	929,03	квадра́тных сантиме́тров
square inch	6.54	square centimeters	квадра́тный дюйм	6,54	квадра́тных сантиме́тров